Das ABC der Digitalisierung für Entscheider

Jörg Sommer · Gernot Gutjahr · Carlo Velten · Heiko Löffler

# Das ABC der Digitalisierung für Entscheider

Die Schlüsseltechnologien AI, Big Data und Cloud im Zusammenspiel

Jörg Sommer
Stuttgart, Deutschland

Gernot Gutjahr
Berlin, Deutschland

Carlo Velten
Ahnatal, Deutschland

Heiko Löffler
Stuttgart, Deutschland

ISBN 978-3-658-49374-5     ISBN 978-3-658-49375-2  (eBook)
https://doi.org/10.1007/978-3-658-49375-2

Die Deutsche Nationalbibliothek verzeichnet diese Publikation in der Deutschen Nationalbibliografie; detaillierte bibliografische Daten sind im Internet über https://portal.dnb.de abrufbar.

© Der/die Herausgeber bzw. der/die Autor(en), exklusiv lizenziert an Springer Fachmedien Wiesbaden GmbH, ein Teil von Springer Nature 2025

Das Werk einschließlich aller seiner Teile ist urheberrechtlich geschützt. Jede Verwertung, die nicht ausdrücklich vom Urheberrechtsgesetz zugelassen ist, bedarf der vorherigen Zustimmung des Verlags. Das gilt insbesondere für Vervielfältigungen, Bearbeitungen, Übersetzungen, Mikroverfilmungen und die Einspeicherung und Verarbeitung in elektronischen Systemen.
Die Wiedergabe von allgemein beschreibenden Bezeichnungen, Marken, Unternehmensnamen etc. in diesem Werk bedeutet nicht, dass diese frei durch jede Person benutzt werden dürfen. Die Berechtigung zur Benutzung unterliegt, auch ohne gesonderten Hinweis hierzu, den Regeln des Markenrechts. Die Rechte des/der jeweiligen Zeicheninhaber*in sind zu beachten.
Der Verlag, die Autor*innen und die Herausgeber*innen gehen davon aus, dass die Angaben und Informationen in diesem Werk zum Zeitpunkt der Veröffentlichung vollständig und korrekt sind. Weder der Verlag noch die Autor*innen oder die Herausgeber*innen übernehmen, ausdrücklich oder implizit, Gewähr für den Inhalt des Werkes, etwaige Fehler oder Äußerungen. Der Verlag bleibt im Hinblick auf geografische Zuordnungen und Gebietsbezeichnungen in veröffentlichten Karten und Institutionsadressen neutral.

Springer Vieweg ist ein Imprint der eingetragenen Gesellschaft Springer Fachmedien Wiesbaden GmbH und ist ein Teil von Springer Nature.
Die Anschrift der Gesellschaft ist: Abraham-Lincoln-Str. 46, 65189 Wiesbaden, Germany

Wenn Sie dieses Produkt entsorgen, geben Sie das Papier bitte zum Recycling.

**Interessenkonflikt** Die Autor*innen haben keine für den Inhalt dieses Manuskripts relevanten Interessenkonflikte.

# Inhaltsverzeichnis

1 Einführung in das ABC der Digitalisierung – Technische Tiefe trifft geschäftliche Anwendung ............................................. 1
2 Die Schlüsseltechnologien der Digitalisierung – AI, Big Data und Cloud im Überblick ................................................. 5
   2.1 A wie Artificial Intelligence (AI) – Automatisierung und Innovation im 21. Jahrhundert ..................................... 6
   2.2 B wie Big Data – Daten als Rohstoff des digitalen Zeitalters ......... 22
   2.3 C wie Cloud – Betriebssystem und Infrastruktur der Digitalisierung ... 34
   Literatur ....................................................... 44
3 ABC – Das technologische Zusammenspiel von AI, Big Data und Cloud ... 47
   3.1 Resiliente und skalierbare IT-Infrastrukturen als Voraussetzung für die Integration und Nutzung von Synergien neuer Technologien ....... 49
   3.2 APIs als Schlüsselfaktoren für Interoperabilität und Automatisierung ............................................. 53
   3.3 Wie Big Data und Cloud-Plattformen AI transformiert haben ......... 60
   3.4 Big Data im Wandel – von lokalen Datensilos zu globalen Datenökosystemen ............................................. 63
   3.5 Cloud-Transformation – vom lokalen Rechenzentrum zur Innovationsplattform für AI und Big Data ........................ 67
   3.6 Synergien durch das ABC und Impulse für die Praxis .............. 73
   Literatur ....................................................... 74
4 Auswirkungen und Chancen für Unternehmen und Organisationen ....... 77
   4.1 Warum das ABC entscheidend ist? ............................. 78
   4.2 AI, Big Data und Cloud als Teil der Digitalstrategie ................ 80
   4.3 Interne Auswirkungen ....................................... 87
   4.4 Schulung und Weiterbildung .................................. 102
   4.5 Externe Auswirkungen ....................................... 116
   4.6 Nachhaltigkeit durch das ABC und weitergehende technologische Innovationen ................................................ 129

|  |  |  |
|---|---|---|
| 4.7 | Ethische Standards für und verantwortungsbewusste Verwendung des ABC | 130 |
| 4.8 | Voraussetzungen für die Integration der Technologien | 131 |
| 4.9 | Auswirkungen und Chancen für ausgewählte Industrien | 142 |
| Literatur | | 143 |

**5 Einblicke aus der Praxis – Unsere Gastbeiträge** .................. 145

| | | |
|---|---|---|
| 5.1 | Digitale Transformation der Meeting-Kultur: AI-gestützte Protokollerstellung mit Bliro® | 148 |
| 5.2 | Gamechanger 3D-Druck: Die smarte Verbindung von Daten, Intelligenz und Innovation | 154 |
| 5.3 | Transformation aus eigener Kraft: Wie ein Industrieunternehmen durch Cloud, Big Data und Organisationsentwicklung digital wächst | 162 |
| 5.4 | Digitalisierung in der Prozessindustrie – Der Weg zur autonomen Fabrik | 166 |
| 5.5 | Generative AI in der Produktentwicklung: Effizienz, Innovation und Wettbewerbsvorteile im Automotive-Bereich | 172 |
| 5.6 | Skalierungsmodelle im Wandel: Von menschenzentriertem zu technologiegetriebenem Wachstum | 180 |
| 5.7 | Ganzheitliche Digitalisierung von komplexen Organisationen in Zeiten von multiplen Krisen | 185 |
| 5.8 | Baum für Baum: ABC für unsere Klimaziele | 190 |
| 5.9 | Transformation durch Teilhabe: Warum kulturelle Voraussetzungen über den Erfolg von KI entscheiden | 201 |
| 5.10 | AI als Treiber der Digitalen Transformation im Mittelstand | 205 |
| 5.11 | Cloud-Transformation im Finanzsektor: Innovation und Sicherheit im Einklang | 209 |
| 5.12 | Künstliche Intelligenz und Bildung: Handlungsfeld für Entscheider | 214 |
| 5.13 | Gemeinsam erfolgreich | 219 |
| 5.14 | Wie wir Gesundheitsdaten strategisch und solidarisch für die Verbesserung der Versorgung nutzen können | 223 |
| 5.15 | ValveInsight – durch integrierte ML-Algorithmen werden analoge Ventile intelligent | 228 |
| 5.16 | Mein Weg zur datengetriebenen und AI-gestützten Zukunft | 234 |
| 5.17 | Auf dem Weg zum selbstoptimierenden Netz: Die Digitalisierung der Energieinfrastruktur | 238 |

**6 Wie es weitergeht und Ausblick** ................................. 245

| | | |
|---|---|---|
| 6.1 | Das ABC als Basis für die digitale Zukunft | 245 |
| 6.2 | Fragebogen zur Selbstbewertung | 246 |
| 6.3 | Autorenliste | 252 |

# Über die Autoren

 **Gernot Gutjahr** – Experte für Technologie-Strategie und digitale Transformation. Gernot Gutjahr verantwortet als Senior Partner die Technology Strategy & Operations Practice von KPMG in Deutschland und ist Mitglied des globalen Technology Advisory Leadership Teams von KPMG. Gernot berät Organisationen dabei, ihre Digital-Strategien weiterzuentwickeln, die Möglichkeiten von künstlicher Intelligenz und großer Datenmengen zu nutzen, ihre IT-Infrastruktur durch Cloud Computing zu modernisieren, ihr digitales Ökosystem auszubauen und ihr digitales Wachstum zu beschleunigen. Gernot hat Mathematik in Deutschland und England studiert. Vor seiner Beratertätigkeit war er wissenschaftlicher Mitarbeiter und Data Scientist am Freiburger Zentrum für Datenanalyse und Modellbildung (FDM) und am Bernstein Hirnforschungszentrum der Universität Freiburg. Als Mitherausgeber und Mitinitiator dieses Buches möchte er Entscheider weiter vernetzen und Impulse für die weitere Digitalisierung von Organisationen geben. Mehr über Gernot finden Sie auf LinkedIn unter: https://www.linkedin.com/in/gutjahr

**Heiko Löffler** – Experte für Digital-Strategien und Transformation. Heiko Löffler ist Gründer von Digital Success und spezialisiert auf die digitale Transformation im gehobenen industriellen Mittelstand. Seine Expertise liegt darin, Unternehmen dabei zu unterstützen, durch Digitalisierung datengetriebener und profitabler zu werden. In seiner Karriere hat er zahlreiche Transformationsprojekte in mittelständischen Unternehmen und Konzernen erfolgreich von der Strategieentwicklung bis zur Implementierung begleitet. Sein besonderer Fokus liegt auf dem Aufbau nachhaltiger organisatorischer Strukturen, die langfristige Wertsteigerung durch Digitalisierung sicherstellen. Als Berater, Unternehmer und Podcaster teilt er sein Wissen mit Entscheidungsträgern. In seinem Podcast „Digital Success" vermittelt er praxisnahe Einblicke und Learnings aus der digitalen Transformation namhafter Unternehmen. Als Mitautor dieses Buches möchte er Führungskräften die konkreten Potenziale der Digitalisierungstechnologien vermitteln und ihnen praktische Ansätze an die Hand geben, wie diese gewinnbringend im eigenen Unternehmen eingesetzt werden können. Mehr über Heiko finden Sie auf LinkedIn unter: https://www.linkedin.com/in/heiko-loeffler-digitalsuccess

**Dr. Jörg Sommer** – Führungspersönlichkeit und Experte für digitale Transformation, Cloud-Plattformen und IT-Strategien.

Dr. Jörg Sommer verfügt über mehr als 15 Jahre Erfahrung in der IT-Branche. Er hat zahlreiche globale Transformationsprojekte verantwortet, Cloud-Plattformen implementiert und IT-Strategien konzipiert und erfolgreich umgesetzt. Derzeit ist er als Senior Vice President bei der Bosch Home Comfort Group und verantwortlich für die IT-Integration der bislang größten Transaktion in der Bosch-Geschichte. Zuvor hatte er mehrere Managementpositionen inne – unter anderem als CEO der Infosys Automotive and Mobility GmbH & Co. KG sowie als Director of Global IT Infrastructure Services bei der Daimler AG.

Er studierte Informationstechnologie an der DHBW Heidenheim und Informatik an der Universität Ulm. An der

Universität Stuttgart promovierte er im Fachbereich Elektrotechnik über Kostenoptimierung eingebetteter Kommunikationsnetze.

Jörg engagiert sich für die Förderung der Informatik in Bildung, Wissenschaft und Praxis. Als Ideengeber und Initiator dieses Buches möchte er Fach- und Führungskräften die Zusammenhänge und Potenziale der Schlüsseltechnologien AI, Big Data und Cloud aufzeigen mit dem Ziel, deren Synergien gezielt für die digitale Transformation und für nachhaltige IT- und Digitalstrategien nutzbar zu machen. Mehr über Jörg finden Sie auf LinkedIn unter: https://www.linkedin.com/in/sommer-joerg/

**Dr. Carlo Velten** – Technologie Analyst & Entrepreneur. Dr. Carlo Velten ist Gründer und Managing Partner des unabhängigen IT-Beratungsunternehmen Atlantic Ventures. Als erfahrener Technologie Analyst übersetzt er seit über 20 Jahren Markt- und Technologietrends in erfolgreiche Digital-, IT- und Innovationsstrategien. In den Technologiefeldern Cloud und AI zählt Carlo zu den führenden Experten im deutschsprachigen Raum. Zuvor war er CEO und Principal Analyst des auf Cloud Computing spezialisierten Analystenhaus Crisp Research AG sowie Gründer und Investor der Private Equity-finanzierten Cloudflight Unternehmensgruppe. Als Serial Entrepreneur, Investor und leidenschaftlicher Surfer verfügt Carlo über das richtige Gespür für die nächsten „Technology Waves" und setzt sich aktiv für Startups sowie den Umwelt- und Meeresschutz ein. Carlo hat Wirtschaftswissenschaften mit Schwerpunkt Wirtschaftsinformatik und Entrepreneurship studiert und zum Thema Venture Capital in Deutschland und den USA promoviert. Mehr über Carlo finden Sie auf LinkedIn unter: https://www.linkedin.com/in/dr-carlo-velten-4381293/

# Abkürzungsverzeichnis[1]

| | |
|---|---|
| ABC | Artificial Intelligence, Big Data und Cloud |
| AGI | Artificial General Intelligence |
| AI | Artificial Intelligence (Künstliche Intelligenz) |
| API | Application Programming Interface (Anwendungsprogrammierschnittstelle) |
| ARPAnet | Advanced Research Projects Agency Network |
| AWS | Amazon Web Services |
| B2B | Business-to-Business |
| B2B2C | Business-to-Business-to-Consumer |
| B2C | Business-to-Consumer |
| BI | Business Intelligence |
| CAGR | Compound Annual Growth Rate |
| CCPA | California Consumer Privacy Act |
| CDO | Chief Data Officer |
| CDSS | Clinical Decision Support Systems |
| CEO | Chief Executive Officer |
| CEST | Central European Summer Time |
| ChatGPT | Chat Generative Pre-trained Transformer |
| CI/CD | Continuous Integration/Continuous Delivery |
| CIO | Chief Information Officer |
| CISO | Chief Information Security Officer |
| CMDB | Configuration Management Database |
| CNN | Convolutional Neural Networks |
| CORBA | Common Object Request Broker Architecture |
| CPU | Central Processing Unit |

---

[1] Auf detaillierte Erläuterungen der Begriffe wird an dieser Stelle im Buch verzichtet, da zu Zeiten von GenAI diese selbständig und nach individuellen Erläuterungsbedarfen nachgeschlagen werden können.

| | |
|---|---|
| CRM | Customer Relationship Management |
| CSP | Cloud Service Provider |
| CSV | Comma Separated Values |
| CTO | Chief Technology Officer |
| CX | Customer Experience |
| DACH | Deutschland, Österreich, Schweiz |
| DAI | Distributed AI |
| DDoS | Distributed Denial of Service |
| DevOps | Development and Operations |
| DevSecOps | Development, Security, and Operations |
| DNA | Desoxyribonukleinsäure |
| DORA | Digital Operational Resilience Act |
| DSGVO | Datenschutz-Grundverordnung |
| E2E | End-to-End |
| EBA | European Banking Authority |
| ERP | Enterprise Resource Planning |
| ESB | Enterprise Service Bus |
| ESG | Environmental, Social, Governance |
| ETL | Extract, Transform, Lead |
| EU | Europäische Union |
| FinOps | Financial Operations |
| FuE | Forschung und Entwicklung |
| GAN | Generative Adversarial Network |
| GCP | Google Cloud Platform |
| GDPR | General Data Protection Regulation |
| GenAI | Generative AI |
| GPT | Generative Pre-trained Transformer |
| GPU | Graphical Processing Unit |
| HPC | High Performance Computing |
| HP | Hewlett-Packard |
| HTTP | Hypertext Transfer Protocol |
| IaaS | Infrastructure as a Service |
| IaC | Infrastructure as Code |
| IAM | Identity and Access Management |
| ICoE | Integration Center of Excellence |
| IDC | International Data Corporation |
| IDS | Intrusion Detection System |
| IDPS | Intrusion Detection and Prevention System |
| IoT | Internet of Things |
| IP | Internet Protocol |
| IPS | Intrusion Prevention System |

| | | |
|---|---|---|
| ISP | Internet Service Provider | |
| IT | Informationstechnologie | |
| JSON | JavaScript Object Notation | |
| JWT | JSON Web Token | |
| KMU | Kleine und mittlere Unternehmen | |
| KPI | Key Performance Indicator | |
| LLM | Large Language Model | |
| MLaaS | Machine-Learning-as-a-Service | |
| MFA | Multi-Faktor-Authentifizierung | |
| MVP | Minimum Viable Product | |
| NIPS | Netzwerkbasiertes IPS | |
| NIST | National Institute of Standards and Technology | |
| NLP | Natural Language Processing | |
| OEM | Original Equipment Manufacturer | |
| OKR | Objectives and Key Results | |
| OT | Operational Technology | |
| PaaS | Platform-as-a-Service | |
| PDU | Power Distribution Unit | |
| PLM | Product Lifecycle Management | |
| RAG | Retrieval-Augmented Generation | |
| REST | Representational State Transfer | |
| ROI | Return on Investment | |
| RPA | Robotic Process Automation | |
| RPC | Remote Procedure Call | |
| RZ | Rechenzentrum | |
| SaaS | Software as a Service | |
| SAFe | Scaled Agile Framework | |
| SaC | Security as Code | |
| SASE | Secure Access Service Edge | |
| SDI | Software-Defined-Infrastructure | |
| SDN | Software-Defined Networking | |
| SIEM | Security Information and Event Management | |
| SIAM | Service Integration and Management | |
| SLM | Short Language Model | |
| SOA | Service Oriented Architecture | |
| SOC | Security Operations Center | |
| SSBI | Self-Service BI | |
| SSL | Self-Supervised Learning | |
| TaaS | Technology as a Service | |
| TLS | Transport Layer Security | |
| TPU | Tensor Processing Unit | |

| | |
|---|---|
| TWh | Terawattstunde |
| USD | US-Dollar |
| VM | Virtuelle Maschine |
| VPN | Virtual Private Network |
| XML | Extensible Markup Language |
| XSS | Cross-Site Scripting |
| ZTA | Zero-Trust-Architektur |
| ZTNA | Zero-Trust-Network Access |

# Abbildungsverzeichnis

| | | |
|---|---|---|
| Abb. 2.1 | Vom Algorithmus zum Use Case – Eine Definition | 11 |
| Abb. 2.2 | Entwicklungsprozess der AI-Modellentwicklung | 11 |
| Abb. 2.3 | Spielarten und Entwicklungsformen von künstlicher Intelligenz | 12 |
| Abb. 2.4 | Fähigkeiten und Einsatzfelder von künstlicher Intelligenz | 14 |
| Abb. 2.5 | Generative AI Technologie-Stack | 16 |
| Abb. 2.6 | Make-or-Buy-Mix im Kontext Generative AI | 17 |
| Abb. 2.7 | AI Deployment-Varianten | 18 |
| Abb. 2.8 | Erklärung zur Allgemeinen Künstlichen Intelligenz laut ChatGPT, 30.Mai 2025 | 21 |
| Abb. 2.9 | Business Modelle in der Daten-Ökonomie | 24 |
| Abb. 2.10 | Beispiel einer datengetriebenen Unternehmensarchitektur | 29 |
| Abb. 2.11 | Modell der geteilten Verantwortlichkeiten zwischen Unternehmen und Cloud Provider | 40 |
| Abb. 3.1 | Entwicklung moderner IT-Infrastrukturen | 50 |
| Abb. 3.2 | Schlüsselkomponenten moderner IT-Infrastrukturen | 53 |
| Abb. 3.3 | API Basics – Software-Schnittstellen für eine digitale Welt | 55 |
| Abb. 3.4 | API-Dokumentation zur Verwaltung virtueller Maschinen in Microsoft Azure | 57 |
| Abb. 3.5 | Architekturen Cloud-basierter Data Lakes | 65 |
| Abb. 3.6 | Das ABC Framework | 74 |
| Abb. 4.1 | Die drei Horizonte der Digitalen Transformation | 81 |
| Abb. 4.2 | Transformatorische Werthebel | 82 |
| Abb. 4.3 | Verzahnung von Entwicklung, Lifecycle und Kundenerlebnis | 86 |
| Abb. 4.4 | Schlüsselkennzahlen in der ganzheitlichen datengetriebenen Performance-Steuerung | 87 |
| Abb. 4.5 | Entwicklungsstufen der Datenanalyse | 88 |
| Abb. 4.6 | Übersicht der End-to-End-Geschäfts-, Führungs- und Unterstützungsprozesse | 91 |

| | | |
|---|---|---|
| Abb. 4.7 | Übersicht der ABC/Digital-Capabilities | 92 |
| Abb. 4.8 | Agile Frameworks | 104 |
| Abb. 4.9 | Regulatorische Anforderungen | 113 |
| Abb. 4.10 | Ausgewählte ABC-relevante Zertifizierungen | 115 |
| Abb. 4.11 | Digitalisierung von Geschäftsmodellen (Osterwalder & Pigneur, 2010) | 117 |
| Abb. 4.12 | Reifegrade von Smart Connected Products (Porter & Heppelmann, 2014) | 118 |
| Abb. 4.13 | Digitale Produkte & Services entlang der kundenseitigen Wertschöpfungskette | 119 |
| Abb. 4.14 | Digital Business Model Patterns (Gassmann, Frankenberger, & Choudury, 2021) | 120 |
| Abb. 4.15 | Die richtige Art von Digitalpartnerschaften und Ökosystemen finden | 126 |
| Abb. 4.16 | Voraussetzungen | 132 |
| Abb. 4.17 | Schritte entlang des ABC-Transformationspfads | 141 |
| Abb. 5.1 | Additive Fertigung und Digitalisierung als Basis neuer Geschäftsmodelle | 155 |
| Abb. 5.2 | Koordination des virtuellen Lagers mit vorhandenen CAD-Daten mithilfe von AI | 157 |
| Abb. 5.3 | Koordination des virtuellen Lagers mit vorhandenen CAD-Daten mithilfe von AI | 158 |
| Abb. 5.4 | Bionischer Lüfter (links Pressefoto, mittig wesentliche Produktverbesserungen, rechts Details des bionisch optimierten Lüfterrads) | 175 |
| Abb. 5.5 | Ergebnisraum generativer und prädiktiver KI für die Fallstudie 2 (links Ergebnisraum der generativen und prädiktiven KI, mittig oben wesentliche Produktverbesserungen, rechts Details des optimierten Bauteils) | 176 |
| Abb. 5.6 | Aufforstungsprojekt „Central Kalimantan" auf der Insel Borneo, Indonesien | 191 |
| Abb. 5.7 | Bäume pflanzen ist harte, aber auch sehr erfüllende, Handarbeit | 192 |
| Abb. 5.8 | Die TREEO Technologie aus Anwendersicht | 193 |
| Abb. 5.9 | TREEO Erfolg in Kennzahlen ausgedrückt | 193 |
| Abb. 5.10 | TREEO Systemarchitektur auf GCP mit API Orchestrierung | 194 |
| Abb. 5.11 | TREEO App in der Anwendungspraxis im tropischen Regenwald in Uganda | 195 |
| Abb. 5.12 | TREEO verknüpft einen Zwei-Seiten-Markt über digitale Geschäftsprozesse | 198 |
| Abb. 5.13 | Dr. Friedemann Stock, Nachhaltigkeitsbeauftragter STIHL, im Podcast | 200 |

| | | |
|---|---|---|
| Abb. 5.14 | Durch die offene Bereitstellung der ML-Algorithmen können diese in die Elektronik des Kunden integriert werden und die Daten können zusammen mit allen anderen Informationen in der vom Kunden präferierten Cloud-Lösung ausgewertet werden | 231 |
| Abb. 5.15 | Erfolgreiche Business Use Cases auf Basis einer stringenten Daten- und Cloud-Strategie | 238 |

# Tabellenverzeichnis

| | | |
|---|---|---|
| Tab. 2.1 | Lernstile im Kontext von AI | 10 |
| Tab. 2.2 | GenerativeAI Use Cases nach Unternehmensbereichen | 19 |
| Tab. 2.3 | Übersicht über unterschiedliche Datentypen | 26 |
| Tab. 2.4 | Übersicht, Merkmale und Beispiele unterschiedlicher Datenökosysteme | 28 |
| Tab. 2.5 | Vergleich von Data Warehouse vs. Data Lake vs. Data Lakehouse | 30 |
| Tab. 2.6 | Eigenschaften von Cloud Computing (NIST Definition) | 36 |
| Tab. 2.7 | Cloud Service Modelle im Überblick | 37 |
| Tab. 2.8 | Cloud Deployment Modelle im Vergleich | 38 |
| Tab. 3.1 | Beispielhafte HTTP-Methoden bei REST-APIs | 55 |
| Tab. 4.1 | Regulatorische Anforderungen des EU AI Act | 114 |
| Tab. 4.2 | Rollen im Kontext des ABC Value Offices und deren Zielbeitrag | 138 |
| Tab. 4.3 | Vergleich von unterschiedlichen Implementierungsstilen des ABC Value Offices | 139 |

# 1 Einführung in das ABC der Digitalisierung – Technische Tiefe trifft geschäftliche Anwendung

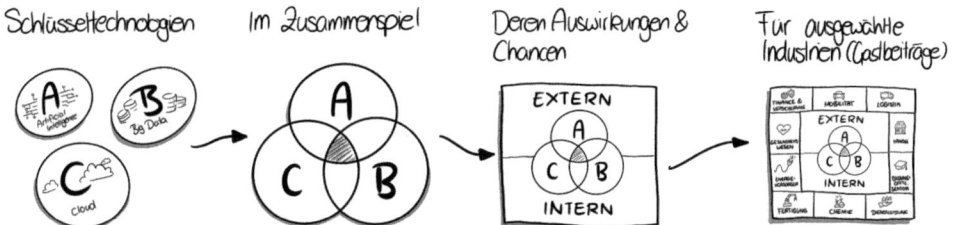

Wir befinden uns in einer Zeit des beispiellosen digitalen Wandels. Digitalisierung ist längst kein Trend mehr, sondern entscheidet über die Wettbewerbsfähigkeit und Zukunftsfähigkeit von Unternehmen. Führungskräfte und Entscheider stehen dabei vor einer doppelten Herausforderung: Sie müssen einerseits die technologischen Grundlagen verstehen, um fundierte Entscheidungen treffen zu können, andererseits aber auch die konkreten geschäftlichen Anwendungen und Transformationspotenziale erkennen und nutzen.

Die drei Schlüsseltechnologien Artificial Intelligence (AI), Big Data und Cloud Computing bilden zusammen das „ABC der Digitalisierung" und sind die essenzielle Grundlage für diesen digitalen Wandel. Sie sind mehr als nur Technologien. Sie sind strategische Enabler, die Unternehmen dabei unterstützen, datengetriebene Innovationen voranzutreiben, operative Effizienz zu steigern und neue digitale Angebote zu entwickeln. Das Zusammenspiel dieser Technologien eröffnet Möglichkeiten, die über die Summe ihrer Einzelteile weit hinausgehen.

Mit diesem Buch wagen wir bewusst den Spagat zwischen technischem Tiefgang und praxisorientierter Anwendung. Dabei fokussieren wir uns nicht auf technische Spezifika, sondern auf strategische Zusammenhänge, die damit einhergehenden Synergiepotenziale

© Der/die Autor(en), exklusiv lizenziert an Springer Fachmedien Wiesbaden GmbH, ein Teil von Springer Nature 2025
J. Sommer et al., *Das ABC der Digitalisierung für Entscheider*,
https://doi.org/10.1007/978-3-658-49375-2_1

und deren praktische Anwendungsfelder. Wir beleuchten das ABC der Digitalisierung aus komplementären Blickwinkeln: Mit dem technologischen Verständnis, das Einblicke in Funktionsweisen und technische Potenziale gibt, und mit der unternehmerischen Perspektive, die aufzeigt, wie diese Technologien Prozesse optimieren, Geschäftsmodelle transformieren und neue Wertschöpfungspotenziale erschließen.

Diese Transformation bringt Herausforderungen, aber vor allem auch enorme Chancen. Unternehmen, die AI, Big Data und Cloud gezielt einsetzen, können Innovationen vorantreiben, neue Märkte erschließen und ihre Wettbewerbsfähigkeit langfristig sichern. Die Risiken des Nicht-Handelns wiegen dabei deutlich schwerer als die Herausforderungen der Transformation. Wer zögert, wird nicht nur Effizienzgewinne verpassen, sondern langfristig Marktanteile an digitale Vorreiter verlieren.

Um diese Möglichkeiten erfolgreich zu nutzen, sind nicht nur Mut und Innovationskraft gefragt, sondern vor allem auch die Fähigkeit, eine Kultur der kontinuierlichen Verbesserung zu schaffen – eine Kultur, die Neugierde, Zusammenarbeit und die Bereitschaft, neue Wege zu gehen, fördert. Führungskräfte und Entscheider müssen ihre Teams auf die digitale Zukunft vorbereiten und gemeinsam die digitale Transformation gestalten.

Dieses Buch nimmt Sie mit auf eine strukturierte Reise durch die Welt der digitalen Transformation:

- **Die Schlüsseltechnologien der Digitalisierung:** Wir beginnen mit einem Überblick über AI, Big Data und Cloud – ihre Grundlagen, Entwicklung und individuellen Potenziale.
- **A, B, C – Das technologische Zusammenspiel:** Im zweiten Teil beleuchten wir, wie diese Technologien ineinandergreifen, sich gegenseitig verstärken und Synergien genutzt werden können – hier liegt der eigentliche Mehrwert des ABC-Frameworks.
- **Auswirkungen und Chancen für Unternehmen:** Anschließend zeigen wir die konkreten internen und externen Effekte auf Organisationen und ihre Geschäftsmodelle.
- **Branchenspezifische Anwendungen:** Expert:innen aus verschiedenen Industrien teilen in Gastbeiträgen ihre Erfahrungen und zeigen praktische Anwendungen.
- **Ausblick und Checkliste für die eigene Standortbestimmung:** Abschließend werfen wir einen Blick auf die Zukunft des ABCs und was Unternehmen erwarten können. Ein praktisches Tool zur Selbstevaluation hilft Ihnen zudem, den digitalen Reifegrad Ihres Unternehmens zu bestimmen.

Unser Ziel ist es, eine Verbindung herzustellen zwischen technologischem Fachwissen und praktischer Anwendung, zwischen visionären Konzepten und konkreter Umsetzung, zwischen den Möglichkeiten von heute und den Potenzialen von morgen. Denn nur wer beide Seiten versteht, kann die Digitalisierung nicht nur als notwendige Entwicklung begreifen, sondern als strategischen Hebel für nachhaltigen Organisationserfolg nutzen.

Die Digitalisierung eröffnet Unternehmen, die bereit sind, sich auf den Wandel einzulassen, außergewöhnliche Möglichkeiten. Dieses Buch wird Ihnen das notwendige Wissen, die nötigen Einsichten und die richtigen Werkzeuge an die Hand geben, um diesen Wandel erfolgreich zu meistern.

Wir wünschen Ihnen spannende Erkenntnisse und viel Erfolg bei Ihrer digitalen Transformationsreise! Der Schlüssel zum Erfolg liegt letztlich im Handeln – im „Einfach-mal-Machen". Denn die beste Strategie bleibt wirkungslos, wenn sie nicht umgesetzt wird. Packen wir es an!

# Die Schlüsseltechnologien der Digitalisierung – AI, Big Data und Cloud im Überblick

## Inhaltsverzeichnis

2.1 A wie Artificial Intelligence (AI) – Automatisierung und Innovation im 21. Jahrhundert . 6
    2.1.1 Die AI Evolution – aus der akademischen Nische auf die CEO-Agenda . . . . . . . . 6
    2.1.2 Definitionen, Spielarten und Funktionsweisen von AI . . . . . . . . . . . . . . . . . . . . . 9
    2.1.3 Fähigkeiten und Einsatzfelder von AI – Von Automatisierung bis Robotik . . . . . . 13
    2.1.4 AI Technologien im Praxiseinsatz – Zusammenspiel von Algorithmen und Hardware . . . . . . . . . . . . . . . . . . . . . . . . . . . . . . . . . . . . . . . . . . . . . . . . . . . 16
    2.1.5 Generative AI und Large Language Models – nächste Generation der AI . . . . . . . 18
2.2 B wie Big Data – Daten als Rohstoff des digitalen Zeitalters . . . . . . . . . . . . . . . . . . . . . . 22
    2.2.1 Das datengetriebene Unternehmen – Daten als Produkt und Produktionsfaktor . . 22
    2.2.2 Datentypen und Datenökosysteme . . . . . . . . . . . . . . . . . . . . . . . . . . . . . . . . . . 26
    2.2.3 Dateninfrastruktur und Plattformen für Skalierbarkeit und Echtzeitverarbeitung. . 28
    2.2.4 Data Governance und DataOps . . . . . . . . . . . . . . . . . . . . . . . . . . . . . . . . . . . . 31
    2.2.5 Analytics & AI für datenbasierte Entscheidungsfindung und Problemlösung . . . . 33
2.3 C wie Cloud – Betriebssystem und Infrastruktur der Digitalisierung . . . . . . . . . . . . . . . . 34
    2.3.1 Die Cloud als Betriebssystem von Internet, Digitalisierung und Organisations-IT 34
    2.3.2 Cloud Charakteristika und Servicemodelle . . . . . . . . . . . . . . . . . . . . . . . . . . . . 35
    2.3.3 Zusammenspiel von Cloud und moderner Softwareentwicklung . . . . . . . . . . . . . 37
    2.3.4 Evolution der Cloud-Plattformen und Provider-Landschaft . . . . . . . . . . . . . . . . 41
    2.3.5 Cloud im Organisationseinsatz – IT-Transformation und digitale Innovation. . . . . 43
Literatur . . . . . . . . . . . . . . . . . . . . . . . . . . . . . . . . . . . . . . . . . . . . . . . . . . . . . . . . . . . . . . 44

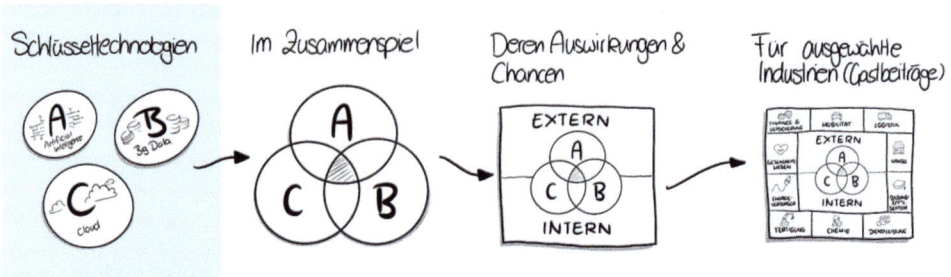

Im Jahr 2025 ist das Internet für die meisten Entscheider in Europa kein „Neuland" mehr, wie die ehemalige deutsche Bundeskanzlerin Merkel während einer Pressekonferenz mit Barack Obama im Jahr 2023 noch konstatierte. Die europäische Wirtschaft und auch Politik befinden sich derzeit mitten in der Hochphase des digitalen Wandels. Das Internet ist zum neuen Betriebssystem von Wirtschaft und Gesellschaft geworden, das nahezu alle Lebensbereiche und Geschäftsmodelle in rasanter Geschwindigkeit transformiert. Ein Verständnis für die grundlegenden Technologien und Paradigmen des digitalen Zeitalters ist für Entscheider unverzichtbar, um die Veränderungen der Rahmenbedingungen in den Märkten antizipieren zu können sowie das eigene strategische Handeln erfolgreich an die Regeln des digitalen Zeitalters anzupassen. In der Folge werden daher die Basistechnologien AI, Big Data und Cloud näher erläutert.

## 2.1 A wie Artificial Intelligence (AI) – Automatisierung und Innovation im 21. Jahrhundert

### 2.1.1 Die AI Evolution – aus der akademischen Nische auf die CEO-Agenda

Genau 75 Jahre nach der Erfindung des berühmten „Turing Test" (1950) haben AI-basierte Systeme einen Reifegrad erreicht, der eine Unterscheidung zwischen Mensch und Maschine in entsprechenden Testsituationen immer schwieriger erscheinen lässt. Die kognitive, kommunikative und kreative Performance moderner AI-Systeme und Chatbots auf Basis sogenannter „Large Language Models" (LLMs) hat für viele Unternehmen und Branchen einen disruptiven Charakter. Denn immer mehr Tätigkeiten, die originär menschliche Fähigkeiten, wie Spracherkennung, Lernfähigkeit, Wissensbildung oder Verständnis für Emotionen und Mimik notwendig machen, können heute auch von gut trainierten AI-Systemen übernommen werden. Dies eröffnet ungeahnte Innovationschancen und ein erhebliches Produktivitätspotenzial, gerade in Volkswirtschaften und Branchen, die mit Fachkräftemangel und Nachwuchsproblemen zu kämpfen haben. Laut einer aktuellen McKinsey Studie beläuft sich das globale Produktivitätspotential von AI auf 2,6 bis 4,4 Billionen USD pro Jahr (McKinsey, 2025).

Nach der Vorstellung des „Turing-Test" (Turing, 1950) fand 1956 die Dartmouth Conference (Dartmouth College, o. J.) statt und wurde zur Geburtsstunde der AI. Eingeladen hatten die AI-Pioniere und Mathematiker John McCarthy, Marvin Minsky, Nathaniel Rochester und Claude Shannon, deren Grundlagenforschung sowie Namen, auch heute noch Relevanz in der Weiterentwicklung moderner AI-Systeme oder auch der Produktbezeichnung von LLMs haben (Beispiel der AI-Assistant „Claude" der Firma Anthropic (Anthropic, (o. J.)). Den initialen Begriff „Machine Learning" prägte Arthur Samuel 1959 durch sein selbstlernendes Dame-Programm, während Joseph Weizenbaum 1965 ein frühes textbasiertes Chatbot-Programm namens „ELIZA" entwickelte.

In den 1970er und 1980er Jahren entwickelten sich erste wissensbasierte AI-Lösungen und die sogenannten Expertensysteme. Der Grundstein für die heutigen AI-Modelle und den Aufstieg des maschinellen Lernens und der neuronalen Netze wurde im Zeitraum von 1990–2010 gelegt und maßgeblich von den Forschern John Hopfield und Geoffrey Hinton beeinflusst. Deren Beitrag zur Entwicklung des heutigen „Deep Learning" kann nicht hoch genug bewertet werden. So erhielten die beiden Forscher im Oktober 2024 den Nobelpreis in Physik für ihre bahnbrechenden Leistungen in der Entwicklung der modernen AI.

Auf dieser theoretischen Grundlage konnte sich im Zeitraum von 2010 bis 2025 das „Deep Learning" und die „generative AI" (auch GenAI) entwickeln, die in Form sogenannter „LLM" (Large Language Model) vollkommen neue Fähigkeiten ausgeprägte und in den kommenden Jahren vor allem die kommerzielle Nutzung von AI und den produktiven Einsatz in den Unternehmen weltweit bestimmten wird.

Parallel zur Weiterentwicklung der AI-Modelle und Algorithmen sorgten vor allem die Verfügbarkeit von Trainingsdaten und nahezu unbegrenzte Rechenleistung aus der Cloud, für eine sprunghafte Weiterentwicklung der AI – und zwar im Hinblick auf die Leistungsfähigkeit der AI-Systeme sowie auch deren Verbreitung innerhalb der Unternehmen und Technologiebranche.

Ab 2017 entstanden so die sogenannten „Transformer-Modelle" (Vaswani et al. 2017), die mit hunderten Millionen vor-trainierten Parametern extrem leistungsstark eine ganze Reihe unterschiedlicher Aufgaben lösen konnten (Recherche, Textzusammenfassung, Textgenerierung, Bildgenerierung, Analyse und Erstellung von Software-Code etc.). Das Unternehmen OpenAI veröffentlichte ab 2019 mit GPT2 ein Sprachmodell mit über 1,5 Mrd. Parametern. Breite mediale Aufmerksamkeit und eine extrem hohe Nachfrage erhielt OpenAI dann im November 2022, als mit „ChatGPT" ein Chatbot angeboten wurde, welcher die Interaktion mit dem 175 Mrd. Parameter-starken AI-Modell (Basis GPT 3.5) sehr intuitiv gestaltete. Die einfache Bedienung über das Chatfenster im Browser oder die mobile App sorgen in Kombination mit der Faszination der Nutzer für die beeindruckenden Ergebnisse für 200 Mio. monatliche Nutzer (Zeit Online, 2024) sowie mehrere Milliarden monatliche Zugriffe auf die ChatGPT-Website (Wikipedia, o. J.).

Neben OpenAI bieten auch die meisten der globalen Tech-Konzerne, wie z. B. Microsoft, Amazon, Google, Facebook oder Tencent, vergleichbare Chatbots an. Die zugrunde liegenden AI-Modelle in Form von großen Sprachmodellen (LLMs) sind meist über entsprechende Schnittstellen (APIs) oder als Open Source-Varianten für externe Softwareentwickler zugänglich und nutzbar. Auf diese Weise ist innerhalb von nur 3 Jahren ein Ökosystem aus tausenden GenAI-basierten Lösungen und Tools entstanden. Unternehmen, egal ob Startup, KMU oder Großkonzern, finden heute für nahezu alle möglichen Einsatzwecke eine passende AI-Lösung, um ihre Prozesse zu automatisieren oder die Innovationskraft zu stärken. Dabei ist, anders als noch vor 5 Jahren, nur noch wenig tiefgründiges Wissen über die Funktionsweise von tiefen neuronalen Netzen nötig. Diese können von „normalen" Softwareentwicklern und Datenanalysten nahezu „out-of-the-box" genutzt und in die eigenen Applikationen integriert werden.

Die massiven Investitionen der globalen Technologie- und Cloud-Konzerne über mehrere hundert Milliarden USD in die Erweiterung ihrer weltweiten Rechenzentrumskapazitäten legen aktuell die Grundlage für einen anhaltenden AI-Boom in Wirtschaft, Gesellschaft und öffentlicher Verwaltung. Da sowohl das Training als auch die Nutzung von AI (Inferencing) viel Rechenleistung und Energie benötigt, sind ausreichende Rechenzentrumskapazitäten und spezialisierte Hardware (GPUs) eine wichtige Voraussetzung. Vor diesem Hintergrund haben auch eine Vielzahl an staatlichen und supranationalen Akteuren, wie die USA, China, die EU oder auch Saudi Arabien, große Investitionsoffensiven angekündigt bzw. gestartet. Hochspezialisierte Computerchips, wie GPUs und TPUs, sind zum Gegenstand von wirtschaftspolitischen Auseinandersetzungen geworden. Als Marktführer für GPU-basierte Rechner ist nvidia an der Börse mit rund 3 Billionen USD eines der drei wertvollsten Unternehmen der Welt (WirtschaftsWoche, 2025). Hinzukommen die milliardenschweren Investments der Venture Capital Firmen in schnell wachsende AI-Software Companies.

Es lässt sich konstatieren, dass ein weiterer „AI Winter" eher unwahrscheinlich ist. Selbst wenn es zu Korrekturen bei den Markt- und Börsenbewertungen kommen sollte, bleibt die strategische Relevanz von AI im Hinblick auf die Investitionen, Energie- und Rechenzentrumsinfrastruktur sowie die Innovationskraft von Unternehmen und Volkswirtschaften bestehen. Ein Zurück in die „prähistorische" Zeit vor ChatGPT erscheint unwahrscheinlich. Viel eher werden sich die wirtschafts- und gesellschaftspolitischen Diskussionen, um die disruptiven Kräfte von AI intensivieren. Gerade die Fortschritte bei multimodalen und selbstlernenden AI-Systemen lassen die Innovationsmöglichkeiten in der Zukunft nur grob erahnen.

So gilt vor allem für Entscheider in Unternehmen – „AI is here to stay". Moderne Spielformen von AI bieten nicht nur ungeahnte Innovationsmöglichkeiten in der Medizin, der autonomen Mobilität, dem Militär, der Materialwissenschaft oder Automation von Geschäftsprozessen. Auch werden AI und Robotik eine fundamentale Rolle im Hinblick auf die Bewältigung des Fachkräftemangels in alternden Gesellschaften spielen und die Personalpolitik vieler Unternehmen maßgeblich prägen. Um die Innovations- und Automatisierungspotenziale einschätzen und im eigenen Unternehmen heben zu können, werden im weiteren Verlauf die Spielarten und Einsatzfelder von AI im Organisationskontext beschrieben.

### 2.1.2 Definitionen, Spielarten und Funktionsweisen von AI

AI-Systeme und -Lösungen sind ein Zusammenspiel von unterschiedlichen Komponenten. In der Regel bilden Algorithmen bestimmter Klassen (vgl. Tab. 2.1), die mit einem bestimmten Lernstil trainiert und optimiert werden, die funktionale Basis für einen spezifischen Use Case. Wichtig zu beachten ist, dass in der Realität meist eine ganze Reihe von Algorithmen und Verfahren eingesetzt werden, um eine Funktionen bzw. einen Use Case vollständig abzudecken. Hinzu kommt in der Anwendungspraxis noch die Frage des Inferencing und möglicherweise auch der Hardware. Sprich, auf welcher Form von Endgerät wird die AI-Lösung ausgeführt. Handelt es sich dabei um eine App auf dem Smartphone, einen virtuellen Server in der Cloud, eine Fertigungsanlage an einem fernen Produktionsstandort oder um ein autonomes Fahr- oder Flugzeug? (vgl. Abb. 2.1).

**Beispiel**
Im Kontext des autonomen Fahrens kann dies bedeuten, dass zur Objekt-, Spur- oder Verkehrszeichenerkennung ein neuronales Netz, wie z. B. Convolutional Neural Networks (CNN) oder Vision Transformer, zum Einsatz kommt, welches mit einer großen Mengen an gelabelten Daten (Bilder, Sensor-Daten) im Modus des Supervised Learning (Überwachtes Lernen) trainiert wird. So lernt das neuronale Netz, Fußgänger auf Basis von annotierten Bildern aus LiDAR- oder Kamerasystemen zu erkennen.

Um hingegen Anomalien im Fahrverhalten erkennen zu können, lassen sich Algorithmen auch im Modus des Unsupervised Learning (Unüberwachtes Lernen) trainieren, indem sie ungewöhnliche Verkehrssituationen anhand von Sensordaten-Clustern identifizieren. Die Mustererkennung durch den Algorithmus funktioniert somit auch ohne ein explizites Labeling bzw. vorherige Markierung der Daten.

**AI Lernstile**
Die Vielfalt der AI-Lernstile lässt sich anhand folgender Tabelle erkennen. Diese Lernstile werden je nach Anwendungsbereich kombiniert, um leistungsfähige AI-Systeme zu konzipieren. Der Entwicklung der passenden Lernstrategien sowie deren kontinuierlicher Optimierung kommt ein hoher Stellenwert zu, da das Training und Re-Training gerade größerer Sprachmodelle (LLMs) erhebliche Rechenleistung und Energiemengen beansprucht.

Die Entwicklung eines AI-Modells verläuft idealtypisch in folgenden Prozessschritten ab (siehe Abbildung unten). In der aktuellen Organisationspraxis werden vermehrt bestehende LLMs genutzt und lediglich auf den eigenen Datenbeständen eingesetzt, nach-trainiert und

**Tab. 2.1** Lernstile im Kontext von AI

| Lernstile im Kontext von AI |
|---|
| **Überwachtes Lernen (Supervised Learning)** |
| • **Beschreibung:** Das Modell wird mit gelabelten Daten trainiert (Eingaben mit bekannten Ausgaben)<br>• **Anwendung:** Bilderkennung, Sprachverarbeitung, Betrugserkennung<br>• **Beispiel:** Ein Algorithmus lernt, Katzen und Hunde auf Bildern zu unterscheiden |
| **Unüberwachtes Lernen (Unsupervised Learning)** |
| • **Beschreibung:** Das Modell erkennt Muster und Strukturen in unlabeled Daten<br>• **Anwendung:** Clustering, Anomalieerkennung, Datenkompression<br>• **Beispiel:** Ein Algorithmus gruppiert Kunden basierend auf Kaufverhalten |
| **Verstärkendes Lernen (Reinforcement Learning, RL)** |
| • **Beschreibung:** Ein Agent lernt durch Belohnungen und Bestrafungen, indem er mit einer Umgebung interagiert<br>• **Anwendung:** Autonomes Fahren, Robotik, Spiele (z. B. AlphaGo)<br>• **Beispiel:** Ein selbstfahrendes Auto lernt, sicher durch den Verkehr zu navigieren |
| **Imitationslernen (Imitation Learning)** |
| • **Beschreibung:** Das Modell lernt durch Beobachtung menschlicher Handlungen und deren Nachahmung<br>• **Anwendung:** Autonomes Fahren, Robotik, Videospiel-AIs<br>• **Beispiel:** Ein AI-gesteuerter Roboter lernt von menschlichen Bewegungen |
| **Selbstüberwachtes Lernen (Self-Supervised Learning, SSL)** |
| • **Beschreibung:** Eine Form des unüberwachten Lernens, bei der das Modell selbst Labels generiert<br>• **Anwendung:** NLP (z. B. GPT, BERT), Computer Vision<br>• **Beispiel:** Ein Modell vervollständigt fehlende Teile eines Textes oder Bildes |
| **Semi-überwachtes Lernen (Semi-Supervised Learning)** |
| • **Beschreibung:** Kombination aus überwachten und unüberwachten Lernmethoden<br>• **Anwendung:** Wenn nur ein Teil der Daten gelabelt ist (z. B. medizinische Diagnosen)<br>• **Beispiel:** Ein Modell lernt mit wenigen gelabelten und vielen ungelabelten Bildern |
| **Online- und Echtzeitlernen (Online & Real-Time Learning)** |
| • **Beschreibung:** Das Modell wird kontinuierlich mit neuen Daten aktualisiert<br>• **Anwendung:** Finanzprognosen, Echtzeitanalysen<br>• **Beispiel:** Eine Börsen-AI passt sich laufend an Marktbewegungen an |

optimiert. Somit entfällt der Schritt der Entwicklung eigener Modelle, was den „Time to Market" für AI-Lösungen deutlich reduziert (Abb. 2.2).

**Von Machine Learning über Deep Learning bis zur Generative AI**
Die definitorische Abgrenzung der verschiedenen Spielarten von künstlicher Intelligenz fällt derzeit nicht leicht. Je nach Herkunft, Perspektive und Verfahren lassen sich Systeme

## 2.1 A wie Artificial Intelligence (AI) – Automatisierung ...

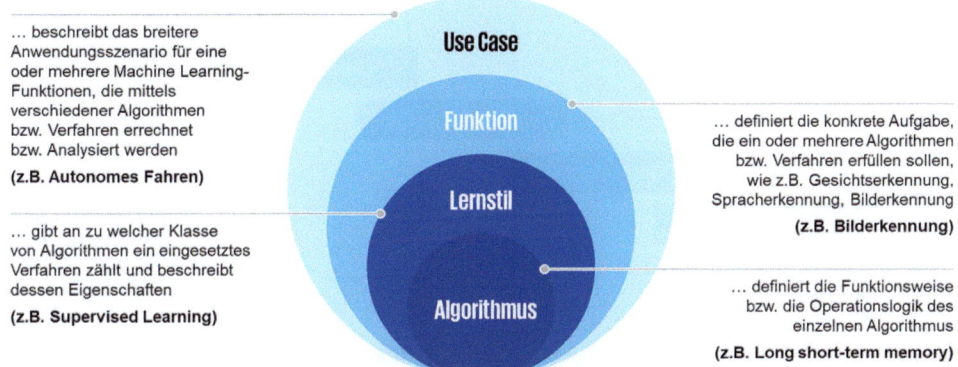

**Abb. 2.1** Vom Algorithmus zum Use Case – Eine Definition

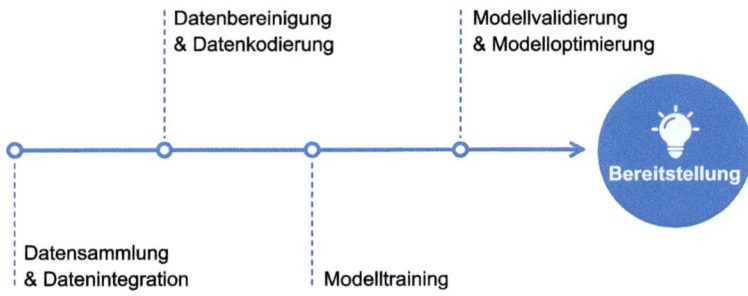

**Abb. 2.2** Entwicklungsprozess der AI-Modellentwicklung

den unterschiedlichen Begriffen Machine Learning, Deep Learning, Cognitive Computing oder Generative AI (GenAI) zuordnen. Für eine vereinfachende Abgrenzung lassen sich die Dimensionen „Clarity of Purpose" (Klarheit/Präzision des Einsatzzwecks bzw. der Aufgabe) sowie „Degree of Autonomy" (Grad der Autonomie) heranziehen.

Derzeit ist ein Großteil der Machine-Learning-basierten Systeme auf eine spezielle Aufgabe hin entwickelt, trainiert und optimiert. Dies kann beispielsweise das Erkennen von fehlerhaften Produkten im Rahmen der Qualitätskontrolle eines Fertigungsprozesses sein. Diese Systeme haben demnach einen klar umrissenen Einsatzzweck und wenig bis keine Autonomie (Abb. 2.3).

**Deep Learning**
Deep-Learning-basierte Systeme hingegen weisen darüber hinaus die Möglichkeit des eigenständigen und tiefen Lernens auf. Aufgabenstellungen, die Kindern einfach erscheinen, waren für Maschinen lange Zeit eine Hürde. Dies beinhaltet beispielsweise das Erkennen von Objekten (Inhalten) auf Bildern oder auch die Spracherkennung bei der Interaktion mit

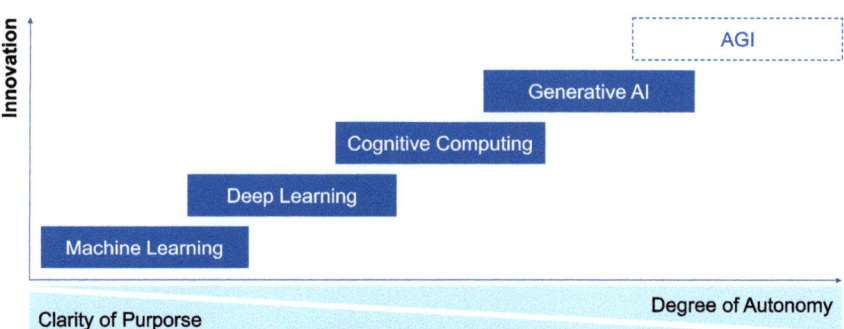

**Abb. 2.3** Spielarten und Entwicklungsformen von künstlicher Intelligenz

dem Smartphone. Deep Learning bezeichnet diese auf der Technik neuronaler Netze basierende Technologie, die es Maschinen ermöglicht, komplexe Zusammenhänge aus Daten selbstständig zu erlernen. Nun erlaubt es diese Technologie, weit mehr zu verstehen, als es bisher möglich war. Simulierte Neuronen (ähnlich denen im menschlichen Gehirn) werden in vielen Schichten hintereinander bzw. übereinander modelliert und angeordnet. Jede Ebene des Netzwerks erfüllt dabei eine kleine Aufgabe, wie beispielsweise die Erkennung von Kanten. Diese Extraktion von Merkmalen findet innerhalb der einzelnen Ebenen eigenständig statt. Die Ausgabe der einzelnen Schichten dient dann wiederum als Eingabe für die nächste Ebene. Im Zusammenspiel mit vielen qualitativ hochwertigen Trainingsdaten erlernt das Netzwerk schließlich, bestimmte Aufgaben zu erledigen.

Gerade im medizinischen Bereich brachte diese Technologie erste Erfolge, da die Diagnose von Krebszellen in Bildern durch Maschinen wesentlich schneller und effizienter durchgeführt werden konnte. Ähnlich wie Turing es beschrieb, bleibt bei diesen Verfahren der Künstlichen Intelligenz dem Menschen der Einblick in die Schichten des Netzwerks verborgen. Die Entscheidungsfindung erfolgt also allein durch die trainierten Maschinen. Deep-Learning-basierte Systeme weisen bereits einen deutlich höheren Grad an Autonomie auf und bieten vielfältige Anwendungsmöglichkeiten. Die neuronalen Netzwerke der nächsten Generation lernen nach der Initiierung selbstständig, sodass die Entscheidungsfindung von außen aktuell nur noch schwer nachvollziehbar ist.

**Cognitive Computing**
Von Cognitive Computing spricht man immer dann, wenn es sich um Systeme handelt, die als Assistenten fungieren oder anstelle von Menschen bestimmte Aufgaben übernehmen und Entscheidungen treffen. Dies ist beispielsweise beim Schadenfall-Management einer Versicherung, an einer Service-Hotline oder in der Diagnostik im Krankenhaus denkbar.

Cognitive Systems zeichnen sich primär dadurch aus, dass sie bestimmte „menschliche" Eigenschaften oder auch Entscheidungen übernehmen und mit Ambiguität sowie Unsicherheit umgehen können. Der Grad an Autonomie kann bei diesen Systemen bereits sehr hoch sein – man denke nur an kognitive Systeme im medizinischen Umfeld, die konkrete Therapieempfehlungen geben, oder an Anwendungen in der inneren Sicherheit, die über die Sicherheitsverwahrung eines Verdächtigen entscheiden.

**Generative AI**
Generative AI bezeichnet eine relativ neue Spielart von künstlicher Intelligenz, die auf Befehl („Prompt") eigenständig Inhalte wie Texte, Bilder, Musik, Videos oder Software Code erzeugen kann. Sie basiert auf modernen Machine- und Deep Learning-Modellen, insbesondere Generative Adversarial Networks (GANs) und Transformern, wie z. B. GPT oder DALL·E (mehr dazu in Abschn. 2.1.5).

**AGI – allgemeine künstliche Intelligenz**
Von wirklicher künstlicher Intelligenz (AI) bzw. Artificial General Intelligence (AGI) spricht man, wenn Maschinen über vollständige kognitive Fähigkeiten verfügen und sich nicht mehr von einem Menschen unterscheiden lassen (Turing-Test). In ihrer finalen Entwicklungsstufe haben solche AI-Systeme einen sehr hohen Grad an Selbstständigkeit erreicht. Sie treffen eigene Entscheidungen, legen Ziele und Strategien eigenständig fest und bestimmen selbst die Art und Weise ihres Lern- und Kommunikationsverhaltens. Somit sind einige der Hauptmerkmale von AGI:

- Generelle Problemlösungskompetenz – Kann neue Probleme ohne spezielle Programmierung bewältigen.
- Adaptivität & Transfer Learning – Erkennt Muster und überträgt Wissen zwischen verschiedenen Bereichen.
- Autonomie & Bewusstsein – Hat theoretisch eigene Ziele, kann planen und sich selbst verbessern.

Während Forscher und einige Deep Tech Startups an dieser Vision arbeiten, konzentrieren sich Unternehmen und deren Use Cases aktuell noch auf die bereits existierenden Formen der AI, wie Machine Learning, Deep Learning und seit kurzem Generative AI.

### 2.1.3 Fähigkeiten und Einsatzfelder von AI – Von Automatisierung bis Robotik

Künstliche Intelligenz (AI) verfügt über eine Vielzahl von Fähigkeiten, die in unterschiedlichen Bereichen Anwendung finden. Diese lassen sich in acht zentrale Kategorien unterteilen: Bild, Video, Text, Sprache, Mechanik, DNA, Code und Daten (Abb. 2.4).

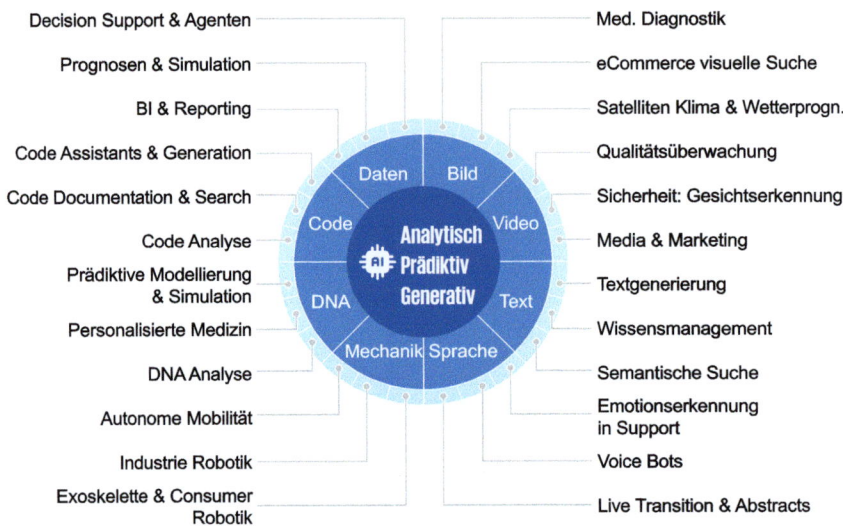

**Abb. 2.4** Fähigkeiten und Einsatzfelder von künstlicher Intelligenz

### Bild
AI-gestützte Bildverarbeitung findet breite Anwendung in der medizinischen Diagnostik, wo sie bei der Erkennung von Krankheiten auf Röntgen- oder MRT-Bildern hilft. Im eCommerce ermöglicht sie eine visuelle Suche, indem sie Produkte anhand von Bildern identifiziert. Zudem wird AI in der Satellitenanalyse und Wetterprognose eingesetzt, um Klimaveränderungen zu überwachen und Wettervorhersagen zu verbessern.

### Video
AI spielt eine entscheidende Rolle bei der Analyse und Verarbeitung von Videodaten. In der Sicherheitsbranche wird sie zur Gesichtserkennung eingesetzt, um Personen in Überwachungsvideos zu identifizieren. Zudem hilft sie bei der Qualitätsüberwachung von Produktionsprozessen, indem sie Fehler in Echtzeit erkennt. Auch im Bereich Media & Marketing ermöglicht AI die Analyse oder auch Generierung von Videos zur gezielten Kundenansprache.

### Text
Moderne AI-Modelle können Texte generieren, analysieren und verstehen. In der automatischen Textgenerierung werden Berichte, Artikel oder Zusammenfassungen erstellt. AI unterstützt zudem beim Wissensmanagement, indem sie große Mengen an Dokumenten durchsucht und relevante Informationen extrahiert. In der semantischen Suche verbessert sie die Genauigkeit von Suchanfragen, indem sie den Kontext versteht.

**Sprache**
AI-gestützte Sprachverarbeitung umfasst zahlreiche Anwendungen. Voice Bots ermöglichen eine natürliche Interaktion mit Kunden im Support. Die Echtzeit-Übersetzung und das Erstellen von Live-Übersetzungen & Abstracts erleichtert die Kommunikation über Sprachbarrieren hinweg. Zudem kann AI Emotionen in Sprache erkennen, was beispielsweise in der Kundenbetreuung genutzt wird, um auf Stimmungen angemessen zu reagieren.

**Mechanik**
Im Bereich Mechanik wird AI zur Steuerung autonomer Systeme genutzt. Sie treibt die Entwicklung von autonomen Mobilitätslösungen an, wie selbstfahrende Autos, Drohnen und autonome Logistiksysteme. Zudem unterstützt AI in der Industrie-Robotik, um Fertigungsprozesse effizienter zu gestalten. In der Consumer-Robotik kommen Exoskelette und Assistenzroboter zum Einsatz, die Menschen bei alltäglichen oder medizinischen Aufgaben helfen.

**DNA**
AI findet zunehmend Anwendung in der Genforschung und DNA-Analyse. Sie hilft bei der Entschlüsselung genetischer Muster und ermöglicht personalisierte Medizin, indem sie individuelle genetische Prädispositionen für Krankheiten identifiziert. In der Wirkstoffforschung beschleunigt AI die Entwicklung neuer Medikamente durch Simulationen und prädiktive Modellierung.

**Code**
AI wird in der Softwareentwicklung eingesetzt, um den Entwicklungsprozess effizienter zu gestalten. Sie hilft bei der Code-Analyse, indem sie Fehler erkennt und Optimierungsvorschläge macht. Code Documentation & Search verbessert die Verwaltung großer Code-Basen. Zudem bieten Code Assistants & Generierungstools Entwicklern Unterstützung, indem sie automatisch Code vorschlagen oder generieren.

**Daten**
AI ist essentiell für datengetriebene Entscheidungen. Im Bereich Business Intelligence (BI) & Reporting analysiert sie große Datenmengen und liefert fundierte Einblicke. In Prognosen & Simulationen ermöglicht sie Vorhersagen über zukünftige Entwicklungen. In der Entscheidungsfindung werden Decision Support & Agenten eingesetzt, um Unternehmen und Organisationen strategisch zu unterstützen.

## 2.1.4 AI Technologien im Praxiseinsatz – Zusammenspiel von Algorithmen und Hardware

Um ihr Innovations- und Automationspotenzial entfalten zu können, müssen AI-Lösungen erst auf Basis einer Vielzahl von Hard- und Softwarekomponenten entwickelt, trainiert und implementiert werden. Dabei erfolgen Entwicklung und Training der AI-Modelle meist auf speziellen Rechnersystemen – sogenannten GPUs (Graphical Processing Unit), die über besonders passende Eigenschaften für die Berechnung der tiefen neuronalen Netze und modernen Transformermodellen (z. B. ChatGPT) verfügen.

Die AI-Modelle und Algorithmen sind das Herzstück AI-basierter Applikationen bzw. „smarter Lösungen". Deren Training erfordert eine immense Rechenleistung und entsprechend hohe Investitionen in GPU-Cluster oder HPC-Rechenzentren, die sich nur rentieren, wenn Unternehmen über langfristig attraktive Business Cases verfügen. So kann es sich für globale Automobilkonzerne im Kontext des autonomen Fahrens lohnen, zur Entwicklung und Patentierung eigener Fahrassistenzsysteme, unternehmenseigene AI-Rechenzentren zu betreiben. Ähnliches gilt in der medizinischen Forschung oder dem Investmentbanking. Sind keine solchen langfristigen Business Cases vorhanden und Unternehmen befinden sich noch in einer explorativen Phase der AI-Nutzung, eignet sich eher die Nutzung von GPU-Rechenleistung aus der Cloud (Abb. 2.5).

Gerade im Kontext der Entwicklung von GenAI-basierten Anwendungen macht dies Sinn, da auch viele der relevanten Large Language Modelle (LLMs), vorkonfiguriert auf den Cloud-Plattformen der globalen Provider verfügbar und leicht nutzbar sind. Aufgrund der sehr hohen Entwicklungs- und Trainingskosten für LLMs, die aktuell bei mehreren hundert Millionen Euro liegen, entscheiden sich nur noch vereinzelt Unternehmen zur Entwicklung eigener Modelle. Meist werden die verfügbaren Basismodelle proprietärer Provider, wie OpenAI, Google oder Microsoft genutzt und auf eigene Datenbestände angewendet und entsprechend nachtrainiert. Open Souce-basierte Modelle

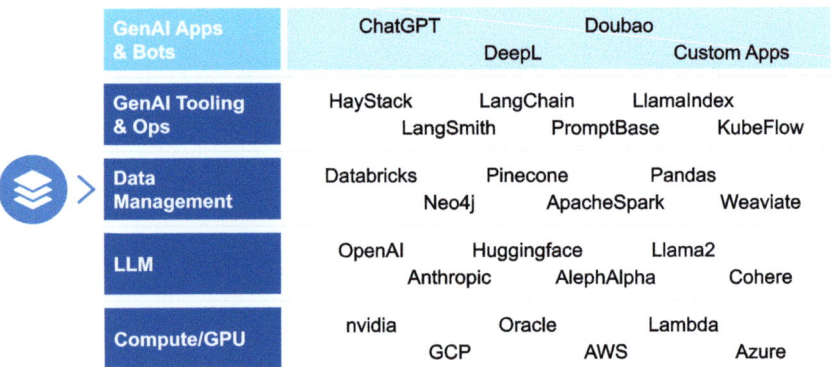

**Abb. 2.5** Generative AI Technologie-Stack

werden zukünftig eine wichtige Rolle auch im Organisationseinsatz spielen, da viele IT- und Digitalentscheider ihren Vendor-Lockin und auch die Kosten für den Einsatz von GenAI reduzieren wollen. Hinzu kommt der Trend sogenannter „Short Language Models" (SLMs), die für spezifische Einsatzbereiche entwickelt werden und einen deutlichen niedrigeren Trainingsaufwand aufweisen.

Im Sourcing-Mix zeichnet sich der Trend ab, dass Rechenressourcen und LLM-Basismodelle primär extern zugekauft werden, während das Datenmanagement sowie das individuelle Tooling und Betrieb der AI-Anwendungen („AIOps") von der Unternehmen selbst übernommen bzw. verantwortet wird. Für Standard-AI-Anwendungen und Use Cases, wie z. B. Übersetzung, Chatbots oder Code-Assistenten für Software-Entwickler, existiert eine große Bandbreite von „Software-as-a-Service" bzw. „AI-as-a-Service" Angeboten, die für einen schnellen Start auch gerne in Anspruch genommen bzw. eingekauft werden. Geht es bei Unternehmen um differenzierende AI-Anwendungen oder strategisch relevante Organisationsprozesse und digitale Assets, werden zunehmend eigene AI-Applikationen implementiert und AI-Modelle individuell entwickelt oder angepasst (Abb. 2.6).

Nach der Entwicklung und dem initialen Training der AI-Systeme, erfolgt die Implementierung und Einführung als produktives IT-System sowie die Integration in die bestehenden Organisations- und IT-Prozesse. Hier tut sich wiederum eine große Bandbreite möglicher „Deployment"-Varianten auf. So können Algorithmen und AI-Anwendungen in folgenden Hard- und Software-Kontexten eingesetzt werden:

- Als Bestandteil der Kerntechnologie eines **Smartphones,** z. B. als integrierte Spracherkennung und -Übersetzung
- Als **mobile App,** die auf einem Smartphone zur Verfügung steht und dort nach Download ausgeführt wird, wie z. B. ChatGPT als mobile App
- Als intelligenter Steuerungsmechanismus oder Bedienschnittstelle in einem **„Smart Device",** wie z. B. einer Bohrmaschine, Kaffeeautomat oder elektrischen Zahnbürste

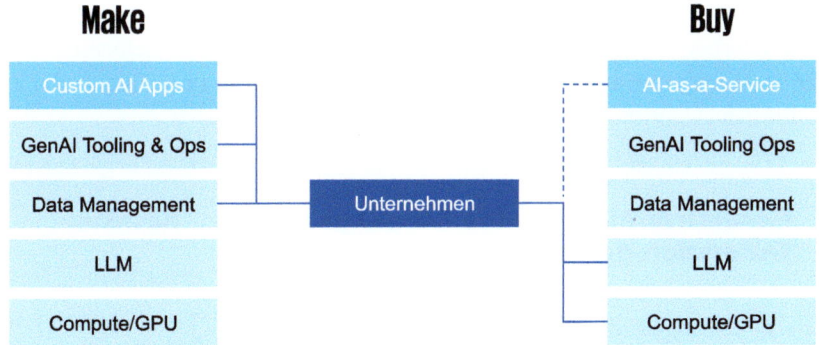

**Abb. 2.6** Make-or-Buy-Mix im Kontext Generative AI

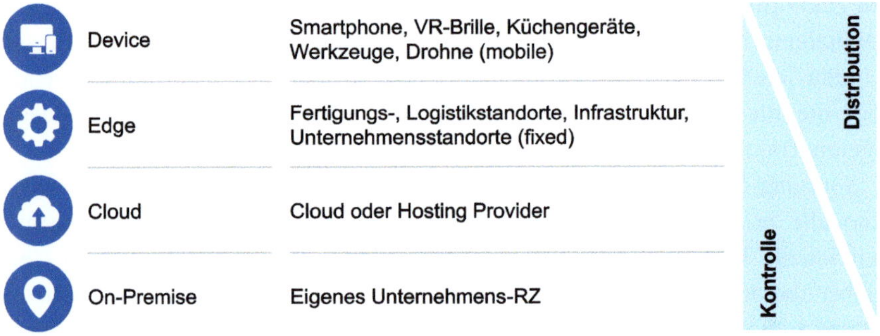

| | Device | Smartphone, VR-Brille, Küchengeräte, Werkzeuge, Drohne (mobile) |
|---|---|---|
| | Edge | Fertigungs-, Logistikstandorte, Infrastruktur, Unternehmensstandorte (fixed) |
| | Cloud | Cloud oder Hosting Provider |
| | On-Premise | Eigenes Unternehmens-RZ |

**Abb. 2.7** AI Deployment-Varianten

- Als Kernbestandteil eines **Steuerungs- oder Navigationssystems** (MobilitätsOS) in Fahr- und Flugzeugen
- Als Teil einer **Software-Anwendung** in einem **Organisations- oder Cloud-Rechenzentrum**
- Als Teil einer **Maschinen-, Fertigungs- oder Logistik-Steuerung** an **einem Organisationsstandort**
- Als Teil einer **intelligenten Infrastruktur-Steuerung** im **Bereich Strom-, Wasser- und Verkehrsnetze**

Aus diesen Beispielen ergibt sich folgende Kategorisierung der Deployment-Varianten (Abb. 2.7):

Die Frage, wo und auf welcher Hardware das jeweilige AI-System ausgeführt bzw. angewendet wird („Inferencing"), spielt im Hinblick auf die Auswahl und Entwicklung sowie das Lifecycle Management eine erhebliche Rolle. So determinieren die Verfügbarkeit von Platz, Energie und Konnektivität, welches AI-Modell überhaupt ausgeführt und wie dieses aktuell gehalten werden kann. Auf einer Drohne oder in einem Smartphone sind Rechenleistung, Energie und der verfügbare Platz limitiert. Bei der Ausführung muss der Algorithmus also sehr energiesparend sein und kann nicht unbegrenzt Daten speichern. Die Internet- und Netzwerkverbindung spielt ebenfalls eine elementare Rolle, um entweder Trainingsdaten an eine Cloud oder Rechenzentrum zu übermitteln oder auch um Updates für den Algorithmus zu empfangen.

### 2.1.5 Generative AI und Large Language Models – nächste Generation der AI

Auf Basis von Large Language Modells (LLMs) konnten in den letzten Jahren erhebliche Innovationssprünge erzielt werden. Es entstanden nutzerfreundliche Anwendungen wie

z. B. ChatGPT, die mit ihrem „generierenden" bzw. „generativen" Charakter eine Vielzahl neuer Use Cases ermöglichen.

**Fokus auf IT- und Office Arbeitsplätze**
So lassen sich heute mit wenigen Klicks Videokonferenzen live übersetzen, transkribieren und zusammenfassen, was die Zusammenarbeit mehrsprachiger Teams sowie die Einarbeitung neuer Mitarbeiter deutlich erleichtert. Der Time-to-Market für Werbekampagnen verkürzt sich dramatisch, wenn Marketingtexte mit wenigen Instruktionen („Prompts") verfasst werden und iteriert werden können, ohne jedes Mal ein Meeting der Kreativagentur abzuhalten. MVPs für neue digitale Projekte oder Web-Applikationen lassen sich auf Knopfdruck erzeugen und später mit wenigen Code-Zeilen und APIs in die Organisationsprozesse integrieren, ohne einen externen Software-Entwickler zu beauftragen (vgl. Tab. 2.2).

**Humanoide Robotik**
Neben den Anwendungsszenarien für IT- und Office-Nutzer, spielen generative AI und LLMs auch in der Robotik eine wesentliche Rolle. Sie ermöglichen eine neue Generation

**Tab. 2.2** GenerativeAI Use Cases nach Unternehmensbereichen

| *Angaben in Prozent* | Keine Aktivität | Ideengesammelt | Proof of Concept durchgeführt | Use Case in produktiver Umsetzung |
|---|---|---|---|---|
| IT | 32 | 29 | 18 | 21 |
| Marketing/Vertrieb | 38 | 29 | 19 | 14 |
| Personal/HR | 43 | 24 | 19 | 14 |
| Einkauf | 30 | 37 | 21 | 12 |
| Produktentwicklung/F&E | 46 | 23 | 19 | 12 |
| Produktmanagement/-prozesse | 42 | 28 | 20 | 11 |
| Strategie | 46 | 28 | 16 | 11 |
| Steuerabteilung | 54 | 20 | 15 | 11 |
| Geschäftsführung/-leitung | 40 | 29 | 21 | 10 |
| Governance und Compliance | 42 | 27 | 20 | 10 |
| Rechtsabteilung | 57 | 18 | 16 | 9 |

Quelle: KPMG https://www.mittelstand-heute.com/generative-ki-mit-diesen-use-cases-planen-unternehmen, 2024

humanoider und hybrider Robotik, die sich via Sprach- und Emotionssteuerung deutlich besser in menschliche Arbeits- und Anwendungskontexte integrieren kann – von der Fertigung bis zur Altenpflege.

**Virtuelle Agenten**
Aber auch die Erstellung und der Einsatz sogenannter „Agents" bzw. virtueller Assistenten im Unternehmen wird in den kommenden 5–10 Jahren einen nachhaltigen Einfluss auf die moderne Arbeitswelt und Personalstruktur haben, da deutlich komplexere Aufgaben nun über Agentensysteme denn durch menschliche Mitarbeiter erledigt werden (Finanzbuchhaltung, Travel Management, Fuhrparkverwaltung etc.).

**Kontrolle und Kosten**
Die Innovationskraft und Wettbewerbsfähigkeit moderner AI-Systeme und vor allem LLMs liegt maßgeblich in der Verfügbarkeit und Qualität der Trainingsdaten begründet. Globale AI- und Technologiefirmen sind daher bestrebt, auch die Datenbestände ihrer Kunden in das Training und die Weiterentwicklung miteinzubeziehen. Hier besteht gerade für export- und technologiegetriebene Unternehmen ein fundamentaler Interessenkonflikt. So wollen nur wenige Unternehmen ihre Datenbestände mit den AI-Firmen teilen, da sonst die Mehrwerte aus den eigenen Daten auch Wettbewerbern zur Verfügung stehen. Gleiches gilt für Unternehmen aus der Medien- und Content-Branche.

Aus diesem Grund bieten AI- und Cloud-Firmen ihren Organisationskunden mittlerweile an, die Modelle auch auf ihrer eigenen RZ- oder Cloud-Infrastruktur zu nutzen bzw. auszuführen („Private AI"). Hinzu kommen Kostenbetrachtung bei der Nutzung von AI-Diensten im „Software-as-a-Service"-Modell (Zahlung pro Nutzer und Monat) oder auch der unternehmensweite Einsatz von proprietären AI-Modellen. Hier entstehen für Unternehmen schnell sehr hohe Lizenzkosten, die sich allerdings durch den Eigenbetrieb sowie den Einsatz von Open Source-LLM deutlich reduzieren lassen.

**EU AI Act**
Mit dem EU AI Act wurde im Februar 2024 die weltweit erste umfassende Verordnung zur Regulierung von Künstlicher Intelligenz (AI) in der Europäischen Union eingeführt. Die Verordnung zielt darauf ab, AI-Systeme sicher, transparent und ethisch vertretbar zu gestalten. Sie betrifft eine Vielzahl von Unternehmen, die AI-Systeme anbieten, betreiben oder auch nur anwenden. Auf IT- und Compliance-Verantwortliche in den Unternehmen kommen somit neue Aufgaben im Hinblick auf die Evaluierung und Dokumentation von AI-Lösungen zu. Auch müssen spezifische Sicherheitsregeln implementiert sowie Trainingsmaßnahmen ergriffen werden. Da sich die Anzahl und Eigenschaften der LLMs derzeit sehr dynamisch entwickeln, muss die Erfüllung der Compliance-Aufgaben sehr stark dynamisch ausgeprägt sein, um das eigene Unternehmen beim Einsatz von generativer AI regulierungskonform aufzustellen.

## 2.1 A wie Artificial Intelligence (AI) – Automatisierung …

**AGI**

Auf Basis der heutigen Generation von LLMs und Deep Learning arbeiten weltweit Forscher und Startups an der sogenannten Artificial General Intelligence („AGI"). Gemeint ist hier eine allgemeine Form der künstlichen Intelligenz auf dem intellektuellen Niveau von Menschen mit einem hohen Grad an Autonomie. Auch wenn dies ein äußerst spannendes

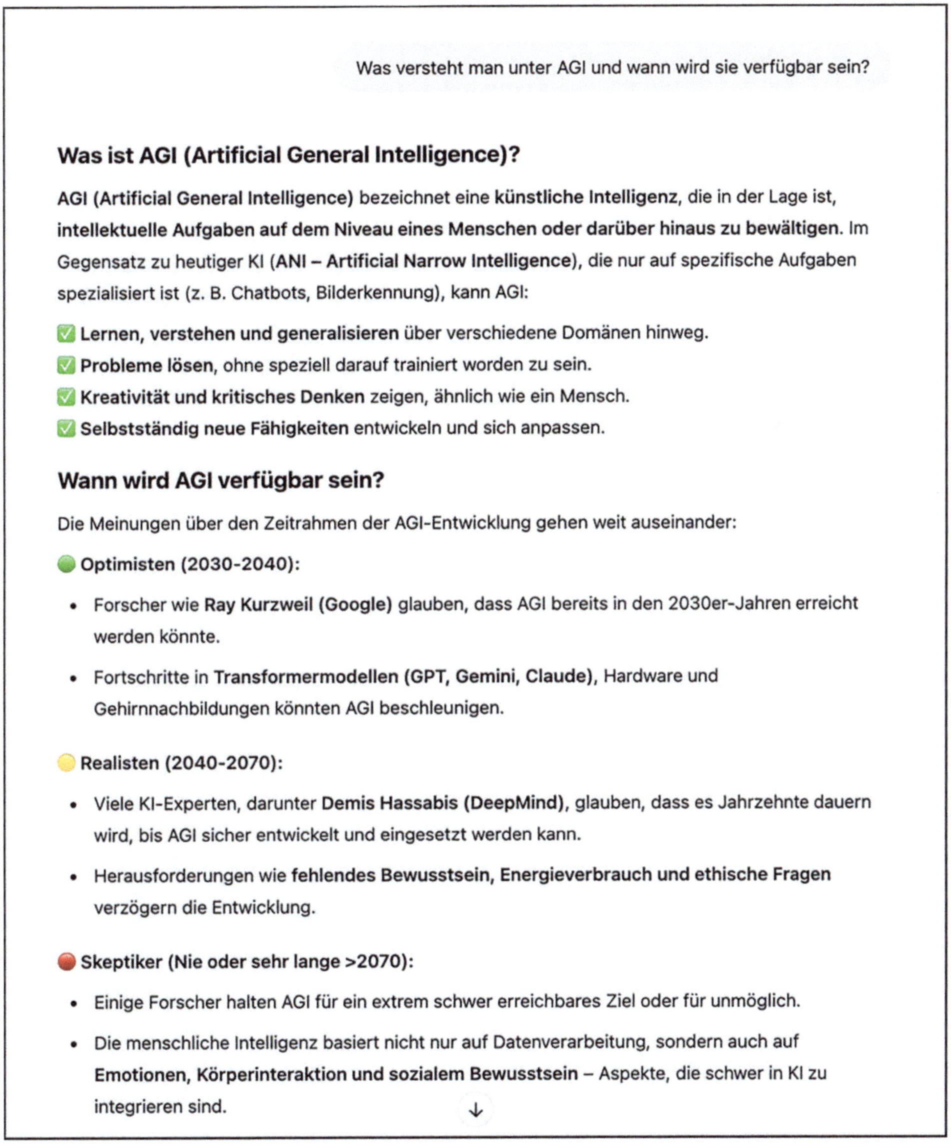

---

Was versteht man unter AGI und wann wird sie verfügbar sein?

**Was ist AGI (Artificial General Intelligence)?**

AGI (Artificial General Intelligence) bezeichnet eine **künstliche Intelligenz**, die in der Lage ist, intellektuelle Aufgaben auf dem Niveau eines Menschen oder darüber hinaus zu bewältigen. Im Gegensatz zu heutiger KI (**ANI – Artificial Narrow Intelligence**), die nur auf spezifische Aufgaben spezialisiert ist (z. B. Chatbots, Bilderkennung), kann AGI:

- ✅ **Lernen, verstehen und generalisieren** über verschiedene Domänen hinweg.
- ✅ **Probleme lösen**, ohne speziell darauf trainiert worden zu sein.
- ✅ **Kreativität und kritisches Denken** zeigen, ähnlich wie ein Mensch.
- ✅ **Selbstständig neue Fähigkeiten** entwickeln und sich anpassen.

**Wann wird AGI verfügbar sein?**

Die Meinungen über den Zeitrahmen der AGI-Entwicklung gehen weit auseinander:

🟢 **Optimisten (2030-2040):**

- Forscher wie **Ray Kurzweil (Google)** glauben, dass AGI bereits in den 2030er-Jahren erreicht werden könnte.
- Fortschritte in **Transformermodellen (GPT, Gemini, Claude)**, Hardware und Gehirnnachbildungen könnten AGI beschleunigen.

🟡 **Realisten (2040-2070):**

- Viele KI-Experten, darunter **Demis Hassabis (DeepMind)**, glauben, dass es Jahrzehnte dauern wird, bis AGI sicher entwickelt und eingesetzt werden kann.
- Herausforderungen wie **fehlendes Bewusstsein, Energieverbrauch und ethische Fragen** verzögern die Entwicklung.

🔴 **Skeptiker (Nie oder sehr lange >2070):**

- Einige Forscher halten AGI für ein extrem schwer erreichbares Ziel oder für unmöglich.
- Die menschliche Intelligenz basiert nicht nur auf Datenverarbeitung, sondern auch auf **Emotionen, Körperinteraktion und sozialem Bewusstsein** – Aspekte, die schwer in KI zu integrieren sind.

↓

**Abb. 2.8** Erklärung zur Allgemeinen Künstlichen Intelligenz laut ChatGPT, 30. Mai 2025

Forschungsfeld darstellt und schon heute AI-Forscher vor den Implikationen dieses Szenarios warnen, spielt AGI im Hinblick auf die Digital- und AI-Strategien in den Unternehmen keine Rolle, da selbst die optimistischsten Verfechter nicht vor 2030 mit Durchbrüchen rechnen (Abb. 2.8).

## 2.2 B wie Big Data – Daten als Rohstoff des digitalen Zeitalters

### 2.2.1 Das datengetriebene Unternehmen – Daten als Produkt und Produktionsfaktor

Mit dem Aufkommen des Internets und der Digitalisierung stieg in den 2000er Jahren das weltweite Datenvolumen exponentiell an, was neue Ansätze zur Speicherung und Verarbeitung erforderte. Traditionelle Datenverarbeitungsmethoden gerieten an ihre Grenzen und neue Technologien zur Verarbeitung großer und verteilter Datenmengen wurden entwickelt. So gilt die Veröffentlichung von Apache/Hadoop in 2006 durch Google als Geburtsstunde des „Big Data"-Zeitalters. Auf Basis dieses neuen Frameworks ließen sich auch unstrukturierte, verteilte und schnell verändernde Daten effizient durchsuchen und verarbeiten, was eine rasante Adaption durch Startups und Großkonzerne nach sich zog, deren Datenbestände sich zunehmend mit folgenden Charakteristika beschreiben ließen:

- **Volume** (Datenmenge): Beschreibt die Menge an Daten in quantitativer Hinsicht (z. B. Terabyte), die im Unternehmen täglich oder monatlich erstellt, erfasst, kopiert, analysiert, durchsucht und verarbeitet werden müssen.
- **Variety** (Datenvielfalt): Umfasst die verschiedenen Arten von Daten, einschließlich strukturierter, semi-strukturierter und unstrukturierter Daten, wie Text, Bilder und Videos sowie die unterschiedlichen Datenquellen im Unternehmen, wie z. B. ERP-Systeme, Kundenbeziehungsmanagement, eCommerce, Finanzbuchhaltung, IoT, Logistik etc.
- **Velocity** (Datenverarbeitungsgeschwindigkeit): Beschreibt die Geschwindigkeit, mit der Daten generiert, übertragen und verarbeitet werden müssen. In vielen Anwendungsfällen sind mittlerweile Echtzeitverarbeitung oder Near-Real-Time-Analysen erforderlich.

**Datenwachstum**
Laut IDC Global DataSphere Forecast (Reinsel, 2018) ist die weltweite Datenmenge von 2010 bis 2024 von 2 Zettabyte auf 147 Zettabyte geradezu explodiert, was einer durchschnittlichen jährlichen Wachstumsrate (CAGR) von knapp 35 % entspricht. Und dies über 15 Jahre.

Aufgrund einer Vielzahl von technologischen Trends ist davon auszugehen, dass die Datenmenge auch in den kommenden Jahren weiter stark wachsen wird – und das nicht nur bei Internetfirmen und Startups, sondern Unternehmen jeglicher Branchen und Größenklasse. Zu diesen Trends zählen:

- Digitalisierung und Cloud-Transformation der IT
- Videostreaming, Gaming und Social Media Content
- Sensordaten und Internet der Dinge
- Robotik und autonome Mobilität
- AI und synthetische Daten
- Scientific Computing

In den kommenden 5–10 Jahren werden vor allem die letztgenannten drei Trends maßgebliche Wachstumsimpulse geben, da die Entwicklung und speziell das Training in der Robotik – ob humanoid oder industriell – sowie in der künstlichen Intelligenz (siehe oben) immense Datenmengen generiert. So werden beispielsweise mittels AI synthetische Daten für das AI-Training und Testing generiert. Auch das automatisierte Labeling, Kontextualisieren (Metadaten) und Kategorisieren von bestehenden Daten vervielfacht die bestehende Datenmenge, sorgt aber gleichermaßen für eine Verbesserung der Datenqualität, Nutzbarkeit und Nachvollziehbarkeit (Data Lineage, Audit Trails).

Der Einsatz von AI in der Medizin, Klima- oder Materialforschung sowie anderen Forschungszweigen, lässt in Kombination mit digitalen Zwillingen und Simulation gerade Forschungsdaten exponentiell anwachsen. Sprunginnovationen, wie z. B. DNA-basierte Medizin oder leistungsfähige Optik und Lasertechnologien in der Automobil- oder Weltraumforschung, wirken gleichsam auf die generierte Datenmenge.

**Data Culture**

Um Daten als wertvolle und wertschöpfende Ressource und als „digitales Asset" zu schätzen und nicht lediglich als Kostenfaktor oder Sicherheitsrisiko (Compliance, IT-Sicherheit) zu betrachten, müssen Unternehmen einen Paradigmenwechsel durchlaufen. So fördern viele Unternehmenslenker und CIOs, parallel zur Implementierung von Big Data-Technologien und einer Data Governance, die Etablierung einer datengetriebenen Organisationskultur.

Schlüsselkomponenten einer Datenkultur können sein:

- **Democratize:** Zugang zu Daten für alle Mitarbeiter ermöglichen.
- **Unlock:** Neue Datenquellen erschließen und zugänglich machen.
- **Enable:** Mitarbeiter befähigen, kreativ und agil mit Daten zu arbeiten, z. B. durch Self-Service-BI oder Self-Service-AI.
- **Connect:** Zusammenarbeit zwischen Mitarbeitern, Kunden und Partnern durch gemeinsame Daten und Analysen fördern.
- **Trust:** Vertrauen in Datenquellen, Algorithmen und autonome Systeme aufbauen.

In vielen Unternehmen hat die Etablierung neuer Rollen, wie des „Data Scientist" und „Chief Data Officer" zur personellen und organisatorischen Umsetzung einer unternehmensweiten Datenstrategie sowei der Entwicklung und Vervielfältigung neuer Kompetenzprofile und Skills beigetragen. Laut einem Artikel der Harvard Business Review avancierte der Data Scientist in 2012 zum „Sexiest Job of the 12th Century" (Davenport, 2012). Auch heute noch werden in den Unternehmen ähnliche und weiter differenzierte Profile händeringend gesucht (z. B. Data Engineer, DataOps Engineers, AI Engineer, Data Governance Specialist, Prompt Engineer).

**Data is the Product**

Dass sich mit Daten Geld verdienen lässt, gilt mittlerweile als Allgemeinplatz. Datenbasierte Produkte und Geschäftsmodelle sind Kernbestandteil einer jeden Digitalstrategie. Der Umsatz mit Daten- und Analytics-basierten Lösungen und Geschäftsmodellen ist Gradmesser für digitalen Erfolg. Egal ob als „Embedded Analytics" einer Business Lösung, als Dashboard einer mobilen App oder fester Bestandteil einer IoT-Plattform – Analytics-Funktionalitäten zählen heute und zukünftig zu den integralen Bestandteilen digitaler Produkte und Plattformen. So gehen IT-Marktforscher für den Data Analytics-Markt bis 2030 vom einem starken Wachstum auf rund 700 Mrd. USD aus (Expert Market Research, o. J.) (Abb. 2.9).

Aber auch die Monetarisierung über APIs oder Datenmarktplätze sind denkbare Szenarien zur Kommerzialisierung von Daten. Als Königsdisziplin gilt immer noch die Etablierung neuer Geschäftsmodelle auf Basis neu generierter Datenbestände. Dies kann beispielsweise der Fall sein, wenn ein Startup mittels AI-verarbeiteter Satellitendaten Risikoeinschätzungen zur Waldbrandgefahr oder dem Schädlingsbefall an Waldeigentümer vermarktet.

**„Data-Driven"-Strategie aus CEO und CIO-Perspektive.**

Auch wenn bestimmte technologische Trends und Marktentwicklungen als Rahmenbedingungen und Spielregeln für alle Unternehmen gleichermaßen Gültigkeit haben, muss jedes

**Abb. 2.9** Business Modelle in der Daten-Ökonomie

Unternehmen seinen eigenen Weg im digitalen Zeitalter finden. Zwar gibt es keine allgemeingültigen „Playbooks", um zur erfolgreichen „Data-Driven Company" zu werden, aber CEOs, CIOS und CDOs können sich an bestimmten Designkriterien orientieren, wenn sie den Weg für ihr Unternehmen im Datenzeitalter festlegen:

- **Insight & Foresight:** Der Wert und das Investitionsvolumen eines AI- oder Data-Projektes sollten sich am Zugewinn an Transparenz, Verständnis und Vorausschau für den Nutzer bemessen. Hilft eine AI-basierte Lösung die Sales-Prognose signifikant zu verbessern, sind auch entsprechende Investitionen gerechtfertigt. Hier gilt es, zu Projektbeginn die richtigen qualitativen und quantitativen Metriken und Tools zur Messbarkeit einzuführen, sodass für Umsetzer und Nutzer der Wert gleichermaßen transparent und kommuniziert wird.
- **Real-Time:** In der digitalen Welt der „as-a-Service"-Geschäftsmodelle, des Media Streaming und selbst im eCommerce gilt das Mantra des „jetzt" und „gleich". Daten und Applikationen müssen auf Knopfdruck verfügbar sein. Zugriffsberechtigungen und Authentifizierungen im Hintergrund selbst in weit verteilten Multi- und Hybrid-Cloud-Umgebungen binnen Sekundenbruchteilen prozessiert werden. Zugriffe via API auf Datenbanken und Storage-Systeme müssen in Echtzeit erfolgen. Bei der Modernisierung der IT-Infrastruktur sowie dem Design der Lösungsarchitektur von AI- und Analytics-Projekten sollte die Echtzeit-Anforderung immer ein Ziel sein.
- **Autonomous Operations:** Das wirkliche Potenzial von selbstlernenden Systemen und Algorithmen für Unternehmen liegt in ihrem Beitrag zur Gestaltung von hochgradig automatisierten und vor allem „autonomen" Prozessen. Data Leaders sollten den Beitrag ihrer AI-Projekte und Initiativen auch daran bemessen, inwiefern sie den Autonomiegrad der Organisationsabläufe erhöhen. Sprich, welche Organisationsprozesse und Systeme auch ohne den Eingriff von Mitarbeitern funktionieren? Dies macht gleichermaßen kosteneffizient und resilient in Situationen, wie der Covid-Pandemie, wenn Mitarbeiter ausfallen oder nicht eingesetzt werden dürfen. In den vollautomatisieren Warenlagern der eCommerce-Firmen, 3D-Printing Companies oder Chatbot-basierten Call Center ist diese Vision schon heute Realität.
- **Governance as Code:** In nahezu allen Regionen der Welt werden Verstöße gegen Datenschutz- und Wettbewerbsregeln mittlerweile streng geahndet. Auch unternehmensinterne Regeln und Compliance müssen beim Design AI-basierter Lösungen und datenbasierte Geschäftsmodelle Beachtung finden. Zugriffskontrolle, Freigaben und Dokumentation sollten „on the fly" erfolgen. CIOs und Data Leaders sollten den bürokratischen Aufwand für die Data Governance zu Beginn ihrer Aktivitäten feststellen und messbar machen und dann sukzessive durch einen „Governance as Code" Ansatz reduzieren.

## 2.2.2 Datentypen und Datenökosysteme

Die folgende Übersicht zeigt, dass sich Daten stark in ihrer Struktur, Quelle und Herausforderung unterscheiden. Je nach Anwendungsfall müssen spezifische Speicher-, Analyse- und Verarbeitungsstrategien eingesetzt werden.

Auch in Startups, mittelständischen Unternehmen und globalen Konzernen nimmt die Vielzahl an Datentypen und Datenquellen kontinuierlich zu. Neben technologischen Wachstumsfaktoren, spielen auch Globalisierung, Regulierung und „Collaboration" eine wichtige Rolle. So müssen Daten teilweise global verfügbar sein und trotzdem lokalen gesetzlichen Anforderungen genügen. Regulierungsstandards im Kontext Nachhaltigkeit und Lieferkettensorgfaltspflicht erfordern es von den Unternehmen neue Daten zu erheben, zu dokumentieren und im Rahmen eines verpflichtenden Reportings bereitzustellen. Und dies nicht nur im eigenen Unternehmen, sondern entlang kompletter Liefer- und Wertschöpfungsketten (Tab. 2.3).

**Tab. 2.3** Übersicht über unterschiedliche Datentypen

| Übersicht unterschiedlicher Datentypen | | |
|---|---|---|
| Datentyp | Beispiel | Herausforderungen |
| Strukturierte Daten | Datenbanken, Tabellen | Skalierung, Speicherplatz |
| Unstrukturierte Daten | Social Media, E-Mails | Verarbeitung, Analyse |
| Halbstrukturierte Daten | JSON, XML, Log-Dateien | Parsing, Umwandlung |
| Transaktionsdaten | E-Commerce, Banken | Hohe Geschwindigkeit, Sicherheit |
| Metadaten | Dateieigenschaften | Kontextuelle Nutzung |
| Echtzeitdaten | IoT, Börsendaten | Latenz, Streaming-Analyse |
| Personenbezogene Daten | CRM-Systeme, Social Media | Datenschutz, DSGVO, Anonymisierung |
| Wissenschaftliche Daten | Labore, Simulationen | Speicherung, Standardisierung |
| Geodaten | GPS, Satellitenbilder | Präzision, Aktualität |
| Industrielle Daten | Produktionssensoren | Integration, Sicherheit, Datenformate |
| Organisationsdaten | ERP, CRM, Finanzsysteme | Datenschutz, Datenqualität, Integration |
| Staats- und Bürgerdaten | Melderegister, Steuerdaten | Datenschutz, Zugriffskontrolle, Sicherheit |
| Open & Public Data | OpenStreetMap, Wetterdaten | Standardisierung, Qualität, Verfügbarkeit |

Neben den klassischen Transaktions- und Organisationsdaten, kommt teil- und unstrukturierten Daten eine zunehmende Relevanz zu, liegen doch gerade in der eMail-Kommunikation, in Textdokumenten oder internen Wiki-Einträgen wichtige Erkenntnisse zu Markt, Kunden und Partnern. Hier bedarf es einer neuen Generation AI-basierter Such- und Wissensmanagement-Werkzeuge, um diese Erkenntnisse wertstiftend und kosteneffizient zu nutzen.

**Datenmodelle**
In der Zukunft werden branchenbezogene sowie unternehmensindividuelle Datenmodelle zur kohärenten, effizienten und skalierbaren Organisation großer und komplexer Datenbestände im Unternehmen nahezu unverzichtbar. Aktuell kommen viele Organisationen noch ohne ganzheitliche Datenmodelle aus, was allerdings zu erheblichen technischen Aufwänden und Kosten für die Integration unterschiedlicher Datenquellen und Applikationen führt und viele IT-Projekte nahezu unkalkulierbar werden lässt. Auch leidet die Datenqualität und erschwert somit die wertstiftenden Aktivitäten, wie die Entwicklung von AI-Systemen und Analytics-Lösungen. Schätzungsweise werden aktuell immer noch 60–70 % der Kapazitäten in AI- und Analytics-Projekten für die Aufbereitung, Bereinigung und Integration der Daten verwendet. Eine erhebliche Ineffizienz. Da sich auf Basis von LLMs semantische Datenmodelle auf Basis sogenannter Ontologien nahezu automatisch erzeugen und aktualisieren lassen, können Unternehmen zukünftig deutlich einfacher und kostengünstiger die Einführung von Datenmodellen im Unternehmen initiieren, was in Kombination mit einer ganzheitlichen Integrations- und API-Strategie die Unternehmen ein großes Stück in Richtung „Data-Driven Company" bringt.

**Datenökosysteme**
Innerhalb von Datenökosystemen (Bitkom, 2022) teilen verschiedene Akteure (Unternehmen, Kunden, Partner oder staatliche Institutionen) Daten nach bestimmten Regeln, um Synergien zu heben, gemeinsam Innovationen voranzutreiben oder schlichtweg Geschäfte abzuwickeln. Dabei stellt ein Datenökosystem ein vernetztes System von unterschiedlichen Datenquellen, Technologien, Prozessen und Akteuren dar, das auf Basis ebenjener Regeln und Standards den Austausch, die Analyse und Nutzung von Daten untereinander ermöglicht (Tab. 2.4).

Ein frühes und erfolgreiches Beispiel für diese Beschreibung stellt auch der App-Store von Apple für mobile Applikationen dar. Innerhalb der EU existieren innovative Ansätze von supranationalen sowie branchenbezogenen Datenökosystemen, wie z. B. Catena-X für den Automobilsektor. Aktuell entstehen in hoher Geschwindigkeit neue Datenökosysteme rund um die AI-Plattformen und LLMs der führenden AI-Firmen, die Entwickler von AI-Lösungen und Unternehmen mit deren Daten in unterschiedlicher Form zusammenbringen.

**Tab. 2.4** Übersicht, Merkmale und Beispiele unterschiedlicher Datenökosysteme

| Kategorie | Merkmale | Beispiele |
|---|---|---|
| Offene & öffentliche Datenökosysteme | Freier Zugang zu Daten für Forschung, Wirtschaft & Gesellschaft | • OpenStreetMap (Geodaten)<br>• NASA Open Data Portal (Wissenschaftliche Daten)<br>• EU Open Data Portal (Regierungs- & Verwaltungsdaten) |
| Organisations- & Branchen-Datenökosysteme | Geteilte branchenspezifische Daten für Effizienz & Innovation | • GAIA-X (Europäische Cloud & Dateninfrastruktur)<br>• Catena-X (Automobilindustrie)<br>• Health Data Hub (Frankreich, medizinische Daten) |
| Plattformbasierte Datenökosysteme | Plattformdaten sammeln, analysieren & bereitstellen | • Google Ads & Analytics (Marketing & Tracking)<br>• AWS Data Exchange (Cloud-Datenplattform)<br>• Microsoft Azure Data Lake (Big Data Speicherung & Analyse) |
| Industrielle & IoT-Datenökosysteme | Maschinen, Sensoren & Produktionsdaten für smarte Industrie | • Industrial Data Space (IDS, sicherer Industrie-Datenaustausch)<br>• Siemens MindSphere (IoT-Plattform für Maschinen)<br>– Bosch IoT Suite (Cloud-Analyse für vernetzte Geräte) |
| AI & Datenökosysteme | Nutzung großer Datenmengen zur AI-Entwicklung & Automatisierung | • OpenAI API (GPT, DALL·E, Codex)<br>• Google Vertex AI (ML-Plattform)<br>• Meta AI Research (FAIR, offene AI-Modelle) |

## 2.2.3 Dateninfrastruktur und Plattformen für Skalierbarkeit und Echtzeitverarbeitung

Grundlage einer datengetriebenen Organisationsarchitektur sind a) die zugrunde liegende IT- und Storage-Infrastruktur, die korrespondierenden Systeme für b) das Data Management inklusive Data Governance sowie c) der Betrieb und das Lifecycle Management der Algorithmen und Analytics-Applikationen (Abb. 2.10).

## 2.2 B wie Big Data – Daten als Rohstoff des digitalen Zeitalters

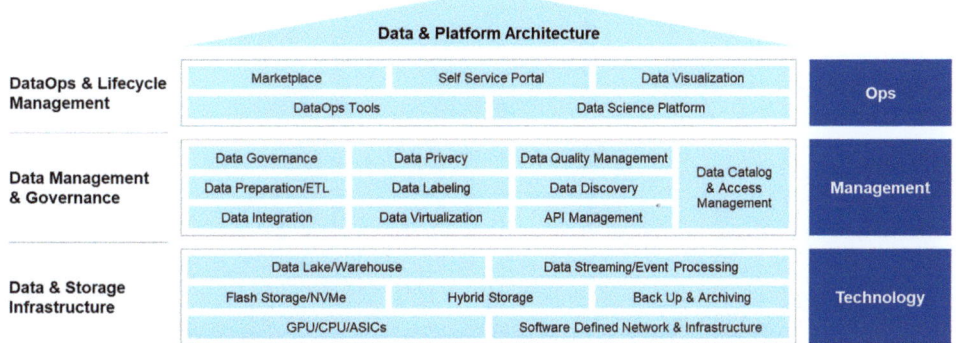

**Abb. 2.10** Beispiel einer datengetriebenen Unternehmensarchitektur

**Schnelle Speichersysteme**

Moderne und leistungsfähige Storage- und IT-Infrastrukturen weisen heutzutage einen hybriden, hoch-skalierbaren sowie granular administrierbaren Charakter auf und verbinden Flash-Speichertechnologien mit hybriden Storage- und „Software-Defined-Infrastructure" (SDI) Konzepten. Bei Flash-Speichertechnologien werden die Daten im Arbeitsspeicher gehalten und sind daher sehr schnell verfügbar („hot storage"), was ambitionierte und echtzeitfähige Systemarchitekturen möglich macht. Der Begriff „Software Defined" beschreibt die Möglichkeit Storagekapazitäten abstrahiert von der Hardware zu betrachten und mit wenigen Codezeilen zu verwalten. „Hybrid" bedeutet, dass Unternehmen Speicherkapazitäten verteilt über Standort- und Provider-Grenzen hinweg nutzen und verwalten, sprich eigene Rechenzentren in Verbindung mit Cloud Provider nutzen können.

**Datenströme in Echtzeit**

Immer wichtiger werden auch Technologien zum sogenannten „Data Streaming" bzw. „Event Processing", um die kontinuierliche Verarbeitung von Datenströmen in Echtzeit zu ermöglichen. Anstatt große Datenmengen in Stapeln (Batch-Verarbeitung) zu verarbeiten, werden Daten fortlaufend und direkt analysiert, verarbeitet und gespeichert. Dies ist beispielsweise notwendig, um bei Finanztransaktionen Betrug in Echtzeit erkennen zu können oder mittels IoT-Sensoren die Überwachung von Maschinen in Fabriken zu gewährleisten. Als relevante und beispielhafte Technologien sind hier Apache Kafka, Apache Flink und Apache Spark zu nennen (Tab. 2.5).

**Data Warehouse vs. Data Lake**

Das in den 1980er Jahren entwickelte Konzept des Data Warehouse hat auch heute noch seinen festen Platz in der Datenarchitektur und -Strategie von Unternehmen, liefert es doch

**Tab. 2.5** Vergleich von Data Warehouse vs. Data Lake vs. Data Lakehouse

Vergleich von Data Warehouse vs. Data Lake vs. Data Lakehouse

| Konzept | Beschreibung | Merkmale | Typische Anwendungsfälle | Beispiele |
|---|---|---|---|---|
| Data Warehouse (DWH) | **Zentrale Datenbank für strukturierte, analysierbare Daten aus verschiedenen Quellen** | • Strukturiert (SQL, Tabellen)<br>• Optimiert für BI & Analytics<br>• Hohe Datenqualität – Geringe Flexibilität | • Business Intelligence (BI)<br>• Finanz- & Verkaufsanalysen<br>• Reporting für Unternehmen | • Amazon Redshift<br>• Google BigQuery<br>• Snowflake<br>• Microsoft Azure Synapse |
| Date Lake | **Rohdaten-Speicher für strukturierte & unstrukturierte Daten in Originalform** | • Unstrukturiert & flexibel<br>• Speicherung aller Datentypen (Text, Bilder, IoT)<br>• Günstige Skalierung | • Machine Learning (ML)<br>• IoT & Sensordaten<br>• Big Data Analytics | • Apache Hadoop<br>• Amazon S. 3<br>• Microsoft Azure Data Lake |
| Data Lakehouse | **Hybrides Modell, das DWH & Data Lake kombiniert – ermöglicht strukturierte Abfragen auf Rohdaten** | • Flexibel wie ein Data Lake, aber performant wie ein DWH<br>• Native ML- & AI-Unterstützung<br>• Einheitliche Datenplattform | • Echtzeit-Datenanalysen<br>• AI- & ML-gestützte Anwendungen<br>• Unternehmen mit hohen Analyseanforderungen | • Databricks Lakehouse<br>• Google BigLake<br>• Apache Iceberg |

eine zentrale Datenbank für gut strukturierte und analysierbare Daten – meist Finanzdaten und Organisationskennzahlen – für klassisches Business Intelligence und Reporting. Mittlerweile betreiben viele Unternehmen ihre Data Warehouses in der Public Cloud.

Demgegenüber bieten sich „Data Lakes" als Rohdaten-Speicher primär für große Volumen unstrukturierter Daten (Texte, Bilder, Sensordaten) an, die dann beispielsweise mittels Machine Learning oder LLMs analysiert und verarbeitet werden.

Die Vorteile beider Welten versuchen ausgewählte Technologieanbieter mit sogenannten „Data Lakehouse"-Konzepten bzw. Plattformen zu verbinden, indem strukturierte Abfragen auch auf Rohdaten ermöglicht sowie native Unterstützung für Machine Learning und LLMs angeboten werden.

### 2.2.4 Data Governance und DataOps

Unter Data Governance wird die strategische Steuerung und Kontrolle von Daten innerhalb einer Organisation verstanden. Sie umfasst Richtlinien, Prozesse und Verantwortlichkeiten, um Datenqualität, Sicherheit, Compliance und Transparenz sicherzustellen. Ziel ist es, eine einheitliche und verlässliche Datenbasis zu schaffen, die für Geschäftsentscheidungen, Analysen und regulatorische Anforderungen genutzt werden kann. Data Governance regelt unter anderem, wer auf welche Daten zugreifen darf, wie Daten verwaltet werden und welche Standards für Datenschutz und Datenintegrität gelten.

In der Praxis stellt die Einführung, Implementierung und Gewährleistung einer effektiven Data Governance viele Unternehmen vor Herausforderungen. Gründe sind zumeist eine intransparente Datenlandschaft, veraltete IT-Anwendungen, eine fehlende Datenklassifikation sowie mangelhafte Zugriffs- und Sicherheitsmechanismen („Identity & Access Management").

**Data Catalog**

Führende datengetriebene Unternehmen („Data-Driven Companies") hingegen verfügen nicht nur über eine intuitive Kenntnis ihrer unternehmenskritischen „Data Assets" auf Ebene der handelnden Personen, sondern fast immer auch über eine Datenlandkarte in Form eines „Data Catalogs". Dieses Verzeichnis der Datenquellen macht die Daten-Assets nicht nur sicht- und suchbar. Ein Data Catalog liefert auch die relevanten Kontext-Informationen zu Umfang, Aktualität, Format, Speicherort, Zugriffsrechten und vielem mehr. Gerade in großen und verteilten Organisationen, die bei der Umsetzung ihrer Daten- und Digitalprojekte von externen Partnern Gebrauch machen, können Data Catalogs die Rüstkosten für Projekte und Planungsfehler deutlich reduzieren und gleichzeitig dabei helfen, Data Governance-Regeln einzuführen und einzuhalten.

**Data Integration & Aufbereitung**
Um Daten aus unterschiedlichen internen oder externen Quellen nutzen zu können, müssen diese meist vorab zusammengeführt, harmonisiert und aufbereitet werden. Dieser Prozess wird als Data Integration oder auch Data Preparation bezeichnet und macht in der Praxis meist einen Großteil der Projektarbeit aus, da Daten in unterschiedlichen Formaten vorliegen, unvollständig oder fehlerhaft sind. Ziel ist es, eine konsistente und zugängliche Datenbasis für Analysen, Geschäftsprozesse und Anwendungen bereitzustellen. Methoden wie ETL (Extract, Transform, Load), Datenvirtualisierung und Streaming-Technologien spielen dabei eine zentrale Rolle.

**API Management**
Der Zugriff auf die Daten aus verschiedenen Applikationen, Cloud-Diensten oder Datenbanken sollte in modernen IT-Umgebungen über Programmierschnittstellen, sogenannte „APIs" (Application Programming Interface) erfolgen, auch wenn in der Praxis vielfach noch Daten via Export/Import, FTP oder manuelle Kopiervorgänge ausgetauscht werden. Ein ganzheitliches API Management stellt sicher, dass APIs effizient, skalierbar und sicher genutzt werden können, um Daten und Dienste zwischen Systemen, Anwendungen und Partnern bereitzustellen. Wichtige Funktionen sind API-Gateway, Zugriffskontrolle, Monitoring und Monetarisierung von APIs (mehr zur Rolle von APIs vgl. Kap. 3).

**Data Security & Privacy**
Eine der wichtigsten Aufgaben im Rahmen einer ganzheitlichen Data Governance stellt der Schutz sensibler Daten vor unbefugtem Zugriff, Manipulation und Verlust sowie die Einhaltung gesetzlicher Datenschutzvorgaben dar. Dabei fokussiert das Data Security Management sich auf technische Schutzmechanismen wie Verschlüsselung, Zugriffskontrollen, Firewalls und Intrusion Detection, um Daten vor Cyberangriffen oder Datenlecks zu sichern. Das Data Privacy Management wiederum stellt sicher, dass personenbezogene Daten gemäß Datenschutzgesetzen wie der DSGVO oder dem CCPA verarbeitet werden. Dazu gehören Datenschutzrichtlinien, Einwilligungsmanagement und die Minimierung der Datenspeicherung. Ziel ist es, Datenvertraulichkeit, Integrität und Verfügbarkeit zu gewährleisten und gleichzeitig gesetzliche Anforderungen und Nutzerrechte zu respektieren.

**DataOps**
In Anlehnung an Best Practices in der Softwareentwicklung (DevOps) werden auch Data Science- und AI-Projekte mittlerweile agil, tool-basiert und automatisiert umgesetzt. Gerade bei innovativen Projekten müssen Anforderungen und Analysen durch Data Engineers und Data Scientists häufig agil angepasst werden. Erfolgskritisch sind die Automatisierung der Datenaufbereitungsprozesse und reibungslose Toolchains für die Integration von Datenquellen (vgl. oben). Auch die Verwaltung der Trainingsdaten oder das automatisierte Deployment sind elementar, um Data Science- und AI-Projekte auf hohem Qualitätsniveau umsetzen und „produktisieren" zu können. Aus organisatorischer Perspektive sind

klare Verantwortlichkeiten und ein partnerschaftliches Zusammenspiel im DataOps-Prozess zwischen Fachabteilung, Data Scientists und Data Engineers entscheiden.

### 2.2.5 Analytics & AI für datenbasierte Entscheidungsfindung und Problemlösung

Auf der Grundlage einer skalierbaren Dateninfrastruktur und entsprechenden Data Governance können Unternehmen nun die wertschöpfenden, innovativen und effizienzstiftenden Aktivitäten ihrer Datenstrategie planen und umsetzen. Hierzu zählen beispielsweise:

**Datenvisualisierung und Dashboarding**
Mit einer ansprechenden Datenvisualisierung, sprich der grafischen Darstellung von Daten in Form von Diagrammen, Karten oder interaktiven Grafiken, können Muster, Trends und Zusammenhänge schnell erfasst und komplexe Datenstrukturen verständlich gemacht werden. Im „Data Storytelling" wird die Datenanalyse mit narrativen Elementen kombiniert, um Erkenntnisse in eine klare und überzeugende Geschichte zu verpacken. Durch den gezielten Einsatz von Visualisierungen und Kontext wird das Verständnis verbessert und die Entscheidungsfindung erleichtert. Die Entwicklung eines manuellen Reporting auf Monats- oder Wochenbasis hin zu einem automatisierten „Dashboarding" auf Basis von Echtzeitdaten, ermöglicht es Anwendern und Entscheidern geschäftskritische Daten und Analysen besser im Blick zu haben und Entscheidungen zeitnah zu treffen.

**Self Service Reporting und BI**
Die Etablierung und Unterstützung von „Self Service BI" (Business Intelligence) schafft für Fachanwender, ohne tiefgehende IT- oder Datenanalysekenntnisse, die Möglichkeit eigenständig Daten auszuwerten, Berichte zu erstellen und Dashboards zu gestalten. Durch die Befähigung („Enablement") durch benutzerfreundliche BI-Tools wie Power BI, Tableau oder Looker können Mitarbeiter aus verschiedenen Abteilungen Daten abrufen, visualisieren und analysieren, ohne auf die IT-Abteilung angewiesen zu sein. Dies führt zu schnelleren Entscheidungen, mehr Agilität und einer besseren Nutzung von Daten im Unternehmen. Wichtig für Self-Service BI sind intuitive Benutzeroberflächen, Drag-and-Drop-Funktionen und vordefinierte Datenmodelle.

**Data Products**
Als „Data Products" werden diejenigen Datensätze, Dashboards oder datenintensiven Applikationen bezeichnet, die innerhalb der Organisation oder auch für Kunden und Partner einen hohen Nutzwert haben. Darüber hinaus zeichnen sich Datenprodukte dadurch aus, dass sie einen Produktnamen, verantwortlichen Manager („Product Owner") sowie einen Preis haben und intern oder extern angeboten und verkauft werden können. Hier spielen

Datenmarktplätze oder datenbasierte Geschäftsmodelle (vgl. oben) eine wichtige Rolle. Um Daten als Produkt zu vermarkten, müssen Unternehmen auch die Wiederverwendbarkeit, Skalierbarkeit und Aktualisierung im Rahmen eines professionellen Lifecycle Management sicherstellen, was sich nur dann lohnt, wenn das Datenprodukt wirklich einen hohen langfristigen Wert aufweist.

**Chatbots & AI Services**
Chatbots und AI-Dienste spielen innerhalb der Datenstrategie von Unternehmen eine elementare Rolle, ermöglichen sie doch einen vollkommen neuen Zugang und innovativen Umgang mit den unternehmensinternen sowie auch externen Datenquellen. Das internetbasierte Weltwissen, branchenspezifische Informationen sowie interne Betriebsabläufe, Datenbanken und Prozessbeschreibungen in natürlicher Sprache abfragen, vergleichen und zusammenfassen zu lassen, ist ein disruptiver Schritt und verändert die unternehmensweite Suche („Enterprise Search") und das Wissensmanagement in Organisationen nachhaltig.

## 2.3 C wie Cloud – Betriebssystem und Infrastruktur der Digitalisierung

### 2.3.1 Die Cloud als Betriebssystem von Internet, Digitalisierung und Organisations-IT

Nach zwei Jahrzehnten hat sich der Begriff Cloud Computing, der einst nur in Informatikerkreisen bekannt war, fest im gesellschaftlichen Mainstream etabliert. Dies gilt für die Jugendsprache der Generation „GenZ" ebenso wie für die Leser einschlägiger Wirtschaftsmagazine. Für Praktikanten in der IT-Abteilung gleichsam wie für die CEO börsennotierter Konzerne.

Während der Begriff Cloud in den frühen 2010er Jahren noch stark technisch definiert wurde und die flexible, nutzungsabhängige und skalierbare Inanspruchnahme von digitalen Ressourcen wie Rechenleistung, Speicherkapazität und Netzwerkdiensten beschrieb, so wird er seit den 2020er Jahren fast synonym mit dem Begriff des Internet verwendet. Und dies hat gute Gründe. Denn vereinfacht gesagt, stellt Cloud Computing die infrastrukturelle Basis für einen Großteil der Webseiten, Plattformen, Apps und modernen Kommunikationsdienste des Internets dar – von Netflix, über Amazon, der Apple iCloud bis hin zu WhatsApp und ChatGPT.

Verteilte, hoch skalierungsfähige IT-Infrastruktur auf Knopfdruck war für viele der Startups und Internetfirmen die Grundlage ihrer Geschäftsmodelle – von Software-as-a-Service, über eCommerce und Gaming bis hin zum Video- und Musik-Streaming. In Kombination mit erschwinglichen Tarifen und Smartphones machte die Cloud den globalen Erfolg des Internets erst möglich. So nutzten im Jahr 2000 erst 360 Mio. Menschen das Internet. Im Jahr 2024 hat sich die Zahl mehr als verzwanzigfacht – auf über 7,2 Mrd. Nutzer, die primär über ihr Smartphone online sind und eine Vielzahl an Apps und breitbandigen Cloud-Diensten nutzen.

Parallel zum Internet ist auch die weltweite Cloud-Infrastruktur gewachsen. Auf hunderte globale Rechenzentren mit Millionen verbundener Server und Netzwerkknoten. Eine unglaublich komplexe, vermaschte und virtualisierte IT-Infrastruktur, deren Komponenten und Dienste per Softwarebefehl gesteuert und genutzt werden. Schätzungsweise haben allein die Marktführer AWS, Microsoft und Google zwischen 300–400 Mrd. USD in den Aufbau ihrer Cloud-Rechenzentren und Infrastruktur investiert.

Die Cloud stellt somit heute nicht nur eine der größten und komplexesten Infrastrukturen dar, welche die Welt bisher gesehen hat. Sie bietet Unternehmen und ihren Entscheidern auch unvergleichliche Innovations- und Effizienzchancen, da sich digitale Dienste und Geschäftsmodelle auf Knopfdruck in nahezu allen globalen Märkten anbieten und umsetzen lassen.

### 2.3.2 Cloud Charakteristika und Servicemodelle

Traditionell war der Zugang zu Rechenleistung eher beschränkt. Nur Unternehmen konnten sich über langwierig ausgehandelte Verträge (Outsourcing, Hosting) Zugang zu Ressourcen in Rechenzentren verschaffen. Während des Internet-Booms in den 90er- und 2000er Jahren etablierten sich Webhosting-Firmen und ISPs, welche erstmals Basis-IT-Infrastruktur, wie z. B. Server, IP-Adressen sowie auch Zugang zum Internet für KMUs oder Einzelpersonen angeboten haben.

Mit dem Aufkommen des Cloud Computing, veränderten sich vor allem der Zugang sowie die Wachstumsmöglichkeiten gegenüber dem bekannten Hosting. So stehen im Cloud Computing Rechenleistung, Speicherplatz oder komplette Anwendungen (Software as a Service) „auf Knopfdruck" zur Verfügung. Dies wird dadurch ermöglicht, dass die Cloud Provider erhebliche Vorabinvestitionen in die Rechenzentren und Infrastrukturkapazitäten tätigen. Somit muss bei der Bestellung durch einen neuen Kunden keine Hardware beschafft, sondern nur per Software freigeschaltet und konfiguriert werden. Auf diese Weise wird den Anwendern auch eine entsprechende Skalierbarkeit ermöglicht, sprich die genutzten IT-Ressourcen können je nach Bedarf heruntergeregelt oder hochgefahren bzw. „skaliert" werden. Dies bedeutet für die Unternehmen einen erheblichen Agilitätsvorteil gegenüber klassischen IT-Sourcing-Modellen und schafft die Grundlage, digitale Innovationen schnell zu testen und marktfähig zu Machen (Tab. 2.6).

Cloud-Dienste lassen sich in die drei Kategorien Infrastruktur, Plattform und Software-Dienste einteilen. Hierfür haben sich die Begriffe Infrastructure-as-a-Service (IaaS), Platform-as-a-Service (PaaS) und Software-as-a-Service (SaaS) etabliert. In jeder dieser Kategorien existiert wiederum eine Vielzahl unterschiedlicher Dienste, die entweder von einzelnen, spezialisierten oder globalen Cloud Providern angeboten werden. Die globalen

**Tab. 2.6** Eigenschaften von Cloud Computing (NIST Definition)

| Eigenschaften von Cloud Computing (NIST Definition) | |
|---|---|
| On-Demand Self-Services | Nutzer können **Cloud-Ressourcen eigenständig und bei Bedarf bereitstellen** (z. B. Rechenleistung, Speicherplatz), ohne manuelle Interaktion mit dem Anbieter |
| Broad Network Access | Cloud-Dienste sind **über das Internet oder private Netzwerke** jederzeit und von überall aus **verfügbar**, unabhängig vom Endgerät (Laptop, Smartphone, IoT-Geräte etc.) |
| Resource Pooling | Die Cloud-Anbieter bündeln IT-Ressourcen (z. B. Server, Speicher, Netzwerke) in einem **gemeinsamen Pool**, aus dem mehrere Kunden (Mandanten) dynamisch Ressourcen beziehen können |
| Rapid Elasticity | **Skalierbarkeit in Echtzeit**: Ressourcen können **dynamisch angepasst** werden – je nach **Nachfrage** automatisch hoch- oder herunterskaliert |
| Measured Service | Cloud-Ressourcen werden **automatisch überwacht, gemessen und abgerechnet** (Pay-per-Use-Prinzip), sodass Kunden nur für die tatsächlich genutzten Ressourcen zahlen |

Cloud Provider werden vielfach auch als „Hyperscaler" oder Cloud Platform Provider bezeichnet, was auf die ganzheitliche Produktpalette („Vollsortiment") sowie die weltweite Verfügbarkeit ihrer Dienste zurückgeht. So bieten die Marktführer AWS, Microsoft oder Google jeweils über hunderte Cloud-Dienste an, die sich entweder einzeln nutzen oder auch miteinander verbinden lassen. Anwender wählen die Cloud-Diensttypen (IaaS, PaaS, SaaS) typischerweise nach Einsatzszenarien, Lösungsarchitektur oder IT-Strategie aus (Tab. 2.7).

Eine wichtige Entscheidung für Unternehmenslenker ist zudem die Auswahl der Bereitstellungsoptionen und des „Make or Buy" für Cloud-Dienste. So können Unternehmen ihre eigenen Cloud-Plattformen aufbauen und betreiben („Private Cloud") oder die Cloud-Dienste extern aus der „Public Cloud" beziehen. In den vergangenen Jahren haben sich meist Mischformen herausgebildet. Die Mehrheit der Unternehmen nutzt Cloud heute in einem Mix an „Deployment"-Varianten, welche dann als „Hybrid" oder auch „Multi-Cloud" bezeichnet werden. Lassen Unternehmen ihre Cloud-Umgebung durch einen externen Dienstleister verwalten, spricht man von „Managed Cloud" (Tab. 2.8).

In diesem Kontext verändert entsteht für die Mehrheit der Unternehmen ein Modell der „geteilten Verantwortlichkeiten" zwischen Anwender und Cloud Provider (vgl. „Shared Responsibility"-Modell von Amazon Web Services) (Abb. 2.11).

**Tab. 2.7** Cloud Service Modelle im Überblick

| Service-Modell | Beschreibung | Typische Nutzung | Beispiele |
|---|---|---|---|
| IaaS (Infrastructure as a Service) | Bereitstellung von virtueller IT-Infrastruktur wie Server, Speicher, Netzwerke | • Dynamische Skalierung von Rechenleistung & Speicher<br>• Hosting von Anwendungen & Webseiten<br>• Backup- & Disaster Recovery-Lösungen | • Amazon EC2<br>• Google Compute Engine<br>• Microsoft Azure Virtual Machine |
| PaaS (Platform as a Service) | Entwicklern werden komplette Entwicklungsumgebungen inkl. Laufzeitumgebungen, Datenbanken & Middleware bereitgestellt | • Entwicklung & Deployment von Anwendungen<br>• Automatisierte Skalierung & Verwaltung<br>• Reduzierung administrativer IT-Aufgaben | • Google App Engine<br>• Microsoft Azure App Services<br>• Heroku |
| SaaS (Software as a Service) | Cloud-basierte Anwendungen, die direkt über das Internet genutzt werden, ohne Installation | • Kollaboration & Kommunikation<br>• Kundenmanagement (CRM)<br>• Office & Produktivitätslösungen | • Google Workspace<br>• Salesforce<br>• Dropbox |

### 2.3.3 Zusammenspiel von Cloud und moderner Softwareentwicklung

Der weltweite Erfolg des Cloud Computing als neuer de-facto Standard zur Bereitstellung von IT-Ressourcen und Software geht auf mehrere Gründe zurück. Neben den eingangs geschilderten wertstiftenden Charakteristika von Self Service, geteilten Ressourcen und hoher Skalierbarkeit, spielt auch die Tatsache eine Rolle, dass Cloud Computing in synergetischer Weise neu entstehende Formen der Softwareentwicklung unterstützt und ermöglicht. Dies war vor allem für diejenigen Softwareentwickler und Startups entscheidend, die in den 2010er Jahren ihre Apps und Plattformen auf Basis folgender Paradigmen entwickelten und somit den Standard für einen Großteil der heutigen modernen Softwareentwicklung legten:

**Agile Entwicklung und Produktorganisation**
Agile Softwareentwicklung setzt auf iterative und inkrementelle Entwicklungsmethoden, bei denen enge Zusammenarbeit, schnelle Feedbackzyklen und kontinuierliche Anpassungen im Mittelpunkt stehen. Teams arbeiten selbstorganisiert und nutzen Frameworks wie Scrum oder Kanban, um flexibel auf sich ändernde Anforderungen zu reagieren und kundenorientierte Produkte effizient zu entwickeln.

**Tab. 2.8** Cloud Deployment Modelle im Vergleich

Cloud Deployment Modelle im Vergleich

| Deployment-Modell | Beschreibung | Vorteile | Nachteile | Typische Nutzung |
|---|---|---|---|---|
| **Private Cloud** | Cloud-Umgebung, die nur einem Unternehmen gehört und entweder on-premises oder bei einem externen Anbieter gehostet wird | • Hohe Sicherheit & Kontrolle<br>• Individuelle Anpassung<br>• Erfüllung strenger Compliance-Anforderungen | • Hohe Kosten & Wartungsaufwand<br>• Begrenzte Skalierbarkeit | • Banken & Finanzsektor<br>• Unternehmen mit strikten Datenschutzanforderungen |
| **Public Cloud** | Öffentliche Cloud-Dienste, die über das Internet bereitgestellt und von mehreren Kunden geteilt werden (Multi-Tenant) | • Kosteneffizient (Pay-as-you-go)<br>• Hohe Skalierbarkeit & Flexibilität<br>• Keine Wartung durch den Nutzer | • Weniger Kontrolle<br>• Datenschutz- & Compliance-Risiken | • Startups & KMUs<br>• Web-Apps & SaaS-Lösungen |

(Fortsetzung)

**Tab. 2.8** (Fortsetzung)

Cloud Deployment Modelle im Vergleich

| Deployment-Modell | Beschreibung | Vorteile | Nachteile | Typische Nutzung |
|---|---|---|---|---|
| Hybrid Cloud | Kombination aus Private & Public Cloud, um Flexibilität, Skalierbarkeit und Sicherheit zu kombinieren | • Optimierte Kosten & Skalierbarkeit<br>• Kombination aus Sicherheit & Public-Cloud-Vorteilen<br>• Ideal für Lastspitzen & sensible Daten | • Komplexe Verwaltung – Erfordert gute Integration & Sicherheitsmaßnahmen | • Unternehmen mit variabler Last<br>• Kritische Anwendungen mit sensiblen Daten |
| Managed Cloud | Eine Cloud-Umgebung, die von einem Drittanbieter verwaltet wird, sodass Unternehmen sich nicht um Infrastruktur & Wartung kümmern müssen | • Reduzierter Verwaltungsaufwand<br>• Hohe Verfügbarkeit & Performance<br>• Sicherheit & Compliance durch Experten | • Höhere Kosten als Public Cloud<br>• Weniger Kontrolle über Konfiguration | • Unternehmen ohne eigene IT-Ressourcen<br>• Hosting von geschäftskritischen Anwendungen |

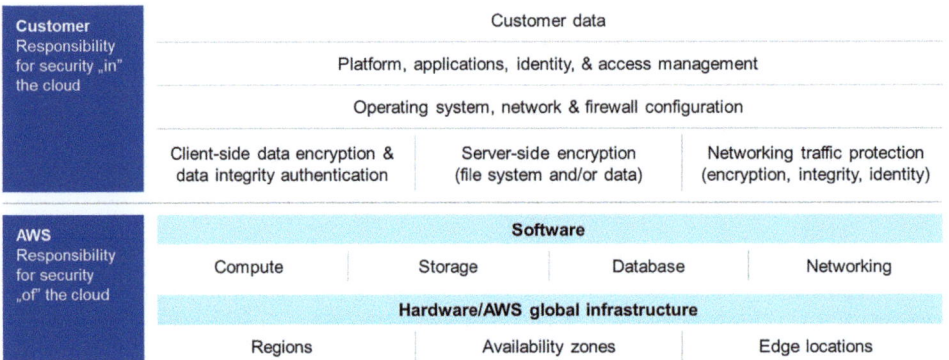

**Abb. 2.11** Modell der geteilten Verantwortlichkeiten zwischen Unternehmen und Cloud Provider

**API First**

Das API-First-Prinzip bedeutet, dass Schnittstellen zwischen Systemen von Anfang an als zentrale Bausteine der Architektur entworfen werden (vgl. Kap. 2). Statt APIs nachträglich anzufügen, werden sie frühzeitig spezifiziert, um eine konsistente, skalierbare und interoperable Softwareentwicklung zu ermöglichen. Dies fördert eine bessere Wiederverwendbarkeit und erleichtert die Integration mit anderen Systemen.

**Microservices-Architekturen**

Microservices sind eine Architekturform, bei der Anwendungen in kleine, voneinander unabhängige Dienste aufgeteilt werden, die jeweils eine spezifische Funktion erfüllen. Diese Services kommunizieren über standardisierte Schnittstellen und ermöglichen eine skalierbare, flexible und resiliente Softwareentwicklung, die unabhängig gewartet und aktualisiert werden kann.

**Virtualisierung über Container**

Container-Technologien wie Docker ermöglichen die isolierte Bereitstellung von Anwendungen mit allen erforderlichen Abhängigkeiten. Kubernetes ist ein Orchestrierungssystem, das die Verwaltung, Skalierung und Automatisierung von containerisierten Anwendungen erleichtert. Diese Technologien fördern eine konsistente Entwicklung und Bereitstellung über verschiedene Umgebungen hinweg. Mit Docker, Kubernetes und anderen „Cloud Native" Open Source Technologien war der Weg für echte Hybrid- und Multicloud-Strategien gelegt.

**DevOps und Infrastructure as Code**

DevOps kombiniert Softwareentwicklung (Dev) und IT-Betrieb (Ops), um durch Automatisierung, kontinuierliche Integration und Lieferung (CI/CD) schnellere und stabilere

Deployments zu ermöglichen. Infrastructure as Code (IaC) nutzt deklarative Konfigurationsdateien zur Automatisierung der Infrastrukturverwaltung, was konsistente und wiederholbare Umgebungen schafft.

**Plattform- und Netzwerkeffekte**
Plattformökonomien basieren auf digitalen Marktplätzen oder Ökosystemen, die Anbieter und Nutzer effizient zusammenbringen. Netzwerkeffekte entstehen, wenn der Wert einer Plattform mit der Anzahl der Nutzer steigt, was zu exponentiellem Wachstum und Marktdominanz führen kann. Unternehmen setzen auf APIs und Datenstrategien, um diese Effekte gezielt zu nutzen. Die globalen Cloud-Plattformen der „Hyperscaler" (vgl. unten) nutzen diese Effekte einerseits selbst, da Entwickler, Startups und Unternehmen allesamt von einheitlichen Standards bei Tooling, Dokumentation und Prozessen (Deployment, Billing, Automatisierung) profitieren sowie sich gegenseitig über Marktplatzfunktionen Dienste bereitstellen können. Andererseits unterstützten die Cloud-Plattformen maßgeblich den Aufstieg der digitalen Plattformökonomie und entsprechender Marktplätze für z. B. Apps, Games, Musik, Social Media, eCommerce, Travel, indem sie die grundlegenden Infrastruktur- und Plattformdienste für Entwicklung, Skalierung und Betrieb bereitstellten.

### 2.3.4 Evolution der Cloud-Plattformen und Provider-Landschaft

Die Evolution des Cloud Computing lässt sich auch entlang einer Reihe von Unternehmensbiografien und Managemententscheidungen erzählen. Die heute dominierenden Cloud Provider weisen alle einige Gemeinsamkeiten in der Unternehmensgenese auf. So gilt für AWS, Microsoft Azure, Google (USA) aber auch Alibaba, Baidu und Tencent (China) gleichermaßen:

- Klare **strategische Ausrichtung auf das „Public Cloud"**-Modell und Self Service für die Nutzer
- **Milliardenschwere Vorabinvestitionen** in die eigenen Rechenzentren und Netzwerkinfrastruktur
- Hoher Automatisierungsgrad der eigenen Plattform- und Betriebsprozesse als Basis der **Kostenführerschaft in der frühen Marktphase**

Demgegenüber fokussierten sich viele etablierte IT-Unternehmen, wie z. B. IBM, HP, Oracle und andere, in den ersten Jahren eher auf Private- und Hybrid Cloud-Ansätze, in der Hoffnung, damit den Bedürfnissen großer Unternehmenskunden besser nachkommen zu können. Da in diesen Ansätzen vielfach der Self Service und die Automatisierung nur schwach ausgeprägt waren, die Preise allerdings vergleichbar hoch, konnten sich die traditionellen IT-Infrastruktur und Hardware-Konzerne im Cloud-Markt nicht durchsetzen und verloren einen wesentlichen Teil des Marktes an die Innovatoren AWS, Azure und Google sowie ihre chinesischen Entsprechungen.

Europäische Unternehmen sind bis heute weltweit ebenfalls nicht unter den führenden Cloud Providern vertreten – mit Ausnahme von SAP als Software-as-a-Service-Anbieter. Dies liegt sicherlich an der mangelnden Finanz- und Investitionskraft in den frühen Marktphasen des Cloud Computing sowie einer tendenziell kleinteiligen Wettbewerbsstruktur im Segment der IT-Dienstleister und Hostingfirmen. Während in den USA und China einige wenige börsennotierte Unternehmen riesige Summen in den Ausbau und die Automatisierung ihrer Cloud-Infrastruktur investierten, erfolgten die Investitionen in Europa eher kleinteilig in hunderte unterschiedliche Firmen, die in den folgenden Marktphasen dann global nicht mehr wettbewerbsfähig waren. Somit entstand ein oligopolistischer Markt, in dem heute primär börsennotierte Tech-Konzerne aus den USA und China dominieren. Vor dem Hintergrund einer geopolitischen Neuausrichtung Europas und einem stärkeren Datenschutz-Bedürfnis haben sich in den letzten Jahren auch die Investitionen in europäische Cloud Provider erholt (vgl. IONOS, StackIT, OVH).

Die Entwicklung und der aktuelle Status der **Cloud Provider Landschaft** lassen sich anhand folgender Kriterien skizzieren:

- **Provider Typologie:** Bei den unterschiedlichen Arten an Cloud Providern haben sich die globalen Hyperscaler (z. B. AWS, Azure, Google) gegenüber den sogenannten Hostingfirmen durchgesetzt. Diese betreiben zwar ebenfalls eigene Rechenzentren, haben aber meist nur lokale Marktrelevanz. Auch viele der weltweiten IT-Outsourcing-Firmen setzen zunehmend auf die Infrastruktur der Hyperscaler und fahren die Investitionen in eigene Rechenzentren zurück.
- **Portfolio:** Seit dem Marktstart im Jahr 2006 (AWS und Google AppEngine) mit nur wenigen Speicherdiensten und virtuellen Maschinen, haben sich die Cloud-Plattformen der globalen Provider funktional und technologisch weiterentwickelt. So umfasst die Microsoft Azure Plattform mittlerweile ein Portfolio von mehr als 600 einzelnen Diensten und Tools. Die globalen Cloud-Plattformen repräsentieren damit ein recht genaues Abbild der heutigen relevanten Technologielandschaft bzw. des modernen „Techstacks" mit nahezu allen Tools und Technologien, welche sich in Großkonzernen und ambitionierten Tech Startups finden lassen.
- **Rechenzentren und Netzwerke:** In den vergangenen 20 Jahren ging ein wesentlicher Teil der weltweiten Investitionen in Rechenzentren auf die Cloud Provider zurück. So betreiben alleine die Marktführer AWS, Azure und Google hunderte Rechenzentrumsstandorte, die weltweit über eigene Glasfasernetze und Netzwerkknoten verbunden sind. Aus Skalierungs- und Effizienzgründen entwickelten sich neue Großrechenzentrumskonzepte. Diese „Hyperscale Data Center", umfassen meist mehr als 10.000 Quadratmeter, verbrauchen zwischen 10 und 100 MW Energie und beheimaten meist mehrere zehn- bis hunderttausende Servern. Seit einigen Jahren verbinden die Hyperscale Provider ihre Rechenzentrumsregionen auch über eigene Unterseekabel, was ihnen

zusätzliche Autonomie, Wertschöpfungstiefe und Innovationsmöglichkeiten bietet. Auf diese Weise ist eine beeindruckende digitale Infrastruktur entstanden, die im Buch „Tubes: A Journey to the Center of the Internet" (Blum, 2012) kenntnisreich und unterhaltsam beschrieben wird.

- **Finanzkraft und Marktmacht:** In dem mittlerweile über 300 Mrd. USD-schweren Markt für IaaS und PaaS haben die Hyperscaler einen dominierenden Anteil von über 60 % (vgl. Grafik unten). Die Marktforscher von Gartner gehen davon aus, dass im Jahr 2025 erstmals mehr als die Hälfte aller IT-Ausgaben in IaaS, PaaS und SaaS fließen werden und somit ein sogenannter „Inflection Point" erreicht wird. Sprich, Cloud Computing ist nachweislich zum de-facto Standard für die Bereitstellung und den Kauf von IT und Software geworden.
- **Innovation:** Die Kapitalstärke der Cloud Konzerne gibt diesen wiederum die Möglichkeit, enorme Summen in Innovation zu investieren. So sind die Hyperscaler auch zu Vorreitern in den Bereichen AI, Quantum Computing, virtuelle Realität und Cybersicherheit avanciert. Die FuE-Abteilungen sowie Venture Capital-Ableger verfügen über enorme Budgets, um auch in langfristige Technologieentwicklungen und „Deep Tech" zu investieren.

### 2.3.5 Cloud im Organisationseinsatz – IT-Transformation und digitale Innovation

Nachdem in der frühen Explorationsphase vornehmlich Startups die Cloud genutzt haben, waren es in den vergangenen 10 Jahren vornehmlich multinationale und mittelständische Unternehmen, die das Wachstum des Cloud-Marktes angetrieben haben. Wesentliche Triebfedern für den Cloud-Einsatz waren und sind die Transformation der Organisations-IT sowie digitale Innovation, im Folgenden kurz argumentativ skizziert werden.

**Hybrid- und Multi-Cloud-Modelle als „neue Normalität"**
Unternehmen setzen zunehmend auf hybride und Multi-Cloud-Strategien, um flexibel zwischen privaten und öffentlichen Cloud-Umgebungen zu agieren. Dies ermöglicht eine optimierte Workload-Verteilung, höhere Ausfallsicherheit und eine bessere Einhaltung regulatorischer Vorgaben.

**Digitale Innovation als Treiber der Cloud-Transformation**
Cloud-Technologien beschleunigen die digitale Innovation, indem sie Unternehmen den Zugang zu skalierbaren Ressourcen, AI-gestützten Analysen und modernen Entwicklungsplattformen bieten. So können neue Geschäftsmodelle, Anwendungen und Services schneller realisiert werden.

**Evolution der Cloud-Workloads und Cloud-Migration**
Während Cloud-Technologien zunächst für mobile Apps und einfache „Lift & Shift"-Migrationen genutzt wurden, verlagern Unternehmen heute zunehmend unternehmenskritische Systeme und hochskalierbare Plattformen in die Cloud. Dies ermöglicht mehr Agilität, höhere Verfügbarkeit und globale Skalierbarkeit.

**Automation und Kosteneffizienz im IT-Betrieb**
Durch Automatisierung, z. B. mit Infrastructure as Code und Kubernetes, lassen sich IT-Prozesse effizienter gestalten und Betriebskosten reduzieren. Unternehmen profitieren von optimierten Ressourcennutzungen, geringeren Wartungsaufwänden und einer schnelleren Bereitstellung von IT-Services.

**Cloud Governance und FinOps – Kostentransparenz und Regelkonformität**
Die Verwaltung großer Cloud-Umgebungen erfordert eine klare Governance-Strategie. FinOps-Ansätze helfen Unternehmen, Cloud-Kosten transparent zu machen, Budgets zu optimieren und Compliance-Anforderungen einzuhalten. So wird eine nachhaltige und wirtschaftliche Nutzung der Cloud sichergestellt.

## Literatur

Anthropic. (o. J.). Claude. Abgerufen am 30. Mai 2025, von https://www.anthropic.com/claude.
Binder, A. (2001, 5. Februar). The World's Online Populations. Abgerufen am 30. Mai 2025, von https://user.medunigraz.at/alexander.binder/internet2000.html sowie International Telecommunication Union. (2024, 10. November). Facts and Figures 2024 – Internet use. Abgerufen am 30. Mai 2025, von https://www.itu.int/itu-d/reports/statistics/2024/11/10/ff24-internet-use/.
Bitkom. (2022). Data Spaces & Data Ecosystems: Die dezentrale Zukunft der Datenwirtschaft. Abgerufen am 30. Mai 2025, von https://www.bitkom.org/sites/main/files/2022-09/Bitkom_Data_Spaces_Data_Ecosystems%20_Sep_2022.pdf.
Blum, A. (2012). Tubes: A journey to the center of the Internet. Ecco Verlag.
Dartmouth College. (o. J.). Artificial Intelligence coined at Dartmouth. Abgerufen am 30. Mai 2025, von https://home.dartmouth.edu/about/artificial-intelligence-ai-coined-dartmouth.
Davenport, T. H., & Patil, D. J. (2012, Oktober). Data scientist: The sexiest job of the 21st century. Harvard Business Review. https://hbr.org/2012/10/data-scientist-the-sexiest-job-of-the-21st-century.
Expert Market Research. (o. J.). Big data market report. Abgerufen am 30. Mai 2025, von https://www.expertmarketresearch.com/reports/big-data-market.
McKinsey & Company. (2025). The economic potential of generative AI: The next productivity frontier. Abgerufen am 30. Mai 2025, von https://www.mckinsey.com/capabilities/mckinsey-digital/our-insights/the-economic-potential-of-generative-ai-the-next-productivity-frontier.
Reinsel, D., Gantz, J., & Rydning, J. (2018). Data Age 2025: The Digitization of the World From Edge to Core. IDC. Abgerufen von https://www.seagate.com/files/www-content/our-story/trends/files/idc-seagate-dataage-whitepaper.pdf.

# Literatur

Turing, A. M. (1950). Computing Machinery and Intelligence. Mind, 59(236), 433–460.

Vaswani, A., Shazeer, N., Parmar, N., Uszkoreit, J., Jones, L., Gomez, A. N., Kaiser, Ł., & Polosukhin, I. (2017). Attention is all you need. Advances in Neural Information Processing Systems, 30, 5998–6008. https://proceedings.neurips.cc/paper_files/paper/2017/file/3f5ee243547dee91fbd053c1c4a845aa-Paper.pdf.

Wikipedia. (o. J.). ChatGPT. Abgerufen am 30. Mai 2025, von https://de.wikipedia.org/wiki/ChatGPT.

WirtschaftsWoche. (2025). Ranking 2025: Das sind die zehn wertvollsten Unternehmen der Welt. Abgerufen am 30. Mai 2025, von https://www.wiwo.de/unternehmen/mittelstand/ranking-2025-das-sind-die-zehn-wertvollsten-unternehmen-der-welt/29870272.html.

Zeit Online. (2024, 8. August). Künstliche Intelligenz – ChatGPT erreicht 200 Millionen Nutzer weltweit. Abgerufen am 30. Mai 2025, von https://www.zeit.de/digital/2024-08/kuenstliche-intelligenz-open-ai-chat-gpt-nutzerzahl-200-millionen.

https://www.pingdom.com/blog/incredible-growth-of-the-internet-since-2000/#:~:text=Here%20is%20how%20much%20the,2000%2C%20in%20the%20entire%20world. https://www.demandsage.com/smartphone-usage-statistics/#:~:text=7.21%20billion%20people%20worldwide%20use,smartphones%20daily%20as%20of%202024

# ABC – Das technologische Zusammenspiel von AI, Big Data und Cloud

**3**

## Inhaltsverzeichnis

3.1 Resiliente und skalierbare IT-Infrastrukturen als Voraussetzung für die Integration und Nutzung von Synergien neuer Technologien ..................................... 49
    3.1.1 Entwicklung von IT-Infrastrukturen ............................................. 49
    3.1.2 Einfluss der Cloud-Technologien auf die Entwicklung der IT ................ 50
    3.1.3 Sicherheitsaspekte heutiger IT-Infrastrukturen ............................... 50
    3.1.4 Edge Computing ................................................................. 52
    3.1.5 Zusammenfassung ............................................................... 53
3.2 APIs als Schlüsselfaktoren für Interoperabilität und Automatisierung ................ 53
    3.2.1 Prinzipien, Einsatzbereiche und Praxisbeispiele der API-Nutzung ........... 54
    3.2.2 Bedeutung von APIs für AI-, Big Data- und Cloud-Dienste .................. 57
    3.2.3 API-Management als operatives und strategisches Handlungsfeld ........... 58
    3.2.4 Zusammenfassung ............................................................... 59
3.3 Wie Big Data und Cloud-Plattformen AI transformiert haben ....................... 60
    3.3.1 Bedeutung von Big Data und Cloud-Plattformen für AI ..................... 60
    3.3.2 Bedeutung der Hardware für AI ................................................ 61
    3.3.3 AI-Architekturen – Edge, Cloud und Distributed AI ........................ 62
    3.3.4 Zusammenfassung ............................................................... 62
3.4 Big Data im Wandel – von lokalen Datensilos zu globalen Datenökosystemen ......... 63
    3.4.1 Entwicklung von Data Lakes ................................................... 63
    3.4.2 Moderne Datenarchitekturen – Data Lakes, Data Lakehouses und Data Mesh ... 64
    3.4.3 Datenintegration ................................................................. 66
    3.4.4 Datengetriebene Geschäftsmodelle und Zusammenfassung .................. 66
3.5 Cloud-Transformation – vom lokalen Rechenzentrum zur Innovationsplattform für AI und Big Data ............................................................................ 67
    3.5.1 Demokratisierung der IT – Cloud-Ressourcen als Treiber für AI und Big Data ... 68
    3.5.2 AI in der Cloud – Innovationstreiber für Entwicklung, Optimierung und Sicherheit ......................................................................... 69
    3.5.3 Hybrid Cloud Management ..................................................... 69
    3.5.4 Cloud Governance und FinOps ................................................ 70

© Der/die Autor(en), exklusiv lizenziert an Springer Fachmedien Wiesbaden GmbH, ein Teil von Springer Nature 2025
J. Sommer et al., *Das ABC der Digitalisierung für Entscheider*,
https://doi.org/10.1007/978-3-658-49375-2_3

|       | 3.5.5 | Cloud-Migration und -Transformation – Herausforderungen und Best Practices | 71 |
|       | 3.5.6 | Zusammenfassung | 73 |
| 3.6   | Synergien durch das ABC und Impulse für die Praxis | | 73 |
| Literatur | | | 74 |

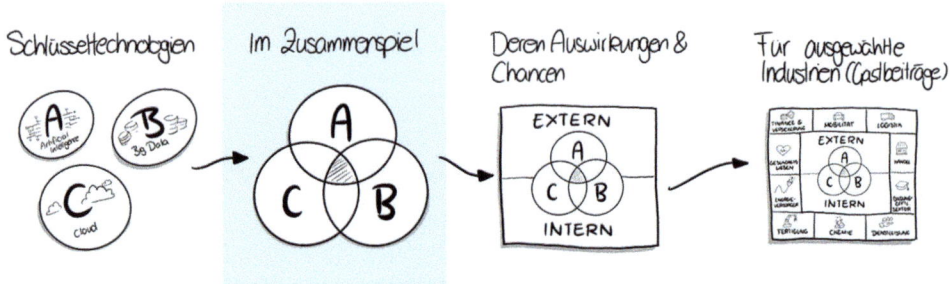

Durch die Digitalisierung stehen Unternehmen vor der Aufgabe, sich in einer zunehmend daten- und technologiegetriebenen Welt neu zu orientieren und zu positionieren. Die Schlüsseltechnologien Artificial Intelligence (AI), Big Data und Cloud – das sogenannte ABC der Digitalisierung – bilden das Fundament für die digitale Transformation. Ihre Integration und die Nutzung ihrer Synergien bieten nicht nur enorme Effizienzgewinne, sondern schaffen auch Möglichkeiten für neue Geschäftsmodelle und disruptive Lösungen.

In diesem Kapitel werden die wesentlichen Zusammenhänge zwischen AI, Big Data und Cloud beschrieben und praxisnahe Impulse gegeben. Die Grundlage bildet eine resiliente und skalierbare IT-Infrastruktur, ohne die eine Integration und Nutzung der ABC-Technologien nicht möglich ist.

Im zweiten Abschnitt wird die Bedeutung von Application Programming Interfaces (APIs) für die Interoperabilität und Automatisierung beschrieben. APIs sind das zentrale Verbindungselement, das AI, Big Data und Cloud effizient integriert. Durch standardisierte Schnittstellen erleichtern sie den Datenaustausch, das Vernetzen von Systemen und das Automatisieren von IT-Prozessen.

Im dritten Abschnitt wird die transformative Rolle von Big Data und Cloud für die Entwicklung von AI erläutert. Die Verfügbarkeit großer Datenmengen und skalierbarer Ressourcen hat die Entwicklung selbstlernender Systeme und Generativer AI (GenAI) revolutioniert.

Der vierte Abschnitt beleuchtet den Wandel im Bereich Big Data: Von isolierten Datensilos hin zu globalen Datenökosystemen. Unternehmen nutzen heute unstrukturierte Datenquellen und Cloud-basierte Data Lakes, um Erkenntnisse zu gewinnen und Big Data als Wertschöpfungstreiber einzusetzen.

Der fünfte Abschnitt fokussiert sich auf die Cloud als Innovationsplattform. Von lokalen Rechenzentren hin zu elastischen Plattformen hat die Cloud nicht nur die Kostenstruktur der IT revolutioniert, sondern auch datenbasierte Innovationen und AI-Anwendungen ermöglicht.

Der abschließende Abschnitt beleuchtet das Zusammenspiel von AI, Big Data und Cloud – dem sogenannten ABC der Digitalisierung – und zeigt, wie durch ihre Integration Synergien entstehen.

## 3.1 Resiliente und skalierbare IT-Infrastrukturen als Voraussetzung für die Integration und Nutzung von Synergien neuer Technologien

Moderne IT-Infrastrukturen bilden das technologische Fundament für IT-gestützte Prozesse und ermöglichen die digitale Transformation. Sie ermöglichen die Integration, Implementierung und effiziente Nutzung von Technologien wie AI, Big Data und Cloud.

### 3.1.1 Entwicklung von IT-Infrastrukturen

In der Anfangszeit der IT betrieben Unternehmen eigene Rechenzentren, die durch hohe Kosten und geringe Skalierbarkeit gekennzeichnet waren. Der Fokus lag auf hardwarebasierten Lösungen, deren Ressourcen meist ineffizient genutzt wurden.

Die Entwicklung moderner IT-Infrastrukturen – von der Mainframe-Ära bis hin zu Cloud-Plattformen und dem Internet of Things (IoT) – ist in Abb. 3.1 veranschaulicht. Bereits in den 1960er Jahren entstanden erste Virtualisierungstechnologien, etwa mit dem IBM CP-40. Diese ermöglichten eine effizientere Ressourcennutzung durch die Aufteilung physischer Server in virtuelle Ressourcen. In den 1980er Jahren wurden dezentralisierte, verteilte IT-Infrastrukturen mittels lokalen und später globalen Netzwerken etabliert. Die 1990er Jahre markierten den Übergang zu flexiblen Client–Server-Architekturen – etwa mit Windows NT, Novell NetWare oder UNIX-Systemen – und den Durchbruch kommerzieller Virtualisierungstechnologien wie VMware für $\times$ 86-Architekturen (Mandl, 2008). Parallel dazu entstand mit dem Internet (*à la* World Wide Web) die Basis für global verteilte Ressourcen. Virtualisierung wurde auf Speicher und Netzwerke ausgeweitet, wodurch softwaredefinierte Infrastrukturen entstanden – zentral steuerbar, automatisiert bereitgestellt und richtlinienbasiert verwaltet. Seit den 2010er Jahren prägen mobile Anwendungen den Alltag, mit standortunabhängigem Datenzugriff. Die 2020er Jahre stehen schließlich ganz im Zeichen von Cloud-Plattformen als dominierender Infrastrukturform und dem Internet of Things.

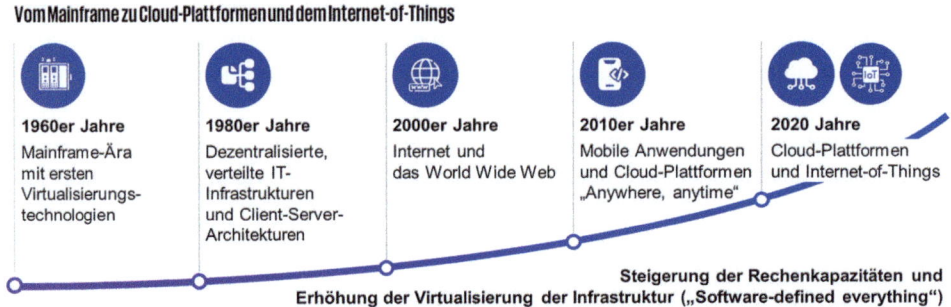

**Abb. 3.1** Entwicklung moderner IT-Infrastrukturen

## 3.1.2 Einfluss der Cloud-Technologien auf die Entwicklung der IT

Das Aufkommen von Cloud-Technologien und -Plattformen revolutionierte IT-Infrastrukturen. Diese Plattformen bieten nahezu unbegrenzte Ressourcen, ohne dass hohe Investitionskosten für physische Hardware anfallen. Unternehmen können so innovative Technologien wie Big Data und AI effizient, schnell einsetzen und nutzen.

Durch neue Kostenmodelle und Cloud-Plattformen haben sich IT-Abteilungen von rein operativen Einheiten zu strategischen Partnern entwickelt, die Geschäftsprozesse digitalisieren und optimieren und neue Geschäftsmodelle vorantreiben. Cloud-Plattformen ermöglichen es Unternehmen, IT-Ressourcen bedarfsgerecht zu skalieren, wodurch Effizienzsteigerungen und Kostenoptimierungen erreicht werden. Hybride Cloud-Ansätze kombinieren dabei eigene Unternehmens- und Public-Cloud-Infrastrukturen, was eine Transformation und Migration von Anwendungen und Daten in die Cloud ermöglicht (Vollmer, 2013). Risiken werden durch eine inkrementelle Migration reduziert, während die Vorteile von Cloud-Plattformen – wie Flexibilität, Sicherheit und Interoperabilität – voll ausgeschöpft werden.

## 3.1.3 Sicherheitsaspekte heutiger IT-Infrastrukturen

Die zunehmende Vernetzung und Verbreitung des Internets haben auch die Sicherheitsarchitektur von IT-Infrastrukturen grundlegend verändert. Während früher zentrale Firewalls den Netzwerkperimeter und die IT-Infrastrukturen schützten, ist dieses Modell durch die Einbindung mobiler Endgeräte, IoT-Technologien und Cloud-Dienste zu komplex, kostenintensiv und unzureichend geworden.

Gleichzeitig hat sich die Bedrohungslage deutlich verschärft, sowohl in Umfang als auch in der Qualität der Angriffe. 2024 waren 81 % der Unternehmen von Datendiebstahl, Spionage oder Sabotage betroffen, weitere 10 % vermuten solche Vorfälle. Der wirtschaftliche Schaden stieg um 29 % auf 266,6 Mrd. €. In 70 % der Fälle war organisierte Kriminalität beteiligt, in 20 % ausländische Geheimdienste (Bundesamt für Verfassungsschutz, 2024). Der Lagebericht 2024 des Bundesamts für Sicherheit in der Informationstechnik (BSI) bestätigt zudem eine zunehmende Professionalisierung cyberkrimineller Akteure. Besonders gravierend sind Ransomware-Angriffe: Weltweit wurden 2023 rund 1,1 Mrd. US-Dollar erpresst. Die Dunkelziffer dürfte wohl höher liegen (Bundesamt für Sicherheit in der Informationstechnik, 2025).

Vor diesem Hintergrund setzen Unternehmen zunehmend auf Zero-Trust-Konzepte, die keine impliziten Vertrauensannahmen mehr zulassen. Statt einem klassischen Perimeter-Modell gilt das Prinzip: *„never trust, always verify"* – jede Anfrage wird unabhängig vom Standort überprüft.

Secure Access Service Edge (SASE) erweitert dieses Konzept um eine Cloud-basierte Sicherheitsarchitektur, die Netzwerk- und Sicherheitsfunktionen kombiniert, darunter Zugriffssteuerung, Verschlüsselung und Identitätsmanagement. Im Ernstfall können vordefinierte Maßnahmen sofort greifen und betroffene Systeme gezielt isoliert oder deaktiviert werden.

Die Einführung von Zero-Trust ist ein langfristiges Vorhaben und erfordert Investitionen. Dazu zählen u. a. die Umstrukturierung bestehender Netzwerke, der Aufbau sicherer Authentifizierungsmechanismen sowie eine laufende Überwachung und Analyse der Bedrohungslage.

Ein zentrales Element ist die Mikrosegmentierung: Netzwerke werden in kleinere, isolierte Zonen unterteilt, um potenzielle Angriffsflächen zu minimieren, insbesondere in Cloud- und Rechenzentrumsumgebungen. In Kombination mit Zero-Trust-Network Access (ZTNA) wird ein granularer Zugriff auf autorisierte Ressourcen ermöglicht. Anders als bei klassischen Virtual Private Networks (VPNs) erhalten Benutzer nicht Zugriff auf das gesamte Netzwerk, sondern ausschließlich auf Ressourcen, für die eine explizite Berechtigung besteht. Durch diese granulare Zugriffssteuerung auf spezifische Ressourcen wird das Sicherheitsrisiko minimiert. ZTNA ermöglicht zudem die dynamische Erstellung von Richtlinien zur Zugriffskontrolle zwischen Workloads[1] (Basta, Ikram, Kaafar, & Walker, 2022).

Auch Identity and Access Management (IAM) gewinnt weiter an Bedeutung. Es stellt sicher, dass nur autorisierte Benutzer und Geräte Zugriff auf kritische Ressourcen und

---

[1] Workload im Sinne einer Auslastung bezeichnet den Umfang und die Art der Infrastrukturressourcen (wie Rechen-, Speicher- oder Netzwerkressourcen), die eine Anwendung oder ein Prozess benötigt. Somit ist ein Workload eine bestimmte Arbeitsmenge, die von einer Anwendung oder einem Prozess in einer definierten Zeitspanne zu erledigen ist. Im Cloud-Kontext versteht man darunter oft einen plattformunabhängigen Service oder einen eigenständig ausführbaren Programmcode zur Erledigung einer bestimmten Aufgabe.

sensible Systeme und Dienste erhalten. IAM wird häufig ergänzt durch Multi-Faktor-Authentifizierung (MFA) und mit weiteren Sicherheitsmechanismen wie biometrische Verfahren oder temporären Codes kombiniert, um unberechtigte Zugriffe zu verhindern.

Intrusion Detection Systems (IDS) und Intrusion Prevention Systems (IPS) verbessern weiter die Sicherheit. Während IDS verdächtigen Netzwerkverkehr und Anomalien erkennen und diese melden, blockiert IPS aktiv potenziell schädliche Datenpakete, indem es Netzwerkpakete verwirft oder Verbindungen unterbricht. Netzwerkbasierte IPS (NIPS) agieren direkt im Datenpfad und können Bedrohungen frühzeitig erkennen und verhindern.

Im IoT-Umfeld besteht ein besonderer Handlungsbedarf für moderne Sicherheitskonzepte. Die zunehmende Integration zahlreicher, oft nur gering geschützter IoT-Geräte stellt IT-Infrastrukturen vor erhebliche Herausforderungen. Mit jedem vernetzten Endgerät entstehen neue potenzielle Angriffspunkte. Umso wichtiger ist hier der konsequente Einsatz gezielter Schutzmechanismen wie Segmentierung, starker Authentifizierung und kontinuierlicher Überwachung.

### 3.1.4 Edge Computing

Die Anzahl der mit dem Unternehmensnetzwerk verbundenen Endgeräte hat durch den Einsatz von IoT, Smartphones und das mobile Arbeiten in den letzten Jahren erheblich zugenommen. IoT-Geräte erweitern die Infrastruktur um Sensoren, Aktoren und intelligente Geräte, die Daten in Echtzeit übermitteln und verarbeiten. Diese Geräte eröffnen zwar neue Anwendungsmöglichkeiten, beispielsweise in der Produktionsüberwachung oder der Logistik, erhöhen aber gleichzeitig die Komplexität und stellen zusätzliche Anforderungen an die Sicherheit, Flexibilität und das Management moderner IT-Infrastrukturen.

Als Ergänzung zu den Cloud-Plattformen kommt auch das Edge Computing zum Einsatz. Edge Computing ist eine verteilte Architektur, bei der Verarbeitungsprozesse näher an die Quelle der Daten verlagert, anstatt sie in zentralisierten Cloud-Rechenzentren zu verarbeiten. Diese Architektur ist besonders dann relevant, wenn durch vernetzte Geräte große Datenmengen generiert werden, deren Übertragung zur Cloud ineffizient ist. Durch Edge Computing wird die über das Netzwerk gesendete Datenmenge reduziert, was sowohl Kosten als auch Sicherheitsrisiken verringert. Gleichzeitig ermöglicht diese Architektur eine hohe Systemreaktionsfähigkeit. Gerade in intelligenten Produktions- und Fabriksteuerungen ist eine schnelle Reaktion der Aktoren erforderlich, sodass Sensordaten lokal verarbeitet werden müssen.

### 3.1.5 Zusammenfassung

Zusammengefasst bilden resiliente und skalierbare IT-Infrastrukturen die Grundlage für das Zusammenspiel von AI, Big Data und Cloud. Abb. 3.2 zeigt die technologischen Schlüsselkomponenten moderner, hybrider Infrastrukturen. Sie ermöglichen Unternehmen, flexibel, sicher und schnell zu agieren und schaffen die Basis für nachhaltige digitale Wettbewerbsfähigkeit. Neue Sicherheitsarchitekturen ermöglichen einen zuverlässigen Schutz der Systeme und Daten trotz zunehmender Vernetzung und Komplexität.

## 3.2 APIs als Schlüsselfaktoren für Interoperabilität und Automatisierung

In modernen IT-Landschaften sind APIs zentrale Bausteine für die Vernetzung und Automatisierung von Systemen. Sie ermöglichen es, Daten und Funktionen effizient über System- und Plattformgrenzen hinweg auszutauschen. Als standardisierte Schnittstellen definieren sie, welche Funktionen und Daten eines Systems verfügbar sind und unter welchen Bedingungen auf sie zugegriffen werden kann.

APIs fördern insbesondere die Modularisierung und Wiederverwendbarkeit von Anwendungen. Ob beim Zusammenspiel von Microservices, der Anbindung externer Dienste oder bei der Nutzung vorgefertigter AI-Funktionen. APIs sorgen für Flexibilität, Skalierbarkeit und beschleunigte Entwicklungszyklen. Durch ihre zentrale Rolle in AI-, Big Data-, und Cloud-Architekturen gelten sie heute als unverzichtbar.

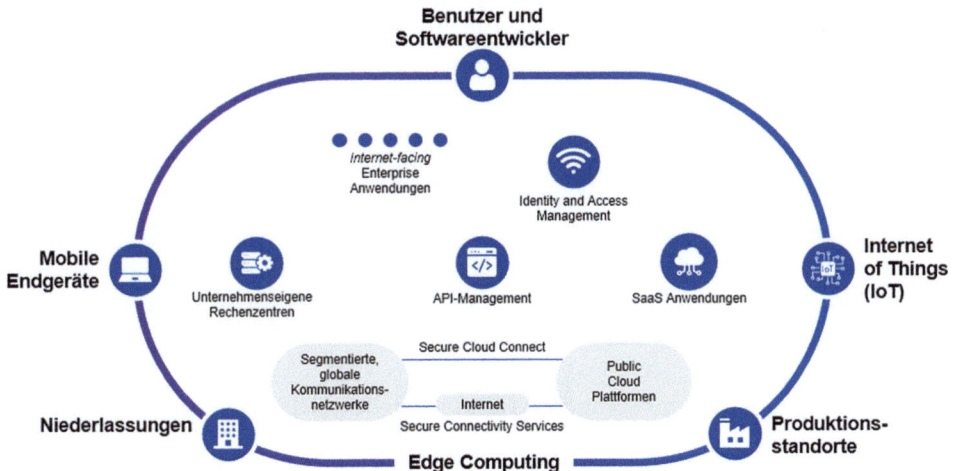

**Abb. 3.2** Schlüsselkomponenten moderner IT-Infrastrukturen

Ein frühes Konzept für die Kommunikation und den Datenaustausch zwischen verteilten Systemen waren Remote Procedure Calls (RPCs). Sie gelten somit als einer der Vorläufer moderner APIs. (Frank, Strugholtz, & Meise, 2021). Lange Zeit waren APIs aufwendig in der Implementierung, da sie oft auf individuellen Schnittstellen und proprietären Standards basierten. Erst mit dem Aufkommen von Web-Technologien und Cloud-Plattformen wurden APIs zu einem zentralen Integrationswerkzeug für heterogene IT-Landschaften.

Ein Meilenstein war das Jahr 2000, als Salesforce eine der ersten modernen Web-APIs veröffentlichte und damit den Grundstein für Software-as-a-Service (SaaS) legte (Hawkins, 2020). Zwei Jahre später verpflichtete Amazon im Rahmen des sogenannten „Bezos Mandate" alle internen Teams, ihre Daten und Funktionen über APIs bereitzustellen – eine Entscheidung, die den Weg für Amazon Web Services (AWS) und eine API-zentrierte Architektur ebnete. Seither haben sich API-First-Ansätze und API-Frameworks etabliert, bei denen APIs bereits in der frühen Konzeptionsphase neuer Systeme mitgedacht und umgesetzt werden.

### 3.2.1 Prinzipien, Einsatzbereiche und Praxisbeispiele der API-Nutzung

APIs sind essenzielle Bestandteile moderner IT-Systeme. Über klar definierte Endpunkte greifen Systeme auf Ressourcen, die typischerweise auf der Serverseite bereitgestellt werden, etwa Benutzerdaten, Dokumente oder Geschäftsprozesse.

Die Kommunikation erfolgt meist über HTTP-Methoden wie GET, POST, PUT oder DELETE (siehe Tab. 3.1). Besonders verbreitet ist der Einsatz von Representational State Transfer (REST)-APIs, bei denen Anfragen an eine API über das HTTP-Protokoll an eine Ressource übermittelt und strukturierte Antworten – in der Regel im JavaScript Object Notation (JSON)- oder Extensible Markup Language (XML)-Format – zurückgegeben werden.

Abb. 3.3 stellt den typischen Ablauf einer API-Interaktion dar – von der Anfrage über einen Client bis zur Antwort Server-seitigen Verarbeitung und der Bereitstellung der Daten. Ein zentrales Konzept ist dabei die sogenannte Service-Orchestrierung: Einzelne Dienste kommunizieren über APIs miteinander, tauschen Daten aus und automatisieren so komplexe IT-Prozesse. Ein typisches Beispiel ist die Bestellabwicklung in einem E-Commerce-System, bei dem Kunden-, Lager-, Zahlungs- und Versandservices über APIs integriert sind.

Je nach Systemarchitektur kommen APIs in unterschiedlichen Szenarien zum Einsatz:

- In **Client–Server-Modellen** greifen Benutzer über Web-Anwendungen auf zentrale Serverdienste zu.

## 3.2 APIs als Schlüsselfaktoren für Interoperabilität ...

**Tab. 3.1** Beispielhafte HTTP-Methoden bei REST-APIs

| Methode | Zweck | Eigenschaften |
|---|---|---|
| GET | Abruf von Daten ohne diese zu verändern | Sicher, idempotent |
| POST | Erstellung neuer Ressourcen | Nicht sicher, nicht idempotent, da mehrfacher Aufruf mehrere Ressourcen erzeugt |
| PUT | Ersetzen oder Anlegen mit fixer ID | Idempotent |
| PATCH | Teilweise Aktualisierung einer Ressource, indem nur bestimmte Felder geändert werden | Idempotent |
| DELETE | Löschen einer Ressource | Idempotent |

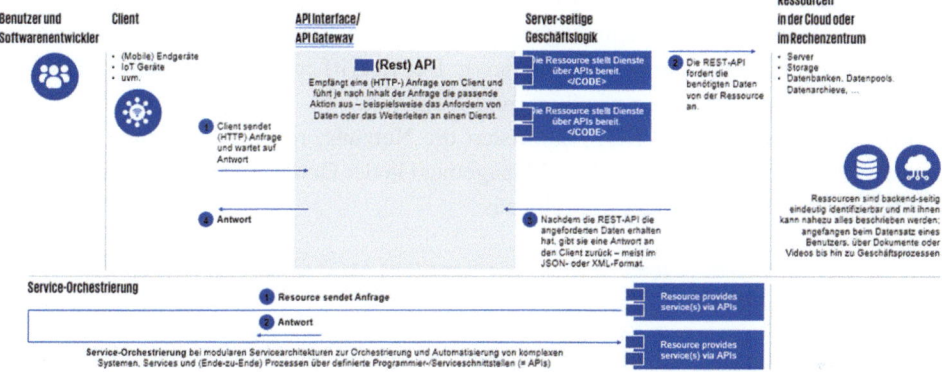

**Abb. 3.3** API Basics – Software-Schnittstellen für eine digitale Welt

- In **verteilten Systemen** wie Microservice-Architekturen kommunizieren spezialisierte Dienste modular und unabhängig voneinander.
- **Cognitive Services** erweitern APIs um AI-Funktionen wie Spracherkennung oder Bilderkennung und liefern direkt verwertbare Ergebnisse als Rückgabewert.

APIs transportieren damit nicht nur Daten, sondern auch Funktionalität und ermöglichen die flexible, skalierbare und intelligente Verbindung von Diensten.

Ein weiterer wesentlicher Vorteil von APIs ist die Trennung von Geschäftslogik und Datenzugriff: Anwendungen greifen über definierte Endpunkte auf Datenquellen zu, ohne direkt mit der zugrunde liegenden Datenbank zu interagieren. Das erhöht Wartbarkeit, Flexibilität und fördert die Wiederverwendbarkeit von Komponenten.

Darüber hinaus spielen APIs eine zentrale Rolle bei der Automatisierung und Standardisierung von IT-Infrastrukturen. Im Rahmen von Infrastructure-as-Code (IaC) lassen sich Ressourcen wie Server, Netzwerke und Speicher softwaregesteuert bereitstellen. Auch virtuelle Maschinen oder Container – also standardisierte Softwarepakete, die plattformunabhängig ausgeführt werden können – lassen sich über APIs automatisiert verwalten und betreiben. Dies ermöglicht dynamische Skalierung, Self-Service-Portale und eine höhere Reaktionsfähigkeit der IT-Infrastruktur.

APIs leisten zudem einen Beitrag zur IT-Sicherheit, indem sie etablierte Authentifizierungs- und Autorisierungsverfahren unterstützen wie

- **OAuth 2.0:** sichere Zugriffskontrolle für Web- und Mobilanwendungen.
- **JSON Web Token (JWT):** sicherer Datenaustausch und Single Sign-On.
- **API-Schlüssel (API Keys):** einfache Autorisierung über individuelle Zugriffsschlüssel.

Wie APIs in der Praxis funktionieren, zeigen die folgenden Beispiele.

**Praxisbeispiel 1: Google Maps API**
Die Google Maps API ermöglicht es, geografische Informationen wie Routen, Entfernungen oder Adressen in Anwendungen zu integrieren. Der Zugriff erfolgt über einen HTTPS-Link mit vordefinierten Parametern wie Start- und Zielpunkt.

Ein API-Schlüssel (API_KEY) autorisiert die Nutzung, regelt Abrechnung und Missbrauchsschutz und wird über das Key-Management in der Google Cloud Konsole verwaltet. Ein beispielhafter Aufruf sieht wie folgt aus:

```
https://maps.googleapis.com/maps/api/distancematrix/json?
origins=Stuttgart&destinations=Berlin&key=API_KEY
```

Die Ausgabe beziehungsweise der Rückgabewert erfolgt typischerweise im JSON-Format. Anbei die dazugehörige beispielhafte Ausgabe:

```
{
    "destination_addresses" : [ "Berlin, Germany" ],
    "origin_addresses" : [ "Stuttgart, Germany" ],
    "rows" : [
        {
            "elements" : [
                {
                    "distance" : {
                        "text" : "632 km",
                        "value" : 632124
                    },
                    "duration" : {
                        "text" : "6 hours 20 mins",
                        "value" : 22804
                    },
                    "status" : "OK"
                    ...
            ]
    "status" : "OK"
}
```

## 3.2 APIs als Schlüsselfaktoren für Interoperabilität …

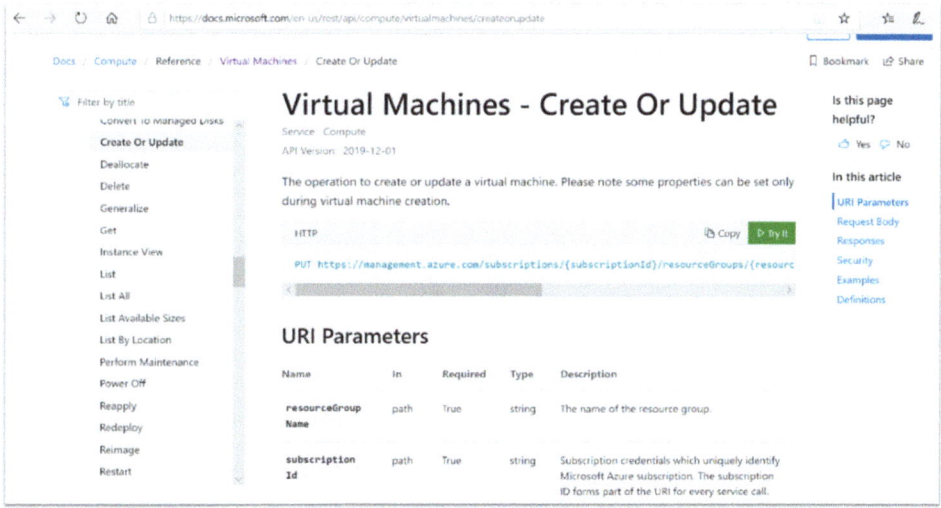

**Abb. 3.4** API-Dokumentation zur Verwaltung virtueller Maschinen in Microsoft Azure

**Praxisbeispiel 2: Microsoft Azure API**
Ein weiteres Beispiel ist die REST-API von Microsofts Azure zur Verwaltung virtueller Maschinen. Ein Beispiel für den praktischen Einsatz einer REST-API liefert Abb. 3.4 mit dem PUT-Request. Über die „Create or Update"-Funktion können virtuelle Maschinen erstellt oder aktualisiert werden. Der folgende, beispielhafte PUT-Request zeigt wie Benutzer, automatisiert Cloud-Ressourcen – in diesem Fall eine Virtuelle Maschine (VM) – erstellen können:

```
https://management.azure.com/subscriptions/
{subscriptionId}/resourceGroups/{resourceGroupName}
/providers/Microsoft.Compute/virtualMachines/{vmName}?api-
version=2019-12-01
```

### 3.2.2 Bedeutung von APIs für AI-, Big Data- und Cloud-Dienste

APIs spielen eine zentrale Rolle bei der Nutzung und Integration von AI-, Big Data- und Cloud-Diensten. Sie ermöglichen die Interoperabilität, Automatisierung und Skalierbarkeit dieser Technologien und bilden die Grundlage für deren effiziente Nutzung im Zusammenspiel.

- **APIs und AI:** Über APIs können vortrainierte AI-Modelle für Funktionen wie Spracherkennung, Bilderkennung oder Natural Language Processing (NLP) direkt in

Anwendungen eingebunden werden, ohne dass eigene Modelle entwickelt werden müssen. Ein Beispiel dafür ist die OpenAI API.
- **APIs und Big Data:** APIs erleichtern den Zugriff auf verteilte Datenquellen und Datenbanken und unterstützen die Datenverarbeitung durch die Anbindung an Analyse-Frameworks wie Hadoop oder Spark. Damit lassen sich große Datenmengen skalierbar und automatisiert verarbeiten (Apache, 2025).
- **APIs und Cloud-Dienste:** In der Cloud übernehmen APIs die Steuerung der Bereitstellung und Verwaltung von Ressourcen. Sie ermöglichen zudem eine sichere Datenübertragung zwischen Anwendungen, Systemen und Cloud-Instanzen (Google, 2025).

Indem APIs Systeme, Dienste und Datenquellen miteinander verbinden, schaffen sie die technische Grundlage für automatisierte, modulare und zukunftsfähige IT-Lösungen, insbesondere im Zusammenspiel von AI, Big Data und Cloud.

### 3.2.3 API-Management als operatives und strategisches Handlungsfeld

Eine erfolgreiche API-Strategie erfordert eine enge Verzahnung mit der Digitalstrategie sowie eine klare Definition von Zielen, Leistungskennzahlen (KPIs) und Ressourcen. APIs müssen systematisch geplant und gemanagt werden. Dazu gehören u. a. Architekturdesign, Implementierung, Governance sowie der Schutz sensibler Unternehmensdaten.

Zentrale Handlungsfelder im API-Management sind:

- **API-Strategie:** Strategischer Einsatz von APIs zur Förderung von Innovation, Effizienz und Skalierbarkeit. Dazu zählen Zieldefinition, KPI-Planung, Ressourcenmanagement und Guidelines abgestimmt auf die Digitalstrategie.
- **API-Design und -Architektur:** Strukturierung von Daten, Entwurf der Plattformarchitektur und Definition von Schnittstellen, Protokollen und Datenformaten.
- **API-Entwicklung:** Entwicklung, Test und Integration der Schnittstellen in Entwicklungsprozesse mithilfe etablierter Frameworks.
- **API-Management:** Steuerung des gesamten API-Lebenszyklus einschließlich Sicherheit, Governance, Dokumentation und Partnerintegration.
- **API-Sicherheit:** Absicherung sensibler Systeme und Daten trotz direkter API-Zugriffe, beispielsweise auf Enterprise Resource Planning (ERP)- oder Product Lifecycle Management (PLM)-Systeme.

Zur erfolgreichen Umsetzung sollten Unternehmen folgende Best Practices beachten:

- **Sicherheitsstandards:** Einsatz bewährter Technologien wie OAuth, einem offenen Standard zur sicheren Autorisierung, und Transport Layer Security (TLS), einem Verschlüsselungsprotokoll zur Absicherung der Datenübertragung, sowie API-Schlüsseln zur Authentifizierung.
- **Skalierbarkeit:** APIs sollten hohe Lasten bewältigen können und flexibel über verschiedene Plattformen hinweg nutzbar sein.
- **Versionierung:** Eine strukturierte Verwaltung von API-Versionen ermöglicht die Einführung neuer Funktionen ohne bestehende Anwendungen zu beeinflussen.
- **Monitoring und Wartung:** Laufende Überwachung und Pflege der APIs sichern Verfügbarkeit und Zuverlässigkeit.

Ein bewährtes Instrument zur Dokumentation und Standardisierung ist das API-Manifest – ein technisches Referenzdokument für Entwickler, Architekten und Entscheider. Es beschreibt:

- Zweck und Zielsetzung der API,
- Funktionsumfang und zentrale Endpunkte,
- unterstützte Protokolle und Formate,
- eingesetzte Sicherheitsmechanismen sowie
- Best Practices und Nutzungsrichtlinien.

Ein API-Manifest schafft Transparenz, fördert Wiederverwendung und erleichtert das Management verteilter Schnittstellenlandschaften.

### 3.2.4 Zusammenfassung

Trotz ihrer zahlreichen Vorteile und Einfachheit in ihrer Struktur sind APIs nicht ohne Herausforderungen. Die Integration heterogener Systeme erfordert oft ein tiefes technisches Verständnis und Wissen, insbesondere wenn Systeme unterschiedliche Standards und Protokolle verwenden. Darüber hinaus stellt der Schutz sensibler Daten eine zentrale Herausforderung dar, da APIs häufig der Zugangspunkt für geschäftskritische Systeme sind und daher strenge Datenschutz- und Compliance-Anforderungen erfüllen müssen. Eine weitere Herausforderung liegt in der organisatorischen Integration. Die effektive Nutzung von APIs erfordert eine enge Zusammenarbeit zwischen verschiedenen Teams und Abteilungen, um sicherzustellen, dass Geschäftsanforderungen und technische Implementierungen aufeinander abgestimmt sind. Ein erfolgreiches API-Management erfordert eine klare Rollenverteilung und Zusammenarbeit zwischen verschiedenen Akteuren.

Während Produktteams APIs für neue Geschäftsmodelle nutzen, verantworten Anwendungsbesitzer deren technische Umsetzung und Qualität. Die Corporate IT stellt die notwendige Infrastruktur, Sicherheit und Governance sicher. Eine enge Abstimmung zwischen diesen Gruppen ist wichtig, um Skalierbarkeit, Sicherheit und Wirtschaftlichkeit von API-Strategien langfristig zu gewährleisten.

Klar ist aber, APIs sind der Schlüssel zur Automatisierung und Digitalisierung und schaffen die Grundlage für die Integration von AI, Big Data und Cloud. Sie ermöglichen es, IT-Infrastrukturen effizienter zu nutzen und durch Integration und Wiederverwendung verfügbarer Dienste schnell leistungsfähige, verteilte Anwendungen zu entwickeln und bereitzustellen. Durch denen Einsatz Unternehmen schneller auf neue Anforderungen reagieren, betriebliche Prozesse optimieren und die Interoperabilität ihrer Systeme verbessern.

## 3.3 Wie Big Data und Cloud-Plattformen AI transformiert haben

Die Entwicklung von AI wurde durch Big Data und Cloud-Plattformen erheblich beschleunigt. Während frühe AI-Systeme durch begrenzte Datenquellen und Rechenkapazitäten limitiert waren, ist heute der Zugriff auf umfangreiche Datenmengen und skalierbare Rechenleistung möglich. Big Data bildet die Grundlage für das Training von AI-Modellen. Cloud-Plattformen bieten flexible und kosteneffiziente Rechenkapazitäten, sodass Unternehmen AI-Modelle effizient trainieren und bereitstellen können.

### 3.3.1 Bedeutung von Big Data und Cloud-Plattformen für AI

Big Data ist ein wesentlicher Treiber für die Entwicklung und Transformation moderner AI-Dienste und -Lösungen. Große Datenmengen sind essentiell, um AI-Modelle zu trainieren und deren Leistung zu optimieren. In den Anfängen von AI waren verfügbare Datenquellen begrenzt, was die Leistungsfähigkeit der Modelle einschränkte. Heute können Unternehmen auf strukturierte Daten aus Datenbanken, unstrukturierte Daten aus sozialen Netzwerken, Sensoren oder IoT-Geräten zugreifen und diese nutzen. Diese Daten ermöglichen es AI, komplexe Muster zu erkennen, probabilistisch Vorhersagen zu treffen und Entscheidungen in Echtzeit zu treffen.

Ein weiterer Meilenstein war die Entwicklung von Self-Service-Analytics-Lösungen, die es Benutzern und Entwicklern ermöglichen, direkt mit Daten zu arbeiten. Der Übergang von Business Intelligence (BI) zu Self-Service-Analytics förderte die Demokratisierung von Daten und schuf die Grundlage für datengetriebene Entscheidungsfindung in Unternehmen. Durch die Nutzung von Big Data für AI-Modelle wurden beispielsweise

Prozesse wie die Bild- und Spracherkennung sowie personalisierte Empfehlungen und Automatisierung erheblich verbessert.

Cloud-Plattformen haben die Art und Weise, wie AI entwickelt und genutzt wird, grundlegend verändert. Früher wurden AI-Anwendungen lokal auf dedizierten Systemen betrieben, was die Skalierbarkeit und Verfügbarkeit stark einschränkte. Mit der Einführung von Cloud-Plattformen wie AWS, Microsoft Azure, Google Cloud, Alibaba Cloud, Baidu AI Cloud et al. wurde es möglich, AI-Softwarebibliotheken und -Dienste global verfügbar zu machen und zu nutzen.

Wie bereits in Kap. 2 erläutert, bietet die Cloud nahezu unbegrenzte Rechenleistung, Speicherplatz und spezialisierte Dienste wie Machine-Learning-as-a-Service (MLaaS). Diese Plattformen ermöglichen es Unternehmen, AI-Modelle effizient zu trainieren, ohne in teure Hardware investieren zu müssen. Die Skalierbarkeit vCloud erlaubt es, große Datenmengen in Echtzeit zu analysieren und komplexe Modelle dynamisch anzupassen. Unternehmen profitieren somit vor allem beim Einsatz und beim Nutzen von AI-Technologie besonders von der Elastizität der Cloud, um auf sich ändernde Anforderungen flexibel zu reagieren.

### 3.3.2 Bedeutung der Hardware für AI

Neben Big Data und Cloud hat auch die Entwicklung spezialisierter Hardware die Entwicklung und Leistungsfähigkeit von AI erheblich gesteigert. In den Anfangsjahren kamen vor allem Central Processing Units (CPUs) zum Einsatz. Mit der Einführung von Graphics Processing Units (GPUs) und Tensor Processing Units (TPUs) beschleunigte sich jedoch die Verarbeitung komplexer Modelle deutlich – sowohl im Training als auch in der Anwendung, der sogenannten Inferenz.

GPUs wurden ursprünglich für Grafikverarbeitung entwickelt, zeichnen sich aber durch ihre hohe Parallelisierungsfähigkeit aus und sind daher ideal für Deep-Learning-Anwendungen und neuronale Netzwerke. Moderne GPUs verfügen über Hunderte oder sogar Tausende von Recheneinheiten, die mehrere Rechenoperationen parallel ausführen.

TPUs hingegen sind von Google entwickelte, anwendungsspezifische Schaltungen, die speziell für Matrixoperationen wie Tensor-Multiplikationen konzipiert wurden und damit eine optimierte Architektur für neuronale Netzwerke und maschinelles Lernen bieten. Seit 2018 sind TPUs öffentlich über die Google Cloud verfügbar und werden vorrangig für rechenintensive AI-Anwendungen eingesetzt.

Im direkten Vergleich gelten GPUs als vielseitiger, da sie sowohl in eigenen Rechenzentren als auch über Cloud-Plattformen genutzt werden können. TPUs sind ausschließlich über die Google Cloud verfügbar, was ihre Nutzung einschränkt. Auch hinsichtlich Kosten und Verfügbarkeit haben sich GPUs als flexibler und breiter einsetzbar etabliert.

Entwicklungsumgebungen wie CUDA von NVIDIA und OpenCL von AMD haben die Nutzung von GPUs erheblich vereinfacht. Diese Entwicklungs- und Laufzeitumgebungen stellen spezialisierte Bibliotheken und Compiler und bereit, um AI-Anwendungen plattformübergreifend zu optimieren.

Die Weiterentwicklung spezialisierter Hardware legt den Grundstein für die nächste Evolutionsstufe von AI, von zentralisierten Cloud-Modellen hin zu verteilten Architekturen wie Edge AI und Distributed AI. Gleichzeitig richten sich die Blicke bereits auf Zukunftstechnologien wie Quantencomputing, die das Potenzial haben, AI-Anwendungen durch drastisch verkürzte Rechenzeiten grundlegend zu verändern. Auch wenn dies derzeit noch visionär ist, investieren viele Technologieunternehmen bereits in entsprechende Entwicklungen. Mit dem wachsenden Einsatz von AI steigt auch der Bedarf an leistungsfähiger Hardware, weshalb Unternehmen sorgfältig abwägen müssen, ob sie auf eigene Infrastruktur setzen oder Cloud-basierte Ressourcen nutzen.

### 3.3.3 AI-Architekturen – Edge, Cloud und Distributed AI

Edge AI bezeichnet die Ausführung von AI-Algorithmen direkt auf lokalen Geräten wie IoT-Sensoren, Sicherheitskameras oder autonomen Fahrzeugen ohne eine ständige Verbindung zur Cloud. Dadurch können Daten unmittelbar an der Quelle analysiert werden, was schnelle Reaktionen in Echtzeit ermöglicht. Besonders in sicherheitskritischen Anwendungen, wie etwa im autonomen Fahren, ist diese unmittelbare Entscheidungsfähigkeit entscheidend. Edge AI bietet hier Vorteile wie geringere Latenz, höhere Datensouveränität und reduzierte Übertragungskosten, da sensible Informationen lokal bleiben und nicht in die Cloud übertragen werden müssen.

Während Edge AI lokale Entscheidungen auf einzelnen Geräten ermöglicht, setzt Distributed AI (DAI) auf eine verteilte Verarbeitung von AI-Workloads über mehrere Geräte und Systeme hinweg. Durch die koordinierte Zusammenarbeit verteilter Modelle können auch komplexe Aufgaben automatisiert und lokal angepasst verarbeitet werden, etwa in der industriellen Fertigung oder im Energiemanagement.

### 3.3.4 Zusammenfassung

Big Data und Cloud-Plattformen haben AI transformiert, indem sie die Skalierbarkeit, Effizienz und Zugänglichkeit erheblich verbessert haben. Von regelbasierten Systemen hin zu GenAI hat AI dank dieser Technologien einen Paradigmenwechsel erlebt. Unternehmen profitieren heute von leistungsstarken Modellen, die in der Cloud trainiert und bereitgestellt werden können, sowie von APIs, die eine nahtlose Integration und Nutzung ermöglichen. Die Zukunft von AI wird weiterhin von Fortschritten in Big Data,

Cloud und spezialisierter Hardware geprägt sein, wobei Architekturen wie Edge AI neue Möglichkeiten eröffnen werden.

## 3.4 Big Data im Wandel – von lokalen Datensilos zu globalen Datenökosystemen

Die digitale Transformation, wie wir sie heute kennen und erleben, wäre ohne Big Data undenkbar. Die Möglichkeit, riesige Datenmengen zu sammeln, zu speichern, zu verarbeiten und zu analysieren, hat die Art und Weise, wie Unternehmen arbeiten, grundlegend verändert. Von den Anfängen mit lokal begrenzten Datensilos bis hin zu verteilten, global verfügbaren Datenökosystemen hat sich Big Data zu einem entscheidenden Treiber für Innovationen entwickelt. Insbesondere durch die enge Verknüpfung mit Technologien wie AI und Cloud hat Big Data an strategischer Bedeutung gewonnen.

### 3.4.1 Entwicklung von Data Lakes

Zu Beginn konzentrierte sich die Datenspeicherung vor allem auf strukturierte Daten aus internen Systemen, wie etwa ERP- und Customer Relationship Management (CRM)-Systemen. Mit der zunehmenden Vernetzung über soziale Netzwerke, IoT-Geräte und Internet-Plattformen haben sich Daten jedoch grundlegend gewandelt.

In den frühen Phasen des Datenmanagements standen Unternehmen vor der Herausforderung, ihre Daten lokal in begrenzten Speichern zu organisieren. Diese *„Dateninseln"* waren zwar für einfache Anwendungen ausreichend, aber sie schufen Silos, die eine ganzheitliche Datenanalyse erschwerten. Unternehmen speicherten ihre Daten hauptsächlich in strukturierten Formaten innerhalb von Datenbanken und Data Warehouses, was jedoch die Kapazität und Skalierbarkeit stark einschränkte. Sogenannte BI-Lösungen wurden genutzt, um Daten zur Entscheidungsunterstützung zu sammeln, aufzubereiten und zu analysieren. Traditionelle BI-Systeme basieren auf der Analyse interner und externer Daten durch Analysten, deren Ergebnisse Fachabteilungen zur Verfügung gestellt werden. Self-Service BI (SSBI) verfolgt als Weiterentwicklung von BI das Ziel, Nutzern aus den Fachbereichen eigenständige Analysemöglichkeiten zu bieten, um die Abhängigkeit von Datenanalysten zu reduzieren. Dieser Ansatz wird durch etablierte Lösungen wie Microsoft Power BI und Tableau unterstützt. Während IT-Teams weiterhin für die Verwaltung und Sicherheit der Unternehmensdaten verantwortlich sind, können durch SSBI verschiedene Fachabteilungen direkt auf Daten zugreifen und eigene Analysen erstellen. Durch Fortschritte in der AI und maschinellem Lernen werden BI-Systeme zunehmend automatisiert. AI-gestützte Lösungen analysieren Daten aus verschiedenen Quellen, filtern relevante Informationen und verbessern die Entscheidungsfindung. Cloud-basierte BI-Plattformen erweitern die globale Verfügbarkeit und ermöglichen eine schnelle Verarbeitung von Big Data.

Mit dem technologischen Fortschritt, insbesondere durch die Entwicklung des Internets und global vernetzter Systeme, begann sich das Paradigma zu verändern. Plattformen wie Hadoop und Spark ermöglichten erstmals die Verarbeitung großer, unstrukturierter Datenmengen, was den Grundstein für heutige Data Lakes legte.

### 3.4.2 Moderne Datenarchitekturen – Data Lakes, Data Lakehouses und Data Mesh

Moderne Datenarchitekturen müssen große, heterogene Datenmengen effizient speichern, integrieren und nutzbar machen. Drei zentrale Architekturansätze haben sich dafür etabliert: Data Lakes, Data Lakehouses und das Data Mesh.

Data Lakes sind kosteneffiziente Speicherlösungen, in denen strukturierte, semi-strukturierte und unstrukturierte Daten in ihrem nativen Format gespeichert werden, ohne vorherige aufwendige Transformation, Bereinigung oder Vorbereitung. Dank des sogenannten *Schema-on-Read*-Prinzips erfolgt die Datenmodellierung erst bei der Nutzung, was sowohl Kosten als auch Integrationsaufwand reduziert. Da Data Lakes nur Rohdaten speichern, sind spezielle Analyseanwendungen erforderlich, um diese nutzbar zu machen. Big-Data-Frameworks wie Apache Hadoop oder Spark nutzen Data Lakes zur verteilten Verarbeitung großer Datenmengen. Die Speicherung erfolgt meist in Cloud-basierten, verteilten Systemen wie AWS S3, Microsoft Azure Data Lake oder Google Cloud Storage, die eine hohe Flexibilität bieten.

Abb. 3.5 beschreibt die Architektur eines Cloud-basierten Data Lakes. Datenquellen lassen sich dabei in drei Typen untergliedern:

- **Strukturierte Daten,** beispielsweise aus relationalen Datenbanken oder ERP-Systemen.
- **Semi-strukturierte Daten,** beispielsweise JSON, Comma Separated Values (CSV) oder eXtensible Markup Language (XML).
- **Unstrukturierte Daten,** beispielsweise Bilder, Videos, Audiodateien oder Social-Media-Inhalte.

Die Daten werden zentral gespeichert, verarbeitet und analysiert. Die zugrunde liegende Cloud-Plattform stellt skalierbare Rechen- und Speicherressourcen bereit. APIs übernehmen die Anbindung und Steuerung, unter anderem in den Bereichen Datenmanagement und Analyse, Datenintegration sowie Datensicherheit und Überwachung. Bei der Datenintegration kommen häufig sogenannte ETL-Prozesse zum Einsatz: Daten werden aus verschiedenen Quellen extrahiert (E), in ein passendes Format transformiert (T) und anschließend in zentrale Speicherlösungen geladen (L). Darauf aufbauend können Dienste wie Machine Learning, Data Science oder Visualisierungsanwendungen genutzt werden, um Dashboards, Reports und datenbasierte Entscheidungsunterstützung bereitzustellen.

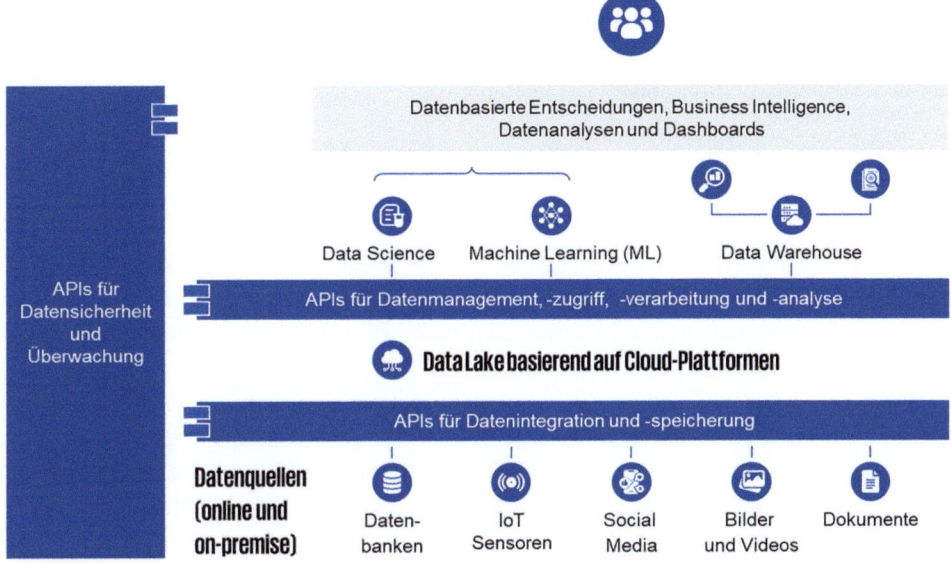

**Abb. 3.5** Architekturen Cloud-basierter Data Lakes

Data Warehouses unterscheiden sich von Data Lakes vor allem dadurch, dass sie Daten strukturiert und geordnet speichern. Sie eignen sich besonders für standardisierte Auswertungen und Analyse, zum Beispiel zu Lagerbeständen, Umsätzen oder Verkaufszahlen. Unternehmen nutzen sie häufig für regelmäßige Reports und betriebliche Kennzahlen.

In modernen Datenarchitekturen werden beide Ansätze oft kombiniert: Data Lakehouses verbinden die flexible Datenspeicherung eines Data Lakes mit den Analysefunktionen eines Data Warehouses. So lassen sich große, vielfältige Datenmengen speichern und gleichzeitig gezielt auswerten (Kosinski, 2024).

Während Data Lakes und Data Lakehouses auf zentrale Datenhaltung setzen, verfolgt das Data Mesh einen dezentralen Architekturansatz. Es entstand als Antwort auf Skalierungsprobleme in zentralisierten Datenplattformen. Statt eines monolithischen Data Lakes liegt die Verantwortung für Daten bei den jeweiligen Fachbereichen, inklusive Aufbereitung, Bereitstellung und Qualität.

Die drei Kernprinzipien eines Data Mesh sind:

1. **Domänenorientierte Datenverantwortung:** Daten werden in den Fachbereichen erzeugt, gepflegt und verwaltet.
2. **Daten als Produkt:** Daten werden als standardisierte, dokumentierte „Datenprodukte" gedacht, die von anderen genutzt werden können.
3. **Self-Service-Infrastruktur:** APIs und gemeinsame Standards ermöglichen den unabhängigen Zugriff und die Integration, ohne zentrale Abhängigkeiten.

Data Mesh ist somit weniger eine technische Architektur, sondern ein organisatorischer Rahmen, der insbesondere in komplexen, datengetriebenen Organisationen mit vielen Datenquellen und domänenübergreifenden Anforderungen an Autonomie, Geschwindigkeit und Skalierbarkeit besonders gut geeignet ist.

### 3.4.3 Datenintegration

Die Integration unstrukturierter Daten stellt Unternehmen vor besondere Herausforderungen. Daten müssen für Analysen zunächst bereinigt, strukturiert und aufbereitet werden. Lösungen zur automatisierten Texterkennung oder Bildauswertung unterstützen diesen Prozess zunehmend.

Durch Lösungen wie Hadoop für die verteilte Speicherung großer Datenmengen und Spark für die parallele Datenverarbeitung wurden Unternehmen in die Lage versetzt, auch unstrukturierte Daten effizient zu integrieren. Ein typisches Anwendungsbeispiel ist die Analyse von Kundenfeedbacks in sozialen Medien, um Trends und Meinungen schnell zu erfassen.

Früher wurden Daten aggregiert, um Speicherplatz zu sparen, was jedoch zulasten der Analysetiefe ging. Heute ermöglichen Cloud-Plattformen, wie bereits mehrfach erwähnt, die kosteneffiziente Speicherung großer Datenmengen, die flexibel verarbeitet und mit Informationen angereichert werden können.

Durch die Verbindung verschiedener Datenquellen entstehen wertvolle neue Erkenntnisse, etwa für personalisierte Dienste, bessere Produkte oder fundierte Entscheidungen. Cloud-basierte Analyseplattformen bieten die nötige Infrastruktur dafür. APIs erleichtern dabei die Anbindung unterschiedlicher Systeme und automatisieren Datenflüsse zwischen Quellen, Speicher und Anwendungen.

Trotz technischer Fortschritte bleibt die Integration heterogener Datenquellen anspruchsvoll. Anforderungen an Datenqualität, Sicherheit und Datenschutz steigen, auch durch gesetzliche Vorgaben, kontinuierlich.

### 3.4.4 Datengetriebene Geschäftsmodelle und Zusammenfassung

Trotz der genannten Herausforderungen bietet Big Data Unternehmen erhebliche Chancen. Sie können datengetriebene Geschäftsmodelle entwickeln, Echtzeitanalysen nutzen und AI-Anwendungen entwickeln. Voraussetzung dafür ist ein verantwortungsvoller Umgang mit Daten und die Einhaltung ethischer Standards.

AI, Big Data und Cloud-Plattformen ergänzen sich auf ideale Weise. Ihre enge Verzahnung schafft Synergien. AI-Modelle benötigen große Datenmengen, Cloud-Plattformen stellen die erforderliche Rechenleistung bereit, und APIs ermöglichen den flexiblen

Zugriff auf Anwendungen und Datenquellen. Standardisierte Schnittstellen und Cloud-basierte Dienste sorgen dafür, dass sich Daten und AI-Modelle effizient in unterschiedliche Geschäftsprozesse integrieren lassen.

Big Data gilt daher als strategische Schlüsselressource der digitalen Wirtschaft und wird nicht ohne Grund als das „neue Öl" bezeichnet. Es ist längst mehr als ein technisches Konzept, sondern ein zentraler Erfolgsfaktor für Unternehmen. Mit Blick auf die Zukunft wird klar: Daten entwickeln sich zunehmend zu einem eigenständigen Unternehmenswert (*à la* Assets). Wer sie systematisch erfasst, analysiert und gezielt einsetzt, kann daraus nachhaltige Wettbewerbsvorteile generieren.

## 3.5 Cloud-Transformation – vom lokalen Rechenzentrum zur Innovationsplattform für AI und Big Data

Cloud-Plattformen haben sich in den letzten zwei Jahrzehnten als unverzichtbarer Bestandteil moderner IT-Architekturen etabliert. Sie bildet die tragende Säule der digitalen Transformation und bildet die Grundlage für AI und Big Data und damit verbundene innovative Produkte und Dienste. Historisch gesehen markierten Cloud-Plattformen einen Paradigmenwechsel, indem sie Unternehmen weltweit Zugang zu elastischen und kosteneffizienten IT-Ressourcen ermöglichte. Ihre Flexibilität und Skalierbarkeit revolutionierten nicht nur die Art und Weise, wie Daten gespeichert und verarbeitet werden, sondern auch, wie Unternehmen Technologien nutzen, um sich weiterzuentwickeln und Wettbewerbsvorteile zu erzielen.

In der frühen Phase der IT erfolgte die Datenverarbeitung in lokalen Rechenzentren. Diese waren kostenintensiv, nur begrenzt skalierbar und wurden oft nicht effizient ausgelastet. Mit dem Aufkommen der Cloud-Plattformen in den 2000er Jahren wurde ein neuer Ansatz eingeführt. Ressourcen konnten „on demand" bereitgestellt werden. Cloud-Plattformen wie AWS, Microsoft Azure und Google Cloud boten Elastizität und globalen Zugriff, wodurch Unternehmen in der Lage waren, ihre IT-Infrastruktur dynamisch an ihre Bedürfnisse anzupassen. Insbesondere für Big Data erwies sich die Cloud als entscheidend, da sie die Speicherung und Verarbeitung riesiger Datenmengen ermöglichte und somit die Basis für datengetriebene Innovationen schuf.

Traditionelle IT-Infrastrukturen basierten auf statischen Ressourcen wie physischen Servern, Speichergeräten und Netzwerken. Diese Systeme waren starr und schwer skalierbar. Der Übergang zu softwaredefinierten Infrastrukturen (*„Software-defined everything"*) revolutionierte diesen Ansatz. Konzepte und Technologien wie Virtualisierung und Containerisierung ermöglichen es Unternehmen, Ressourcen effizienter zu nutzen und dynamisch bereitzustellen.

### 3.5.1 Demokratisierung der IT – Cloud-Ressourcen als Treiber für AI und Big Data

Vor dem Aufkommen von Cloud-Plattformen waren IT-Ressourcen vor allem großen Unternehmen vorbehalten, die die finanziellen Mittel hatten, um umfangreiche Rechenzentren aufzubauen und zu betreiben. Die Cloud hat diesen Zugang demokratisiert, indem sie Self-Service-Portale und nutzungsbasierte Abrechnungsmodelle eingeführt hat. Heute können auch kleine und mittelständische Unternehmen sowie Start-ups auf alle möglichen IT-Dienste zugreifen.

Für AI und Big Data bedeutet dies, dass Unternehmen keine umfangreichen Vorabinvestitionen mehr tätigen müssen, um datenintensive Anwendungen zu entwickeln. Stattdessen können sie auf skalierbare Cloud-Ressourcen zurückgreifen, die es ihnen auch ermöglichen, schneller auf Marktveränderungen zu reagieren.

Die Entwicklung von ERP-Systemen veranschaulicht den Wandel. Derzeit verlagern viele Unternehmen ihre ERP-Landschaften aus ihren eigenen Rechenzentren in die Cloud. Dadurch werden sie nicht nur skalierbarer und kosteneffizienter, sondern können auch innovative AI- und Big-Data-Funktionen flexibel integriert werden, etwa zur Prozessautomatisierung, für vorausschauende Analysen und für verbesserte, datenbasierte Entscheidungen (Nyathani & Allam, 2024).

Heutige Cloud-Plattformen stellen nicht nur skalierbare Ressourcen bereit, sondern dienen auch als Marktplätze für vortrainierte Modelle (Vlist, Helmond, & Ferrari, 2024, S. 3). Der AWS Marketplace bietet beispielsweise mit Amazon SageMaker JumpStart vortrainierte Modelle an, mit denen der Trainingsprozess von eigenen AI-Modellen vereinfacht und beschleunigt werden kann. Google Cloud Vertex AI Model Garden stellt wiederverwendbare Modelle für Bilderkennung, NLP und maschinelle Übersetzung bereit. Microsoft Azure ergänzt diese Angebote über den Azure OpenAI Service und die Cognitive Services mit KI-Funktionen für Text- und Sprachanalyse.

Traditionelle IT-Modelle waren kapitalintensiv, da Unternehmen hohe Investitionen in Hardware und Infrastruktur tätigen mussten. Mit der Cloud hat sich dieses Modell zu einem betriebsbezogenen Ansatz gewandelt, bei dem Unternehmen Ressourcen auf Basis ihres Verbrauchs bezahlen. Ein Beispiel dafür ist der Übergang von klassischer On-Premise-Software zu SaaS. Vorher kauften die Unternehmen teure On-Premise-Softwarelizenzen und investierten in Hardware. Heute bezahlen Unternehmen im Rahmen von SaaS-Modellen nutzungsabhängige Lizenzgebühren und erhalten dafür stets aktuelle Software ohne zusätzlichen Wartungsaufwand. Unternehmen können ihre Kosten optimieren, indem sie nur die Ressourcen nutzen, die sie tatsächlich benötigen. Gleichzeitig profitieren sie von der Flexibilität, ihre Kapazitäten bei Bedarf zu erhöhen, ohne in zusätzliche Hardware investieren zu müssen.

## 3.5.2 AI in der Cloud – Innovationstreiber für Entwicklung, Optimierung und Sicherheit

Während sich die Cloud als zentrale Infrastruktur für AI und Big Data etabliert hat, unterstützt AI zugleich die Weiterentwicklung und Optimierung von Cloud-Plattformen. Sie wird genutzt, um Sicherheit, Ressourceneffizienz und Nachhaltigkeit zu verbessern. AI-Modelle skalieren Workloads automatisch, senken typischerweise den Energieverbrauch und erkennen Bedrohungen frühzeitig durch automatisierte Anomalieanalysen. So tragen sie zu einem proaktiven Schutz bei.

Ein Anwendungsbeispiel ist die Abwehr von DDoS-Angriffen (Distributed Denial of Service). Dabei versuchen Angreifer, ein System durch massenhafte Anfragen aus verteilten Quellen zu überlasten. AI-basierte Erkennungsmethoden identifizieren verdächtige Datenströme und lösen automatisierte Gegenmaßnahmen aus, etwa durch angepasste Routing-Strategien oder Zugriffskontrollen, um Netzwerkintegrität und Verfügbarkeit zu sichern (Patil & Desai, 2024).

Darüber hinaus hat sich AI als wirkungsvolles Instrument für die Planung und Optimierung moderner Netzwerkarchitekturen etabliert. Durch Automatisierung und maschinelles Lernen können Netzwerke dynamisch entworfen, angepasst und hinsichtlich Durchsatz, Latenz und Skalierbarkeit kontinuierlich verbessert werden.

Auch die zugrunde liegenden Softwarearchitekturen haben sich weiterentwickelt. Cloud-native Anwendungen bestehen aus vielen kleinen, lose gekoppelten Diensten und Komponenten, die unabhängig voneinander betrieben und skaliert werden können. Im Gegensatz zu monolithischen Architekturen mit einer zentralen Codebasis ermöglichen sogenannte Microservices eine flexible und bedarfsgerechte Ressourcennutzung. Dies erhöht nicht nur die Skalierbarkeit, sondern auch die effiziente Nutzung der IT-Infrastruktur. AI-gestützte Mechanismen unterstützen ein dynamisches Ressourcenmanagement und leisten damit einen wichtigen Beitrag zur nachhaltigen Senkung von Betriebskosten.

## 3.5.3 Hybrid Cloud Management

Eine erfolgreiche Hybrid Cloud-Strategie vereint Public Cloud, Private Cloud und lokale IT-Infrastrukturen zu einer flexiblen und leistungsfähigen Gesamtarchitektur. Ein solcher Ansatz bietet Unternehmen mehr Freiheit bei der Auswahl von Diensten und reduziert gleichzeitig die Abhängigkeit von einzelnen Anbietern.

Die Entwicklung einer geeigneten Strategie beginnt mit einer klaren Zielsetzung. Sie sollte langfristige Digitalisierungsziele wie Kostenoptimierung, Sicherheit und Innovationsfähigkeit berücksichtigen. Darauf aufbauend werden konkrete Anwendungsfälle identifiziert, etwa Datensicherung, Notfallwiederherstellung (Disaster Recovery), dynamische Skalierung von Workloads (Cloud Bursting) oder die schrittweise Verlagerung bestehender IT-Prozesse in die Cloud.

Dabei müssen Unternehmen entscheiden, welche Anwendungen in die Cloud überführt und welche weiterhin lokal betrieben werden sollen. Die Auswahl geeigneter Cloud-Dienstleister ist dabei ebenso wichtig wie eine fundierte Kostenplanung, da unterschiedliche Preismodelle schnell zu unerwarteten Ausgaben führen können. Eine kontinuierliche Kostenüberwachung sowie die Anpassung von Ressourcen und Diensten sind daher unerlässlich.

Die technische Umsetzung einer Hybrid Cloud ist komplex, da mehrere Infrastrukturen miteinander verbunden und verwaltet werden müssen. Um dies zu vereinfachen, kommen verschiedene Technologien zum Einsatz:

- **Containerisierung:** Anwendungen werden mitsamt ihren Abhängigkeiten in standardisierte Softwarepakete (Container) verpackt, die sich flexibel und plattformunabhängig ausführen lassen.
- **Kubernetes:** Eine Plattform, die diese Container automatisch verteilt, skaliert und verwaltet, auch über verschiedene Cloud-Umgebungen hinweg.
- **Software-Defined Networking (SDN):** Ermöglicht eine programmierbare Netzwerkinfrastruktur, die den sicheren und effizienten Datenfluss zwischen den Cloud-Instanzen steuert.
- **Edge Computing:** Verarbeitet Daten, wie bereits erwähnt, näher an der Quelle, anstatt in zentralisierten Rechenzentren. Das ist besonders bei Anwendungen mit niedriger Latenz vorteilhaft.
- **Hyperkonvergente Infrastrukturen:** Vereinen Rechenleistung, Speicher und Netzwerk in einer einzigen Plattform. Das vereinfacht das Management.

Zur zentralen Steuerung setzen viele Unternehmen auf Multi Cloud-Management-Plattformen. Diese ermöglichen es, alle Cloud-Ressourcen einheitlich zu verwalten, Kosten transparent zu kontrollieren, Sicherheitsrichtlinien umzusetzen und regulatorische Vorgaben einzuhalten. Dank automatisierter Bereitstellungsprozesse lassen sich zudem auch weniger technikaffine Teams in das Management einbinden, ohne die übergeordnete Kontrolle zu verlieren.

### 3.5.4 Cloud Governance und FinOps

Cloud Governance umfasst Regeln, Prozesse und Standards für die sichere und konforme Nutzung von Cloud-Ressourcen. Sie sorgt für eine einheitliche Verwaltung von Konten, Infrastrukturen und Umgebungen über verschiedene Plattformen und Dienste hinweg.

Durch etablierte Best Practices und automatisierte Richtlinien lassen sich regulatorische Vorgaben zuverlässig einhalten (AWS, 2025).

Die Cloud ermöglicht, wie bereits erwähnt, die schnelle Bereitstellung und Skalierung von IT-Ressourcen. Ohne klare Steuerung kann dies jedoch zu unnötigen Kosten führen. Ziel der Cloud-Nutzungsoptimierung ist daher die bedarfsgerechte Ressourcennutzung. Maßnahmen dafür sind:

- das Abschalten ungenutzter Dienste und Ressourcen,
- die Auswahl geeigneter Servicemodelle und Abrechnungspläne, die sich an der tatsächlichen Nutzung orientieren, beispielsweise nutzungsabhängige Abrechnung statt fixer Kapazitäten,
- die automatische Skalierung von Ressourcen (Autoskalierung), bei der sich Kapazitäten dynamisch an den tatsächlichen Bedarf anpassen und
- das zeitgesteuerte Herunterfahren von Entwicklungs- und Testumgebungen sowie die Automatisierung dieser Prozesse.

Financial Operations (FinOps) ist ein Ansatz zur Steuerung von Cloud-Kosten. IT-, Finanz- und Fachabteilungen arbeiten dabei zusammen, um wirtschaftlich sinnvolle Entscheidungen zu treffen. Die IT verantwortet die technische Umsetzung, das Finanzwesen überwacht Budget und Abrechnung, während Produktverantwortliche die Ressourcennutzung aktiv steuern.

Anwendungen wie AWS Trusted Advisor oder Microsoft Azure Advisor unterstützen durch Analyse und Monitoring bei der Identifikation von Einsparpotenzialen und nicht genutzter Ressourcen. Eine erfolgreiche Cloud-Optimierung basiert auf regelmäßiger Analyse und Automatisierung. Unternehmen sollten ihre Infrastruktur kontinuierlich überprüfen und Prozesse so gestalten, dass sie flexibel und kosteneffizient bleiben.

### 3.5.5 Cloud-Migration und -Transformation – Herausforderungen und Best Practices

Der Übergang in die Cloud umfasst zwei eng miteinander verbundene, aber klar zu unterscheidende Prozesse: Die Cloud-Migration beschreibt die technische Verlagerung von Daten, Anwendungen und Workloads in eine Cloud-Umgebung. Die Cloud-Transformation hingegen umfasst die tiefgreifende organisatorische und strategische Neuausrichtung von IT-gestützten Geschäftsprozessen, IT-Strukturen und Kompetenzen mit dem Ziel, Cloud-Technologien umfassend und zukunftsgerichtet zu nutzen.

Beide Prozesse bieten vielfältige Chancen: höhere Skalierbarkeit, schnellere Innovationszyklen, neue Geschäftsmodelle sowie reduzierte Infrastrukturkosten. Gleichzeitig sind sie mit technischen, organisatorischen und sicherheitsbezogenen Herausforderungen verbunden. Eine strukturierte Planung und die Berücksichtigung bewährter Ansätze helfen, Risiken zu minimieren und Potenziale gezielt zu nutzen.

Best Practices für eine erfolgreiche Cloud-Migration nach (Tozzi, 2024)

- **Organisatorische Akzeptanz fördern**
  Alle Beteiligten, von IT-Teams bis zur Geschäftsführung, sollten frühzeitig eingebunden werden. Offene Kommunikation über Ziele, Nutzen und Auswirkungen schafft Vertrauen und unterstützt die Umsetzung.
- **Passende Cloud-Plattform auswählen**
  Die Wahl der Plattform und Dienste, von Infrastruktur- bis Softwarelösungen, sollte auf die technischen und fachlichen Anforderungen abgestimmt sein, um unnötige Komplexität und Kosten zu vermeiden.
- **Anwendungen und Prozesse kritisch bewerten**
  Nicht alle Anwendungen und Prozesse eignen sich für die Cloud. Bestehende Anwendungen und Prozesse müssen geprüft, angepasst oder selektiv weiter lokal betrieben werden.
- **Sicherheitsaspekte frühzeitig adressieren**
  Da Cloud-Plattformen mit dem Internet verbunden sind, sind Zugriffskontrollen, Verschlüsselung und regelmäßige Prüfungen unerlässlich.
- **Abrechnungsmodelle verstehen**
  Die Cloud bietet flexible Preismodelle, birgt jedoch auch versteckte Kosten, beispielsweise für Datenübertragungen und Monitoring. Eine permanente Kostenkontrolle ist unerlässlich.
- **Verantwortlichkeiten klar definieren**
  Rollen und Prozesse müssen eindeutig geregelt sein, insbesondere bei dezentraler Steuerung von Cloud-Ressourcen.
- **Zukunftsfähige Architektur planen**
  Strategien wie Hybrid- oder Multi-Cloud sollten frühzeitig bewertet und auf Langfristigkeit ausgelegt werden.

Trotz strukturierter Planung bleiben die Migration und Transformation anspruchsvoll. Technologische, sicherheitsrelevante und organisatorische Herausforderungen erfordern eine strategische Auseinandersetzung. Im Folgenden werden einige erläutert:

- **Mandantenfähigkeit (Multi-Tenancy)**
  Die gemeinsame Nutzung von Cloud-Ressourcen kann Datenschutz- und Sicherheitsrisiken erhöhen. Ergänzende Schutzmaßnahmen wie VPNs oder Intrusion Detection and Prevention Systems (IDPS) sind erforderlich.

- **Standardisierung und Angreifbarkeit**
  Die Gleichartigkeit vieler Cloud-Komponenten erleichtert Angriffe auf weit verbreitete Schwachstellen.
- **Datenschutz und Datenhoheit**
  Besonders bei Big-Data-Anwendungen ist die Einhaltung gesetzlicher Vorgaben herausfordernd. Umstritten ist auch die Datenverarbeitung in Rechenzentren außerhalb der EU. Fragen zum Dateneigentum und zur Monetarisierung bleiben oft ungeklärt.
- **Integration bestehender IT-Systeme (Legacy-Systeme)**
  Diese sind häufig geschäftskritisch, aber nicht Cloud-fähig. Ihre Ablösung oder Integration erfordert eine fundierte Bewertung technischer, betrieblicher und wirtschaftlicher Faktoren.
- **Komplexität bei Anbieterauswahl und Architekturmodell**
  Die Entscheidung für Public, Private oder Hybrid-Cloud und die Auswahl geeigneter Anbieter ist strategisch, aber auch risikobehaftet, wenn sie nicht sorgfältig vorbereitet wird.
- **Kostenkontrolle im Pay-per-Use-Modell**
  Fehlende Transparenz und Steuerung bei der Nutzung kann zu unkontrollierten Ausgaben führen, wenn Ressourcen nicht aktiv verwaltet werden.

Cloud-Migration und -Transformation erfordern mehr als Technologie. Sie brauchen klare Verantwortlichkeiten, bereichsübergreifende Zusammenarbeit und strategische Zielorientierung, als Basis für Innovation und digitale Wertschöpfung.

### 3.5.6 Zusammenfassung

In den vergangenen Jahren hat sich die Cloud von einer reinen Infrastrukturplattform zu einem strategischen Innovationstreiber für AI und Big Data entwickelt. Sie eröffnet Unternehmen den skalierbaren Zugang zu Technologien, die früher mit hohem Investitionsaufwand verbunden waren. Somit hat die Cloud-Transformation den Zugang zu IT-Ressourcen demokratisiert.

## 3.6 Synergien durch das ABC und Impulse für die Praxis

Die Digitalisierung zwingt Unternehmen, sich grundlegend neu auszurichten. Dies bringt nicht nur neue Herausforderungen mit sich, sondern eröffnet zugleich bislang ungeahnte Chancen. Die drei Schlüsseltechnologien AI, Big Data und Cloud entfalten ihr volles

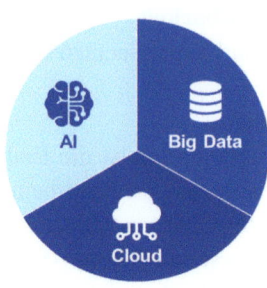

**AI benötigt …**
- Große Datenmengen (Big Data) an strukturierten und unstrukturierten (Trainings-) Daten
- Umfangreiche Speicherlösungen; beispielsweise Data Lakes, Archivlösungen und Datenbanken
- Skalierbare Rechenleistung inkl. GPU-basierter Beschleunigung
- Elastische Infrastrukturen und bedarfsgerechte Bereitstellung von Ressourcen
- Vorgefertigte KI-Dienste und Bibliotheken; beispielsweise Large Language Models (LLMs), kognitive Dienste und Dienste zur Anomalieerkennung

**Big Data benötigt …**
- Zentrale, bedarfsorientiert skalierbare Speicherkapazitäten und schnelle Datenverarbeitung
- Leistungsfähige Internetverbindungen für ein- und ausgehende Datenströme
- Skalierbarkeit und Elastizität zur flexiblen Verarbeitung wachsender und großer Datenmengen
- Umfangreiche Analyse- und Datenverarbeitungsdienste und -bibliotheken; beispielsweise für Data Engineering, Transformation und Visualisierung

**Cloud-Plattformen bieten genau das, was AI und Big Data benötigen**
- **Schnelle Elastizität:** Ressourcen lassen sich flexibel und in Echtzeit anpassen
- **Leistungsfähige Internetverbindungen**
- **Self-Service-Funktionalität:** Dienste können jederzeit bedarfsgerecht bereitgestellt werden
- **Ressourcenbündelung:** effiziente Nutzung von Rechenleistung, Speicher und Bandbreite
- **Transparente Abrechnung:** Nutzungsabhängige, messbare Dienste
- **Spezialisierte Bibliotheken:** Optimiert für bestimmte Anwendungsfelder; beispielsweise für Machine Learning, Datenanalyse, Visualisierung oder Echtzeitanalyse

**Abb. 3.6** Das ABC Framework

Potenzial jedoch erst im Zusammenspiel. Ihre gezielte Integration schafft technologische Synergien und ist die Basis für digitale Innovationen.

Wie die Technologien AI, Big Data und Cloud ineinandergreifen, sich ergänzen und Synergien ermöglichen, veranschaulicht das in Abb. 3.6 dargestellte ABC-Framework: Cloud-Plattformen bilden, wie bereits dargestellt, das technische Fundament. APIs bilden das Bindeglied der ABC-Technologien: Große Datenmengen (Big Data) werden auf Cloud-Plattformen gespeichert, analysiert und angereichert, um datenbasierte Entscheidungen zu ermöglichen. Darauf aufbauend nutzt AI diese Daten, um Modelle zu trainieren, um Muster zu erkennen, Prozesse zu automatisieren und neue Erkenntnisse zu generieren.

Damit diese Synergien wirksam werden, braucht es mehr als nur Technologie. Entscheidend ist eine resiliente und skalierbare IT-Infrastruktur (siehe Abschn. 3.1). Voraussetzung dafür ist ein strategischer Ansatz, der Daten und Technologien ganzheitlich verknüpft, mit klar definierten Zielen, Ressourcen und Standards. Die internen und externen Auswirkungen für Unternehmen und Organisationen werden im nächsten Kapitel ausführlich diskutiert und erläutert. Denn das ABC der Digitalisierung ist damit mehr als nur ein technologisches Fundament, sondern es eröffnet konkrete Handlungsfelder für datenbasierte Produkte und Dienste, neue Geschäftsmodelle und die Optimierung IT-gestützter Prozesse.

## Literatur

Apache. (2025). Apache Hadoop. Abgerufen am 2. 5. 2025 von https://hadoop.apache.org/.
AWS. (2025). Cloud Governance. Abgerufen am 2. 5. 2025 von https://aws.amazon.com/de/cloudops/cloud-governance/.

# Literatur

Basta, N., Ikram, M., Kaafar, M. A., & Walker, A. (2022). Towards a Zero-Trust Micro-segmentation Network Security Strategy: An Evaluation Framework. NOMS 2022–2022 IEEE/IFIP Network Operations and Management Symposium. Abgerufen am 2. 5. 2025 von https://arxiv.org/pdf/2111.10967.

Bundesamt für Sicherheit in der Informationstechnik. (2025). Die Lage der IT-Sicherheit in Deutschland 2024. Abgerufen am 2. 5. 2025 von https://www.bsi.bund.de/DE/Service-Navi/Publikationen/Lagebericht/lagebericht_node.html.

Bundesamt für Verfassungsschutz. (2024). Vorstellung der Bitkom-Studie „Wirtschaftsschutz 2024". Abgerufen am 2. 5. 2005 von https://www.verfassungsschutz.de/SharedDocs/kurzmeldungen/DE/2024/2024-08-28-studie-bitkom.html.

Frank, R., Strugholtz, S., & Meise, F. (2021). Bausteine der digitalen Transformation – Wie APIs Unternehmen den Weg in die Programmable Economy ebnen. Wiesbaden: Springer.

Google. (2025). Google Cloud APIs. Abgerufen am 2. 5. 2025 von https://cloud.google.com/apis?hl=de.

Hawkins, M. (23. 6 2020). Abgerufen am 2. 5. 2025 von https://www.forbes.com/councils/forbestechcouncil/2020/06/23/the-history-and-rise-of-apis/.

Kosinski, M. (20. 11 2024). Data Warehouses, Data Lakes und Data Lakehouses im Vergleich. Abgerufen am 2. 5. 2025 von https://www.ibm.com/de-de/think/topics/data-warehouse-vs-data-lake-vs-data-lakehouse.

Mandl, P. (2008). Grundkurs Betriebssysteme – Architekturen, Betriebsmittelverwaltung, Synchronisation, Prozesskommunikation. Wiesbaden: Vieweg+Teubner Verlag.

Nyathani, R., & Allam, K. (2024). Synergizing AI, Cloud Computing, and Big Data for Enhanced Enterprise Resource Planning (ERP) Systems. International Journal of Computer Techniques – Volume 11, Issue 1.

Patil, K., & Desai, B. (2024). Intelligent Network Optimization in Cloud Environments with Generative AIand LLMs – Preprint. https://doi.org/10.20944/preprints202406.0578.v1.

Tozzi, C. (20. 12 2024). How to transition to the cloud: 7 best practices. Abgerufen am 2. 5. 2025 von https://www.techtarget.com/searchcloudcomputing/tip/How-to-transition-to-the-cloud-7-best-practices.

Vlist, F. v., Helmond, A., & Ferrari, F. (12. 3 2024). Big AI: Cloud infrastructure dependence and the industrialisation of artificial intelligence. Big Data & Society 11(1).

Vollmer, T. (2013). Der Einstieg in die Cloud: Ein Blick auf die Technik und die juristischen Grundlagen des Cloud Computings. Diplomica Verlag.

# Auswirkungen und Chancen für Unternehmen und Organisationen

## Inhaltsverzeichnis

4.1 Warum das ABC entscheidend ist? .................................................. 78
    4.1.1 Vom „Ob" zum „Wie": Die zentrale Herausforderung für Unternehmen ....... 79
4.2 AI, Big Data und Cloud als Teil der Digitalstrategie ............................. 80
    4.2.1 Horizont 1: Effizienzsteigerung ............................................. 82
    4.2.2 Horizont 2: Transformation des Betriebsmodells ........................... 82
    4.2.3 Horizont 3: Transformation des Geschäftsmodells und der Strategie .......... 83
    4.2.4 Mehrwert durch die digitale Transformation ............................... 84
    4.2.5 Von der Strategie zur Umsetzung: Digitale Transformationspotenziale identifizieren .............................................................. 85
    4.2.6 Ableitung der relevanten Digitalisierungsbereiche ......................... 86
4.3 Interne Auswirkungen ........................................................... 87
    4.3.1 Interne Auswirkungen und Chancen durch Digitalisierung – Effizienzsteigerung und Kosteneinsparung .................................................... 87
    4.3.2 Veränderung des Betriebsmodells ......................................... 93
    4.3.3 ABC-Brokering ........................................................... 94
    4.3.4 ABC-Integration ......................................................... 97
    4.3.5 ABC-Orchestrierung ..................................................... 99
4.4 Schulung und Weiterbildung .................................................... 102
    4.4.1 Wer soll geschult werden? ............................................... 103
    4.4.2 Was zu trainieren ist (Beispiele) ......................................... 103
    4.4.3 Was zu ändern ist ....................................................... 106
    4.4.4 Cybersicherheit mit hoher Priorität ....................................... 108
    4.4.5 Was an Prozessen und Frameworks eingeplant werden sollte ............... 110
    4.4.6 Welche Wichtigen Technologien eingeplant werden sollten .................. 111
    4.4.7 Regulatorische Anforderungen und Governance ............................ 112
    4.4.8 Überblick der regulatorischen und Zertifizierungs-Anforderungen an Big Data und Cloud ............................................................ 115
4.5 Externe Auswirkungen ......................................................... 116
    4.5.1 Vom Einheits-Angebot zum individualisierten Kundenerlebnis .............. 116

| | 4.5.2 | Neue Geschäftsmodelle | 120 |
| | 4.5.3 | Neue Geschäftsmodelle und ABC-getriebene Ökosysteme | 123 |
| | 4.5.4 | Risiken, das ABC zu ignorieren – Verluste in Effizienz und Marktposition | 125 |
| | 4.5.5 | Ethische Dimension | 128 |
| 4.6 | | Nachhaltigkeit durch das ABC und weitergehende technologische Innovationen | 129 |
| 4.7 | | Ethische Standards für und verantwortungsbewusste Verwendung des ABC | 130 |
| 4.8 | | Voraussetzungen für die Integration der Technologien | 131 |
| | 4.8.1 | Strategische Voraussetzungen | 131 |
| | 4.8.2 | Organisatorische Voraussetzungen | 133 |
| | 4.8.3 | Technologische Voraussetzungen | 134 |
| | 4.8.4 | Das ABC Value Office – Die organisatorische Einheit zur erfolgreichen Digitalisierung | 136 |
| 4.9 | | Auswirkungen und Chancen für ausgewählte Industrien | 142 |
| Literatur | | | 143 |

## 4.1 Warum das ABC entscheidend ist?

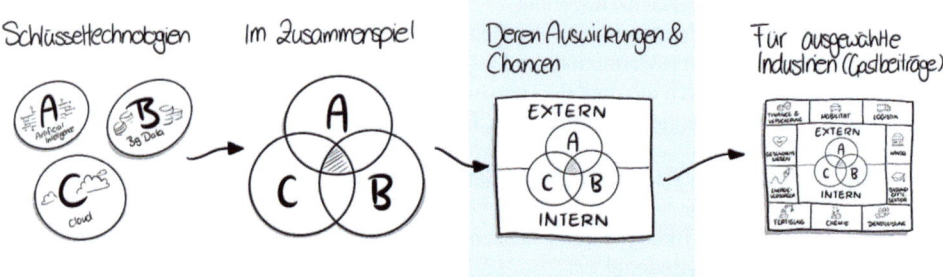

Die Digitalisierung ist längst kein Trend mehr. Sie entscheidet über die Wettbewerbsfähigkeit und Zukunftsfähigkeit von Unternehmen. In einer zunehmend digitalisierten Welt stehen Unternehmen vor der Herausforderung, ihre Geschäftsmodelle, Prozesse und Wertschöpfungsketten neu zu gestalten. Insbesondere im DACH-Raum lässt sich ein zunehmender Handlungsbedarf zur langfristigen Sicherstellung der Wettbewerbsfähigkeit im Vergleich zu der zunehmend stärker werdenden globalen Konkurrenz festhalten. Dies zeigt sich verstärkt in den seit langer Zeit sehr robusten Kernbranchen (beispielsweise der Automobilindustrie). Digitalisierung ist somit nicht mehr eine Frage der mittel- bis langfristigen Ausrichtung, sondern ein Erfordernis für die Sicherung der unternehmerischen Positionierung und Zukunft.

AI, Big Data und Cloud – das „ABC der Digitalisierung" – bilden die essenzielle Grundlage für diesen Wandel. Sie sind nicht nur Technologien, sondern strategische Enabler, die Unternehmen dabei unterstützen, datengetriebene Innovationen voranzutreiben, operative Effizienz zu steigern und neue digitale Angebote zu entwickeln.

Während Unternehmen, die frühzeitig in diese Technologien investieren, ihre Marktposition ausbauen, geraten andere zunehmend ins Hintertreffen (Streim & Meinecke, 2023).

Doch während diese Technologien enorme Chancen bieten, birgt eine unzureichende Auseinandersetzung mit ihnen erhebliche Risiken. Unternehmen, die die Potenziale von AI, Big Data und Cloud nicht nutzen, laufen Gefahr, im sich rapide wandelnden Wettbewerbsumfeld zurückzufallen. Kunden – ob im B2B- oder B2C-Bereich – werden beispielsweise künftig unzureichende Angebote für einfache und schnelle Servicemöglichkeiten, lange und intransparente Lieferzeiten, unflexible Angebotsstrukturen und ungenügende digitale Schnittstellen nicht mehr ‚akzeptieren', da hierdurch die eigene Wertschöpfung (B2B) oder die individuelle Nutzererfahrung (B2B, B2C) nachteilig betroffen ist.

Diese Entwicklung lässt sich branchenübergreifend beobachten:

- **Finanzsektor:** Neobanken und FinTechs gewinnen Marktanteile durch digitale, nutzerzentrierte Finanzdienstleistungen.
- **Handel:** Der Übergang zum Online-Handel setzt traditionelle Einzelhändler massiv unter Druck.
- **Automobilindustrie:** Digitale Services, Software-defined Vehicles und AI-gestützte Automatisierung revolutionieren die Wertschöpfungsketten.
- **Medien und Verlagswesen:** Streaming-Dienste haben klassische Medienhäuser und TV-Sender tiefgreifend verändert.

Ein Blick auf diese Entwicklungen verdeutlicht: Unternehmen, die frühzeitig auf Digitalisierung setzen, schaffen Chancen für den Ausbau ihrer Marktanteile und Wertschöpfung. Andere hingegen kämpfen mit stagnierendem Wachstum und schwindender Relevanz in globalisierten Märkten.

### 4.1.1 Vom „Ob" zum „Wie": Die zentrale Herausforderung für Unternehmen

Die zentrale Frage lautet längst nicht mehr, *ob* Unternehmen digitale Technologien einsetzen sollten, sondern *wie* sie dies strategisch tun. Die Zeiten des bloßen Experimentierens sind vorbei – nun geht es darum, AI, Big Data und Cloud so zu integrieren, dass sie gezielt Wert schaffen.

Unternehmen sehen sich jedoch in der praktischen Umsetzung einer Vielzahl von Fragestellungen gegenübergestellt:

- An welchen Stellen setze ich an und wo kann ich einen echten Mehrwert erzeugen?
- Welche technologischen Lösungen sind für mein Geschäftsmodell relevant?
- Wie transformiere ich meine Organisation, ohne das Tagesgeschäft zu gefährden?

- Wie gehe ich mit heterogenen Systemlandschaften und Altlasten um?
- Wie lassen sich AI, Big Data und Cloud so einbetten, dass sie nicht nur Effizienz steigern, sondern neue Wachstumsfelder erschließen?

Die digitale Transformation ist kein einheitlicher Prozess, sondern vollzieht sich in mehreren Stufen und mit unterschiedlichen Zielsetzungen. Unternehmen müssen Digitalisierung nicht als Selbstzweck verstehen, sondern als Mittel zur gezielten Weiterentwicklung ihrer Wertschöpfung. Daher ist es entscheidend, zwischen verschiedenen Ebenen der Transformation zu unterscheiden: reine Effizienzsteigerung, die Neugestaltung von Betriebsmodellen und die Transformation des gesamten Geschäftsmodells.

Genau hier setzt der folgende Abschnitt an. Er beleuchtet die drei zentralen Horizonte der digitalen Transformation und zeigt auf, wie Unternehmen diesen Wandel strategisch steuern können. Gleichzeitig werden erforderliche Voraussetzungen sowie die Herangehensweisen zur organisatorischen Verankerung dargestellt.

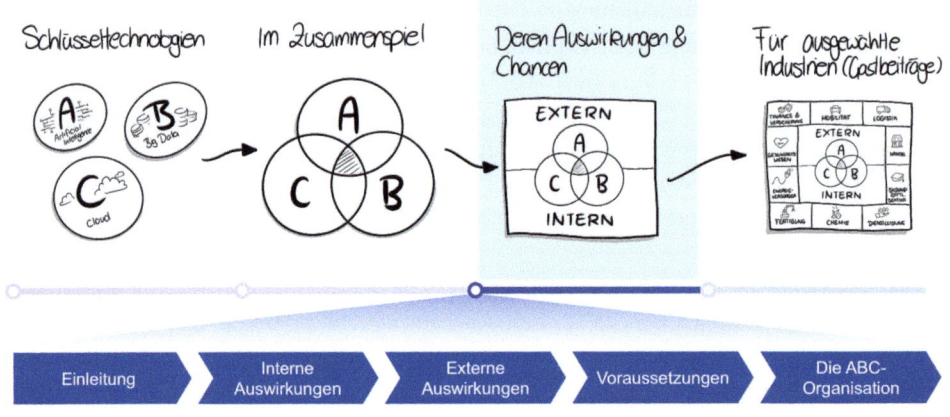

## 4.2 AI, Big Data und Cloud als Teil der Digitalstrategie

Technologie hat sich von einem Werkzeug für mehr Effizienz über einen Hebel für die Transformation von Betriebsmodellen zu einer Triebfeder für Strategien und die Transformation von Geschäftsmodellen entwickelt. Im Vergleich zu herkömmlichen Business-Transformationen weisen digitale Transformationen in vielen Aspekten deutliche Unterschiede auf.

Ein wesentlicher Aspekt ist, dass herkömmliche Transformationen in der Regel abgeschlossen sind, sobald neue Betriebsmodelle, Prozesse und Verhaltensweisen etabliert sind. Digitale Transformationen hingegen sind langfristige Initiativen, die darauf abzielen, die kontinuierliche Verbesserung und Veränderung einer Organisation auf neue Weise zu

## 4.2 AI, Big Data und Cloud als Teil der Digital-Strategie

**Abb. 4.1** Die drei Horizonte der Digitalen Transformation

gestalten. In diesem Zusammenhang ist es sinnvoll, diese drei Horizonte (vgl. Abb. 4.1) der digitalen Transformation genauer zu definieren (Nagji & Tuff, 2012):

| Veränderungs dimension | Horizont 1 | Horizont 2 | Horizont 3 |
|---|---|---|---|
|  | Effizienzsteigerung | +Transformation des Betriebsmodells | +Transformation des Geschäftsmodells und der Strategie |
|  | Bottomline | Topline | Top- und Bottomline |
| Automatisierung | Transformiert | Tranformiert | Transformiert |
| Betriebsmodell | Begrenzte Veränderung | Transformiert | Transformiert |
| Geschäftsmodell und Strategie | Keine Veränderung | Begrenzte Veränderung | Transformiert |
| Office | Backoffice | +Frontoffice | +Middleoffice |

In diesem Kontext wird der Begriff „Betriebsmodell" verwendet, um die nach innen gerichtete Struktur, die Prozesse und die Technologie einer Organisation zu beschreiben.

Der Begriff „Strategie" hingegen umfasst die auf den Markt ausgerichteten Dienstleistungen und Produkte einer Organisation, die Märkte, auf denen die Organisation tätig ist, und die Wettbewerber, mit denen sie auf diesen Märkten konkurriert, die Positionierung und Differenzierung der Dienstleistungen und Produkte der Organisation sowie die Kundensegmente und die Vertriebs- und Servicekanäle der Organisation (Abb. 4.2).

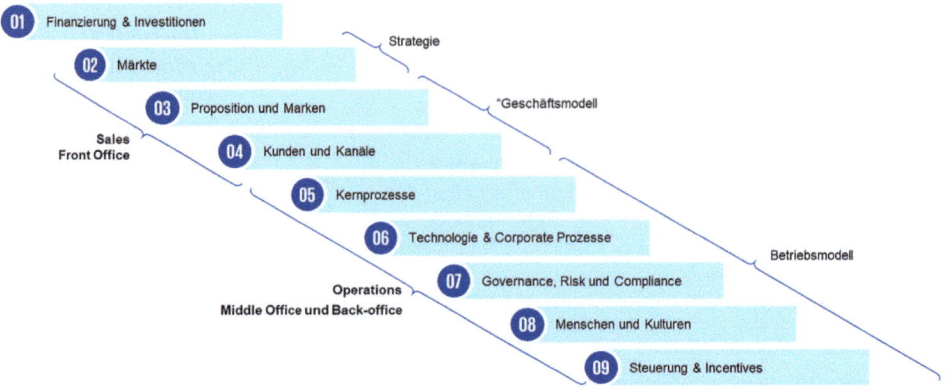

**Abb. 4.2** Transformatorische Werthebel

## 4.2.1 Horizont 1: Effizienzsteigerung

Die Basis der Digitalisierung liegt in der vollständigen Vernetzung und Optimierung interner Geschäftsprozesse. Ziel ist es, Effizienzpotenziale durch Ende-zu-Ende-Prozessdigitalisierung zu heben und gleichzeitig durch eine flexible IT-Infrastruktur schnelle Anpassungen an Marktveränderungen zu ermöglichen. Dies bildet die Grundlage für die erste Stufe der digitalen Transformation: den Horizont 1.

Auf der Ebene von **Horizont 1** sind künstliche Intelligenz, große Datenmengen und Cloud verbesserte Werkzeuge zur Verbesserung der **Bottomline** von Unternehmen, die es ermöglichen, Prozesse mit unveränderter Struktur, aber wesentlich effizienter ablaufen zu lassen. In der Regel werden solche Veränderungen zunächst in einzelnen **Backoffice**-Funktionen und innerhalb einer einzelnen Organisation umgesetzt, z. B. in den Bereichen Finanzen, Personal, Einkauf oder IT.

Beispiele für solche digitalen Transformationen sind die Automatisierung z. B. von Buchhaltungsprozessen durch Robotic Process Automation (RPA), generative und analytische AI; die Automatisierung einfacher Supportaufgaben durch AI-gestützte Chatbots; die Teilautomatisierung von Programmierung durch generative AI und sogenannte Co-Piloten, die Automatisierung von IT-Administration durch generative AI, Cloud-Orchestrierung und Infrastructure-as-Code-Plattformen. Weitere Beispiele stellen die Automatisierung interner Dispositions- oder Produktionsprozesse zur Reduktion von Ressourceneinsatz und Durchlaufzeit dar.

## 4.2.2 Horizont 2: Transformation des Betriebsmodells

**Horizont 2** nutzt künstliche Intelligenz, große Datenmengen und Cloud-Dienste, um die Prozesslandschaft innerhalb einer Organisation oder über mehrere Organisationen hinweg grundlegend und kundenzentriert zu transformieren und so die **Bottom- und Topline** von Unternehmen zu verbessern.

Die Veränderungen des Prozessmodells treten dabei häufig zuerst im **Frontoffice** an der „Edge" der Organisationen und in der Kundeninteraktion in Erscheinung. Da diese B2C- oder B2B-Interaktion zunehmend online und ohne weitere menschliche Interaktion erfolgt, ist sie zwangsläufig Cloud-basiert und zunehmend AI-gestützt, perspektivisch durch AI-Agenten, technisch durch „Agentic RAG (Retrieval Augmented Generation)".

Die Cloud-basierten und zunehmend AI-getriebenen Kundenportale im B2C-Geschäft von Banken, Versicherungen, Energieversorgern und Telekommunikationsunternehmen sind ein Beispiel für Horizont 2. Hinter Portalen stehen automatisierte Prozesse, die den gesamten Kundenlebenszyklus abdecken. Im Versicherungssektor umfasst dies die häufig Cloud-basierten Kundenakquise über Online-Kanäle, das Underwriting, das auf großen Datenmengen und Statistiken basiert, sowie die zunehmend durch analytische AI automatisierte Schadensregulierung. Für Energieversorger bedeutet dies die ebenso häufig Cloud-basierten Kundenakquise über Online-Kanäle über die Tarifierung bis zur zunehmend durch analytische AI automatisierten, datengetriebenen Ablesung von Zählerständen.

Die Effizienzpotenziale, die sich aus der Automatisierung der Prozesse im gesamten Kundenlebenszyklus ergeben, übersteigen die des Horizonts 1. Zudem führt die Ende-zu-Ende-Automatisierung zu einer höheren Agilität, höheren Bearbeitungsgeschwindigkeiten, weniger Bearbeitungsfehlern und einer höheren Kundenzufriedenheit.

Gleichzeitig eröffnet Horizont 2 völlig neue Chancen zur Verbesserung und Differenzierung des marktseitigen Angebotsportfolios. AI, Cloud und Big Data eröffnen hier neue Möglichkeiten zur Personalisierung und Optimierung von Produkten und Services, um den Kundenmehrwert gezielt zu steigern.

Unternehmen können ihre eigenen Angebote zu einem nahtlos verknüpften Ökosystem integrieren und sich über digitale Kundenschnittstellen stärker in das Nutzererlebnis einbinden. Ein Beispiel dafür ist das Apple-Ökosystem, das Hardware, Software und digitale Services miteinander verzahnt.

Die zunehmende Digitalisierung führt gleichzeitig zu einem intensiveren Wettbewerb und ermöglicht neue „Coopetition"-Modelle. Insbesondere Aggregatoren spielen hierbei eine wichtige Rolle als Intermediäre. In den oben genannten Industrien übernehmen heute große Preisvergleichsportale die Position früherer kleiner Agenturen und Vertriebspartner.

### 4.2.3 Horizont 3: Transformation des Geschäftsmodells und der Strategie

In **Horizont 3** geht es bei der Digitalisierung nicht nur um die Transformation des Betriebsmodells, sondern auch um die Erweiterung des Geschäftsmodells und der Strategie sowie der **Topline** der Unternehmen. Dieser Wandel vollzieht sich häufig in Form einer Transformation von B2B-Geschäftsmodellen zu B2B2C-Geschäftsmodellen und oft im Kontext neuer digitaler Wettbewerber.

Die Transformation des Vertriebsmodells, der Produkte, der Services und der Wettbewerber von Automobilherstellern ist ein anschauliches Beispiel für Horizont 3. Neue Wettbewerber aus den USA und aus China wandeln den Nachteil, dass sie nicht auf ein etabliertes Händlernetz zurückgreifen können in einen Vorteil und interagieren direkt, online und Cloud-basiert mit Kunden. Gleichzeitig nutzen sie den Wechsel von Verbrennungsmotoren auf Elektromobilität, um die Hardware der Autos zu vereinfachen und die Software der Autos neu zu denken. Durch diese Vorgehensweise wird die Komplexität von „Made-to-Order" für OEMs reduziert, während das Produkt „Automobil" auch nach der Produktion flexibel konfigurierbar bleibt.

Traditionelle OEMs mussten Teile ihrer „Hardware-Margen" an ihr Händlernetz abgeben; neue OEMs hingegen erwirtschafteten zunehmend höhere „Software-Margen", die vollständig bei ihnen verbleiben. Die Effektivitätspotenziale von Horizont 3 übersteigen die Effizienzpotenziale von Horizont 2.

Im Horizont 3 werden somit grundlegende Aspekte der Wertgestaltung, Wertschöpfung oder des Werteversprechens eines Geschäftsmodells verändert. Unternehmen entwickeln neue Modelle, die häufig auf datengetriebenen Plattformen, Subscription-Modellen oder innovativen Servicekonzepten basieren und somit neue Umsatzquellen erschließen.

Ein Beispiel hierfür ist die Schaffung eines umfassenden E-Commerce-Ökosystems oder der Wandel zu servicebasierten Pricing-Modellen für Maschinen und Anlagen, bei denen Kunden nicht mehr für das Produkt, sondern für dessen Nutzung zahlen.

Die fortschreitende Digitalisierung hat zudem einen signifikanten Einfluss auf den Markt. Neue digitale Wettbewerber und die zunehmende Digitalisierung von Produkten haben einen Einfluss auf die Wettbewerbslandschaft. Dies hat auch zur Entwicklung neuer „Coopetition"-Modelle beigetragen, bei denen Organisationen sowohl kooperieren als auch wettbewerbsorientiert agieren. Technologieunternehmen spielen hierbei eine entscheidende Rolle, sowohl als Kooperationspartner als auch als Wettbewerber.

Grundlage für die Realisierung von Initiativen in diesen drei Handlungsfelder stellen die bereits vertiefend dargestellten Kerntechnologien des ABCs der Digitalisierung dar. Für alle drei Handlungsfelder bedarf es – in unterschiedlichem Maß und in unterschiedlicher Kombination – der Erfassung von relevanten Daten (Big Data), der zentralen Sammlung und Speicherung (Cloud) sowie der Auswertung und Entscheidungsfindung (AI).

### 4.2.4 Mehrwert durch die digitale Transformation

Der Handlungsrahmen des ABC schafft somit eine klare Verbindung zwischen technologischen Innovationen und geschäftlichem Nutzen. Die strategische Umsetzung in den drei Horizonten führt zu konkretem Impact auf unternehmerische Zielgrößen:

- **Horizont 1 – Effizienzsteigerung:** Automatisierte, datengetriebene Prozesse sorgen für Kosteneffizienz, Geschwindigkeit und Transparenz in der gesamten Wertschöpfungskette.
- **Horizont 2 – Transformation des Betriebsmodells:** Intelligente Technologien ermöglichen personalisierte und adaptive Lösungen, die Kundenbindung und Umsatzpotenziale stärken.
- **Horizont 3 – Transformation des Geschäftsmodells und der Strategie:** Cloud-Plattformen und Big Data eröffnen Wege, um datengetriebene Plattformen oder as-a-Service-Modelle zu etablieren.

### 4.2.5 Von der Strategie zur Umsetzung: Digitale Transformationspotenziale identifizieren

Die digitale Transformation sollte nicht isoliert betrachtet werden, sondern direkt an die strategische Organisationsausrichtung anknüpfen. Eine klare Einordnung des eigenen Angebotsportfolios und der Wertschöpfung ist dabei essenziell, um Digitalisierungsinitiativen gezielt und wirkungsvoll umzusetzen.

Für diese strategische Verankerung gibt es eine Vielzahl von Methoden – hier konzentrieren wir uns auf die unserer Meinung nach wichtigsten Kernfragen:

1. Welche strategischen Geschäftsziele und Themen können durch Digitalisierung unterstützt oder beschleunigt werden? *Beispiel: AI-gestützte Entscheidungsprozesse, Nachhaltigkeitsziele, Fachkräftemangel durch Automatisierung ausgleichen.*
2. Welche Kundenerwartungen oder Marktanforderungen können wir durch Digitalisierung besser erfüllen oder sogar übertreffen? Gibt es vor oder nachgelagerte kundenseitige Prozesse/Tätigkeiten, die wir hinzukommenden durch unser Angebot verbessern können? *Beispiel: Automatisierte Bestellung und Lieferung von Ersatzteilen über digitale Schnittstellen.*
3. In welchen Bereichen fordert der Wettbewerb Innovation oder Effizienz, und wie gut ist unser Unternehmen im Vergleich dazu aufgestellt? Wo können wir durch Digitalisierung signifikante Wettbewerbsvorteile erzielen? *Beispiel: AI-gestützte Echtzeit-Preisanpassungen in digitalen Marktplätzen.*
4. Was sind die wettbewerbsdifferenzierenden Eigenschaften oder Prozesse meiner Organisation – durch welche unterscheidet man sich maßgeblich im Vergleich zu bestehenden Wettbewerbern? *Beispiel: Effiziente Logistik- und Sortimentsstrategie im E-Commerce-Bereich als Wettbewerbsvorteil.*
5. Wo liegen aktuell die größten Engpässe oder Ineffizienzen in den Kernprozessen, und wie wirken sich diese auf Kosten, Qualität oder Geschwindigkeit aus? *Beispiel: Verzögerte Lieferketten durch manuelle Prozesse vs. datengetriebene, dynamische Disposition in der Supply Chain.*

## 4.2.6 Ableitung der relevanten Digitalisierungsbereiche

Auf Basis dieser Analyse lassen sich konkrete Digitalisierungspotenziale ableiten, die den größten Mehrwert bringen. Dabei sollten Unternehmen ambitionierte Ziele und nicht nur inkrementelle Optimierungen verfolgen. Damit einhergehend ein fundamentales Hinterfragen bestehender Leistungen und Prozesse, welches durch die modernen Technologien und Lösungen ermöglicht wird.

Ein entscheidender Leitgedanke dabei: Wie kann unser Unternehmen in definierten Bereichen (z. B. Kundenzufriedenheit, Logistik-Performance) fundamental besser werden?

Dem Zielbild einer, soweit unternehmerisch sich als sinnvoll erweisend, durchgängig vernetzten Wertschöpfung folgend, spielen alle drei Horizonte zusammen.

Das Zusammenspiel von AI, Big Data und Cloud ermöglicht diese durchgängige Vernetzung von Produkten, Prozessen und Kundenfeedback. Dies treibt eine umfassende Optimierung der Wertschöpfungskette voran. Statt wie früher den Kontakt zu Produkten nach dem Verkauf zu verlieren, können Unternehmen nun kontinuierlich Daten über deren Nutzung und Leistung im Feld sammeln. Kombiniert mit Kundenfeedback aus digitalen Kanälen entstehen tiefgehende Einblicke, die es ermöglichen, „bestehende digitale Funktionen anzupassen oder neue Funktionen bis hin zu neuen Angeboten (beispielsweise. Services) zu entwickeln." Über Updates, die drahtlos bereitgestellt werden, lassen sich nicht nur Software, sondern auch AI-Modelle laufend optimieren. Dadurch wird eine wie Abb. 4.3 in dargestellte, enge Verzahnung zwischen Produktlebenszyklus und der „Customer Journey" geschaffen, die eine fortlaufende Verbesserung der Angebote und nachhaltige Kundenbeziehung sicherstellt (Slama, 2023).

**Das Ergebnis:** Eine nachhaltige Maximierung des Customer Lifetime Value, gesteigerte Wettbewerbsdifferenzierung und ein klarer Vorsprung in dynamischen Märkten.

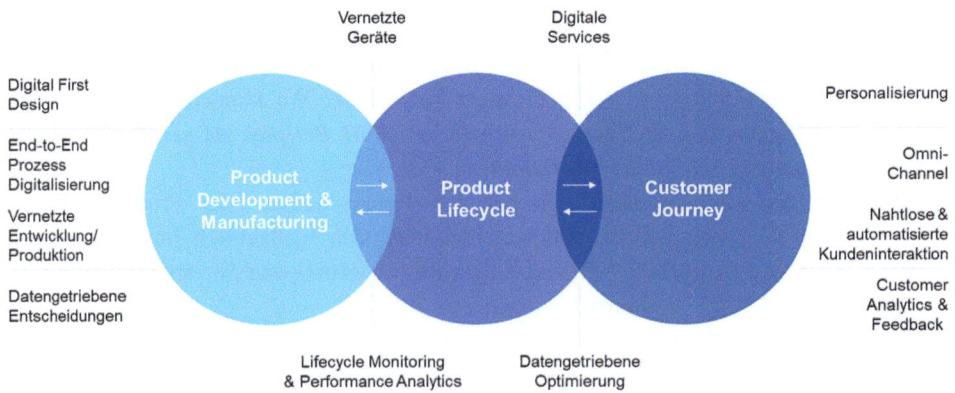

**Abb. 4.3** Verzahnung von Entwicklung, Lifecycle und Kundenerlebnis

## 4.3 Interne Auswirkungen

### 4.3.1 Interne Auswirkungen und Chancen durch Digitalisierung – Effizienzsteigerung und Kosteneinsparung

Anmerkung: Im Folgenden werden exemplarische Best Practices mit Blick auf interne Auswirkungen dargelegt. Hierbei werden typische zugrunde liegende Herausforderungen im Organisationskontext aufgegriffen. Folgend wird der Bezug respektive die Bedeutung hinsichtlich des ABCs verdeutlicht.

#### 4.3.1.1 Von intransparenten Entscheidungen vor Unsicherheit zum datengetriebenen Unternehmen

Unternehmen, die auf intransparente und unsichere Daten für Entscheidungen angewiesen sind (beispielsweise. „wie viel Lagerbestände haben wir wirklich?"), gehen nicht nur unternehmerische Risiken ein, sondern verpassen auch existierende Chancen. Durch die gezielte Nutzung von Big Data können relevante Informationen entlang der Wertschöpfung in Echtzeit erfasst und analysiert werden (vgl. Abb. 4.4), um Entscheidungsprozesse fundiert zu untermauern. Cloud-Plattformen schaffen dabei die Grundlage für eine zentrale, skalierbare Speicherung und den ortsunabhängigen Zugriff auf Daten. Ergänzend ermöglicht AI die automatisierte Auswertung dieser Daten und liefert präzise Prognosen und Handlungsempfehlungen. Das Ergebnis: Prozesse werden optimiert, Entscheidungen werden schneller und besser, und Unternehmen können Unsicherheiten gezielt minimieren, um Wettbewerbsvorteile und Performanceverbesserungen zu erzielen (HBR, 2023).

Durch AI-gestützte Vorhersagemodelle lassen sich beispielsweise Marktveränderungen, Kundenpräferenzen und betriebliche Risiken frühzeitig erkennen, wodurch Unternehmen datenbasierte Entscheidungen treffen und ihre Prozesse optimieren können.

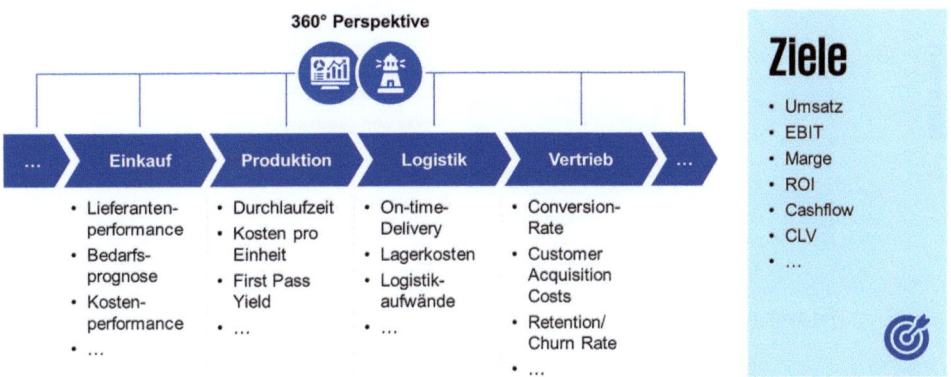

**Abb. 4.4** Schlüsselkennzahlen in der ganzheitlichen datengetriebenen Performance-Steuerung

Besonders in Branchen wie Finanzwesen, Einzelhandel, Gesundheitswesen und Industrie hat sich Predictive Analytics als wertvolles Instrument etabliert. Dabei ist Predictive in den vier Stufen der Datenanalyse gemäß Abb. 4.5 an dritter Stelle einzusortieren. Dem zuvor sortieren sich die deskriptive Analyse („Die Produktionslinie ist in der vergangenen Schicht zweimal zum Stillstand gekommen") und die diagnostische Analyse („warum ist die Produktionslinie ausgefallen?") ein. Nachfolgend lässt sich die präskriptive Analyse („Handlungsempfehlungen für die proaktive Vermeidung von Stillständen") einordnen. (Thomas H. Davenport, 2017)

Ein zentrales Anwendungsgebiet ist die Betrugserkennung im Finanzwesen. Banken setzen AI-Modelle ein, um unübliche Transaktionsmuster in Echtzeit zu identifizieren und potenziellen Betrug frühzeitig zu verhindern. So nutzt beispielsweise Mastercard Predictive Analytics, um verdächtige Zahlungen auf Basis historischer Daten zu erkennen und Sicherheitsmechanismen automatisiert auszulösen (Mastercard, 2024). Auch im Einzelhandel kann Predictive Analytics zum Einsatz kommen, beispielsweise bei der Optimierung von Lagerbeständen.

Predictive Analytics nutzt verschiedene Modelltypen, um aus historischen Daten Muster zu erkennen und zukünftige Entwicklungen vorherzusagen. Zu den wichtigsten Arten von Predictive-Analytics-Modellen gehören **Klassifikationsmodelle, Clustering-Modelle und Zeitreihenmodelle.** Klassifikationsmodelle (Supervised Learning) ordnen Daten bestimmten Kategorien zu und werden häufig in der Betrugserkennung und Kreditrisikobewertung eingesetzt. Clustering-Modelle (Unsupervised Learning) gruppieren Daten anhand von Ähnlichkeiten, ohne dass vorher definierte Kategorien existieren. Dies

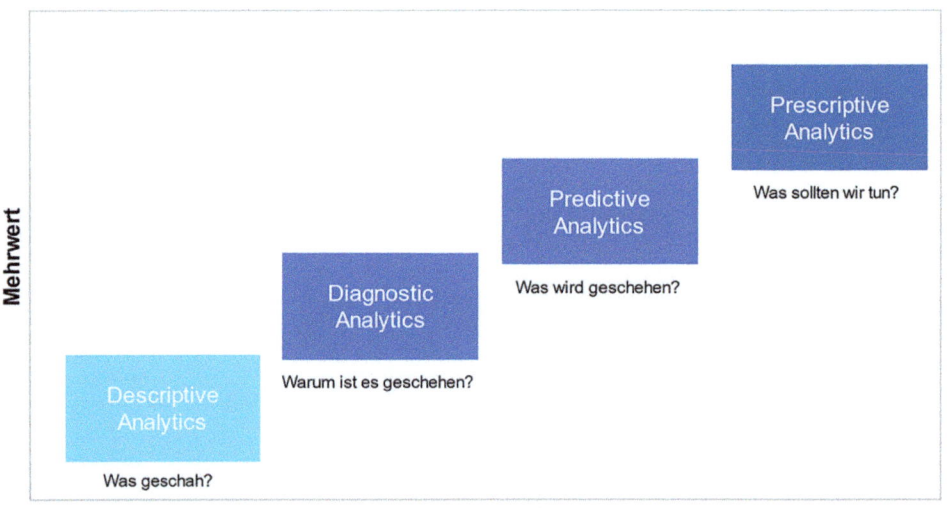

**Abb. 4.5** Entwicklungsstufen der Datenanalyse

wird beispielsweise für Kundensegmentierungen im E-Commerce genutzt, um personalisierte Marketingstrategien zu entwickeln. Zeitreihenmodelle analysieren historische Daten über bestimmte Zeiträume hinweg, um Trends und Muster zu identifizieren. Sie finden Anwendung in der Prognose von Anrufvolumen in Call-Centern oder der Vorhersage von Nachfrageentwicklungen im Handel (IBM, o. J.j).

Predictive Analytics kommt in zahlreichen Branchen zum Einsatz. Im Banking werden AI-Modelle zur Betrugserkennung und Kreditrisikobewertung genutzt. Im Gesundheitswesen ermöglichen sie die Früherkennung von Krankheiten, indem Patientendaten analysiert werden, etwa zur Prognose von Sepsis-Risiken. In der Personalwirtschaft (HR) helfen Predictive-Analytics-Modelle dabei, Mitarbeiterfluktuation vorherzusagen und durch datenbasierte Maßnahmen die Mitarbeiterbindung zu verbessern. Marketing- und Vertriebsteams profitieren durch die Anwendung von Churn Prediction (Kundenabwanderung) sowie personalisierte Produktempfehlungen, die aus Verhaltensdaten abgeleitet werden. In der Logistik und im Supply Chain -Management ermöglichen Predictive-Analytics-Modelle die Optimierung von Lagerbeständen sowie die Implementierung dynamischer Preisstrategien, um Nachfrageschwankungen frühzeitig zu erkennen und effizient zu steuern (IBM, o. J.j).

**Was bedeutet das konkret:** Auf Basis der vorherigen Analyse wichtiger (Teil-) Prozesse werden die wichtigsten Informations- und Entscheidungsbedarfe identifiziert (beispielsweise Steuerungskennzahlen im Qualitäts- oder Produktionsbereich, aktuelle Abwanderungsraten im Onlineshop). Diese können mithilfe von Business Intelligence (BI) und Analytics-Lösungen einheitlich und qualitativ gesichert bereitgestellt werden (beispielsweise „wie sind die aktuellen Overall Equipment Effectiveness Kennzahlen meiner Anlagen, bei welchen habe ich öfters Performanceprobleme etc.?"). Prognosen und automatisierte Analysen der Daten können ergänzend durch AI-Anwendungen abgebildet werden (beispielsweise „an welchen Anlagen sind zeitnah Wartungs- oder Ersatzteilbestellbedarfe anzunehmen?").

**Ein Beispiel:** Die kundenseitigen Bestellungen sowie die aktuellen Warenbestände eines B2B E-Commerce Händlers werden minutengenau erfasst und abgeglichen, mögliche Bestellbedarfe werden abgeleitet und zur Freigabe bei Überschreitung definierter Wertgrenzen den entsprechenden Mitarbeitenden übermittelt. Durch AI werden basierend auf den historischen Nachfragekurven Prognosen und resultierende Beschaffungsbedarfe hinsichtlich der kommenden Woche erstellt. Die Mitarbeitenden können diese „per Klick" freigeben. Bei Unterschreiten gewisser Wertgrenzen der Beschaffungen kann dies auch automatisch erfolgen.

**Checkliste:**

- Sind die wichtigsten Prozess-Kenngrößen und Informationen schnell, einheitlich und qualitativ gesichert abrufbar (z. B. BI-Dashboards)?
- Nutzen wir diese Daten, um automatisierte und datengetriebene Entscheidungen abzuleiten?

- Haben wir eine bereichsübergreifende Datenstrategie, um unternehmensweit konsistente Analysen zu ermöglichen?
- Haben wir KPIs definiert, um den Mehrwert datengetriebener Entscheidungen zu messen (z. B. Entscheidungsgenauigkeit, Reaktionszeit auf Marktveränderungen)?

### 4.3.1.2 Von langen Liegezeiten und ineffizienten Prozessen zur Ende-zu-Ende-Prozessoptimierung

Die gewonnene Transparenz durch datengetriebene Entscheidungen bildet die Basis für die nächste Stufe der Optimierung: Die gezielte Verbesserung und Automatisierung zentraler Geschäftsprozesse. Unternehmen, die mit langwierigen Prozessen, häufigen Fehlern oder fragmentierten Abläufen kämpfen, verlieren nicht nur wertvolle Zeit und Geld, sondern riskieren auch, hinter „performanteren" Wettbewerbern zurückzubleiben. Gerade mit Blick auf die aktuellen technologischen Entwicklungen, können bestehende Prozessabläufe neu gedacht bzw. aufgebaut werden. Das „Nicht-Beachten" dieser Entwicklungen stellt insbesondere in Bereichen, in welchen kein Differenzierungsmerkmal ausgeprägt ist, ein Risiko dar. Wettbewerber können hier durch Nutzung der technologischen Vorteile signifikante Performance-/Qualitätsverbesserungen erwirken. Im Bereich der differenzierenden Prozesse (beispielsweise Forschung und Entwicklung oder Produktionsprozesse im Maschinen- und Anlagenbau), gilt es gleichermaßen die Frage zu beantworten, ob durch die Nutzung der Technologien diese, und somit die Eintrittsbarrieren für (neue) Wettbewerber, noch weiter ausgebaut werden können.

Die Digitalisierung bietet hier Potenziale: Durch eine ganzheitliche Betrachtung der gesamten Wertschöpfungskette – von der ersten Kundenanfrage bis zur finalen Abrechnung – können Prozesse mithilfe der ABC-Technologien identifiziert und optimiert werden, welche die größten Engpässe, Fehlerquellen oder aber das größte Potenzial ausweisen. AI ermöglicht die Automatisierung von Routinetätigkeiten, während Big Data Prozessdaten analysiert und Flaschenhälse sichtbar macht. Cloud-Technologien sorgen für nahtlose Integration und eine zentrale Plattform für die Zusammenarbeit und Integration von Geschäftsprozessen. (Mrozek, Seitz, Gundermann, & Dicke, 2020)

**Was bedeutet das konkret:** Die wichtigsten E2E-Prozesse (z. B. Order-to-Cash, Purchase-to-Pay, vgl. Abb. 4.6) über alle relevanten Teilbereiche (Einkauf, Produktion, Logistik, etc.) werden analysiert, um Redundanzen und Verzögerungen, beispielsweise mithilfe von Process Mining, zu identifizieren. Automatisierungslösungen können daraufhin implementiert werden, etwa durch Robotic Process Automation (RPA) oder AI-basierte Tools, die repetitive Aufgaben übernehmen. Big Data und das Datenmanagement in der Cloud ermöglichen dabei ein übergreifendes Monitoring und die Basis für eine zielgerichtete Optimierung.

**Ein Beispiel:** In einem Produktionsunternehmen wurden Auftragseingänge bislang manuell verarbeitet, was oft zu Verzögerungen und Fehlern führte. Nach der Einführung eines digitalen Order-to-Cash-Prozesses mit automatisierter Auftragserfassung und Validierung konnten Durchlaufzeiten um 40 % reduziert und Fehlerquellen eliminiert werden.

## 4.3 Interne Auswirkungen

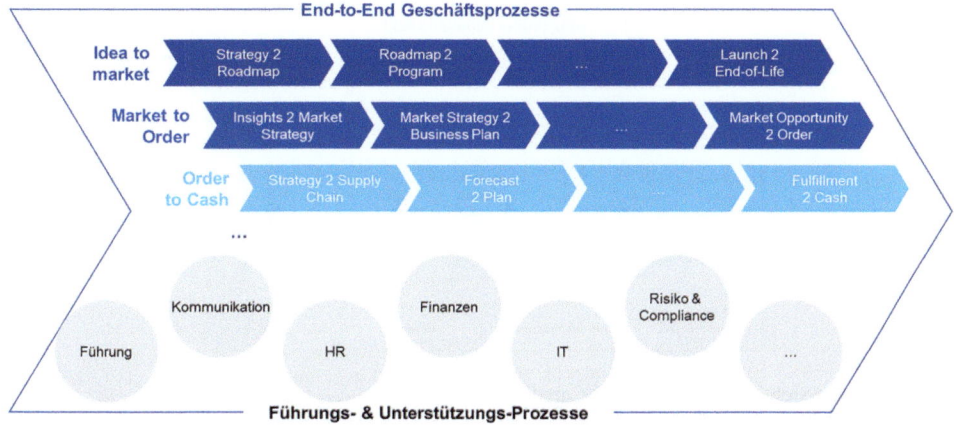

**Abb. 4.6** Übersicht der End-to-End-Geschäfts-, Führungs- und Unterstützungsprozesse

AI-basierte Systeme prognostizieren zudem Lieferzeiten basierend auf Produktions- und Logistikdaten.

**Checkliste:**

- Wurde eine ganzheitliche Ende-zu-Ende-Analyse der geschäftskritischen Prozesse durchgeführt?
- Können Engpässe oder Verzögerungen in diesen Prozessen in hinreichender Geschwindigkeit (datenbasiert) erkannt und Maßnahmen eingeleitet werden?
- Können Systeme miteinander aufwandsarm integriert werden und ist ein systemübergreifender Datenfluss möglich?
- Sind Automatisierungslösungen integriert, um insbesondere repetitive Tätigkeiten zu minimieren?
- Gibt es definierte KPIs zur Messung von Prozessoptimierungen?

### 4.3.1.3 Von starren zu skalierbaren, sicheren IT-Infrastrukturen

Unternehmen mit unflexiblen und veralteten IT-Infrastrukturen stoßen schnell an ihre Grenzen, wenn es um die Einführung neuer digitaler Lösungen oder die Anpassung bestehender Lösungen basierend auf Marktveränderungen geht. Starre, isolierte „Silo-Systeme" erschweren somit die Skalierbarkeit, erhöhen Wartungskosten und erschweren Innovation. Der Einsatz von Cloud-Plattformen bildet die Basis für eine flexible IT-Infrastruktur: Ressourcen wie Speicherkapazitäten können flexibel bereitgestellt, Anwendungen schnell integriert und Sicherheitsupdates automatisiert durchgeführt werden. Dafür spricht das bereits durchschnittlich 9 von 10 Unternehmen in Deutschland bereits Cloud-Plattformen nutzen und ca. 69 % der Unternehmen damit nachweislich ihre IT-Kosten reduzieren konnten (Bitkom & KPMG, 2023). Ergänzend ermöglicht Big Data die zentrale Verwaltung und Analyse großer Datenmengen, während AI Funktionalitäten Prozesse wie

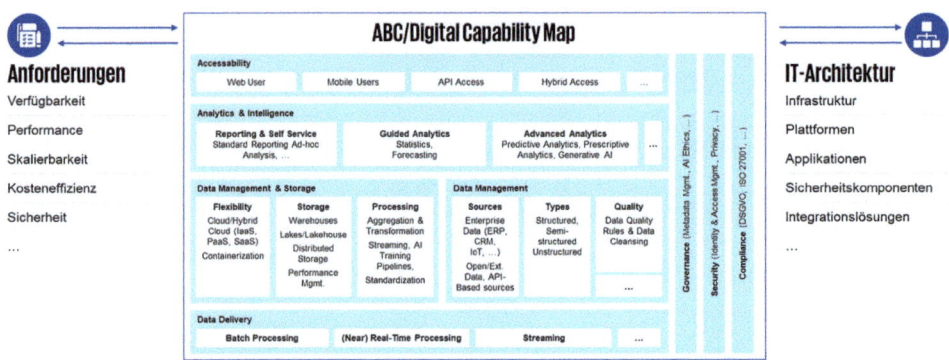

**Abb. 4.7** Übersicht der ABC/Digital-Capabilities

IT-Sicherheit oder Systemwartung effizienter gestaltet. Zu erwähnen ist, dass nahezu alle der großen Hyperscaler Cloud-Anbieter neben der Cloud-Funktionalität auch Big Data und AI-Funktionalitäten beinhalten. Eine „Digital Capability Map" (vgl. Abb. 4.7) stellt ein zentrales Instrument dar, um dabei die Geschäftsanforderungen systematisch mit erforderlichen IT-Capabilities abzugleichen. Sie dient als Brücke zwischen den strategischen Anforderungen und der technischen Umsetzung, wodurch eine durchgängige IT-Architektur sichergestellt werden kann, die bedarfsgerecht weiterentwickelt wird. Durch diesen strukturierten Ansatz können Unternehmen gezielt in die notwendigen Fähigkeiten investieren und so eine zukunftsfähige IT-Landschaft schaffen, die in der Lage ist, den sich wandelnden geschäftlichen Anforderungen flexibel zu begegnen (Meinhardt & Wortmann, 2021) (Lamarre, Smaje, & Zemmel, 2023).

**Was bedeutet das konkret:** Unternehmen können ihre IT-Landschaft in die Cloud migrieren und hierdurch neben den folgend beschriebenen Vorteilen eigens betriebene Rechenzentren, mit allen einhergehenden Betriebsaufwänden, abschalten. Dies ermöglicht skalierbare Lösungen, die schnell auf neue Anforderungen reagieren (beispielsweise flexible Erhöhung und Reduktion von Speichervolumen, Hinzubuchung von Analytics-Diensten). Gleichzeitig wird durch Big Data eine bessere Kontrolle über IT-Ressourcen und deren Nutzung geschaffen (Kostenmanagement), während AI-Systeme Sicherheitsrisiken frühzeitig erkennen und beheben können.

**Ein Beispiel:** Ein globales Logistikunternehmen migriert sein ERP-System in die Cloud, was zu einer Reduzierung der IT-Wartungskosten führt. Gleichzeitig ermöglicht die flexible IT-Infrastruktur die schnelle Einführung einer neuen Kundenplattform, die Echtzeit-Tracking und automatisierte Kommunikation bietet.

**Checkliste:**

- Ist unsere IT-Infrastruktur so aufgebaut, dass sie flexibel skaliert und neue digitale Lösungen schnell integriert werden können?

## 4.3 Interne Auswirkungen

- Nutzen wir Cloud-Technologien, um IT-Kosten zu senken und Innovationen zu fördern?
- Sind Datenmanagement- und Big-Data-Lösungen implementiert, um IT-Ressourcen effizient zu nutzen?
- Haben wir automatisierte Sicherheitslösungen, die Bedrohungen frühzeitig erkennen und minimieren?
- Erfolgsmessung: Sind KPIs definiert, um die Leistungsfähigkeit der IT-Infrastruktur zu bewerten (z. B. Systemverfügbarkeit, Skalierbarkeit, Reaktionszeiten auf Sicherheitsvorfälle)?

Während die Digitalisierung bereits signifikante interne Effizienzgewinne und Prozessoptimierungen ermöglicht, reicht ihre Wirkung weit über interne Strukturen hinaus. Die Transformation digitaler Technologien verändert nicht nur Abläufe, sondern auch fundamentale Aspekte des Betriebsmodells. Unternehmen stehen vor der Herausforderung, AI, Big Data und Cloud nicht nur zur Optimierung bestehender Prozesse zu nutzen, sondern auch als zentrale Bausteine für die Neuausrichtung ihres technologischen und organisatorischen Betriebsmodells zu verstehen.

### 4.3.2 Veränderung des Betriebsmodells

Das Kapitel nutzt in Teilen das Broker-Integrator-Orchestrator Modell der KPMG.

Der Einsatz von Technologie bedingte seit jeher eine Kombination von Erwerb und Entwicklung, von „Buy" und „Build". Beispielsweise initiierten in der Vergangenheit lediglich wenige Organisationen, die nicht im Technologiebereich tätig sind, eine autonome Entwicklung von Anwendungssystemen oder Programmiersprachen.

Die Investitionen in wettbewerbsfähige AI-, Big-Data- und Cloud-Technologiestacks haben inzwischen die Investitionen in Anwendungssysteme und Programmiersprachen überholt. In der Realität übersteigen diese Investitionen die Möglichkeiten und Kapazitäten von Nicht-Technologieunternehmen.

Die jüngsten Investitionen in die AI haben zu einer signifikanten Steigerung der für eine einzige Trainingsrunde für große Sprachmodelle (LLMs) erforderlichen Rechenleistung geführt. So beliefen sich beispielsweise die Kosten für das Training von GPT3 auf etwa 500 kEUR, während diese Zahl bei aktuellen Modellen 100 mEUR übersteigt. Sam Altman, der CEO von OpenAI, gab an, dass das Training von GPT4 über 100 mEUR gekostet habe, und wir schätzen, dass das Training von Googles Gemini Ultra 150 mEUR überschritten hat. Ein signifikanter Anteil dieser Kosten ist auf den Erwerb umfangreicher Datensätze zurückzuführen, deren Lizenzierung oder Beschaffung je nach ihren besonderen Merkmalen und Qualitätsspezifikationen mit Kosten von mehr als 100 k Euro verbunden sein kann. Im Hinblick auf die Cloud-Plattformen wird prognostiziert, dass die kollektiven Investitionsausgaben großer Technologieunternehmen bis zum Jahr 2025 die Marke von 250 Mrd. Euro überschreiten werden.

Die Mehrheit aller Organisationen befindet sich aktuell in einem digitalen Transformationsprozess, in dem innovative Technologien eingesetzt werden, um Produkte, Dienstleistungen und Geschäftsmodelle zu modernisieren. Die Mehrheit der Chief Technology Officer (CTO) sieht sich gegenwärtig noch mit der Herausforderung konfrontiert, die hohe Nachfrage ihrer Organisation nach neuen, digitalen Fähigkeiten zu decken. Vielmehr ist zu beobachten, dass sich viele Organisations-interne Nachfrager zunehmend an externe Anbieter wenden, um die erforderlichen Technologien zu erhalten. Als Reaktion auf diese Entwicklung haben einige CTOs Multi-Speed-Technologien eingeführt, vermehrt agile Methoden angewandt oder sogar eigenständige, von der traditionellen Technologieorganisation getrennte Digital-Bereiche geschaffen. Diese Maßnahmen stellen jedoch nur Notlösungen dar.

Die Einführung eines neuen technologischen Betriebsmodells ist zwingend erforderlich. Dabei müssen die CTOs eine zentralere Rolle als je zuvor bei **Brokering, Integration** und **Orchestrierung** von AI, Big Data und Cloud-Technologie sowie anderen technologischen Elementen einnehmen.

In der heutigen Geschäftswelt stehen Geschäfts- und Technologiestrategien nicht mehr isoliert nebeneinander, sondern müssen als integraler Bestandteil einer einheitlichen digitalen Geschäftsstrategie betrachtet werden. Daher ist es für die Technologie unerlässlich, eine engere Beziehung zwischen Geschäft und Technologie zu pflegen, insbesondere in funktionsübergreifenden („Cross-funktionalen") Teams. Nur so kann ein gemeinsames Verständnis entwickelt werden, das Marktchancen, Kundenbedürfnisse, Wertangebote und die Wettbewerbslandschaft sowie aufkommende Technologien und ihre potenziellen Anwendungen zur Förderung von Innovationen umfasst.

### 4.3.3 ABC-Brokering

Digitale Ökosysteme haben die Entwicklung von Plattform-Geschäftsmodellen begünstigt. Diese ermöglichen es Organisationen, neue Einnahmequellen zu erschließen. Dies erfolgt, indem digitale Assets externen Partnern zur Verfügung gestellt und mit diesen zusammenarbeitet, um gemeinsam neue Produkte und Services zu entwickeln.

Im Zuge sich wandelnder Rahmenbedingungen sind CTOs aufgefordert, ihr Betriebsmodell anzupassen, um die technologische Transformation der Organisationen voranzutreiben. Dabei ist es von essentieller Bedeutung, sich das rapide expandierende Ökosystem von AI-, Big Data- und Cloud-Services zunutze zu machen. So kann eine zeitnahe Bereitstellung technologiegestützter Innovationen und digitaler Lösungen für die organisations-internen Nachfrager gewährleistet werden.

Um diese Ziele zu erreichen, erfüllt die Rolle des „Technologie-Brokers" drei wichtige Funktionen:

- die proaktive Einbindung der Organisation in die Gestaltung von AI-, Big Data- und Cloud-Partnerschaften,

- die Kopplung von AI, Big Data und Cloud und Innovations-Management und
- die transparente Steuerung von AI-, Big-Data- und Cloud-Service-Portfolios sowie die Steuerung von Partner-Portfolios.

### 4.3.3.1 Proaktive Einbindung der Organisation und Gestaltung der Nachfrage nach AI, Big Data und Cloud

Die Zeiten, in denen Geschäfts- und Technologiestrategien isoliert entwickelt und anschließend „aufeinander abgestimmt" werden konnten, sind vorbei. Technologien haben eine so zentrale Rolle in der digitalen Organisationslandschaft eingenommen, dass eine einheitliche digitale Organisationsstrategie unabdingbar ist. Folglich müssen Technologien eine engere Beziehung zur Organisation aufbauen, um ein gemeinsames Verständnis der Marktchancen, der Kundenbedürfnisse, der Wertangebote und des Wettbewerbsumfelds sowie der aufkommenden Technologien und ihrer potenziellen Anwendungen zur Förderung von Innovationen zu entwickeln. In der Rolle des „Brokers" ist es für Technologien unabdingbar, dass sie:

**Entwicklung der Digital-Strategie.** Der CTO wird als Berater und als „Trusted Advisor" für die Organisation tätig sein, um die Entwicklung einer Organisations-weiten, integrierten digitalen Geschäftsstrategie und der zugehörigen Roadmaps sowie eines fortlaufenden Planungsprozesses zur Ermittlung und Abfolge der erforderlichen digitalen Fähigkeiten zu erleichtern.

**Vereinfachung und Digitalisierung von Geschäftsprozessen.** Technologien müssen funktionsübergreifend arbeiten, um Geschäftsprozesse zu vereinfachen und zu digitalisieren, wo immer dies möglich ist. So können Effizienz und Agilität gewonnen werden.

**Nachfragegestaltung.** Technologien müssen eng mit den wichtigsten Bereichen der Organisation zusammenarbeiten. So können die strategischen und taktischen Anforderungen verstanden und, wann immer möglich, mit den bestehenden Services des aktuellen Portfolios abgeglichen werden. Sollte die Erfüllung der Anforderungen nicht möglich sein, unterstützt die Technologie bei der Suche nach der geeignetsten Lösung.

Das angestrebte Ergebnis ist eine integrierte Strategie für das digitale Geschäft und die dazugehörigen Umsetzungspläne. Diese werden die Umgestaltung des digitalen Geschäfts vorantreiben.

Dieser Ansatz fußt auf der zunehmenden Technologisierung und Differenzierung und ermöglicht Technologien, das wachsende Ökosystem von AI, Big Data und Cloud-Services zu nutzen. Da weniger Zeit für die Bereitstellung und den Betrieb der IT-Infrastruktur aufgewendet werden muss, können CTOs mehr Zeit für Strategie- und Innovationsbemühungen aufwenden. Technologien arbeiten mit allen Funktionen, Geschäftsbereichen und Regionen zusammen und können so Möglichkeiten aufzeigen, wo Lösungen genutzt werden können. Sie helfen beim Austausch von Best Practices und an der Standardisierung und Optimierung von Geschäftsprozessen.

AI, Big Data und Cloud-Technologien haben in einer Vielzahl von Industrien und Organisationen zu erheblichen Veränderungen geführt, die für einige Organisationen enorme finanzielle Vorteile und für andere eine existenzielle Bedrohung darstellen. In der heutigen (Geschäfts-)Welt, die zunehmend von Digitalisierung geprägt ist, sind alle Organisationen dazu angehalten, Transformationsfähigkeiten zu entwickeln, um wettbewerbsfähig zu bleiben. Andernfalls riskieren sie, vom Markt verdrängt zu werden oder gar zu schließen. In ihrer Rolle als „Broker" ist es für die Technologie wichtig.

### 4.3.3.2 ABC-Technologien als Innovationsbeschleuniger

**Digitalisierungs- und Technologie-Beratung.** Der Technologiebereich muss eng mit allen Organisations-internen Stakeholdern zusammenarbeiten, um ihnen zu helfen, AI, Big Data und Cloud-Technologien und -Ökosysteme zu verstehen und optimal zu nutzen. Auf diese Weise können neue Möglichkeiten für Innovationen bei Produkten, Dienstleistungen, Geschäftsmodellen und Kundenerfahrungen geschaffen werden, die zu Wettbewerbsvorteilen führen.

**Monitoring neuer und sich entwickelnder Services und Technologien.** Der Technologiebereich muss über ausreichende Forschungs- und Entwicklungskapazitäten und Finanzmittel verfügen, um AI-, Big Data- und Cloud-Technologien und -Services zu erkunden, Erfahrungen damit zu sammeln und ihren potenziellen Nutzen für die Organisation zu bewerten. Als Teil dieser Bemühungen sollte die Technologie ein Innovationslabor unterhalten, in dem funktionsübergreifende Teams, die die Technologien repräsentieren, und ihre Organisations-internen Kunden neue Technologien testen können. Einige Organisationen sind Partnerschaften mit Zulieferern, akademischen Forschungszentren und Start-ups eingegangen, um neue Technologien zu verstehen und anzuwenden.

**Einrichtung von ABC-Exzellenzzentren.** Da AI, Big Data und Cloud-Technologien während des Forschungs- und Entwicklungs-Prozesses identifiziert und mit potenziellen Anwendungsmöglichkeiten verknüpft werden, sollte der Technologiebereich Inkubatoren bereitstellen, in denen innovative Ideen entwickelt und prototypisch getestet werden können, um die Eignung und das Potenzial der Technologie zu prüfen. Diejenigen, die sich bewähren, können in das Dienstleistungsportfolio aufgenommen und skaliert werden.

### 4.3.3.3 Management des ABC-Portfolios

Das Serviceportfolio ist die Sammlung von umfassenden, wertschöpfenden Geschäftsservices, die als Reaktion auf die Bedürfnisse der Organisation entweder beschafft oder entwickelt und über ihren gesamten Lebenszyklus hinweg gesteuert werden. In ihrer Rolle als „Broker" muss die Technologie folgende drei Anforderungen erfüllen:

**Abgleich von Geschäftsanforderungen und Technologieoptionen.** Der „Technologie-Broker" nutzt sein Wissen über die Geschäftsstrategie, die Geschäftsprozesse und das Marktangebot, um die Organisation bei der Auswahl der Produkte und Dienstleistungen zu unterstützen, die am besten geeignet sind, ihre Anforderungen zu erfüllen, wobei, wenn möglich, standardisierte Dienstleistungen gegenüber „zu" individuellen, „zu" maßgeschneiderten Ansätzen bevorzugt werden.

**Evaluierung des Wertes neuer Technologien für die Organisation.** In Fällen, in denen die Geschäftsanforderungen nicht mit dem bestehenden Serviceportfolio erfüllt werden können, arbeiten Technologien daran, potenzielle Lösungen aus dem schnell wachsenden Ökosystem von AI-, Big Data- und Cloud-Angeboten zu identifizieren und zu bewerten, um festzustellen, ob ihre Leistung, Qualität, Kosten und ihr Wert angemessen sind. Wird eine Lösung gefunden, wird sie beschafft und in den Servicekatalog aufgenommen, wo sie in Zukunft von anderen Geschäftsbereichen genutzt werden kann.

**Initiierung neuer Technologieangebote.** Wenn die Geschäftsanforderungen nicht durch den aktuellen Servicekatalog oder durch Organisations-externe AI-, Big Data- und Cloud-Partner erfüllt werden können, werdenTechnologien als letztes Mittel die Entwicklung eines neuen Serviceangebots einleiten, indem strategische Partner oder eine organisations-interne Entwicklungsorganisation beauftragt werden.

### 4.3.4 ABC-Integration

#### 4.3.4.1 Primat offener Architekturen

Die heute vorherrschenden Technologiearchitekturen wurden mit dem Fokus auf langfristige Stabilität entwickelt, wobei die Einhaltung von Standards im Vordergrund stand, um eine möglichst homogene und langfristig nachhaltige Umgebung zu schaffen. Die Kernanwendungen waren in der Regel große, monolithische Services mit vielen Abhängigkeiten und langen Release-Plänen. Bei den Integrationen handelte es sich um maßgeschneiderte Punkt-zu-Punkt-Schnittstellen, deren Entwicklung und Test zeitaufwendig war, was die Gesamtkomplexität des Systems und seine Anfälligkeit erhöhte.

Die Ansätze der Common Object Request Broker Architecture (CORBA), der Serviceorientierten Architektur (SOA) und des Enterprise Service Bus (ESB), die ursprünglich als Lösung für dieses Problem gedacht waren, waren konzeptionell solide, verloren aber in der Praxis ihre ursprünglichen Ziele aus den Augen und entwickelten sich zu ebenso komplexen wie kostspieligen Implementierungen.

Im digitalen Zeitalter, in dem unnötige Komplexität abgebaut wird, Geschwindigkeit und Agilität die treibenden Kräfte für Organisationen sind und die Teilnahme an digitalen Ökosystemen immer wichtiger wird, um sich von der Konkurrenz abzuheben und Mehrwert zu schaffen, sind bestehende Architekturen und Anwendungsportfolios zu Innovationshindernissen geworden. Die Beschleunigung des Tempos, das große Volumen und der Umfang der Veränderungen, die von digitalen Organisationen vorangetrieben werden, erfordern offene, anpassungsfähige und modulare Architekturen, die für Geschwindigkeit, Skalierbarkeit und Zuverlässigkeit optimiert sind, um Innovationen zu erleichtern.

Die Rolle des „Technologie-Integrators" ist mit drei wesentlichen Integrationsanforderungen verbunden. Erstens müssen bestehende Kernanwendungen modernisiert werden, um Integrationsbarrieren und Komplexität zu reduzieren. Zweitens muss eine neue offene Architektur implementiert werden, um die Neuentwicklung und Integration von ABC-Funktionen durch agile Methoden und kontinuierliche Lieferpraktiken zu erleichtern. Die dritte Komponente der Integrationinitiative ist die Einrichtung von Kompetenzzentren für

AI, Big Data und Cloud Computing. Die Hauptaufgabe dieser Zentren besteht darin, die Entwicklungsteams in der gesamten Organisation in Bezug auf Integrationsmethoden, Werkzeuge und bewährte Verfahren zu schulen und zu beraten.

### 4.3.4.2 Anwendungsmodernisierung

Legacy-Services sind in erster Linie die Kernanwendungen und -daten einer Organisation, einschließlich der „Systems of Record" für Kunden, Finanzen und Personal. Sie wurden im Hinblick auf Stabilität, Zuverlässigkeit und Prüfbarkeit entwickelt. Im Laufe der Jahre wurden sie aufgerüstet, erweitert und integriert, was ihre Komplexität erhöht, Abhängigkeiten geschaffen und einen immer größeren Teil des Technologiebudgets verschlungen hat.

Im Bereich der digitalen Technologien findet ein Großteil der Innovation an der „Edge" statt, d. h. an der Schnittstelle zu Kunden, Mitarbeitenden oder Partnern. Diese Services werden immer seltener nur den eigenen Mitarbeitenden zur Verfügung gestellt, sondern immer häufiger auch Partnern oder ausschließlich Kunden. Diese Innovation beinhaltet häufig die Integration von sich entwickelnden AI-, Big Data- und Cloud-Ökosystemen. Während diese Innovationen für sich genommen einen Wert schaffen können, kann ein noch höherer Wert und eine Differenzierung gegenüber der Konkurrenz durch die Integration dieser neuen Innovationen mit den Kernsystemen erreicht werden.

Für viele Organisationen war das in der Vergangenheit eine große Herausforderung. Die Komplexität und die Abhängigkeiten der Altsysteme und -daten machten diese Aufgabe schwierig, zeitaufwendig und riskant.

Durch AI-unterstützte Programmierwerkzeuge wie „Copiloten" und „Well-Architected Frameworks" wird das „Rearchitecting" von Anwendungen betriebswirtschaftlich und technologisch zunehmend machbar.

Weitere Fortschritte bei den Werkzeugen bieten Replatforming- und Refactoring-Ansätze, die eine kostengünstige und schnelle Alternative zur oben beschriebenen „Rip and Replace"-Methode darstellen. Anwendungsprogrammierschnittstellen (Application Programming Interfaces, APIs) haben sich rasch zu einer Technologie entwickelt, um eine Abstraktionsebene zwischen Legacy-Anwendungen und AI-, Big Data- und Cloud-Technologien zu schaffen.

Beide Methoden erleichtern die Integration von AI- und Big-Data-Funktionen und -Fähigkeiten in bestehende Legacy-Anwendungen und ermöglichen die Migration vieler Anwendungen in Cloud-Umgebungen.

### 4.3.4.3 Integrationsarchitekturen und Well-Architected Frameworks

Die Deckung des Bedarfs an Digitalisierung innerhalb der Organisation erfordert einen neuen Ansatz in der Architektur- und Lösungsentwicklung. Dieser Ansatz muss die schnelle Bereitstellung, häufige Änderung und problemlose Integration in Organisationsinterne und -externe Services ermöglichen. Zudem ist die Einbindung von AI und Big Data in der Cloud essenziell.

Dieser Architekturrahmen für digitale Organisationen muss eine sichere, standardbasierte Integration ermöglichen, der Cloud-first-Implementierung Vorrang einräumen, agile Methoden berücksichtigen und die wachsende Rolle von Ökosystemen in der Wertschöpfungskette anerkennen.

Integrationsarchitekturen werden zunehmend durch APIs ermöglicht, die Forrester als „Geschäftsbausteine, die digitale Verbindungen zu beliebigen Organisationsressourcen oder -funktionen herstellen" bezeichnet. APIs bündeln Organisationsressourcen und -daten, machen sie Organisations-intern und -extern zugänglich und erschließen so neue Wertschöpfungsquellen.

„Well-Architected Frameworks", ein strukturierter Ansatz für Cloud Computing, stellen sicher, dass Anwendungen effektiv, effizient und sicher entwickelt und betrieben werden. Die Anbieter von Cloud-Services haben ihre eigenen Versionen dieses Frameworks entwickelt, die sich jeweils auf Kernprinzipien konzentrieren, die Architekten und Entwickler bei der Entwicklung robuster Cloud-Anwendungen leiten.

### 4.3.4.4 Kompetenzzentren

Der Einsatz von Technologien zur Unterstützung digitaler Geschäftsmodelle erfordert ein neues technisches Betriebsmodell und neue modulare Technologiearchitekturen sowie neue Entwicklungs-, Test- und Implementierungsmethoden, die ein kontinuierliches und sicheres Deployment kleiner Änderungen ermöglichen. Darüber hinaus erfordert das schnelle Tempo des Wandels einen dezentralen Ansatz, bei dem ein größerer Teil der Arbeit in bereichsübergreifenden Geschäfts- und Technologieteams und in größerer Nähe zum Geschäft geleistet wird.

Die Einrichtung eines Integration Center of Excellence (ICoE) in Verbindung mit Kompetenzzentren für AI, Big Data und Cloud kann zunächst Skaleneffekte bei knappen Ressourcen erzielen und gleichzeitig zusätzliche Talente anziehen und/oder fördern.

## 4.3.5 ABC-Orchestrierung

### 4.3.5.1 Hauptaufgaben des Orchestrators

Wie in den beiden vorangegangenen Abschnitten erläutert, arbeitet der CTO in seiner Rolle als „Technologie-Orchestrator" eng mit den Technologiekunden zusammen, um die Nachfrage zu gestalten und neue Lösungen und Services zu identifizieren und zu bewerten, damit die Organisation über die technologischen Fähigkeiten verfügt, um wettbewerbsfähig zu bleiben. Die Integrationsfunktion der Technologie stellt sicher, dass alle neuen Lösungen und Services nahtlos mit bestehenden Anwendungen und Daten zusammenarbeiten.

In modernen Technologie-Betriebsmodellen treibt der „Technologie-Orchestrator" die Umstellung auf Technologie als Service (TaaS) voran, stellt durch FinOps-Management sicher, dass Leistung, Kosten und Qualität die Erwartungen erfüllen oder sogar übertreffen und dass die Organisation einen optimalen Wert erzielt, und sorgt durch DevSecOps-Management dafür, und dass Anwendungen und Daten sicher und konform sind. Ziel ist es, unnötige Komplexität zu reduzieren, die Agilität zu erhöhen und so eine Benutzererfahrung zu schaffen, wie sie Konsumenten von führenden Apps und Online-Händlern gewohnt sind. Dies ist eine wesentliche Voraussetzung, um den steigenden Erwartungen der Organisationen gerecht zu werden und einen echten technologischen Mehrwert zu erzielen.

### 4.3.5.2 Aufbau und Verwaltung von Benutzerservices

Die Rolle des „Technologie-Orchestrators" gleicht Geschäftsanforderungen mit entsprechenden Services und Lösungen ab, wenn möglich mit denen, die bereits im Service-Katalog vorhanden sind. Die Rolle des „Technologie-Orchestrators" steuert das Service-Portfolio und bietet im Idealfall ein benutzerfreundliches Portal für alle vorhandenen Services und Lösungen, einschließlich der Services, die in erster Linie für Organisations-interne Benutzer (Mitarbeitende der Organisation) und zunehmend auch für Organisations-externe Benutzer (Partner und Kunden der Organisation) bestimmt sind. Dieses Portal umfasst die Standardfunktionalität des Servicekatalogs, einschließlich Selbstbedienungsfunktionen und integriertem Workflow. Da die Migration zu Cloud-Umgebungen in vollem Gange ist, stellt eine Consumer-Platform ein wachsendes Segment des Portfolios dar. Solche Portale werden auch zunehmend durch eine breitere Palette maßgeschneiderter Support-Optionen ergänzt, z. B. durch die Entwicklung von AI-gestützten Online-Chat-Agenten.

Alles muss darauf ausgerichtet sein, die Flexibilität der Unterstützung für die Nutzer zu erhöhen. Die Consumer-Platform ist eine Sammlung von Werkzeugen und Prozessen, die den Zugang zu den zugrunde liegenden Services ermöglichen und deren Betrieb steuern. Sie umfasst vier Hauptfunktionen: Management und Kontrolle, Orchestrierung, Identität sowie Cybersicherheit und Governance. Durch die Kombination von intelligenter Automatisierung, Open-Source-Tools, vorgefertigten Templates und Inline-Governance kann eine Consumer Platform die Self-Service-Bereitstellung von Cloud-basierten Services unterstützen, wobei Compliance in den Bereitstellungsprozess eingebettet ist.

### 4.3.5.3 Management von Partnerschaften

Da der nahezu universelle Einsatz von AI, Big Data und Cloud den Bedarf an technischem Support für die IT-Infrastruktur erheblich reduziert, konzentriert sich die Rolle des „Technologie-Orchestrators" auf die Konfiguration und das Management der komplexen Anforderungen an das technologische Betriebsmodell. Die Komplexität von AI, Big Data und Cloud sowie von technologiebasierten Funktionen im weiteren Sinne nimmt weiter zu und umfasst viele verschiedene Anbieter, von denen jeder eine Komponente liefert.

Es ist nicht ungewöhnlich, dass Lösungen aus Public-Cloud-Infrastrukturen eines Anbieters, einer Middleware-Suite aus proprietären und Open-Source-Komponenten anderer Anbieter und von einem Systemintegrator erstelltem Programm-Code besteht. Die

Rolle des „Technologie-Orchestrators" koordiniert alle Dienstleister, managt Eskalationsprozesse und löst Probleme. Der Schwerpunkt für das Organisations-interne Technologieteam verlagert sich auf das Management der Komplexität der Cloud-Technologie.

Dazu gehören beispielsweise die Verwaltung von Tausenden von technischen Cloud-Konfigurationsoptionen, die zu Kostensteigerungen führen können, Spin-ups und Spin-downs, ein komplexeres Schnittstellenmanagement, eine erhöhte Anzahl von Releases und erzwungene Releases von TaaS-Plattformanbietern. Um dies zu bewältigen, werden neue Organisations-interne Fähigkeiten benötigt. Die Bewältigung dieser Herausforderungen wird entscheidend dafür sein, ob Organisationen den erwarteten Return on Investment erzielen. Umgekehrt könnte ein Versäumnis bedeuten, dass Cloud-Technologien eine Organisation mehr kosten als ihre alten Altsysteme – und damit den gesamten Zweck der agilen Technologie zunichtemachen.

Da „Buy" (im Gegensatz zu „Build") und die Teilnahme an digitalen Ökosystemen zur bevorzugten Methode für die Bereitstellung digitaler Fähigkeiten wird, bietet die Rolle des „Technologie-Orchestrators" FinOps, Verträge und Werbung sowie Funktionen für die Integration und das Service Integration And Management (SIAM). Die Rolle des „Technologie-Orchestrators" wird die Verantwortung für die Entwicklung der gesamten Beschaffungsstrategie behalten, während sich die Rolle des „Technologie-Orchestrators" auf die Ausführung konzentriert, einschließlich Vertragsmanagement, Risikomanagement und Leistungsmanagement. Mit Blick auf die nächste Welle wird die Rolle des „Technologie-Orchestrators" auch immer größere Mengen an AI, Big Data und Cloud steuern müssen. Dies wird die Komplexität weiter erhöhen – die Planung muss daher jetzt beginnen. Da Organisationen wahrscheinlich eine größere Zahl von AI-, Big Data- und Cloud-Anbietern sowie mehr Anbieter von Nischentechnologien, Endnutzerlösungen und Netzwerkanbietern nutzen werden, wird die Zahl der Anbieter, mit denen ein Organisationen zusammenarbeitet, steigen. Dies effektiv zu managen, wird ein Schlüsselfaktor für den Erfolg in der Orchestrierungsrolle sein.

#### 4.3.5.4 Schutz der eigenen Organisation

Die digitale Transformation der Organisationen hat die Bedeutung von AI, Big Data, Cloud Computing und Technologie im Allgemeinen für die Gesamtleistung der Organisation deutlich erhöht.

Bei Cybersicherheit geht es nicht nur um Risiko, Compliance und Zertifizierungen, sondern auch um eine strategische Frage, die Kundenbeziehungen und digitale Geschäftsmodelle beeinflusst. Für viele Organisationen ist es zunehmend schwierig, gleichzeitig das Tempo der digitalen Transformation zu steigern (auch immer mehr IT in ihre Produkte und Services einzubauen, diese Produkte und Services immer weiter in die Cloud zu verlagern und immer mehr für Dritte zu öffnen) und gleichzeitig Sicherheit zu garantieren (und zunehmend viele Cyber-Angriffe standzuhalten).

Obwohl die Cybersicherheit letztlich in der Verantwortung aller liegt, trägt der „Technologie-Orchestrator" die Gesamtverantwortung für den Schutz der Organisation und die Einhaltung der relevanten Richtlinien und Standards. Der Schutz der Organisation besteht darin, das Bewusstsein für die Rolle jedes Einzelnen bei der Sicherung der Organisation durch Aufklärung zu schärfen, die Organisation durch proaktive Maßnahmen zur Verhinderung von Vorfällen zu schützen und kritische Ereignisse und Vorfälle durch Überwachung zu erkennen. Die ebenfalls zunehmend AI- und Cloud-gestützte Analyse von sicherheitsrelevanten Informationen und Ereignissen (Security Information and Event Management, SIEM) ist ein hervorragendes Instrument, um ungewöhnliche Muster im Datenverkehr zu erkennen, Angriffsziele zu lokalisieren und die Systemleistung zu überwachen.

#### 4.3.5.5 Monitoring von Services

Angesichts der beträchtlichen und weiter steigenden Investitionen in AI, Big Data und Cloud Computing und im weiteren Sinne in das Technologie-Enablement ist es von entscheidender Bedeutung sicherzustellen, dass die Ergebnisse die Erwartungen erfüllen oder übertreffen, um den Wert zu maximieren. Folglich wird die Rolle des „Technologie-Orchestrators" mit der Verantwortung für die sorgfältige Überwachung, Quantifizierung und Kommunikation der End-to-End-Leistung der Dienstbereitstellung betraut – eine Aufgabe, die immer wichtiger wird, insbesondere angesichts der vielfältigen Integration von Hardware, Software und Services, die vielen Lösungen zugrunde liegt.

Das Aufkommen von fortgeschrittener AI, Big Data und Cloud Computing hat die Komplexität der Aufgaben erhöht, während gleichzeitig die Erwartungen der Nutzer an die ununterbrochene Verfügbarkeit gestiegen sind. Das Potenzial für das Auftreten von Problemen ist in der gesamten Kette der Anwendungsbereitstellung allgegenwärtig, weshalb die Implementierung von Überwachungsinstrumenten, die zunehmend auf AI und Cloud Computing basieren und Transparenz auf allen Ebenen bieten, von entscheidender Bedeutung ist. Eine kontinuierliche Überwachung erleichtert den Übergang von einem reaktiven zu einem proaktiven Ansatz und ermöglicht die frühzeitige Erkennung von Performance-Engpässen und Incidents, bevor sie sich zu Major Incidents ausweiten.

Jeder Dienst wird von einem Servicemanager überwacht, der die Gesamtverantwortung für die Leistung des Service trägt. Die Servicemanager arbeiten eng mit dem Betriebsteam zusammen, um den Gesamtzustand ihres Service und die Bereitstellung der erwarteten Ergebnisse zu gewährleisten.

### 4.4 Schulung und Weiterbildung

„Digital" zu sein bedeutet, über einen eigenen Pool von ABC- und Technologietalenten zu verfügen, die in funktionsübergreifenden Teams Seite an Seite mit dem Geschäft arbeiten. Die besten Programme für Technologietalente gehen über die reine Rekrutierung hinaus: Organisationen sollten Angebote für die Mitarbeitenden beinhalten, um die besten Talente anzuziehen, agile und digitale HR-Prozesse, um Talente zu finden, auszubilden und zu halten, und ein gesundes Umfeld, in dem die Besten echte Karrieren jenseits von „nur" Technologie entwickeln können.

## 4.4.1 Wer soll geschult werden?

Mark Zuckerberg, CEO von Meta, ist einer der Technologie-Executives, die der Meinung sind, dass Organisationen, die sich als „Technologieorganisation" neu erfinden, über technisches Know-how in der Organisationsführung verfügen müssen. Seiner Meinung nach kann eine Organisation nicht als Technologieunternehmen angesehen werden, wenn seine Führungskräfte nicht über technisches Know-how verfügen. Er glaubt auch, dass ein Gleichgewicht zwischen Entscheidern und technisch versierten Führungskräften wichtig ist, um fundierte Entscheidungen zu treffen und eine starke Technologiekultur aufrechtzuerhalten.

Die digitale Transformation hängt von funktionsübergreifenden Teams ab, die Menschen aus allen Teilen der Organisationen zusammenbringen. Sowohl Technologie- als auch Geschäftsteams sollten Teil eines ABC-Lehrplans sein. Dies gilt für alle Ebenen einer Organisation einschließlich der Führungsebene: Die Herausgeber haben „ABC-Fahrertrainings" für Führungskräfte durchgeführt, um ihnen ein „Fahrgefühl für das digitale ABC" zu vermitteln.

## 4.4.2 Was zu trainieren ist (Beispiele)

### 4.4.2.1 Agil

Das digitale ABC ist eng mit agiler Organisation und agilen Vorgehensweisen verbunden. Scrum (für einzelne Projekte) und SAFe sind die am häufigsten verwendeten Methoden. Das Project Management Institute hat seine Zertifizierungen aktualisiert, um die Agilität zu berücksichtigen. Alle bieten eine Reihe von Zertifizierungen und Schulungen an:

PMI Agile Certified Practitioner (PMI-ACP): Diese vom Project Management Institute (PMI) angebotene Zertifizierung bestätigt das Verständnis eines Fachmanns für agile Prinzipien und Praktiken in verschiedenen Methoden, einschließlich Scrum, Kanban und Lean.

Certified Scrum Master (CSM): Die CSM-Zertifizierung der Scrum Alliance konzentriert sich auf das Scrum-Framework und bereitet die Teilnehmenden darauf vor, Scrum-Teams zu leiten.

SAFe Agilist (SA): Diese Zertifizierung wird von Scaled Agile angeboten und richtet sich an Fachkräfte, die agile Praktiken auf Organisationsebene mit Hilfe des Scaled Agile Framework (SAFe) implementieren wollen (Abb. 4.8).

### 4.4.2.2 AI

Die meisten AI-Zertifizierungen und Schulungen konzentrieren sich auf spezifische AI-Stacks, LLMs und die zugrunde liegenden Cloud-Stacks. Einige führende Universitäten bieten auch allgemeinere Zertifizierungen und Schulungen an:

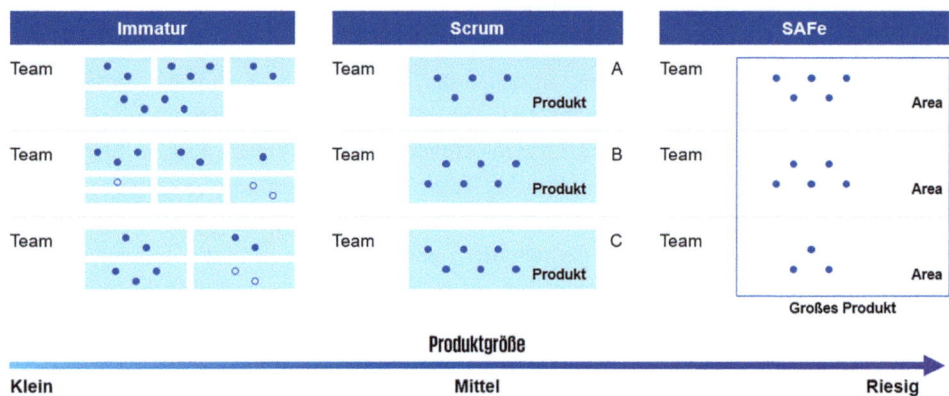

**Abb. 4.8** Agile Frameworks

Die Stanford University School of Engineering bietet ein Graduiertenzertifikat in Künstlicher Intelligenz an. Dieses Graduiertenprogramm deckt die Prinzipien und Technologien ab, die die Grundlage der AI bilden, einschließlich Logik, Wahrscheinlichkeitsmodelle, maschinelles Lernen, Robotik, Verarbeitung natürlicher Sprache und Wissensrepräsentation. Das Programm vermittelt, wie Maschinen Probleme lösen, logisch denken, lernen und interagieren und wie man Algorithmen entwirft, implementiert und testet.

Das MIT bietet ein professionelles Zertifizierungsprogramm für maschinelles Lernen und künstliche Intelligenz an. Die Kurse werden von MIT-Professoren für künstliche Intelligenz gehalten, die zu den besten auf diesem Gebiet gehören. Das Programm vermittelt eine umfassende Wissensbasis, die sofort genutzt werden kann, um Menschen und Organisationen bei der Weiterentwicklung kognitiver Technologien zu unterstützen.

### 4.4.2.3 Big Data

Viele Big-Data-Zertifizierungen und Schulungen konzentrieren sich auf marktübliche Big-Data-Technologien und die spezifischen Big-Data-Stacks der Hyperscale-Cloud-Anbieter. Wenige Industrieverbände bieten auch allgemeine Zertifizierungen und Schulungen an:

Open Certified Data Scientist. Die Open Group Open Certified Data Scientist (Open CDS) Zertifizierung ist die wohl umfassendste Zertifizierung für Data Scientists und Organisationen in der Branche.

### 4.4.2.4 Cloud

Während sich die meisten Cloud-Trainings und -Zertifizierungen auf anbieterspezifische Cloud-Stacks von Plattform-Anbietern fokussieren, bieten die Einstiegszertifizierungen einen guten allgemeinen Überblick über Cloud-Konzepte.

Typische Zertifizierungen und Schulungen für Einsteiger sind AWS Cloud Practitioner und AWS Solution Architect und DevOps Engineer, Google Cloud Digital Leader und Cloud Engineer und Microsoft Azure Fundamentals, Admin Associate und Solution Architect.

### 4.4.2.5 DevOps und DevSecOps

DevOps ermöglicht es Organisationen, neue Produkte und Dienstleistungen schneller und häufiger als bisher zu testen, zu verfeinern und auf den Markt zu bringen. Höhere Agilität, Geschwindigkeit und Häufigkeit von Releases können im Konflikt mit Sicherheit und Compliance stehen. DevSecOps, die Abkürzung für Development-Security-Operations, erweitert daher DevOps um die Sicherheit entlang des gesamten Entwicklungszyklus.

Die Weiterentwicklung von DevOps und DevSecOps wird unter anderem durch das DevOps Institute FinOps Foundation vorangetrieben, das mehrere Zertifizierungen anbietet. Einige der Wichtigsten sind:

DevSecOps Foundation: Diese Einstiegszertifizierung deckt die Grundlagen der sicheren Softwareentwicklung ab. Sie erfordert keine Vorkenntnisse und ist ideal für Einsteiger.

DevSecOps Practitioner: Diese Zertifizierung baut auf dem Grundlagenkurs auf und richtet sich an Experten, die ihr technisches Wissen über DevSecOps-Praktiken und -Tools vertiefen möchten. Sie umfasst reale Szenarien und Fallstudien.

### 4.4.2.6 FinOps

FinOps, die Abkürzung für Financial Operations, wird zunehmend als wichtige Praxis für Organisationen anerkannt, die Cloud Computing nutzen. Einer der Fokusbereiche von FinOps ist der Fokus auf die Optimierung der Cloud-Kosten.

Die Weiterentwicklung von FinOps wird von der FinOps Foundation gesteuert, die mehrere Zertifizierungen anbietet. Die Wichtigsten sind:

FinOps Certified Practitioner. Der Kurs zum FinOps Certified Practitioner ermöglicht es Personen, die in einer Vielzahl von Cloud-, Finanz- und Technologie-Rollen tätig sind, ihre FinOps-Kenntnisse zu validieren und ihre berufliche Glaubwürdigkeit zu erhöhen. Der FinOps Certified Practitioner Kurs deckt die Grundlagen von FinOps ab, einschließlich aller Komponenten des FinOps Frameworks.

FinOps Certified Engineer. Der Kurs FinOps Certified Engineer richtet sich an Ingenieure, die Cloud-Infrastrukturen entwerfen, entwickeln und implementieren. Ingenieure sind als Teil Cross-funktionaler Teams integraler Bestandteil der Erfüllung von Geschäftsanforderungen durch Technologie, aber Ihre Arbeit wird von der Organisationsleitung oft als Kostentreiber angesehen. Das Programm vermittelt Ingenieuren, wie sie mit FinOps-Praktikern zusammenarbeiten können, um die Diskussion über die Kosten des Cloud-Betriebs und den Mehrwert von Cloud-Investitionen für das Organisationen zu erweitern. Sie lernen Strategien und Schritte zur Integration von FinOps-Daten kennen, um während des gesamten Entwicklungslebenszyklus datenbasierte Entscheidungen treffen zu können.

### 4.4.3 Was zu ändern ist

#### 4.4.3.1 Trainings und Zertifizierungen für ABC-Talente

Die Entwicklung von Talenten muss über Ausbildungs- und Zertifizierungsprogramme hinausgehen, da die Geschwindigkeit des technologischen Wandels es schwierig machen kann, formale Programme aktuell und relevant zu halten.

Die Entwicklung und Verankerung von ABC-Kompetenzen kann am besten durch eine Kombination von Training „on the job" und strukturierten Trainings- und Zertifizierungsprogrammen „of the job" erreicht werden. Training „on the job", Mentoring und Reverse Mentoring funktionieren am besten in gemischten Teams aus Erfahrenen und „jungen Wilden", internen und externen Experten.

Die Forderung nach kontinuierlicher Weiterbildung gilt explizit auch für Führungskräfte aus Technologie und Business.

#### 4.4.3.2 Wertversprechen der Organisation an ABC-Talente

Auch wenn CTOs eine Schlüsselrolle bei der Gestaltung des Wertversprechens ihrer Organisationen an Talente spielen, können sie allein nur wenig ausrichten. Branchenspezifische Faktoren, die Kultur der Organisation und die Erwartungen der Talente und Talentpools, die der Organisation zur Verfügung stehen, müssen berücksichtigt werden, und es müssen Anstrengungen unternommen werden, um das Arbeitsumfeld und die Karrierepfade in der Organisation zu verbessern. Organisationen sollten nicht davon ausgehen, dass sie nur mit Peers, sondern auch mit reinen Technologieunternehmen um ABC-Talente konkurrieren.

Organisationen müssen definieren, wie ihre Branche und ihre spezifische digitale Transformation mit den Wünschen und Werten von Talenten in Deckung gebracht werden können. Im Energiesektor kann es sinnvoll sein, herausfordernde oder neuartige Themen wie den Übergang zur „Net-Zero"-Wirtschaft zu betonen; im Automobilsektor kann es sinnvoll sein, den Übergang von Verbrennungsmotoren zu elektrischen und selbstfahrenden Autos zu betonen. Organisationen sollten Entwicklungsprogramme entwickeln und anbieten, einschließlich erstklassiger Schulungsprogramme oder Zugang zu Bildungskonferenzen.

Darüber hinaus ist es wichtig, ein klares Zielbild von der angestrebten Kultur zu haben: der richtige Mix aus Fähigkeiten, Denkweisen, Vorlieben und Werten ist eine notwendige Voraussetzung für den Aufbau einer erfolgreichen agilen und digitalen Organisation; Menschen und unterschiedliche Kulturen sind die Haupthindernisse für den Erfolg von ABC-Initiativen. Organisationen müssen sich darüber im Klaren sein, wo sie heute stehen, eine Vision in Bezug auf Strategie und Kultur entwickeln und Mitarbeiter auf der Grundlage von Lücken und kultureller Eignung einstellen.

### 4.4.3.3 Ambitionierte Anforderungen an Organisations-eigene ABC-Talente

Organisationen verfügen oft über Organisations-interne ABC-Talente, und alle Einstellungen für ABC-Positionen sollten von diesem oft ungenutzten Pool ausgehen. Bei der Einstellung von ABC-Fachkräften sollten nicht nur Lebenslauf und Führungsqualitäten bewertet werden, sondern auch die technischen Fähigkeiten. Dabei sind nicht für alle ABC-Produkte gleich anspruchsvolle Fähigkeiten erforderlich.

Die Entscheidung für die Ausbildung eines Organisations-internen Mitarbeitenden und gegen die Einstellung eines Organisations-externen Mitarbeitenden muss auf messbaren Kriterien beruhen. Es ist wichtig, sowohl die Anzahl der Mitarbeitende, die geschult werden können, als auch die Zeit, die für die Schulung und Entwicklung benötigt wird, realistisch einzuschätzen.

Organisationen sollten die Teamdynamik und -kultur sorgfältig berücksichtigen und die Unterschiede zwischen den verschiedenen Bereichen der Organisation, das daraus resultierende Konfliktpotenzial und die Möglichkeiten, dieses Potenzial zu managen, sorgfältig abwägen. Zum Beispiel „ticken" ABC-Mitarbeitende in der IT-Abteilung oft anders als „echte" Ingenieure in der technischen Abteilung (Operational Technology, OT).

### 4.4.3.4 Einstellung organisations-externer Mitarbeitender aus dem digitalen Ökosystem

Der Erfolg digitaler Strategien hängt in hohem Maße von den Fähigkeiten des CTO, der Entscheider und der ABC-Führungskräfte ab, die die digitale Transformation ihrer Organisation vorantreiben.

Daher sollten Organisationen erwägen, Ihre organisations-internen Bemühungen durch externe Rekrutierung zu ergänzen, beginnend bei den Führungspositionen und weiterführend bei den jüngeren Positionen, um die richtigen führenden Experten für maschinelles Lernen, Datenwissenschaftler, Dateningenieure, Softwareentwickler und Cloud-Architekten zu finden.

### 4.4.3.5 Co-Sourcing und Build-Operate-Transfer

Keine Organisation kann den Weg zur digitalen Exzellenz outsourcen. Gleichzeitig haben die Organisationen Schwierigkeiten, alle ABC-Talente vor Ort zu finden, einzustellen und zu halten, und dies in einem Arbeitsmarkt mit begrenztem Zustrom und sehr hoher Nachfrage nach ABC-Kompetenzen.

Organisationen müssen deshalb den Aufbau oder die Erweiterung ihrer eigenen Nearshore- und Offshore-Technologiezentren in Erwägung ziehen. Digitale Ökosysteme und Partnerschaften sind der Schlüssel dazu. Build-Operate-Transfer-Modelle und die Zusammenarbeit mit Technologiepartnern, die bereits über eine etablierte Präsenz verfügen, sind ein bewährtes Mittel, um den Aufbau eigener Nearshore- und Offshore-Technologiezentren zu beschleunigen und die Kapazitäten schneller auszubauen.

Während der Aufbauphase ist der Partner für die Rekrutierung und Ausbildung der Teams verantwortlich. Nach der Aufbauphase steuert der Partner das ABC-Zentrum, die

Teams und die Dienstleistungen für einen vorher festgelegten Zeitraum. In dieser Phase kann der Partner seine Investition durch die Betriebseinnahmen amortisieren. Am Ende der Betriebsphase werden Eigentum und Kontrolle des ABC-Zentrums übertragen. Diese letzte Phase stellt sicher, dass die Kundenorganisation die volle Kontrolle über das Projekt erhält, sobald es etabliert ist und sich als funktionsfähig erwiesen hat.

### 4.4.4 Cybersicherheit mit hoher Priorität

Bei Cybersicherheit geht es nicht nur um Risiko, Compliance und Zertifizierungen, sondern auch um eine strategische Frage, die Kundenbeziehungen und digitale Geschäftsmodelle beeinflusst.

Für viele Organisationen ist es zunehmend schwierig, gleichzeitig das Tempo der digitalen Transformation zu steigern – also immer mehr IT in ihre Produkte und Services einzubauen, diese Produkte und Services immer weiter in die Cloud zu verlagern und immer mehr für Dritte zu öffnen – und gleichzeitig Sicherheit zu garantieren und zunehmend vielen Cyber-Angriffen standzuhalten. Und Cybersicherheit ist ein permanentes Rennen, das sich weiter beschleunigt hat: Organisationen auf der ganzen Welt investieren im Durchschnitt 10 % ihrer IT-Ausgaben in Cybersicherheit. Gleichzeitig sind die bisherigen Architekturen und Betriebsmodelle für Cybersicherheit in der Cloud nicht mehr tragfähig.

Zwar sind Public-Cloud Infrastrukturen an sich sicherer als übliche On-Premise Infrastrukturen; dennoch kommt es zu Sicherheitslücken in der Cloud, die fast immer durch falsche Konfigurationen verursacht werden und nicht durch Attacken auf die zugrundliegende Infrastruktur.

#### 4.4.4.1 AI

AI ist ein mächtiges Werkzeug für Cybersicherheitsangreifer und die Cybersicherheitsabwehr in Organisationen.

Wie jede andere Technologie ist auch die AI angreifbar. Die Landschaft der AI-Angriffsvektoren hat sich erheblich weiterentwickelt, da Angreifer künstliche Intelligenz nutzen, um ihre Fähigkeiten zu verbessern und neue Angriffvektoren zu schaffen.

Generative AI verbessert zunächst bestehende **„Phishing"**- und **„Social-Engineering"**-Methoden, indem sie es Angreifern ermöglicht, mithilfe generativer Modelle hochgradig personalisierte und überzeugende Nachrichten zu erstellen. Dadurch wird es wahrscheinlicher, dass Mitarbeitende dazu gebracht werden, sensible Informationen preiszugeben oder Zugang zu Services zu gewähren.

Bei der „Prompt Injection" werden bösartige Eingabeaufforderungen an große Sprachmodelle (LLMs) gesendet. Durch strategisches Design dieser Prompts können Angreifer die Antworten des Modells manipulieren und es dazu bringen, schädliche oder irreführende Informationen zu generieren. Diese Technik unterstreicht die Bedeutung einer strengen Eingabevalidierung in AI-Services.

Bei **„Adversarial Attacks"** werden Eingaben in AI-Services manipuliert, um falsche Ausgaben zu erzeugen. Dabei kann es sich um geringfügige Veränderungen an Bildern oder Daten handeln, die für den Menschen nicht erkennbar sind, aber dazu führen können, dass die AI die Informationen falsch einordnet oder interpretiert. Solche Techniken sind besonders bedenklich für Anwendungen wie Bilderkennung und autonome Fahrzeuge, bei denen die Cybersicherheit an erster Stelle steht.

Sogenannte **„Umgehungs-Attacken"** oder „Evasion-Attacks" zielen darauf ab, AI-basierte Sicherheitssysteme zu umgehen, indem die Dateneingabe verändert wird. Beispielsweise können Angreifer Malware-Signaturen ändern, um die Erkennung durch Antivirensoftware zu umgehen, die auf maschinellem Lernen basiert, oder das Aussehen von Stoppschildern ändern, um die Algorithmen für selbstfahrende Autos zu verwirren. Diese Angriffe zeigen Schwachstellen in AI-Modellen auf, die für eine genaue Erkennung auf bestimmte Eingabemuster angewiesen sind.

Beim **„Training Data Poisoning"** fügen Angreifer irreführende oder falsche Informationen in die Datensätze ein, mit denen AI-Modelle trainiert werden. Dies kann die Genauigkeit des Modells beeinträchtigen und zu Verzerrungen führen, die sich auf seine Leistung und Zuverlässigkeit in realen Anwendungen auswirken.

AI verbessert auch viele traditionelle Cybersicherheitsmechanismen, insbesondere das Security Information and Event Management (SIEM) von Security Operations Centern (SOCs) durch eine intelligente Kombination von Datenzentralisierung, intelligenter Stitching-Technik, analysebasierter Erkennung, Security Incident Management, Bedrohungserkennung, Automatisierung und Angriffsflächenmanagement.

### 4.4.4.2 Big Data

Einige der im vorigen Abschnitt beschriebenen Angriffsvektoren haben eine Entsprechung bei großen Datenmengen, da AI auf solchen großen Datenmengen trainiert wird und daher durch großflächige Datenveränderungen manipuliert werden kann.

**Externes Data Poisoning** tritt auf, wenn Angreifer von außerhalb der Organisation falsche oder schädliche Daten in große Datenbestände einspeisen. Dies kann schwerwiegende Auswirkungen auf analytische Modelle haben. Modelle, die auf Ausreißer reagieren, wie lineare Klassifikatoren, neuronale Netze und AI, sind besonders anfällig. Um dieses Risiko zu minimieren, sollten Unternehmen robuste Datenqualitätsprogramme implementieren, um Eingaben zu validieren und eingehende Daten kontinuierlich auf Anomalien zu überwachen.

Angreifer können bösartigen Code in legitime transaktionale oder analytische Anwendungen einschleusen und so die Integrität des Analyseprozesses gefährden (**„Malicious Code Injection"**). Dazu gehören Techniken wie Cross-Site-Scripting (XSS) und SQL-Injection, die es Angreifern ermöglichen, die Funktionsweise von Anwendungen zu manipulieren, vertrauliche Informationen zu extrahieren oder Daten zu verändern. Die Implementierung einer strengen Eingabevalidierung und der Einsatz von Web Application Firewalls können helfen, diese Angriffe zu verhindern.

Neben Big-Data-spezifischen Angriffsvektoren bleiben auch andere Cybersicherheitsrisiken bestehen.

Insbesondere **Ransomware-Angriffe** nahmen in der Vergangenheit zu und werden häufig durch Phishing, Social Engineering oder das Ausnutzen von Software-Schwachstellen initiiert. Sobald Ransomware in ein System eingedrungen ist, kann sie große Datenmengen verschlüsseln, sodass auf diese erst nach Zahlung eines Lösegelds zugegriffen werden kann. Ransomware-Angriffe auf Public-Cloud-Infrastrukturen sind jedoch aufgrund der grundsätzlich höheren Sicherheit, die im nächsten Abschnitt beschrieben wird, weniger wahrscheinlich.

### 4.4.4.3 Cloud

**„In der Cloud" ist Cybersicherheit zunächst eher höher als im On-Premise-Betrieb, also im Betrieb in eigenen Rechenzentren auf eigener Hardware.** Die Investments insbesondere der Hyperscale Cloud Service Provider, also von AWS, Google Cloud und Microsoft Cloud in IT Sicherheit sind um Faktoren höher als die, die eine einzelne Organisation leisten kann. Analysen zeigen, dass Sicherheitslücken, wenn sie denn auftreten, in der Cloud schneller geschlossen werden als im On-Premise-Betrieb.

**„Durch die Cloud" kann Cyber-Sicherheit weiter erhöht werden.** Cloud-basierte Dienste sind zunehmend unverzichtbar, wenn es darum geht Cyber-Angriffe abzuwehren: Dienste wie zum Beispiel Cloudflare sind darauf spezialisiert, Denial-of-Service-Attacken abzuwehren oder an cloud-basierte Backup-Dienste, die Daten verfügbar halten und so die Folgen Ransomware-Attacken abmildern.

**Trotzdem bleibt viel zu tun.** Alles, was digitalisiert ist, kann und wird über kurz oder lang attackiert– die Frage ist nur wann und wie aggressiv. CISOs haben wahrscheinlich zu häufig und zu lange einen „Burgen und Burggräben"-Ansatz für die Cybersicherheit verfolgt. Cloud-Dienste waren Vorreiter bei der Umstellung von „Burgen und Gräben" auf „Hotels" und haben sich für einen auf „Zero Trust" basierenden Ansatz für die Cybersicherheit eingesetzt. Der „Hotel" Ansatz akzeptiert, dass Clouds wie Hotels öffentliche Zonen benötigen; jedoch benötigen Clouds wie Hotel-Schlüsselkarten, die einen differenzierten Zugang zu Sicherheitszonen, Etagen und Zimmern ermöglichen.

### 4.4.5 Was an Prozessen und Frameworks eingeplant werden sollte

Das „Shared Responsibility Model" ist das grundlegendste Rahmenwerk für Cloud-Sicherheit, das die Sicherheitsverantwortung zwischen Cloud-Dienstanbietern (Cloud Service Providers, CSPs) und Kundenorganisationen aufteilt. Das Modell ist entscheidend, um die Verantwortung für das Management von Sicherheitsrisiken in Cloud-Umgebungen zu gewährleisten.

In einem solchen Modell der geteilten Verantwortung sind die Anbieter von Cloud-Diensten für die Sicherheit der zugrunde liegenden Cloud-Infrastruktur verantwortlich:

- Physische Sicherheit: Schutz der Rechenzentren und der Hardware.
- Netzwerksicherheit: Gewährleistung einer sicheren Kommunikation und Datenübertragung.
- Hypervisor-Sicherheit: Schutz der Virtualisierungsschicht, die den Betrieb mehrerer Instanzen auf derselben Hardware ermöglicht.

Umgekehrt sind die Kundenorganisationen für die Sicherung ihrer in der Cloud gehosteten Anwendungen und Daten verantwortlich. Dies umfasst

- Datenschutz: Implementierung von Verschlüsselung und Zugangskontrollen.
- Anwendungssicherheit: Konfiguration der Sicherheitseinstellungen für Anwendungen.
- Identitäts- und Zugriffsmanagement (IAM): Verwaltung von Benutzerrechten und Anmeldedaten.

Das Modell der geteilten Verantwortung betont die Zusammenarbeit zwischen CSPs und Kundenorganisationen, um Sicherheitsrisiken effektiv zu minimieren. Durch eine klare Definition dieser Verantwortlichkeiten können Organisationen ihre Cloud-Ressourcen besser vor neuen Bedrohungen und Schwachstellen schützen.

Für AI, Big Data und Cloud ist „Security as Code" ein wichtiges Konzept, mit dem sich das Shared Responsibility Model skaliert umsetzen lässt. Security as Code (SaC) ermöglicht es ABC-Workloads einfach und anpassbar zu sichern. Mit Infrastructure as Code (IaC) kann man die Einrichtung von Services in der Cloud automatisieren, ohne auf unzuverlässige manuelle Einstellungen angewiesen zu sein.

### 4.4.6 Welche Wichtigen Technologien eingeplant werden sollten

Immer mehr Organisationen setzen auf die Cloud, um die digitale Transformation zu beschleunigen. Gleichzeitig werden nahezu täglich neue Cybersicherheitsrisiken sichtbar. **Cloud Security Posture Management** (CSPM) ist in diesem Zusammenhang notwendig, um die Risiken von Cloud-basierten Services systematisch zu überwachen.

**Zero-Trust-Sicherheitsarchitekturen** schränken Zugänge innerhalb eines Netzwerks durch Segmentierung stark ein, indem für jede Datenanfrage der Benutzer, das System und der Kontext überprüft werden. In veralteten Modellen, die immer noch weit verbreitet sind und auf Sicherheit nur am Netzwerkperimeter basieren, können Benutzer und potenzielle Angreifer nach Überwindung dieses „Buggrabens" ohne weitere Kontrollen auf das Netzwerk und „alles darin" zugreifen. ZTAs machen dieses veraltete Konzept eines vertrauenswürdigen Netzwerkperimeters obsolet. Stattdessen arbeiten ZTAs nach dem Prinzip „never trust, always verify", was bedeutet, dass keinem Benutzer oder Gerät standardmäßig vertraut wird, unabhängig davon, ob es sich innerhalb oder außerhalb des Netzwerks einer Organisation befindet, also ähnlich wie Hotel-Schlüsselkarten.

**Secure Access Service Edge:** Organisationsnetzwerke wurden in der Vergangenheit für die Arbeit in den Büros von Organisationen gebaut, nicht für die Arbeit von überall. Die Modernisierung von Netzwerken, um nahtlose Konnektivität von jedem Standort aus zu ermöglichen, erfordert Secure Access Service Edge (SASE)-Architekturen Dabei handelt es sich um eine integrierte Netzwerkarchitektur, die verschiedene Cybersicherheitsdienste, einschließlich Zero-Trust-Prinzipien, in einer einzigen Cloud-basierten Lösung vereint. Dadurch sollen sowohl die Sicherheit als auch die Leistung des Netzwerks verbessert werden.

**IoT Edge:** Das Internet der Dinge (Internet of Things, IOT) nutzt Technologie, um die digitale mit der physischen Welt zu verbinden. Immer mehr physische Objekte und Maschinen werden mit Sensoren und Aktoren ausgestattet und über Netzwerke miteinander und mit Services und Anwendungen verbunden. Und all diese Sensoren und Aktoren sind potenzielle Angriffspunkte für die dahinter liegenden Services und Anwendungen.

### 4.4.7 Regulatorische Anforderungen und Governance

Der Verzicht auf AI, Big Data oder Cloud-Funktionen ist für die meisten Institutionen keine praktikable Option. Agilität, Vereinfachung und Standardisierung erfordern AI, Big Data oder Cloud.

Gleichzeitig stellen wir fest, dass Abteilungen, Arbeitsgruppen und Einzelpersonen häufig kostengünstige und einfach zu beschaffende AI-, Big Data- und Public Cloud-Dienste nutzen, selbst wenn die Richtlinien der Organisation dies verbieten.

Damit Unternehmen ABC-Innovationen sicher, skalierbar und in dem Tempo vorantreiben können, das erforderlich ist, um wettbewerbsfähig zu bleiben und den größtmöglichen Nutzen aus ihren ABC-Investitionen zu ziehen, müssen sie sich mit den Risiken dieser Technologie, den regulatorischen Anforderungen und der Governance auseinandersetzen.

Organisationen sollten ein umfassendes und integriertes ABC-Risikomanagementprogramm einführen, das in ihre Geschäftsprozesse integriert ist. Das Programm sollte eine „CMDB" aller von der Organisation verwendeten ABC-Services, ein Risikoklassifizierungssystem, Maßnahmen zur Risikominderung, unabhängige Audits, Datenrisikomanagementprozesse und eine ABC-Governance-Struktur umfassen.

Als Grundlage benötigen Organisationen zunächst einige kritische Komponenten: eine ganzheitliche Strategie, die die Rolle priorisiert, die AI, Big Data und Cloud innerhalb der Organisation spielen werden; klare Berichtsstrukturen, die eine mehrfache Überprüfung von ABC-Services ermöglichen, bevor diese in Betrieb genommen wird; und schließlich, da viele ABC-Services sensible personenbezogene Daten verarbeiten, robuste Datenschutz- und Cybersicherheits-Risikomanagementprotokolle.

Auf dieser Grundlage können Unternehmen drei Schritte unternehmen, um systematisch ein umfassendes ABC-Risikomanagementprogramm aufzubauen: Erstellung einer „CMDB" von ABC-Services und Maßnahmen zur Risikominderung auf der Grundlage einer Standardtaxonomie, Durchführung von Konformitätsbewertungen und Einrichtung eines ABC-Governance-Rahmens (siehe Abb. 4.9). Diese Schritte können eine kontinuierliche Rückkopplungsschleife bilden, in der Probleme, die bei einer Konformitätsbewertung aufgedeckt werden, in Überwachungssysteme einfließen und schließlich das Inventar und die Taxonomie aktualisiert werden können.

**Überblick über die regulatorischen Anforderungen des EU AI Act**
Der EU AI Act unterteilt AI-Services in drei Kategorien: AI-Services mit inakzeptablem Risiko, AI-Services mit hohem Risiko und AI-Services mit begrenztem und minimalem Risiko. Organisationen können diesen Rahmen als Ausgangspunkt für die Entwicklung ihrer eigenen internen risikobasierten Taxonomien verwenden.

Organisationen sollten sich darüber im Klaren sein, dass der Risikorahmen der Verordnung sich auf die externen Risiken fokussiert, die AI für die Öffentlichkeit darstellt, und nicht auf die internen AI-Risiken für die Organisationen selbst. Organisationen sollten ihre internen strategischen und operativen Risiken weiterhin im Rahmen ihres eigenen Risikomanagementsystems steuern (Tab. 4.1).

Die Durchsetzung des EU AI Act könnte Bußgelder in Höhe von bis zu 30 Mio. € oder 6% des weltweiten Umsatzes nach sich ziehen, was noch höhere Strafen als bei Verstößen gegen die DSGVO bedeutet. Die Verwendung verbotener Services und Verstöße gegen die Datenschutzbestimmungen bei der Verwendung von Hochrisikoservices werden die höchsten potenziellen Bußgelder nach sich ziehen. Für alle anderen Verstöße gilt ein niedrigerer

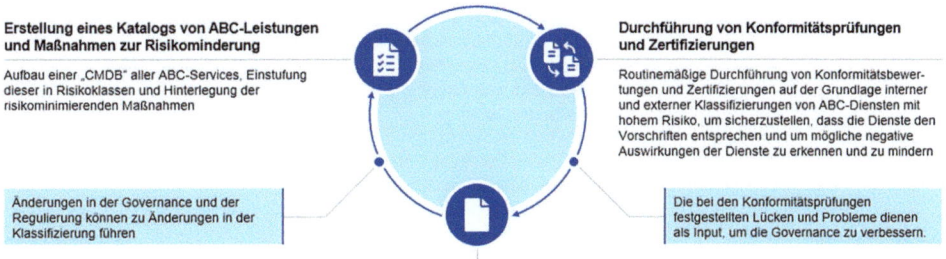

**Abb. 4.9** Regulatorische Anforderungen

**Tab. 4.1** Regulatorische Anforderungen des EU AI Act

| AI Services mit unannehmbar hohem Risiko | AI Hochrisikosysteme | AI Services mit begrenztem und minimalem Risiko |
|---|---|---|
| Diese AI-Services umfassen (i) unterschwellige, manipulative oder ausbeuterische Services, die Schaden anrichten, (ii) biometrische Echtzeit-Fernerkennungssysteme, die im öffentlichen Raum zur Strafverfolgung eingesetzt werden, und (iii) alle Formen der sozialen Bewertung wie AI oder Technologien, die die Vertrauenswürdigkeit einer Person auf der Grundlage ihres sozialen Verhaltens oder vorhergesagter Persönlichkeitsmerkmale bewerten | Zu diesen AI-Services gehören solche, die die Kreditwürdigkeit von Verbrauchern bewerten, bei der Einstellung oder Verwaltung von Personal helfen oder biometrische Identifikatoren verwenden, sowie andere, die für Unternehmen weniger relevant sind | Dazu gehören viele der AI-Anwendungen, die derzeit schon eingesetzt werden, wie AI-gestützte Chatbots im Support und AI-gestützte Prozesse in Beschaffung und Buchhaltung |
| AI Services mit unannehmbar hohem Risiko sind in der EU unzulässig | Hochrisikosysteme unterliegen einer Reihe von Anforderungen, einschließlich menschlicher Aufsicht, Transparenz, Cybersicherheit, Risikomanagement, Datenqualität, Überwachung und Berichtspflichten Anbieter, die solche Services auf den Markt bringen, müssen (i) „Konformitätsbewertungen" durchführen, d. h. algorithmische Folgenabschätzungen, die Datensätze, Verzerrungen, die Art und Weise, wie Nutzer mit dem Service interagieren, sowie das Gesamtkonzept und die Überwachung der Serviceergebnisse analysieren; (ii) sicherstellen, dass diese Services erklärbar und überwachbar sind und während ihrer gesamten Lebensdauer konsistent funktionieren, auch in Grenzsituationen; (iii) ein Cyber-Risikomanagement einführen, das AI-spezifische Risiken wie feindliche Angriffe auf AI-Services abdeckt iii) ein unternehmensweites Cyber-Risikomanagement einführen, das AI-spezifische Risiken wie feindliche Angriffe auf AI-Services einschließt | |

Höchstbetrag von 20 Mio. € bzw. 4 % des weltweiten Umsatzes und für die Erteilung falscher oder irreführender Auskünfte an Behörden ein Höchstbetrag von 10 Mio. € bzw. 2 % des weltweiten Umsatzes.

### 4.4.8 Überblick der regulatorischen und Zertifizierungs-Anforderungen an Big Data und Cloud

Die Anforderungen an die Nutzung von Big Data und Cloud sind sehr breit global, EU-weit, national und branchenspezifisch gefächert, gleichzeitig aber auch sehr gut verstanden.

Einige der wichtigsten Vorschriften und Zertifizierungsanforderungen nach Region sind (Abb. 4.10):

Was darüber hinaus Not tut ist eine Multi-Sourcing- und Multi-Cloud-Strategie; die Nutzung von Verschlüsselung; und die Nutzung von mittlerweile etablierten Compliance-Standards.

**Beispiel:** Ein weltweit führender Versicherer hat bereits 2012 in einem ersten Schritt seine weltweit 140 eigenen Rechenzentren in sechs Carrier-neutralen Colocation-Rechenzentren (davon zwei auf jedem Kontinent, um „Out-of-Region-Disaster-Recovery" zu gewährleisten) konsolidiert und migriert seit 2014 in einem zweiten Schritt parallel immer mehr Anwendungen in die Public-Cloud. Aufgrund der spezifischen Strategie und Architektur kann der Versicherer „mix and match", d. h. tatsächlich Teile von Anwendungen in die Cloud migrieren, während andere kritische Anwendungsteile und Daten im eigenen Rechenzentrum verbleiben.

| Global | EU-weit | National |
|---|---|---|
| • ISO 20000-1<br>• ISO 22301<br>• ISO 27001<br>• ISO 27017<br>• ISO 27018<br>• ISO 27701<br>• ISO 9001 | • EU GDPR<br>• EU-Modellklauseln<br>• Verhaltensregeln für die Cloud (EU)<br>• EU EN 301 549<br>• ENISA IAF | • C5 |

Einige der wichtigsten Vorschriften und Zertifizierungsanforderungen nach Industrien sind

| Finanzdienstleister | Automobil | Gesundheit |
|---|---|---|
| • DORA (EU)<br>• EBA (EU)<br>• NIST2 (EU)<br>• PCI 3DS<br>• PCI-DSS | • CDSA<br>• MPA<br>• GSMA<br>• TISAX | • SGB V (DE) |

**Abb. 4.10** Ausgewählte ABC-relevante Zertifizierungen

## 4.5 Externe Auswirkungen

### 4.5.1 Vom Einheits-Angebot zum individualisierten Kundenerlebnis

Unternehmen, die auf unpersonalisierte Angebote oder veraltete Servicekonzepte setzen, laufen Gefahr, ihre Kunden an digitalisierte Wettbewerber zu verlieren. Kunden erwarten heute nahtlose, schnelle und individualisierte Erlebnisse – ermöglicht durch AI, Big Data und Cloud-Technologien. Gerade in einem zunehmend digitalisierten Marktumfeld steigert sich die Erwartungshaltung der Kunden, verstärkt durch Entwicklungen im B2C-Bereich: Schnelligkeit, Individualisierung und nahtlose Interaktionen stehen im Fokus. Das flexible Buchen von Mobilitätslösungen in unterschiedlichen Städten, das Bestellen des neuen Laptops geliefert durch einen „Fahrradboten" in wenigen Stunden: kein Problem. Die Digitalisierung eröffnet hier neue Möglichkeiten, den Kundennutzen signifikant zu steigern.

Durch den Einsatz von AI können Angebote und Services entlang der gesamten Customer Journey personalisiert und optimiert werden, etwa durch maßgeschneiderte Produktempfehlungen oder automatisierte Interaktionen (Edelman & Abraham, 2022). Big Data analysiert Kundenverhalten und identifiziert gezielt Bedürfnisse, die durch neue Services abgedeckt werden können. Cloud-Technologien ermöglichen die nahtlose Integration dieser Lösungen in bestehende Systeme und gewährleisten eine schnelle Skalierbarkeit.

Dabei kann man zwei Stufen bezüglich der Weiterentwicklung des bestehenden Angebots betrachten.

1. **Das Etablieren eines digitalen Kundenkanals/einer Schnittstelle zur Analyse und Bereitstellung relevanter Daten hinsichtlich der Produktnutzung.** Dies kann sowohl in Richtung des Kunden nutzbar gemacht werden (beispielsweise Reporting/Informationen über die Produktnutzung beispielsweise Prozesskennzahlen) sowie für die eigene Kundenanalyse (beispielsweise Kundensegmentierung, Vertriebsanalyse). Der Fokus liegt darauf, Daten zu erfassen und auszuwerten.
2. **Die Entwicklung und Bereitstellung ergänzender, digitaler Zusatz-Angebote/Funktionalitäten.** Dazu zählen beispielsweise Recommendation-Engines im Handel, automatisierte Service-Bots zur Kundeninteraktion oder digitale Ersatzteilangebote in der Industrie – eine Vielzahl an Lösungen, die durch den gezielten Einsatz von AI, Big Data und Cloud realisiert werden können. Der Fokus liegt darauf, die Datenbasis für die Entwicklung neuer, digitaler Zusatzangebote mit direktem Kundennutzen zu ermöglichen.

## 4.5 Externe Auswirkungen

Die technologischen Fortschritte ermöglichen somit eine umfassende Optimierung des bestehenden Geschäftsmodells (vgl. Abb. 4.11) zur Verbesserung des Kundenerlebnisses sowie der angebotenen Leistungen.

Betrachtet man insbesondere das Wertangebot und somit die Erweiterung des bestehenden durch beispielsweise smarte Produkte, digitale Zusatz-Services u. v. m, lassen sich vier Reifegrade bzgl. derer Fähigkeiten betrachten: Überwachung (beispielsweise eine aktuelle ‚Live'-Übersicht der Lagerbestände), Kontrolle (beispielsweise die automatisierte Bestellung bei Lagerbestandsunterschreitung), Optimierung (beispielsweise die automatisierte AI-basierte Empfehlungen für die dynamische Anpassung von Sicherheitsbeständen oder die automatisierte Betrugserkennung im Finanzwesen (Mastercard, 2024) und Autonomie (beispielsweise das sich selbststeuernde Lager).

Ein weiterer Treiber für individualisierte, datenbasierte Angebote ist das Internet of Things (IoT). Vernetzte Geräte erzeugen kontinuierlich große Datenmengen, die in der Cloud gespeichert, durch Big Data-Technologien verarbeitet und mithilfe künstlicher Intelligenz analysiert werden. Dadurch entstehen neue, intelligente Anwendungen über verschiedenste Branchen hinweg – von autonomen Fahrzeugen über Industrie 4.0 bis hin zu Smart Cities.

Im Bereich autonomer Mobilität analysieren AI-Modelle in Echtzeit Verkehrsdaten, Hindernisse und Fahrbahnbedingungen. Die Cloud übernimmt dabei rechenintensive Aufgaben, um schnelle und präzise Entscheidungen im Fahrzeug zu ermöglichen. Auch industrielle Anwendungen profitieren von dieser Infrastruktur: In der Industrie 4.0 etwa werden Maschinendaten kontinuierlich ausgewertet, um im Rahmen der Predictive Maintenance Ausfälle frühzeitig zu erkennen und Wartungszyklen effizient zu planen.

Auch Städte und Verkehrsunternehmen profitieren von intelligenten Verkehrssystemen, die IoT-Sensoren zur Überwachung des Verkehrsflusses und zur vorausschauenden Wartung von Infrastrukturen einsetzen. So nutzt die Deutsche Bahn IoT-Technologien,

**Abb. 4.11** Digitalisierung von Geschäftsmodellen (Osterwalder & Pigneur, 2010)

um Reparaturen an Zügen frühzeitig zu planen und Verzögerungen zu reduzieren, während Städte wie Singapur AI-gestützte Verkehrsmanagementsysteme verwenden, um Staus zu vermeiden. 2024 stellte Singapur sein AI-gestütztes Verkehrsmanagementsystem als Teil der Smart-City-Initiative vor. Die AI nutzt Echtzeitdaten von Verkehrskameras und Sensoren, um den Fahrzeugfluss zu überwachen, Stauprognosen zu erstellen und Ampelschaltungen dynamisch anzupassen. Dadurch werden Reisezeiten verkürzt, der Kraftstoffverbrauch gesenkt und Emissionen reduziert, was Singapurs Nachhaltigkeitsziele unterstützt. Die Einführung dieses Systems zeigt, wie Singapur mit modernster Technologie reale Herausforderungen wie Verkehrsüberlastung bewältigt. Die Stadt setzt damit einen globalen Standard für nachhaltige, effiziente urbane Mobilität und dient als Vorbild für andere Metropolen weltweit (AleaIT, 2024).

Digitale Lösungen und datenbasierte Services/Angebote unterscheiden sich nicht nur in ihrer technischen Komplexität, sondern auch in ihrem Reifegrad und dem damit verbundenen Kundennutzen. Von einfachen Überwachungsfunktionen bis hin zu autonomen Systemen steigt sowohl die technologische Leistungsfähigkeit als auch der Mehrwert für den Kunden.

Abb. 4.12 zeigt vier typische Reifegrade – Überwachung, Kontrolle, Optimierung und Autonomie – und ordnet beispielhafte Anwendungen diesen Stufen zu. Sie verdeutlicht, wie sich digitale Angebote entlang der Wertschöpfung weiterentwickeln können, abhängig von Datenverfügbarkeit, algorithmischer Intelligenz und Systemintegration.

**Was bedeutet das konkret:** Die Digitalisierung ermöglicht Unternehmen, die gesamte Customer Journey – von der ersten Interaktion bis zum Aftersales-Service – gezielt zu optimieren. AI-basierte Systeme analysieren individuelle Kundenbedürfnisse und Vorlieben, um personalisierte Angebote bereitzustellen. Gleichzeitig beschleunigen automatisierte Prozesse Abläufe, etwa bei Bestellungen oder Kundenanfragen. Durch cloudbasierte Plattformen lassen sich diese Lösungen nahtlos in bestehende Systemlandschaften integrieren (z. B. ERP, PLM), wodurch eine reibungslose und konsistente Kundenerfahrung

| Überwachung | Kontrolle | Optimierung | Autonomie |
|---|---|---|---|
| Durch den Einsatz von Sensoren und externen Datenquellen werden Zustand, Nutzung und Umwelt des Produkts kontinuierlich erfasst. Dies ermöglicht eine Überwachung und das Erkennen von Abweichungen oder Störungen. | Integrierte Softwaremodule erlauben die direkte Steuerung der Produktfunktionen sowie die Anpassung an individuelle Nutzeranforderungen. So lassen sich Funktionen bedarfsgerecht anpassen. | Mithilfe von Algorithmen werden die erfassten Daten analysiert, um den Betrieb des Produkts effizienter zu gestalten. Das umfasst z. B. die Verbesserung der Leistung sowie vorausschauende Wartung und Fehlererkennung. | Die höchste Stufe ist die autonome Selbststeuerung des Produkts. Das Produkt koordiniert sich selbstständig mit anderen Systemen, verbessert sich kontinuierlich und führt eigenständig Wartungs- oder Diagnoseprozesse durch. |

**Abb. 4.12** Reifegrade von Smart Connected Products (Porter & Heppelmann, 2014)

## 4.5 Externe Auswirkungen

gewährleistet wird. Ergänzend können dem Kunden neue digitale Angebote gemacht werden, die diesem eine Optimierung seiner Wertschöpfung respektive Prozesse ermöglicht (vgl. Abb. 4.13).

**Ein Beispiel:** Ein E-Commerce-Anbieter setzt AI-gestützte Chatbots ein, die Kundenanfragen automatisiert beantworten und passende Produktempfehlungen basierend auf der Kaufhistorie geben. Gleichzeitig analysiert ein Big-Data-System die Customer Journey, identifiziert Schwachstellen und schlägt gezielte Optimierungen vor, etwa schnellere Bezahloptionen oder personalisierte Rabattangebote mit differenzierter Betrachtung von unterschiedlichen Ländern/Nutzer-Kategorien.

**Checkliste**

- Haben wir eine klare Übersicht über die Customer Journey und die wichtigsten Optimierungsfelder definiert?
- Haben wir eine datenseitige Schnittstelle, die eine Rückführung von Nutzungsdaten unserer Produkte & Services ermöglicht?
- Erfassen und analysieren wir regelmäßig Kundenfeedback und Verhaltensdaten, um digitale Maßnahmen gezielt anzupassen?
- Sind unsere digitalen Kanäle (Web, Mobile, Serviceportale) nahtlos integriert, um eine konsistente Kundenerfahrung zu gewährleisten?
- Nutzen wir AI und Big Data, um Angebote, Services und Kommunikation auf individuelle Kundenbedürfnisse anzupassen?
- Sind unsere Datenquellen und Systeme (ERP, CRM, PLM) über Cloud-Technologien vernetzt und effizient nutzbar?
- Haben wir KPIs definiert, um den Erfolg digitaler Maßnahmen messbar zu machen (z. B. Conversion Rate, Kundenzufriedenheit)?

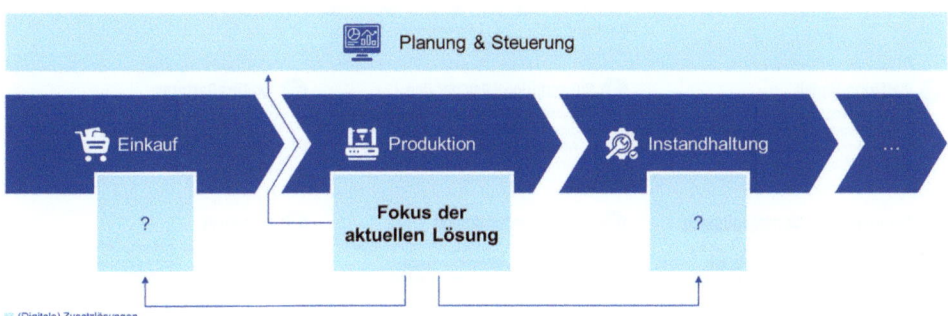

**Abb. 4.13** Digitale Produkte & Services entlang der kundenseitigen Wertschöpfungskette

## 4.5.2 Neue Geschäftsmodelle

Unternehmen, die sich ausschließlich auf ihr bestehendes Kerngeschäft verlassen, laufen Gefahr, in einem sich schnell wandelnden Marktumfeld an Relevanz zu verlieren. Gerade in Branchen mit hoher Wettbewerbsintensität und geringer Differenzierung wird es zunehmend schwieriger, nachhaltige Wachstumsimpulse zu setzen. Hier bietet die Digitalisierung einen entscheidenden Hebel: Neue Geschäftsmodelle eröffnen zusätzliche Umsatzpotenziale und stärken die langfristige Marktposition.

Die Möglichkeiten reichen, wie in Abb. 4.14 dargestellt, von datenbasierten Monetarisierungsmodellen bis hin zu innovativen Serviceangeboten, die jenseits des traditionellen Geschäfts entstehen. Unternehmen können beispielsweise Plattformen schaffen, die als Ökosystem fungieren, oder Pay-per-Use- und Subscription-Modelle einführen, die eine engere Kundenbindung und wiederkehrende Einnahmen ermöglichen. Durch den gezielten Einsatz von AI, Big Data und Cloud-Technologien lassen sich diese Innovationen realisieren. AI spielt eine zentrale Rolle in neuen Geschäftsmodellen – sei es durch Predictive Maintenance in Subscription-Modellen, dynamische Preisgestaltung auf datengetriebenen Plattformen oder automatisierte Services, die sich an Kundenverhalten anpassen. Durch Machine-Learning-gestützte Personalisierung können Unternehmen zudem gezielt neue Monetarisierungsstrategien entwickeln. Big Data analysiert riesige Mengen an Nutzungs- und Marktdaten, um gezielt Geschäftsmodelle anzupassen und neue Potenziale zu identifizieren, etwa datenbasierte Plattformen, die als Ökosystem für mehrere Partner dienen. Cloud-Technologien bieten die notwendige Skalierbarkeit und Flexibilität, um solche Modelle effizient zu implementieren und global auszubauen. Damit Unternehmen neue Geschäftsmodelle erfolgreich umsetzen können, müssen sie digitale Technologien nicht nur als Werkzeuge, sondern als strategische Bausteine für differenzierte Angebote begreifen und nutzen.

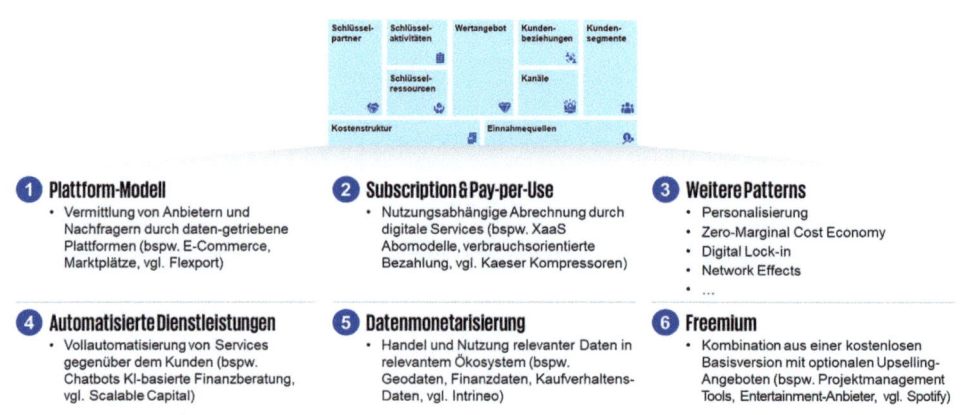

**Abb. 4.14** Digital Business Model Patterns (Gassmann, Frankenberger, & Choudury, 2021)

## 4.5 Externe Auswirkungen

**Was bedeutet das konkret:** Die Digitalisierung eröffnet Unternehmen die Möglichkeit, über das traditionelle Kerngeschäft hinaus neue Geschäftsmodelle zu entwickeln. Daten können als eigenständige Wertschöpfung genutzt werden – sei es durch datengetriebene Plattformen, die als Ökosystem für mehrere Partner dienen, oder durch Subscription-Modelle, die eine langfristige Kundenbindung mit wiederkehrenden Einnahmen ermöglichen. Während Plattformen auf Vernetzung und Skalierung setzen, ermöglichen Subscription-Modelle eine direkte Monetarisierung digitaler Services und personalisierter Funktionen.

**Plattformbasierte Geschäftsmodelle** wie **Data-as-a-Service (DaaS)** ermöglichen es Unternehmen, große Datenmengen in der Cloud bereitzustellen und durch analytische Dienste nutzbar zu machen. Dabei werden Daten nicht nur gespeichert, sondern durch fortschrittliche Analyse- und AI-Funktionen optimiert, um Mehrwert für verschiedene Anwendungen zu schaffen. Ein zentrales Merkmal solcher Plattformen ist die nahtlose Integration unterschiedlicher Datenquellen und Analyse-Engines, wodurch Daten effizient verarbeitet und Datensilos vermieden werden. Zudem unterstützen sie eine breite Palette von Datenformaten – sowohl strukturierte als auch unstrukturierte – und bieten automatisierte Funktionen zur Datenverwaltung und Governance. Diese umfassen Aspekte wie Metadatenmanagement, Qualitätskontrollen und Zugriffskontrolle, um eine konsistente und sichere Datenverarbeitung zu gewährleisten. Durch die Kombination von skalierbarer Infrastruktur, AI-gestützten Optimierungen und flexiblen Analyse-Tools tragen DaaS-Lösungen dazu bei, datengetriebene Entscheidungsprozesse zu beschleunigen, Betriebskosten zu optimieren und die Produktivität datenintensiver Workflows zu steigern (Google, o. J.j). Teil davon ist **AI-as-a-Service (AIaaS):** Bereitstellung von AI-Modellen über Cloud-Plattformen, die von Unternehmen genutzt werden können, ohne selbst AI-Experten oder eigene Infrastruktur zu benötigen. Beispiele hierfür wären AWS SageMaker und Google Vertex AI.

**Nutzungsabhängige Geschäftsmodelle** gewinnen durch die Digitalisierung zunehmend an Relevanz. Im Rahmen von **Subscription- oder Pay-per-Use-Modellen** erfolgt die Abrechnung auf Basis der tatsächlichen Nutzung – sei es zeitlich, mengenbasiert oder funktionsbezogen. Besonders im Software-as-a-Service-Umfeld (SaaS) haben sich diese Modelle etabliert. Anbieter wie Salesforce oder Adobe ermöglichen es Kunden, genau die Funktionalitäten zu buchen, die sie benötigen – bei gleichzeitiger Flexibilität hinsichtlich Laufzeiten und Nutzung. Auch in industriellen Kontexten finden sich solche Modelle wieder, etwa bei Kaeser Kompressoren, die ihre Druckluft „as a Service" bereitstellen. Für Unternehmen ergeben sich daraus Vorteile in Bezug auf Liquidität, Skalierbarkeit und eine stärkere Kundenbindung durch laufende Interaktion und Servicequalität.

**Freemium-Modelle** kombinieren kostenfreie Grundversionen eines digitalen Angebots mit optionalen, kostenpflichtigen Premium-Funktionen. Diese Form des Angebots senkt Einstiegshürden für neue Nutzer und ermöglicht eine breite Reichweite bei gleichzeitiger Monetarisierung über Upselling. Häufig genutzt wird dieses Modell bei digitalen Tools im Projektmanagement oder Entertainment – etwa bei Trello, Slack oder Spotify. Entscheidend für den Erfolg ist ein ausgewogenes Verhältnis zwischen Nutzen der

Gratis-Version und Mehrwert durch die Bezahlvariante. Gelungene Freemium-Modelle schaffen durch gezielte Feature-Grenzen Anreize zur Konversion – etwa durch erweiterte Kollaborationsmöglichkeiten, zusätzlichen Speicher oder werbefreie Nutzung.

**Datenmonetarisierung** beschreibt die gezielte wirtschaftliche Nutzung und den Handel mit Daten innerhalb digitaler Ökosysteme. Unternehmen wie Intrineo zeigen, wie sich aus Finanz-, Geodaten oder Nutzerverhalten neue Wertschöpfung generieren lässt – etwa durch gezielte Analysen, Weiterverkauf oder durch datengetriebene Produktentwicklungen. Voraussetzung hierfür ist der Zugang zu qualitativ hochwertigen, strukturierten Daten sowie die Fähigkeit, diese datenschutzkonform auszuwerten. Neben dem Verkauf von Daten oder Insights ist auch die Nutzung innerhalb datenbasierter Services eine gängige Form der Monetarisierung. Die Herausforderung liegt dabei nicht nur in der technischen Umsetzung, sondern auch in ethischen und rechtlichen Aspekten – insbesondere im Hinblick auf Datenschutz, Transparenz und Vertrauen.

Mit zunehmender Reife digitaler Technologien entstehen Geschäftsmodelle, die auf der **vollständigen Automatisierung von Serviceprozessen** beruhen. Dabei übernehmen AI-basierte Systeme eigenständig Interaktionen mit dem Kunden – etwa in der Finanzberatung, bei Serviceanfragen oder im Support. Unternehmen wie Scalable Capital oder Lemonade zeigen, wie sich durch Automatisierung Skaleneffekte, niedrigere Kosten und eine konstante Servicequalität realisieren lassen. Zentrale Erfolgsfaktoren sind hierbei leistungsfähige Algorithmen, durchdachte Nutzerführung sowie ein solides Datenfundament. Diese Modelle bieten insbesondere dort Potenzial, wo standardisierte Abläufe dominieren und der Kundennutzen stark mit Reaktionsgeschwindigkeit und Verfügbarkeit verknüpft ist.

Neben den genannten dominanten Mustern existieren zahlreiche weitere digitale Geschäftsmodellansätze, die spezifische Wettbewerbsvorteile schaffen können. Dazu zählen etwa **Personalisierung** als gezielte Differenzierung über individualisierte Angebote, **Zero-Marginal-Cost-Economy** als Modell mit niedrigen Grenzkosten für digitale Güter sowie **Digital Lock-in,** bei dem durch clevere Systemintegration oder Ökosysteme eine langfristige Kundenbindung erzeugt wird. Diese und weitere Patterns entwickeln sich dynamisch weiter und lassen sich oft auch miteinander kombinieren, um innovative, differenzierende Angebote zu gestalten.

**Ein Beispiel:** Ein Maschinenbauunternehmen entwickelt eine Plattform, die Produktionsdaten ihrer Kunden analysiert und in Echtzeit Verbesserungsvorschläge für Wartungsintervalle oder Energieverbrauch liefert. Diese datenbasierte Lösung wird als Subscription-Service angeboten, wodurch die Organisation neben dem traditionellen Verkauf von Maschinen eine wiederkehrende Einnahmequelle generiert.

**Checkliste**

- Haben wir Daten und Technologien identifiziert, die für unsere Kunden einen eigenständigen Mehrwert schaffen?

- Haben wir eine Strategie, um bestehende physische Produkte (z. B. Maschinen, Geräte) mit datenbasierten Services zu verknüpfen und zusätzliche Umsatzquellen zu erschließen (z. B. Wartungsprognosen, personalisierte Services, dynamische Preisgestaltung)?
- Ist unsere Cloud- und IT-Infrastruktur skalierbar genug, um neue digitale Services effizient zu implementieren?
- Sind wir in der Lage, neue Geschäftsmodelle wie Subscription-, Pay-per-Use- oder Service-as-a-Product-Modelle umzusetzen?
- Nutzen wir datengetriebene Plattformen oder Ökosysteme, um neue Marktpotenziale zu erschließen?
- Unterstützen unsere digitalen Lösungen unsere Kunden dabei, deren Endkunden besser zu bedienen und sich so in deren Wertschöpfungskette zu verankern?

Neben der reinen Erschließung zusätzlicher Umsatzströme soll insbesondere nochmals der Aspekt der Differenzierung hervorgehoben werden. Unternehmen, die ihre physische Wertschöpfung (beispielsweise Hardware, Maschinen) mit datengetriebenen Services verknüpfen, erhöhen nicht nur ihre Differenzierung, sondern sichern sich langfristige Kundenbindung und wiederkehrende Einnahmen. Der Übergang von reinen Produktverkäufen hin zu smarten, datengetriebenen Dienstleistungen schafft nachhaltige Wettbewerbsvorteile. Diese kann durch die Kombination bestehender Expertise (beispielsweise in Form bisheriger Hardware-Entwicklungen, Geschäftsmodell-Mechanismen) mit neuen technologischen Funktionalitäten und Fähigkeiten ausgebaut werden. Unternehmen, die ihre Stärken zunehmend in digitale Ökosysteme (beispielsweise Mobilitäts-Ökosystem) einbringen und gleichzeitig ihren Kunden wiederum befähigen, deren Endkunden besser zu bedienen, schaffen nachhaltige Wettbewerbsvorteile. Damit dies gelingt ist es erforderlich in allen drei Handlungsfeldern der Digitalisierung aktiv zu sein, um sowohl auf der Angebotsseite als auch in der internen Prozessseite die richtigen Grundlagen zu setzen.

### 4.5.3 Neue Geschäftsmodelle und ABC-getriebene Ökosysteme

In der Einleitung haben wir die Digitalisierungshorizonte 2 und 3 beschrieben und folgend tiefer beschrieben, was Unternehmen in diesen tun können.

Horizont 2 nutzt künstliche Intelligenz, Big Data und Cloud-Dienste, um die Prozesslandschaft innerhalb einer Organisation oder über mehrere Organisationen hinweg grundlegend und kundenzentriert zu transformieren und damit die Bottom- und Topline von Unternehmen zu verbessern. Die Veränderungen im Prozessmodell zeigen sich häufig zuerst im Front-Office an der „Edge" der Organisationen und in der Kundeninteraktion. Da diese B2C- oder B2B-Interaktion zunehmend online und ohne weitere menschliche Interaktion erfolgt, ist sie zwangsläufig cloudbasiert und zunehmend AI-gestützt, perspektivisch durch AI-Agenten, technisch durch „Agentic RAG".

In Horizont 3 geht es bei der Digitalisierung nicht nur um die Transformation des Betriebsmodells, sondern auch um die Erweiterung des Geschäftsmodells und der Strategie der Organisation, des Middle Office und der Top Line der Unternehmen. Dies geschieht häufig in Form einer Transformation von B2B-Geschäftsmodellen zu B2B2C-Geschäftsmodellen und oft im Kontext neuer digitaler Wettbewerber.

Wir sind davon überzeugt, dass mit der zunehmenden Digitalisierung und Modularisierung von Wertschöpfungsketten und Branchen in den Horizonten 2 und 3 der Bedarf an digitaler Transformation steigt und ABC-getriebene Geschäftsmodelle und Ökosysteme zunehmen werden.

Quantitative Analysen zeigen, dass ca. 80 % der erfolgreichen Unternehmen digitale, ABC-getriebene Geschäftsmodelle und Ökosysteme eingeführt haben, während es bei den durchschnittlichen Unternehmen nur ca. 50 % sind. Digitale ABC-gesteuerte Geschäftsmodelle und Ökosysteme verändern die Branchenmodelle von einfachen Beziehungen hin zu umfassenderen Partnerschaften.

Dabei spielt eine Kombination von Faktoren eine Rolle: Einerseits wird der B2B-Vertriebssektor zunehmend von digitalen Plattformen dominiert, die die Nachfrage zu jedem beliebigen Anbieter lenken können und so die Verbreitung neuer Produktanbieter erleichtern. Zum anderen haben regulatorische Veränderungen in der EU, die sich auf die B2B-Branchen auswirken, die Fähigkeit der Unternehmen geschwächt, die Kontrolle über ihre Kunden zu behalten.

Sowohl B2C- als auch B2B-Unternehmen profitieren weiterhin von einer Reihe von Vorteilen, darunter die Möglichkeit, auf bestehenden Kundenbeziehungen aufzubauen, die Planungssicherheit, die ein sicherer, skalierbarer Betrieb bietet, und die potenziellen Einsparungen bei den Fixkosten für die Einhaltung von Vorschriften.

Die weitere Nutzung einer kostspieligen und unflexiblen Technologieinfrastruktur ist in modularen Branchen nicht tragbar. Folglich werden viele Unternehmen gezwungen sein, hier entsprechende Anpassungen vorzunehmen.

In der Vergangenheit waren die meisten bestehenden Geschäftsbeziehungen durch ein Eins-zu-eins-Partnerschaftsmodell in der Art einer „Pipeline" gekennzeichnet. Das Aufkommen von „One-to-many"-Ökosystemen hat es Kundenunternehmen ermöglicht, mit einem breiteren Spektrum von Stakeholdern zusammenzuarbeiten, darunter Kunden, Lieferanten, benachbarte Branchen und sogar Wettbewerber.

Der Aufbau digitaler „Pipeline"-Partnerschaften ermöglicht es Unternehmen, durch die Kontrolle einer „linearen" Reihe von Aktivitäten Werte zu schaffen, was dem klassischen Wertschöpfungskettenmodell entspricht. Der Input an einem Ende der Kette (z. B. Materialien, die von einem Partner bereitgestellt werden) durchläuft eine Reihe von Schritten, die ihn in einen wertvolleren Output umwandeln: das Produkt oder die Dienstleistung, die an Kunden verkauft wird.

Die Mobiltelefongeschäfte von Apple und Google sind gute Beispiele für das Pipeline-Modell. In Kombination mit den iTunes- und Google Play-Stores entstehen Ökosysteme, die Partner und Kunden anziehen.

Digitale Ökosysteme unterscheiden sich von traditionellen Pipeline-Partnerschaften dadurch, dass es sich um voneinander abhängige Gruppen von Partnern wie Unternehmen, Forschungseinrichtungen und Universitäten handelt, die sich zusammengeschlossen haben, um ein für alle Seiten vorteilhaftes Ziel zu erreichen. Dieses Ziel kann gemeinsame Innovation, die Entwicklung gemeinsamer Produkte oder Dienstleistungen und die Schaffung einer Anziehungskraft umfassen, die Verbraucher und Partner mit einer Art sozialer Schwerkraft in das Ökosystem zieht.

Um kritische Masse zu erreichen, müssen sowohl Partner als auch Verbraucher einbezogen werden. Im Falle von Apple und Google ist es entscheidend, nicht nur Entwickler, sondern auch Nutzer zu gewinnen. Diejenigen, die für die Verwaltung und Kontrolle der Ökosysteme verantwortlich sind, müssen die entsprechenden Anreizstrukturen, Reputationssysteme und Preismodelle berücksichtigen.

Auch wenn noch kein Unternehmen den Code geknackt hat, deuten die laufenden Experimente darauf hin, dass zukunftsfähige Unternehmen eine Reihe unterschiedlicher digitaler ABC-Geschäftsmodelle einsetzen werden. Abb. 4.15 zeigt ein Framework für die Nutzung von ABC-getriebenen Geschäftsmodellen und Partnerschaften

### 4.5.4 Risiken, das ABC zu ignorieren – Verluste in Effizienz und Marktposition

Um in der heutigen, sich schnell wandelnden Wirtschaftslandschaft wettbewerbsfähig zu bleiben, müssen Organisationen unnötige Komplexität reduzieren, ihre Agilität kontinuierlich steigern und ständig innovativ sein. Organisationen, die es nicht schaffen, die Möglichkeiten von AI, Big Data und Cloud Computing zu nutzen, gehen erhebliche Risiken für ihre Effizienz, die Effektivität ihrer Betriebsmodelle und die Nachhaltigkeit ihrer Geschäftsmodelle ein.

#### 4.5.4.1 Risiken auf den Digitalisierungs-Horizonten 1–3

Auf der Ebene des **Digitalisierungs-Horizonts-1** sind künstliche Intelligenz, große Datenmengen und Cloud verbesserte Werkzeuge zur Verbesserung der Bottomline von Unternehmen.

Ohne AI sind Organisationen weiterhin auf manuelle Prozesse angewiesen, die fehleranfälliger, zeitaufwendiger und weniger skalierbar sind als die ihrer Wettbewerber.

Darüber hinaus ist der On-Premise-Betrieb von Anwendungen und Infrastruktur inhärent ineffizient. Dies liegt daran, dass teure Technologien größtenteils manuell betrieben und mit weniger als der vollen Kapazität genutzt werden. Cloud-Dienste erreichen eine nahezu hundertprozentige Automatisierung des Betriebs und eine hohe Auslastung durch die umgekehrte Korrelation von Auslastungs- und Nutzungsmustern.

**Der Digitalisierungs-Horizont 2** nutzt künstliche Intelligenz, große Datenmengen und Cloud-Dienste, um die Prozesslandschaft innerhalb einer Organisation oder über mehrere Organisationen hinweg grundlegend und kundenzentriert zu transformieren.

Wenngleich bislang noch kein Unternehmen eine Patentlösung gefunden hat, zeigt die Erfahrung, dass zukunftsfähige Unternehmen zahlreiche unterschiedliche **Arten von digitalen Digitalpartnerschaften und Ökosystemen** nutzen

**Agile (Speedboat-)Digitalpartnerschaften**

Eine Speedboat-Digitalpartnerschaft zeichnet sich durch eine bevorzugte Geschäftsbeziehung – häufig mit Start-up-Unternehmen, Inkubatoren und Venture Capital-Gesellschaften (und ihren Portfoliogesellschaften) – aus, die von Kundenunternehmen für Forschungszwecke und zur Entwicklung neuer Produkte und Prozesse eingegangen wird. Speedboat-Digitalpartnerschaften verfügen über einen gewissen Handlungsspielraum und haben gleichzeitig Zugang zu Eigentumsrechten, geistigen Eigentumsrechten und/oder Verwertungsrechten auf hoher Ebene.

**Lösungs- und Projektpartnerschaften**

Lösungs- und Projektpartner steuern spezifische Expertise bei, zum Beispiel bei der Softwareentwicklung und beim Hardware-Engineering. Bei Lösungspartnerschaften liegt der Schwerpunkt auf Innovationen, Produkten oder Dienstleistungen, während Projektpartnerschaften zeitlich befristet sind.

Es werden unterschiedliche Konsumenten adressiert, die in den Verantwortungsbereich des „Channel-Partners" fallen.

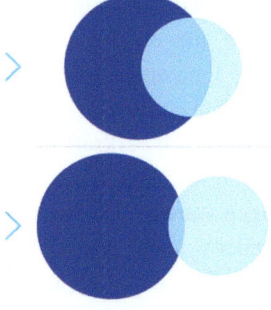

Wenngleich bislang noch kein Unternehmen eine Patentlösung gefunden hat, zeigt die Erfahrung, dass zukunftsfähige Unternehmen zahlreiche unterschiedliche **Arten von digitalen Digitalpartnerschaften und Ökosystemen** nutzen

**Unternehmenspartnerschaften**

Unternehmenspartner sind häufig Branchenführer, die über eine Fülle von Erfahrung, eine breite Palette von Assets und Innovationen sowie einen unabhängigen Marktzugang verfügen. Diese Partner haben sich dazu verpflichtet, über einen längeren Zeitraum hinweg verschiedene Innovationen, Produkte oder Dienstleistungen zu entwickeln.

Häufig werden spezifische Konsumenten adressiert, die stets in den Verantwortungsbereich des „Channel-Partners" fallen.

**Lieferantenbeziehungen**

Der Begriff „Lieferantenbeziehung" umfasst sämtliche Formen von Beschaffungsverträgen und schließt sowohl Transaktions- als auch kostenpflichtige Dienste ein. Beispiele für solche Beziehungen sind u.a. Verträge für die Cloudnutzung oder das transaktionsbezogene IT-Outsourcing. In solchen Fällen wird die Dienstleistung üblicherweise von dem Kundenunternehmen entwickelt und anschließend ausgelagert. Dabei ist zu beachten, dass die Verantwortung für den Konsumenten und die Konsumentendaten bei dem Kundenunternehmen verbleibt.

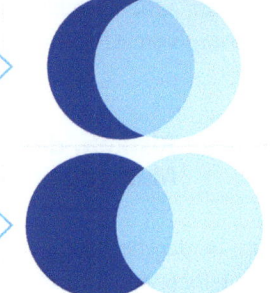

**Abb. 4.15** Die richtige Art von Digitalpartnerschaften und Ökosystemen finden

Die Kundenerwartungen verändern sich ständig und personalisierte Erlebnisse sind zur Norm geworden. Ohne das ABC können Organisationen bei der Transformation ihrer Kundenerlebnis-relevanten Prozesse hinter ihren Mitbewerbern zurückbleiben und es schwieriger haben, ihren Kunden personalisierte Interaktionen, Empfehlungen und Dienstleistungen anzubieten.

Im digitalen Zeitalter sind Daten ein wertvolles Gut. Ohne AI wird es für Organisationen schwierig, aus unstrukturierten Daten differenzierendes Wissen zu gewinnen. Herkömmliche Datenanalyseverfahren sind oft weniger in der Lage als AI, Muster, Trends und Zusammenhänge effizient zu erkennen. Durch den Einsatz von AI-Techniken wie maschinellem Lernen und natürlicher Sprachverarbeitung können Organisationen tiefere Einblicke gewinnen, verborgene Marktchancen erkennen und datengestützte Entscheidungen präziser und schneller treffen.

Im **Digitalisierungs-Horizont 3** geht es bei der Digitalisierung nicht nur um die Transformation des Betriebsmodells, sondern auch um die Erweiterung des Geschäftsmodells und der Strategie der Organisation, des Middleoffice und der Topline der Unternehmen.

## 4.5 Externe Auswirkungen

> Wenngleich bislang noch kein Unternehmen eine Patentlösung gefunden hat, zeigt die Erfahrung, dass zukunftsfähige Unternehmen zahlreiche unterschiedliche **Arten von digitalen Digitalpartnerschaften und Ökosystemen** nutzen

**Kundeneigene digitale Ökosysteme**

Das vom Kunden initiierte und gesteuerte Ökosystem von „Juniorpartnern" erzeugt eine Sogwirkung, durch die das Ökosystem bei Konsumenten und Partnern eine Art soziale Anziehungskraft entwickelt.
Das Ökosystem besteht aus vom Kunden erstellten Standardverträgen und -bedingungen, die dem Kundenunternehmen ein großes Maß an Kontrolle und Effizienz, minimale Investitionen und einen bedeutenden Anteil am kommerziellen Gewinn sichern. Die Verantwortung für den Konsumenten und die Konsumentendaten liegt vorwiegend bei dem Kundenunternehmen.
Ein Kundenmagnet, wie selten zu findende oder einzigartige Innovationen, Produkte oder Dienstleistungen, die einmalig sind und Konsumenten anziehen, ist eine Voraussetzung für die Gründung des Ökosystems.

**Digitale Ökosysteme Dritter**

Hierbei handelt es sich um ein überwiegend von Dritten initiiertes und gesteuertes Ökosystem, das eine Art soziale Anziehungskraft entwickelt und auf Konsumenten und Partner eine Sogwirkung erzeugt. Eine Kundenbeteiligung erfolgt über einen Juniorpartner.
Das Ökosystem besteht aus von Dritten erstellten Standardverträgen und -bedingungen, die diesen einen hohen Hebeleffekt, minimale Investitionsanforderungen und einen signifikanten Anteil am kommerziellen Gewinn sichern. Die Verantwortung für die Konsumentendaten selbst – verbleiben vorwiegend bei den Dritten.

> Wenngleich bislang noch kein Unternehmen eine Patentlösung gefunden hat, zeigt die Erfahrung, dass zukunftsfähige Unternehmen zahlreiche unterschiedliche **Arten von digitalen Digitalpartnerschaften und Ökosystemen** nutzen

**Vom Kunden gesteuerte digitale Ökosysteme**

Bei diesem Modell spielt der Kunde eine zentrale Rolle bei der Initiierung und Steuerung des Ökosystems, das wiederum bei Konsumenten und Partnern eine Art soziale Anziehungskraft entwickelt. Der Kunde bildet ein Netzwerk aus Unternehmens-, Lösungs- und Projektpartnerschaften und ist für den entsprechenden Vertrag verantwortlich. In der Regel liegt die Verantwortung für Konsumenten bei einem „Channel-Partner" und die Verantwortung für Konsumentendaten wird zwischen den Partnern geteilt.

**Offene digitale Ökosysteme**

In diesem kundenzentrierten Ökosystem spielt der Kunde eine zentrale Rolle bei der Initiierung und Steuerung der Entwicklung des Ökosystems. Diese Sogwirkung zieht Konsumenten und Partner an und fördert ein Gefühl des sozialen Zusammenhalts.
Das Netzwerk von Unternehmenspartnerschaften wird unter einem Vertrag mit gemeinsamer Verantwortung zusammengefasst. Die Daten werden zwischen den Teilnehmern ausgetauscht, während die Verantwortung für die Konsumentendaten bei dem jeweiligen Partner liegt.

**Abb. 4.15** (Fortsetzung)

ABC spielt eine entscheidende Rolle bei der technologischen Innovation, indem es Organisationen ermöglicht, Kundenpräferenzen besser zu erkennen und differenzierte Produkte und Dienstleistungen leichter zu entwickeln und schneller auf den Markt zu bringen. Organisationen, die ABC nicht einsetzen, verpassen die Chance, Produkte und Services von denen der Mitbewerber abzuheben und Märkte und Kunden optimal zu bedienen.

### 4.5.4.2 Cybersicherheitsrisiken

ABC-basierte Dienste sind zunehmend unverzichtbar, wenn es darum geht Cyber-Angriffe abzuwehren.

AI ist eines der leistungsfähigsten Instrumente zur Abwehr von Cyberangriffen, indem sie große Datenmengen in Echtzeit analysiert, Anomalien erkennt und potenzielle Sicherheitsverletzungen identifiziert. Ohne AI-gestützte Cybersicherheitslösungen sind Organisationen anfälliger für Angriffe, Datenschutzverletzungen und Rufschädigungen, die zu finanziellen Verlusten und zum Verlust des Kundenvertrauens führen können.

Gleichzeitig haben viele Organisationen zu oft und zu lange „Burg-und-Burggräben"-Ansätze für die Cybersicherheit verfolgt. Cloud-Dienste waren Vorreiter bei der Umstellung von „Burgen und Gräben" auf „Hotels" und haben einen „Zero Trust"-Ansatz für die Cybersicherheit gefördert. Der „Hotel"-Ansatz akzeptiert, dass Clouds wie Hotels öffentliche Zonen benötigen, aber Clouds wie Hotels benötigen Schlüsselkarten, die einen differenzierten Zugang zu Sicherheitszonen, Stockwerken und Zimmern ermöglichen.

### 4.5.5 Ethische Dimension

Schließlich erfordert nicht nur der Einsatz, sondern auch der Verzicht auf den Einsatz von AI, Big Data und Cloud ethische Überlegungen.

#### 4.5.5.1 Autonomes Fahren

Autonome Fahrzeuge sind in der Lage, ihre Umgebung zu erfassen und sich ohne oder mit nur geringem menschlichen Eingreifen fortzubewegen. Damit sich diese Fahrzeuge sicher bewegen und ihre Umgebung verstehen können, müssen große Datenmengen von einer Vielzahl unterschiedlicher Sensoren im Fahrzeug erfasst werden. Diese werden dann vom autonomen, zunehmend AI-gestützten Fahrcomputersystem des Fahrzeugs verarbeitet. Über das ethische Dilemma eines autonomen Fahrzeugs mit defekten Bremsen, das mit voller Geschwindigkeit auf eine Großmutter und ein Kind zurast, von denen nur eines durch ein Ausweichmanöver gerettet werden kann, ist viel geschrieben worden. Eine Verzögerung bei der Lösung dieses Dilemmas im Code des Fahrzeugalgorithmus kann auch zu einer Verzögerung der verschiedenen anderen greifbaren Verringerungen der Zahl der Unfalltoten durch AI führen, die durch einfachere Mustererkennungssysteme wie Antiblockiersysteme, Kollisionswarnsysteme und Fußgängerschutzsysteme eingeleitet wurden.

#### 4.5.5.2 Medizin (Clinical Decision Support Systems, CDSS)

CDSS sind Expertensysteme zur Unterstützung von Ärzten und anderen Leistungserbringern im Gesundheitswesen, die auf der Grundlage individueller Patientendaten und einer Wissensbasis Bewertungen, Ratschläge und Empfehlungen aussprechen. Solche Expertensysteme können durch die Analyse von Patientendaten Differentialdiagnosen erstellen, was besonders in komplexen oder seltenen Fällen von Vorteil ist, in denen menschliches Fachwissen nur begrenzt abrufbar ist. Sie unterstützen Ärzte bei der Auswahl geeigneter Behandlungen, indem sie mögliche Diagnosen und relevante klinische Leitlinien berücksichtigen. Moderne Expertensysteme werden zunehmend auf AI basiert und mit elektronische Patientenakten integriert, was einen nahtlosen Zugang zu Patientendaten ermöglicht und die Relevanz der Empfehlungen erhöht. Es hat sich gezeigt, dass AI- gegenüber einfacheren parameter-basierte CDSS die klinische Entscheidungsfindung verbessern, indem sie bessere patientenspezifische Informationen und evidenzbasierte Empfehlungen liefern.

Der Einsatz von AI in CDSS kann die Patientenergebnisse potenziell verbessern, indem die Diagnosegenauigkeit erhöht, die Behandlungsauswahl optimiert und medizinische Fehler reduziert werden.

## 4.6 Nachhaltigkeit durch das ABC und weitergehende technologische Innovationen

Laut dem jüngsten Strombericht der Internationalen Energieagentur (IEA) benötigten Rechenzentren im Jahr 2022 460 TWh, ein Wert, der bei einem aggressiven Wachstumsszenario bis 2026 auf über 1000 TWh ansteigen könnte. In Irland, einem der ersten Standorte für Hyperscale-Cloud-Anbieter in der EU, ist die Situation noch gravierender: Dort werden bis 2026 32 % des gesamten Stromverbrauchs auf Rechenzentren entfallen. Im Jahr 2022 lag dieser Anteil noch bei 17 %.

Anbieter von AI-, Big Data- und Cloud-Diensten sowie Energieversorger und Kapitalmärkte haben sowohl die Chancen als auch die Risiken erkannt, die sich daraus ergeben. Sie reagieren mit einer Reihe von Initiativen.

**Investitionen in die Erzeugung erneuerbarer Energien.** Da in den kommenden Jahren mit einem zusätzlichen Energiebedarf von Hunderten von Terawattstunden gerechnet wird, besteht eine entsprechende Nachfrage nach sauberer Energie für ABC- und insbesondere Hyperscale-Cloud-Anbieter und andere große Unternehmen, die sich als Vorreiter für den Klimaschutz engagieren.

**Energy Usage Efficiency** In Rechenzentren. Betreiber von Rechenzentren experimentieren mit effizienteren Kühl- und Wärmerückgewinnungstechnologien, z. B. mit wassergekühlten Racks hoher Dichte für besonders stromintensive Anwendungen wie künstliche Intelligenz.

**Investitionen in Übertragungs- und Verteilungsnetze.** Da die Verfügbarkeit von Strom für die Skalierung von Rechenzentren immer wichtiger wird, haben immer mehr Energieerzeuger und Netzbetreiber die Bedeutung und das Potenzial von Rechenzentren erkannt. Die Nachfrage nach Rechenzentren und Energie zeigt keine Anzeichen einer Verlangsamung, sodass die Übertragungsnetz- und Verteilnetz-Kapazitäten entsprechend wachsen dürften.

**Ausrüstung.** Die Schaffung neuer Stromnetze hängt natürlich von der Versorgung mit Ausrüstungen ab, was die Möglichkeit bietet, in neue oder aufkommende Technologien zu investieren. Der Mangel an kritischen Ausrüstungen hat das Wachstum von kleinen Unternehmen, die sich auf die Herstellung von Generatoren konzentrieren, und von Anbietern, die sich auf die Herstellung von Power Distribution Units (PDUs) in großem Maßstab konzentrieren, ermöglicht.

## 4.7 Ethische Standards für und verantwortungsbewusste Verwendung des ABC

Künstliche Intelligenz, Big Data und Cloud Computing haben das Potenzial, die Effizienz zu steigern, Betriebsmodelle zu verändern und die Geschäftsmodelle und Strategien von Organisationen zu erweitern. Die Geschwindigkeit, mit der sich Organisationen, Prozesse und Technologien verändern, war noch nie so hoch wie heute; dieser Wandel bringt neben Chancen auch höhere Volatilität und Risiken mit sich.

Daher muss die Sorgfalt, mit der Organisationen diese Veränderungen angehen, entsprechend hoch sein. Organisationen müssen klare Grundsätze für den verantwortungsvollen Umgang mit AI aufstellen und sollten sich an die einige Leitprinzipien halten, die auch den Kern des EU AI Act bilden.

**Bias-freie und faire AI-Modelle.** AI-Modelle müssen nicht-diskriminierend sein. Die zugrunde liegenden Big-Data-Trainingsdatensätze müssen statistisch ausreichend repräsentativ und divers sein.

**Erklärbarkeit und Transparenz von AI-Modellen.** Organisationen müssen verstehen, wie die von ihnen verwendeten AI-Modelle zu ihren Ergebnissen kommen. Eine einfache Möglichkeit, dies zu überprüfen, besteht darin, in der Lage zu sein, die Ergebnisse des Systems in einfacher Sprache zu erklären. Darüber hinaus müssen die Parteien, die mit einem AI-System der Organisation interagieren, in der Lage sein zu erkennen, dass sie mit einem solchen System kommunizieren.

**Monitoring und Accountability für AI.** Organisationen müssen Menschen („humans in the loop") in den AI-Lebenszyklus integrieren, um die Ergebnisse des AI-Modells nach bestem Wissen und Gewissen zu überwachen und zu verifizieren. Sie müssen auch sicherstellen, dass ein Protokollierungs- und Dokumentationssystem implementiert ist, um die „Drift" der Ergebnisse des AI-Systems im Laufe der Zeit zu verfolgen.

**Datenschutz und Datenethik.** Organisationen müssen sicherstellen, dass für alle Daten, die zum Training von AI-Modellen verwendet werden, eine entsprechende Einwilligung eingeholt wird.

- **Leistungsfähigkeit** der Services und Zuverlässigkeit der Ergebnisse. Organisationen müssen sicherstellen, dass ein angemessenes Maß an Tests und Validierungen durchgeführt wird, um zu gewährleisten, dass die Ergebnisse der AI-, Big Data- und Cloud-Dienste hinreichend genau sind. Sie müssen sicherstellen, dass Pläne für fortlaufende Tests und Überwachung vorhanden sind, um zu gewährleisten, dass AI-, Big Data- und Cloud-Dienste im Laufe der Zeit nachhaltig ordnungsgemäß funktionieren.
- **Cybersicherheit.** Organisationen müssen sicherstellen, dass Sicherheitskontrollen eingeführt wurden, um AI-, Big Data- und Cloud-Dienste vor Hackerangriffen oder Manipulationen durch Dritte zu schützen.
- **Nachhaltigkeit und ESG.** Organisationen müssen sicherstellen, dass die potenziellen Auswirkungen von AI, Big Data und Cloud-Diensten auf Umwelt, Gesellschaft und

Governance berücksichtigt werden. Dies gilt umso mehr, als AI-, Big Data- und Cloud-Dienste sehr energieintensiv sind.

## 4.8 Voraussetzungen für die Integration der Technologien

Die Kombination aus AI, Big Data und Cloud-Technologien hat in den letzten Jahren eine beispiellose Entwicklung durchlaufen. Durch den gestiegenen Reifegrad dieser Technologien sind sie längst nicht mehr nur für große Konzerne zugänglich, sondern auch für mittelständische und kleinere Unternehmen attraktiv und umsetzbar.

AI hat sich von einem visionären Konzept zu einer praxisnahen Lösung entwickelt, die in Form leicht implementierbarer Tools und Dienste verfügbar ist. Unternehmen können heute AI-basierte Services wie automatisierte Analysen oder personalisierte Empfehlungen schnell und ohne umfassendes Expertenwissen nutzen. Gleichzeitig bieten Cloud-Technologien, vorangetrieben durch die Hyperscaler-Anbieter wie Microsoft, Amazon und Google, skalierbare und kosteneffiziente Infrastrukturen, die keine umfangreichen IT-Investitionen mehr erfordern. Dadurch wird es auch kleineren Unternehmen ermöglicht, Daten flexibel zu speichern, zu analysieren und in Echtzeit zu nutzen.

Der technologische Fortschritt und die Verfügbarkeit standardisierter Produkte senken die Eintrittsbarrieren deutlich. Dies bedeutet, dass die zuvor skizzierten Anwendungsszenarien – von datenbasierten Geschäftsmodellen bis hin zur Automatisierung von Prozessen – keine reinen konzeptionellen Ideen mehr sind, sondern zur Basis erfolgreicher Digitalisierungsstrategien gehören. Für Unternehmen jeder Größe ist es damit einfacher denn je, das volle Potenzial von AI, Big Data und Cloud zu nutzen.

Der erfolgreiche Einsatz von AI, Big Data und Cloud setzt nicht nur auf die Technologie selbst, sondern auf klar definierte strategische, organisatorische und technologische Voraussetzungen. Diese bilden das Fundament, um die Digitalisierung effektiv umzusetzen und langfristig Wert zu schaffen. Erfahrungen aus der Praxis lassen hierbei eine Reihe relevanter Voraussetzungen (vgl. Abb. 4.16) ableiten, die nachfolgend beschrieben werden.

### 4.8.1 Strategische Voraussetzungen

#### 4.8.1.1 Zielbild
**Zielbild für Digitalisierungsvorhaben definieren („Warum"):** Ein übergeordnetes Zielbild sollte mit allen relevanten Stakeholdern gemeinsam und unter Berücksichtigung der Organisationsstrategie festgelegt werden. Das Zielbild definiert dabei die strategische Ausrichtung aller Digitalisierungsinitiativen und gibt Orientierung für die gesamte Organisation. (Rogers, The Digital Transformation Roadmap, 2023). Dieses beinhaltet somit alle drei Horizonte der Digitalisierung und umfasst somit die Optimierung bestehender Abläufe und Prozesse, des aktuellen Geschäftsmodells sowie die Entwicklung neuer digitaler Geschäftsmodelle.

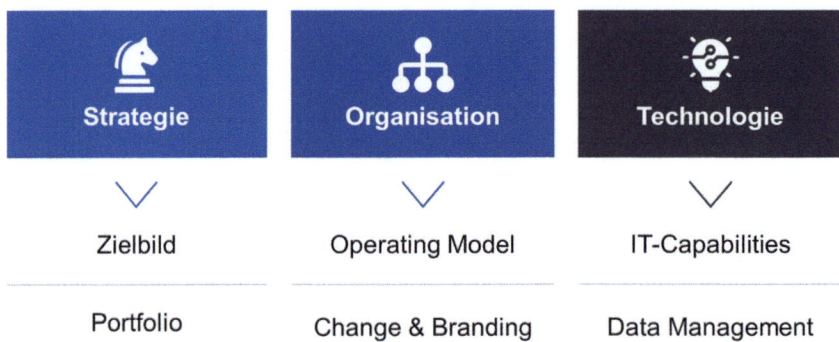

**Abb. 4.16** Voraussetzungen

**OKRs zur Konkretisierung hinsichtlich der Ziele und Kernergebnisse:** Das übergeordnete Zielbild wird in Objectives and Key Results (OKRs) übersetzt, um messbare Ziele und spezifische Ergebnisse für die einzelnen Projekte festzulegen. Es empfiehlt sich diese in regelmäßigen Abständen (beispielsweise quartalsweise) hinsichtlich des Fortschritts der Initiativen und der weiterhin geltenden Korrektheit („zahlen diese auf das Zielbild ein?") zu prüfen.

### 4.8.1.2 Portfoliomanagement

**Kaskadierung über entsprechende Bereiche; Use-Case-Betrachtung und Priorisierung:** Die Ziele werden über alle relevanten Organisationsbereiche hinweg heruntergebrochen. Digitalisierungsvorhaben werden anhand von Kriterien wie Kosten, Nutzen und initialer Eignung priorisiert, um eine gezielte Ressourcenallokation zu gewährleisten (‚Use-Case-Portfolio'). Insbesondere für erste Initiativen gilt es solche zu wählen, die in einer initial schnellen Zeit realisierbar sind und man hierdurch neben der Mehrwert-Perspektive auch eine kommunikative Grundlage für den Ausbau der Sichtbarkeit schafft (‚Showcase').

**C-Level-Backup/Support:** Die Unterstützung und aktive Beteiligung der obersten Führungsebene (C-Level) ist essenziell, um Digitalisierungsvorhaben unternehmensweit voranzutreiben und deren Relevanz zu unterstreichen. Dies spiegelt sich wider insbesondere in der Bereitstellung relevanter, cross-funktionaler Kapazitäten, v. a. mit Blick auf die anfängliche Investitionsphase – die eine Bereitstellung der ‚Digitalisierungs-Basis-Infrastruktur' sichert.

## 4.8.2 Organisatorische Voraussetzungen

### 4.8.2.1 Operating Model

**Aufbaustruktur:** Definition von zentralen und dezentralen Verantwortlichkeiten und Rollen sowie derer Schnittstellen. Ergänzend gilt es Strukturen, Prozesse und Gremien für Entscheidungen (beispielsweise hinsichtlich der Priorisierungen von Initiativen und des Abgleichs von Kapazitäten) klar und transparent zu etablieren, um ein übergreifendes abgestimmtes Vorgehen sowie eine schnelle Reaktionsfähigkeit zu garantieren. Die Förderung von externen Partnerschaften und Kooperationen mit Technologieanbietern, Start-ups und Forschungseinrichtungen kann dabei helfen, externes Know-how zu nutzen und sich in digitale Ökosysteme zu integrieren, um neue Marktchancen zu erschließen, ohne diese direkt jeweils in der eigenen Organisationsstruktur fest aufzubauen.

**Crossfunktionale Ablaufstruktur:** Die Ablauforganisation sollte durch crossfunktionale Teams die sowohl in der Umsetzung als auch im Betrieb eng verzahnt miteinander arbeiten, ausgestaltet werden. IT-Experten, Data Scientists, Business-Strategen und Fachabteilungen müssen Hand in Hand arbeiten, um die Technologien effizient zu nutzen. Eine klare Kommunikation und gemeinsame Ziele sind entscheidend, um Projekte erfolgreich umzusetzen. Rollen wie Data Engineers, Cloud Architects und AI-Modellentwickler sollten klar definiert sein, um Doppelarbeit und ineffiziente Prozesse zu vermeiden. Standard-Frameworks wie Scrum oder SAFe bieten hier konkrete Blueprints zur Ausgestaltung. Hierbei soll angemerkt sein, dass das Ablaufmodell sowohl traditionell nach Wasserfall (,klassisch'), agil oder ein hybrides Modell je nach Bedarf darstellen kann. Auch sollte bei der Anwendung von Frameworks, wie den oben genannten, immer auch nur das genutzt werden, was für das Vorhaben Sinn macht. Iterative Prozesse, gemeinsame Feedback- & Retro-Termine sowie crossfunktionale Workshops fördern Verständnis zwischen technischen und nicht-technischen Teams.

**Einheitliche Governance:** Entwicklung und Implementierung einer übergreifend gültigen Governance, die beispielsweise Business-IT-Alignment durch ein zentrales Portfoliomanagement, einen klaren Anforderungsmanagementprozess im Einklang mit der Aufbaustruktur und abgestimmte Roadmaps sichert, einheitliche Standards und Policies definiert sowie die Erfolgsmessung absichert.

**Mitarbeiterkompetenzen und Schulung:** Der Aufbau digitaler Kompetenzen bei Mitarbeitenden ist essenziell, um neue Technologien und agile Arbeitsweisen effektiv zu nutzen. Dies sollte durch gezielte Schulungsprogramme (beispielsweise zu AI, Big Data und Cloud) und On-the-Job-Learning (beispielsweise in Form von Hackathons, Design Sprints) begleitet werden, um Mitarbeitende auf die Nutzung neuer Technologien vorzubereiten.

### 4.8.2.2 Change & Branding

**Initiales Team bilden (Ambassador):** Der Aufbau eines initialen Teams, das als Botschafter der Digitalisierung fungiert, ist essenziell für den Erfolg. Dieses Team sollte aus engagierten Mitarbeitenden aus verschiedenen Organisationsbereichen bestehen (beispielsweise Fachbereich, IT), die die Vision der Digitalisierung verstehen und aktiv vorantreiben. Sie dienen als Multiplikatoren, indem sie das Bewusstsein für die Veränderungen stärken, als Ansprechpartner:innen bereitstehen und andere Kolleg:innen motivieren, die Transformation mitzutragen. Somit kann die Ausprägung einer offenen und innovativen, digitalen Kultur ‚bottom-up' unterstützt werden.

**Stakeholder-Einbindung:** Die frühzeitige und systematische Einbindung relevanter Stakeholder ist entscheidend, um Akzeptanz und Unterstützung für die Digitalisierungsprojekte sicherzustellen. Dazu gehören sowohl interne Akteure wie das Management, die IT-Abteilung und Fachbereiche als auch externe Partner oder Kunden. Stakeholder-Management sollte dabei nicht nur informativ, sondern aktiv gestaltet werden. Regelmäßige Workshops, Kommunikationsforen und Feedbackrunden schaffen Transparenz und fördern einheitliches Verständnis und Identifikation mit den Zielen der Transformation. Die Bestimmung der wichtigsten Stakeholder in einem initialen Workshop auf Entscheider-Ebene, die Organisation eines (internen) Austausch-Forums zu Digitalisierungs-Themen bieten hierfür sinnvolle Maßnahmen.

**Programm-Branding & Kommunikation:** Ein starkes Branding des Digitalisierungsprogramms unterstützt die interne und externe Akzeptanz der Initiative. Dies umfasst eine klare und einprägsame Programmbotschaft, die die Vorteile und den Mehrwert der Digitalisierung vermittelt bis hin zur Schaffung einer internen Marke mit eigenem Namen & Logo. Eine kontinuierliche Kommunikation – beispielsweise über Newsletter, Intranet-Plattformen oder regelmäßige Updates in Meetings – sichert, dass alle Mitarbeitenden über Fortschritte informiert bleiben. Insbesondere bei Änderungen der Arbeitsmodelle, wie sie häufig im Zuge von IT-Transformationen erforderlich sind, hilft eine transparente und gezielte Kommunikation, Widerstände zu minimieren und das Vertrauen der Belegschaft zu stärken.

### 4.8.3 Technologische Voraussetzungen

#### 4.8.3.1 IT-Fähigkeiten
**Integration:** Die reibungslose Integration neuer Technologien erfordert eine übergreifende IT-Architekturstrategie und die Investition in digitale Infrastrukturen, um moderne IT-Lösungen bereitzustellen, die den Anforderungen von AI, Big Data und Cloud-Computing gerecht werden. Unternehmen sollten gezielt API-First-Ansätze verfolgen, standardisierte Schnittstellen nutzen und ein zentrales Datenmanagement etablieren, um fragmentierte Systemlandschaften zu vermeiden. Die Harmonisierung von Altsystemen (Legacy) und neuen Technologien sollte dabei gezielt gesteuert werden, um Risiken zu minimieren und den operativen Betrieb nicht zu stören. Dies schließt auch die Einführung moderner API-Technologien ein, die eine flexible Integration verschiedener Anwendungen und Datenquellen unterstützen. Grundvoraussetzung hierfür ist die Standardisierung, insbesondere hinsichtlich einheitlicher Datenformate. Dabei muss auch die Datensicherheit durch geeignete Schutzmaßnahmen gewährleistet sein.

**Skalierbarkeit und Flexibilität:** Technologische Lösungen müssen so ausgelegt sein, dass sie sich flexibel an veränderte Anforderungen anpassen und bei Bedarf skalieren lassen. Dies ist vor allem bei der Einführung von Cloud-Technologien entscheidend, da sie dynamisch Ressourcen bereitstellen und damit auch künftiges Wachstum oder Lastspitzen problemlos abdecken können.

### 4.8.3.2 Data Management

**Datenkonsolidierung und Bereitstellung von Datenprodukten:** Eine zentrale Datenkonsolidierung ist essenziell, um fragmentierte Datenquellen zu harmonisieren und eine einheitliche Grundlage für Analysen zu schaffen. Der Aufbau eines zentralen Data Lakes / Data Lakehouses ermöglicht die effiziente Speicherung und Verwaltung großer Datenmengen, etwa von Kundendaten, Produktionsdaten oder Finanzdaten. Auf dieser Basis können Datenprodukte wie Dashboards oder automatisierte Reportings entwickelt werden, die den verschiedenen Organisationsbereichen schnell und präzise Informationen bereitstellen. Integration und Aufbau insb.

**Integration und Aufbau von Data Quality:** Die Qualität der genutzten Daten ist entscheidend für die Aussagekraft von Analysen und Entscheidungen. Dies erfordert den Aufbau eines Data-Quality-Managements, das Fehler in den Datenquellen erkennt und beseitigt sowie sicherstellt, dass alle verwendeten Daten den definierten Standards entsprechen. Ergänzend sollten Mechanismen zur automatischen Datenvalidierung und -bereinigung eingeführt werden, um die Integrität und Konsistenz der Daten sicherzustellen.

**Data Responsibilities & Governance:** Eine klare Data Governance ist notwendig, um Rollen, Verantwortlichkeiten und Richtlinien für den Umgang mit Daten festzulegen. Dies umfasst die Definition von „Data Owners" und „Data Stewards", die für die Pflege, Qualität und den Schutz bestimmter Datenbereiche verantwortlich sind. Ergänzend müssen verbindliche Standards für Datensicherheit, Datenschutz (z. B. DSGVO) und Zugriffsrechte definiert und regelmäßig überprüft werden.

**Checkliste**

- Haben wir ein klares Zielbild für unsere Digitalisierungsstrategie definiert?
- Sind unsere Digitalisierungsinitiativen über klare Priorisierungsmechanismen (z. B. OKRs, Use-Case-Portfolio) strukturiert?
- Wird die Digitalisierung aktiv durch das C-Level unterstützt, einschließlich Ressourcen- und Budgetbereitstellung?
- Haben wir ein Operating Model mit klaren Verantwortlichkeiten, Schnittstellen und Governance-Strukturen etabliert?
- Ist ein übergreifendes Change- & Kommunikationskonzept implementiert, um die Akzeptanz und Dynamik der Digitalisierung zu fördern?

- Sind unsere IT- und Datenarchitekturen so aufgebaut, dass sie eine nahtlose Integration neuer Technologien (z. B. API-First, Cloud-Services) ermöglichen?
- Haben wir eine klare Data-Governance-Strategie, um Datenqualität, Zugriffsrechte und Compliance sicherzustellen?

### 4.8.4 Das ABC Value Office – Die organisatorische Einheit zur erfolgreichen Digitalisierung

Die erfolgreiche Integration von AI, Big Data und Cloud-Technologien (ABC) in Unternehmen erfordert nicht nur technologische Lösungen, sondern auch eine klare organisatorische Verankerung. Um Digitalisierungsinitiativen gezielt zu steuern und deren wirtschaftlichen Mehrwert sicherzustellen, bedarf es einer Einheit, die Strategie, Fachbereiche und IT miteinander verbindet – das ABC- (oder Digital) Value Office. Dieses fungiert als zentrale Steuerungseinheit der digitalen Transformation und stellt sicher, dass alle Initiativen entlang der unternehmerischen Zielsetzungen ausgerichtet sind. Je nach Organisationsgröße und Digitalisierungsgrad kann diese Einheit zentral, dezentral oder hybrid organisiert sein. Während zentralisierte Modelle besonders für kleinere und mittelgroße Unternehmen geeignet sind, profitieren größere Organisationen von einer hybriden Struktur, die zentrale Steuerung mit dezentraler Umsetzung kombiniert.

#### 4.8.4.1 Die Aufgaben des ABC Value Office – Strukturierte Umsetzung der ABC-Strategie

**Strategieentwicklung & Steuerung:** Eine der zentralen Aufgaben des ABC Value Office ist die Definition und Weiterentwicklung der Digitalisierungsstrategie. Dabei geht es nicht nur um die interne Prozessdigitalisierung, sondern auch um die Transformation von Geschäftsmodellen und die Nutzung datengetriebener Ökosysteme. Diese Strategie bildet die Grundlage für die gezielte Nutzung von AI, Big Data und Cloud-Technologien, um sowohl Effizienzpotenziale als auch neue Wertschöpfungsmodelle zu erschließen.

**Portfolio- und Programm-Management:** Die digitale Transformation umfasst eine Vielzahl an Initiativen, deren Koordination, Priorisierung und Steuerung essenziell für den Erfolg ist. Das ABC Value Office übernimmt die Bewertung von Digitalisierungsprojekten, stellt sicher, dass diese mit der Organisationsstrategie im Einklang stehen, und schafft eine strukturierte Ressourcenallokation. Ein besonderer Fokus liegt darauf, Use-Cases mit hoher Hebelwirkung zu identifizieren, die als „Showcase-Projekte" zur schnellen Skalierung beitragen können.

**Innovations- und Ideenmanagement:** Um die Potenziale von AI, Big Data und Cloud gezielt zu nutzen, braucht es kontinuierliche Innovation. Das ABC Value Office unterstützt die Fachbereiche durch Ideenfindungs-Workshops, Innovationswettbewerbe und interne Digital Hubs, in denen neue Anwendungsfälle für die ABC-Technologien entwickelt und bewertet werden. Durch diesen strukturierten Innovationsprozess wird sichergestellt, dass Digitalisierung nicht nur als IT-Thema betrachtet wird, sondern aktiv zur Geschäftsmodelltransformation beiträgt.

**Projektsteuerung & Umsetzung:** Neben der strategischen Planung ist das ABC Value Office auch für die operative Umsetzung verantwortlich. Es stellt sicher, dass Digitalisierungsprojekte strukturiert aufgesetzt, umgesetzt und nachhaltig in den Betrieb überführt werden. Dabei übernimmt dieses sowohl die methodische Unterstützung als auch die Bereitstellung von bedarfsorientierten Ressourcen (z. B. Projektleitung), zentralen Best Practices sowie standardisierten Prozessen für eine erfolgreiche Einführung neuer digitaler Lösungen.

**Value Realization & Erfolgsmessung:** Die Einführung digitaler Technologien darf nicht allein anhand der Implementierung gemessen werden – vielmehr muss der tatsächliche Mehrwert (Return on Investment) jeder Initiative sichtbar und quantifizierbar sein. Das ABC Value Office entwickelt dafür klare KPIs, misst die Wertschöpfung von Digitalisierungsprojekten und stellt sicher, dass AI, Big Data und Cloud-Technologien nicht nur experimentell genutzt, sondern nachhaltig in die Organisation integriert werden.

**Change-Management & Kommunikation:** Digitale Transformation ist nicht nur eine technologische, sondern vor allem eine kulturelle Herausforderung. Damit Veränderungen nachhaltig greifen, braucht es eine klare Kommunikationsstrategie, die Mitarbeitende informiert, einbindet und befähigt. Das ABC Value Office baut Ambassador-Programme auf, etabliert interne Wissensplattformen und Schulungen und schafft durch gezielte Kommunikationsformate Transparenz, Wissenstransfer und Akzeptanz für digitale Veränderungen.

**Bereitstellung von Schlüsselkompetenzen:** Die erfolgreiche Umsetzung der Digitalisierung hängt maßgeblich von den verfügbaren Kompetenzen ab. Das ABC Value Office stellt ein multidisziplinäres Team aus Fachleuten bereit, das als zentraler Enabler agiert. Wichtig hierbei Nicht alle Rollen müssen organisatorisch fest im ABC Value Office verankert sein. Je nach Digitalisierungsstrategie, Reifegrad und bestehender Organisationsstruktur kann ein Teil der Kompetenzen flexibel aus Fachbereichen, Projekten oder externen Partnern eingebunden werden. Entscheidend ist der gezielte Zugang zu den benötigten Fähigkeiten – nicht zwingend deren permanente Verortung im Office.

Dazu gehören unter anderem (Tab. 4.2):

Diese Liste ist nicht abschließend, sondern zeigt zentrale Rollen, die sich je nach individuellen Anforderungen ergänzen oder weiterentwickeln können. Entscheidend ist, dass das ABC Value Office über die notwendigen Fähigkeiten verfügt, um die Digitalisierung strategisch voranzutreiben und nachhaltige Mehrwerte zu schaffen.

### 4.8.4.2 Die Implementierung des ABC Value Offices

Die erfolgreiche Implementierung eines ABC Value Office kann je nach Organisationsstruktur, Digitalisierungsgrad und strategischer Ausrichtung unterschiedlich gestaltet werden. Während einige Unternehmen von einer zentralisierten Steuerung profitieren, setzen andere auf eine dezentrale oder hybride Organisation, um sowohl Standardisierung

**Tab. 4.2** Rollen im Kontext des ABC Value Offices und deren Zielbeitrag

| Rolle | Zielbeitrag zur Digitalisierung |
|---|---|
| Innovationsmanagement & Business Analysts | Entwicklung digitaler Use Cases und Ableitung konkreter, businessnaher Anforderungen |
| Data Analysts & Machine Learning-Experten | Unterstützung datenbasierter Entscheidungen und Aufbau neuer datengetriebener Geschäftsmodelle |
| Cloud-Architekten & Cloud-Engineers | Bereitstellung skalierbarer, sicherer und performanter Cloud-Infrastrukturen |
| ABC-Projektmanager | Strukturierte Planung und Steuerung der operativen Umsetzung von Digitalisierungsinitiativen |
| Process-Automation-Spezialisten | Effizienzsteigerung durch Automatisierung und Digitalisierung von End-to-End-Prozessen |
| IT-Experten | Konzeption und Bereitstellung tragfähiger IT-Architekturen und passender digitaler Services |
| Data-Governance-Experten | Sicherstellung unternehmensweiter Datenverfügbarkeit, -qualität und -verantwortung |
| UX- & Digital Product Designer | Steigerung der Nutzerakzeptanz und Wirksamkeit durch nutzerzentrierte Gestaltung digitaler Lösungen |

als auch Flexibilität zu gewährleisten. Die folgende Übersicht stellt die möglichen Implementierungsstile des ABC Value Office gegenüber und zeigt deren jeweilige Merkmale, Vorteile, Herausforderungen und typische Einsatzbereiche auf (Tab. 4.3).

### 4.8.4.3 Startpunkt für die strategische Umsetzung einer ABC-Digitalstrategie

Abb. 4.17 illustriert den Transformationspfad zur nahtlosen Integration von Artificial Intelligence, Big Data und Cloud-Technologien (ABC) in die Organisationsstrategie.

Die Reise beginnt mit einer präzisen Standortbestimmung: Wo steht die Organisation digital heute? Welche Herausforderungen existieren? Welche Digitalisierungspotenziale schlummern ungenutzt? Diese fundierte Analyse bildet das Fundament für die Entwicklung eines ABC-Zielbilds und einer unternehmensweit getragenen ABC-Mentalität – ein gemeinsames Verständnis für den strategischen Wert digitaler Schlüsseltechnologien.

Im Anschluss werden priorisierte Anwendungsfälle mit hohem geschäftlichem Hebel identifiziert, sei es zur Effizienzsteigerung, zur Entwicklung neuer datengetriebener Produkte oder zur Differenzierung durch innovative Kundenservices (vgl. Horizont 1–3). Entscheidend ist dabei der Fokus auf messbare Mehrwerte als zentrale Erfolgskriterien. Darauf aufbauend erfolgt eine strukturierte Integrationsplanung mit klaren Verantwortlichkeiten, technischer und organisatorischer Umsetzungslogik sowie realistischen Zeitplänen.

**Tab. 4.3** Vergleich von unterschiedlichen Implementierungsstilen des ABC Value Offices

Vergleich von unterschiedlichen Implementierungsstilen des ABC Value Offices

| Organisatorische Einordnung | Zentral | Dezentral | Hybrid |
|---|---|---|---|
| Beschreibung | Eine zentrale Digitalisierungseinheit übernimmt die strategische Weiterentwicklung der Digitalisierung im gesamten Unternehmen. Technologie gewährleistet eine einheitliche Standardisierung und Effizienz | Jede Abteilung oder jeder Geschäftsbereich verantwortet eigenständig die Digitalisierungsprojekte. Die zentrale Digitalisierungseinheit agiert unterstützend oder beratend, hat aber keine zentrale Steuerungsfunktion | Eine zentrale Einheit definiert die Strategie, Standards und Governance. Fachbereiche haben eigene Digitalisierungsinitiativen, die Projekte auf Basis der zentralen Vorgaben umsetzen und strategisch mitgestalten. Regelmäßige Abstimmungsrunden stellen sicher, dass Skaleneffekte und spezifische Anforderungen berücksichtigt werden |
| Vorteile | • Klare Steuerung und zentrale Koordination<br>• Einheitliche Strategie und Standards für alle Projekte<br>• Effiziente Ressourcennutzung (kein doppelter Aufwand in den Fachbereichen)<br>• Schnelle Skalierbarkeit von Lösungen im gesamten Unternehmen<br>• Verbesserte Datenkonsolidierung und übergreifende Steuerung | • Hohe Fachbereichsnähe und Berücksichtigung spezifischer Anforderungen<br>• Hohe Flexibilität und schnelle Entscheidungsprozesse<br>• Förderung von Eigenverantwortung und Innovation in den Fachbereichen | • Kombination aus strategischer Steuerung und operativer Nähe<br>• Sicherstellung von Standards und Synergien<br>• Fachbereiche können dennoch flexibel und schnell agieren |

(Fortsetzung)

**Tab. 4.3** (Fortsetzung)

Vergleich von unterschiedlichen Implementierungsstilen des ABC Value Offices

| Organisatorische Einordnung | Zentral | Dezentral | Hybrid |
|---|---|---|---|
| Nachteile | • Geringe Nähe zu den Fachbereichen; Projekte können an deren spezifischen Bedürfnissen vorbeigehen<br>• Weniger Flexibilität und längere Entscheidungswege<br>• Gefahr der Überlastung der zentralen Einheit, was zu Bottlenecks führen kann | • Gefahr von Silobildung: Unterschiedliche Technologien und Prozesse in den Fachbereichen<br>• Redundanz und ineffiziente Ressourcennutzung<br>• Fehlende strategische Gesamtübersicht und Koordination | • Erfordert klare Rollen- und Verantwortungsdefinitionen<br>• Hoher Kommunikations- und Abstimmungsaufwand zwischen zentraler Einheit und Fachbereichen<br>• Risiko von Konflikten zwischen zentraler Steuerung und dezentraler Umsetzung |
| Typischer Einsatz | • Kleine und mittelständische Unternehmen (KMU) mit begrenzten Ressourcen, wo eine zentrale Steuerung Effizienz bietet<br>• Große Unternehmen mit stark standardisierten Geschäftsbereichen (z. B. Banken, Versicherungen, regulierte Industrien) | • Große Unternehmen mit diversifizierten Geschäftsbereichen:<br>• Z. B. Konzerne mit verschiedenen Divisionen, die eigenständig agieren (z. B. Automobilhersteller, Industrieunternehmen)<br>• Unternehmen mit stark differenzierten Märkten oder Produkten | • Mittelgroße bis große Unternehmen:<br>• Z. B. Konzerne mit mehreren Standorten oder internationalem Fokus<br>• Unternehmen, die eine Balance zwischen Standardisierung und Flexibilität anstreben |

## 4.8 Voraussetzungen für die Integration der Technologien

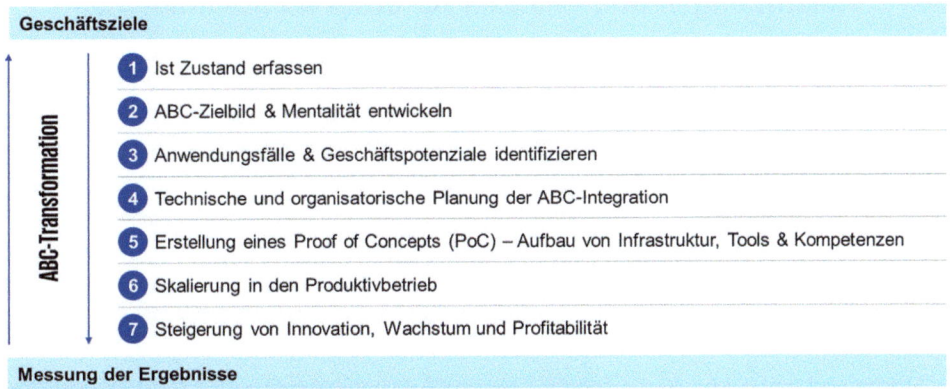

**Abb. 4.17** Schritte entlang des ABC-Transformationspfads

Ein entscheidender Meilenstein ist der Proof of Concept (PoC) – der kontrollierte Experimentierraum. Hier werden technologische Grundlagen erprobt, Tools evaluiert und ausgewählte Use Cases unter realen Bedingungen getestet. Dies schafft Kompetenz und Erfahrung für den späteren breitflächigeren Rollout.

Der nächste Schritt, häufig unterschätzt, ist die **Skalierung in den Produktivbetrieb.** Erfolgreiche PoCs werden systematisch in standardisierte Lösungen überführt, weitere Anwendungsfelder erschlossen und eine nachhaltige Verankerung in den Kernprozessen erreicht. An diesem Punkt wird digitale Transformation im Organisationsalltag spür- und messbar.

Die vollständige Entfaltung des ABC-Potenzials zeigt sich in konkreten Geschäftsergebnissen: beschleunigte Innovationszyklen, gesteigerte operative Effizienz und nachhaltiges Wachstum. Zur Erfolgsmessung eignen sich u. a. folgende KPIs:

1. Reduktion operativer Kosten durch cloudbasierte Prozesse und Automatisierung.
2. Verkürzung von Time-to-Market bei neuen Produktentwicklungen.
3. Erhöhung der Kundenzufriedenheit durch personalisierte Angebote und digitale Touchpoints.

Für den Einstieg in den Transformationsprozess dient die im Ausblick beiliegende Selbst-Diagnose-Checkliste als praxisnahes Instrument. Sie unterstützt dabei, eine differenzierte Standortbestimmung entlang zentraler Erfolgsdimensionen vorzunehmen – und liefert somit eine belastbare Grundlage für die Entwicklung einer unternehmensspezifischen ABC-Roadmap. Wir wünschen viel Spaß und eine erkenntnisreiche Durchführung!

## 4.9 Auswirkungen und Chancen für ausgewählte Industrien

Die vorangegangenen Kapitel haben gezeigt: Die digitale Transformation mittels AI, Big Data und Cloud vollzieht sich in drei strategischen Horizonten, die sich in ihrem Transformationsgrad und ihrem Beitrag zur Wertschöpfung unterscheiden. Auf der Ebene von **Horizont 1** sind künstliche Intelligenz, große Datenmengen und Cloud verbesserte Werkzeuge zur Verbesserung der **Bottomline** von Unternehmen, die es ermöglichen, Prozesse mit unveränderter Struktur, aber wesentlich effizienter ablaufen zu lassen. In der Regel werden solche Veränderungen zunächst in einzelnen **Backoffice**-Funktionen und innerhalb einer einzelnen Organisation umgesetzt, z. B. in den Bereichen Finanzen, Personal, Einkauf oder IT.

**Horizont 2** nutzt künstliche Intelligenz, große Datenmengen und Cloud-Dienste, um die Prozesslandschaft innerhalb einer Organisation oder über mehrere Organisationen hinweg grundlegend und kundenzentriert zu transformieren und so die **Bottom- und Topline** von Unternehmen zu verbessern. Die Veränderungen des Prozessmodells treten dabei häufig zuerst im **Frontoffice** an der „Edge" der Organisationen und in der Kundeninteraktion in Erscheinung. Da diese B2C- oder B2B-Interaktion zunehmend online und ohne weitere menschliche Interaktion erfolgt, ist sie zwangsläufig cloudbasiert und zunehmend AI-gestützt, perspektivisch durch AI-Agenten, technisch durch „Agentic RAG".

In **Horizont 3** geht es bei der Digitalisierung nicht nur um die Transformation des Betriebsmodells, sondern auch um die Erweiterung des Geschäftsmodells und der Strategie der Organisation, des **Middleoffice** und der **Topline** der Unternehmen. Dieser Wandel vollzieht sich häufig in Form einer Transformation von B2B-Geschäftsmodellen zu B2B2C-Geschäftsmodellen und oft im Kontext neuer digitaler Wettbewerber. Diese drei Horizonte wirken branchenübergreifend, jedoch mit unterschiedlichen Ausprägungen und Herausforderungen je nach Industrie. Während die grundlegenden Prinzipien des ABC universell anwendbar sind, unterscheiden sich die konkreten Anwendungsszenarien, Prioritäten und Transformationspfade zwischen Branchen. Im folgenden Kapitel gewähren führende Praktiker aus verschiedenen Industrien Einblick in ihre Erfahrungen mit der digitalen Transformation. Diese Praxisbeiträge illustrieren, wie die vorgestellten Konzepte in unterschiedlichen Kontexten zum Leben erweckt werden – von der Automobilindustrie über Finanzdienstleistungen und Logistik bis hin zu Gesundheitswesen, Energie und Einzelhandel. Sie zeigen auf, welche spezifischen Herausforderungen die jeweiligen Branchen bewältigen müssen, welche Chancen sich bieten und welche konkreten Ansätze sich in der Praxis bewährt haben. Zudem werden auch Kooperationsmöglichkeiten zwischen den Industrien beleuchtet, die im Rahmen digitaler Ökosysteme zunehmend an Bedeutung gewinnen.

## Literatur

AleaIT. (2024). *Singapore Introduces AI-Powered Traffic Management System: A Step Towards Smart City Success.* Abgerufen am 14. März 2025 von https://www.aleaitsolutions.com/singapore-introduces-ai-powered-traffic-management-system-a-step-towards-smart-city-success/.

bitkom, & KPMG. (2023). *Cloud Report 2023.* bitkom; KPMG.

Edelman, D. C., & Abraham, M. (2022). Customer Experience in the Age of AI. *HBR Magazine.*

Gassmann, O., Frankenberger, K., & Choudury, M. (2021). *Geschäftsmodelle entwickeln.* München: Carl Hanser Verlag.

Google. (o. J.j). *Vom Data Warehouse zu einer einheitlichen, KI-fähigen Datenplattform.* Abgerufen am 13. März 2025 von https://cloud.google.com/bigquery?hl=de.

HBR, H. B. (2023). Transforming Data into Business Value through Analytics and AI. *HBR.*

IBM. (o. J.j). *What is predictive analytics?* Abgerufen am 14. März 2025 von https://www.ibm.com/think/topics/predictive-analytics.

Lamarre, E., Smaje, K., & Zemmel, R. (2023). *Rewired.* New Jersey: Wiley.

Mastercard. (22. Mai 2024). Abgerufen am 14. 03 2025 von https://www.mastercard.com/news/press/2024/may/mastercard-accelerates-card-fraud-detection-with-generative-ai-technology/.

Meinhardt, S., & Wortmann, F. (2021). *IoT-Best Practices.* Wiesbaden: Springer Vieweg.

Mrozek, T., Seitz, D., Gundermann, K.-U., & Dicke, M. (2020). *Digital Supply Chains.* campus.

Nagji, B., & Tuff, G. (2012). Managing Your Innovation Portfolio. *HBR.*

Osterwalder, A., & Pigneur, Y. (2010). *Business Model Generation.* Chichester, England: John Wiley & Sons.

Porter, M. E., & Heppelmann, J. E. (2014). How smart, connected products are transforming competition. *Harvard Business Review.*

Rogers, D. L. (2023). *The Digital Transformation Roadmap.* Columbia Business School.

Slama, D. (2023). *The Digital Playbook.* Berlin: Springer.

Streim, A., & Meinecke, D. C. (2023). *bitkom.* Von bitkom: https://www.bitkom.org/Presse/Presseinformation/Digitalisierte-Unternehmen-ziehen-im-Wettbewerb-davon abgerufen.

Thomas H. Davenport, J. G. (2017). *Competing on Analytics: The New Science of Winning.* USA.

# Einblicke aus der Praxis – Unsere Gastbeiträge 5

## Inhaltsverzeichnis

5.1 Digitale Transformation der Meeting-Kultur: AI-gestützte Protokollerstellung mit Bliro® .................................................................. 148
    5.1.1 Einleitung ........................................................ 148
    5.1.2 Arten von Protokollen und ihre Bedeutung ............................ 149
    5.1.3 AI-gestützte Protokollerstellung: Bliro® im Vergleich .................. 149
    5.1.4 Technische Anforderungen ......................................... 150
    5.1.5 Herausforderungen bei der weltweiten Ausrollung ..................... 151
    5.1.6 Firmenspezifische Anpassungen .................................... 152
    5.1.7 Ausblick und Zusammenfassung .................................... 153
5.2 Gamechanger 3D-Druck: Die smarte Verbindung von Daten, Intelligenz und Innovation 154
5.3 Transformation aus eigener Kraft: Wie ein Industrieunternehmen durch Cloud, Big Data und Organisationsentwicklung digital wächst ............................ 162
    5.3.1 Die besondere Herausforderung der Digitalisierung im industriellen Kontext .. 162
    5.3.2 Transformation beginnt in der eigenen Organisation .................... 162
    5.3.3 Beispiel 1: SAP Cloud Rollout USA – Skalierung mit System ............. 163
    5.3.4 Beispiel 2: Datengetriebene Innovation in drei Dimensionen............... 164
    5.3.5 Fazit: Transformation beginnt mit der eigenen Haltung .................. 165
5.4 Digitalisierung in der Prozessindustrie – Der Weg zur autonomen Fabrik ............ 166
    5.4.1 Einleitung ........................................................ 166
    5.4.2 Herausforderungen ............................................... 166
    5.4.3 Autonome Anlagen: Chancen und Möglichkeiten ....................... 167
    5.4.4 Bausteine zur Autonomen Anlage ................................... 168
    5.4.5 Zusammenfassung und Ausblick .................................... 171
    5.4.6 Referenzen ...................................................... 171
5.5 Generative AI in der Produktentwicklung: Effizienz, Innovation und Wettbewerbsvorteile im Automotive-Bereich ................................... 172
    5.5.1 Einleitung ........................................................ 173
    5.5.2 Die Vision des selbstüberwachten Lernens: Ein geschlossener Kreislauf der Innovation ....................................................... 173

© Der/die Autor(en), exklusiv lizenziert an Springer Fachmedien Wiesbaden GmbH, ein Teil von Springer Nature 2025
J. Sommer et al., *Das ABC der Digitalisierung für Entscheider*,
https://doi.org/10.1007/978-3-658-49375-2_5

|  |  | 5.5.3 | Fallstudien: Erkenntnisse aus der Anwendung generativer AI . . . . . . . . . . . . . . | 174 |
|---|---|---|---|---|

- 5.5.3 Fallstudien: Erkenntnisse aus der Anwendung generativer AI .............. 174
- 5.5.4 Die Rolle des Ingenieurs im Wandel: Vom technischen Spezialisten zum Kurator intelligenter Systeme......................................... 177
- 5.5.5 Schlussfolgerung ................................................... 178
- 5.6 Skalierungsmodelle im Wandel: Von menschenzentriertem zu technologiegetriebenem Wachstum.................................................................. 180
- 5.7 Ganzheitliche Digitalisierung von komplexen Organisationen in Zeiten von multiplen Krisen...................................................................... 185
- 5.8 Baum für Baum: ABC für unsere Klimaziele ..................................... 190
  - 5.8.1 Mit Bäumen das Klima Kühlen ........................................ 190
  - 5.8.2 Die Technologie hinter den Bäumen ................................... 192
  - 5.8.3 Architektur aus der Vogelperspektive .................................. 192
  - 5.8.4 TREEO App: Das Werkzeug für Landwirte ............................. 194
  - 5.8.5 TREEO Cloud: Die Ansicht für das Forstmanagement.................... 194
  - 5.8.6 TREEO Scoring Engine .............................................. 195
  - 5.8.7 TREEO Impact Dashboard: Das „$CO_2$-Bankkonto" unserer Kunden ......... 195
  - 5.8.8 TREEO $CO_2$-Buchhaltung ............................................ 196
  - 5.8.9 GIS- und Satellitendatenanalyse ....................................... 196
  - 5.8.10 Übergreifende Technologie........................................... 196
  - 5.8.11 Geschäftsmodell Innovation .......................................... 197
  - 5.8.12 Einordnung ABC: AI, Big Data und Cloud ............................. 198
  - 5.8.13 Zusammenfassung .................................................. 200
- 5.9 Transformation durch Teilhabe: Warum kulturelle Voraussetzungen über den Erfolg von KI entscheiden ........................................................... 201
  - 5.9.1 Digitalisierung ist mehr als Technologie................................ 201
  - 5.9.2 Enablement als Erfolgsfaktor für AI im Arbeitsalltag..................... 201
  - 5.9.3 Führung als Brücke zwischen Strategie und Alltag ....................... 203
  - 5.9.4 Vertrauen, Diversität und Vernetzung als kulturelle Basis ................. 203
  - 5.9.5 Fazit: Künstliche Intelligenz braucht menschliche Intelligenz .............. 204
- 5.10 AI als Treiber der Digitalen Transformation im Mittelstand ....................... 205
- 5.11 Cloud-Transformation im Finanzsektor: Innovation und Sicherheit im Einklang ...... 209
  - 5.11.1 Bedeutung von Cloud im regulierten Umfeld............................ 209
  - 5.11.2 Ausgangssituation: Herausforderungen und Rahmenbedingungen .......... 209
  - 5.11.3 Strategie & Umsetzung: Vorgehen bei der Cloud-Migration ............... 210
  - 5.11.4 Fazit & Ausblick: Das ABC der Digitalisierung in der Versicherungsbranche . 212
- 5.12 Künstliche Intelligenz und Bildung: Handlungsfeld für Entscheider ................. 214
- 5.13 Gemeinsam erfolgreich ...................................................... 219
  - 5.13.1 Einführung ........................................................ 219
  - 5.13.2 Project „smart ORDER"............................................... 219
  - 5.13.3 Learnings ......................................................... 222
  - 5.13.4 Zukünftige Entwicklungen ........................................... 223
- 5.14 Wie wir Gesundheitsdaten strategisch und solidarisch für die Verbesserung der Versorgung nutzen können................................................... 223
  - 5.14.1 Das datengetriebene Gesundheitswesen 2025 ........................... 223
  - 5.14.2 Strategische und solidarische Nutzung von Gesundheitsdaten .............. 224
  - 5.14.3 Datenethik als Grundvoraussetzung für datenbasierte Wertschöpfung ....... 224
  - 5.14.4 Gesundheitsdatennutzung in kollaborativen Datenräumen ................ 225
  - 5.14.5 Das Datenraumprojekt sphin-X ....................................... 226
  - 5.14.6 sphin-X: Potenziale und Use Cases des Datenraumprojekts................ 227

# 5 Einblicke aus der Praxis – Unsere Gastbeiträge

| | | |
|---|---|---|
| 5.14.7 | Fazit: Mit Menschen und Daten die Versorgung verbessern | 228 |
| 5.15 | ValveInsight – durch integrierte ML-Algorithmen werden analoge Ventile intelligent | 228 |
| 5.16 | Mein Weg zur datengetriebenen und AI-gestützten Zukunft | 234 |
| 5.17 | Auf dem Weg zum selbstoptimierenden Netz: Die Digitalisierung der Energieinfrastruktur | 238 |

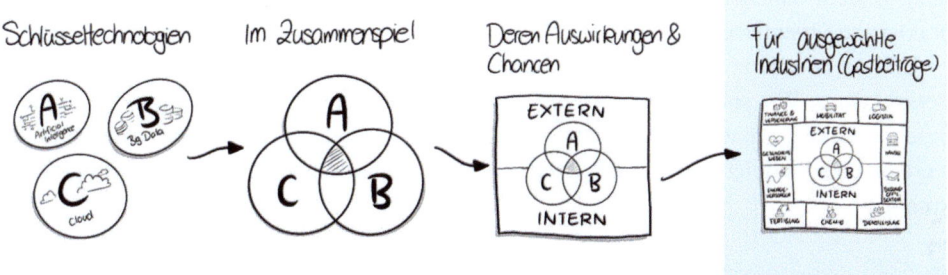

Wir befinden uns in einer transformativen und disruptiven Phase der technologischen Entwicklung. Die Synergien von AI, Big Data und Cloud Computing verändern nicht nur die IT, sondern definiert auch die operative Effizienz (Horizont 1), die Art der Wertschöpfung (Horizont 2) und nachhaltige Wettbewerbsvorteile (Horizont 3) grundlegend neu.

Als Führungskräfte und Entscheider navigieren wir Organisationen durch diese digitale Transformation. Dabei zeigt sich immer wieder: Die wertvollsten Erkenntnisse entstehen nicht in der Theorie, sondern in der praktischen Umsetzung. Genau hier setzt dieses Buch an. Es schließt die oft entscheidende Lücke zwischen Konzept und Implementierung.

Strategien und Rahmenwerke sind unverzichtbar, doch die wahre Geschichte der digitalen Transformation wird in den täglichen Entscheidungen geschrieben, in den unvorhergesehenen Herausforderungen, den hart erkämpften Erfolgen und den wertvollen Lektionen jener, die in ihren Organisationen Verantwortung übernommen haben.

Mit Freude präsentieren wir daher Beiträge einer ausgewählten Gruppe von Führungskräften und Entscheidern aus verschiedenen Organisationen. Die Erfahrungsberichte stammen aus Organisationen, die die Integration von AI, Big Data und Cloud in unterschiedlichen Kontexten angegangen sind. Sie haben sich mit kulturellen Veränderungen, technischen Herausforderungen, Marktveränderungen und ethischen Fragen auseinandergesetzt, die mit diesen Technologien einhergehen.

Unsere Gastautor:innen teilen ihre persönlichen Perspektiven, die ihre spezifischen Branchenkontexte, Geschäftsmodelle und technologischen Reifegrade widerspiegeln. In ihren Beiträgen finden Sie offene Diskussionen über:

- Die strategischen Treiber, die zur Einführung dieser Technologien geführt haben
- Die praktische Umsetzung mit Erfolgen und Herausforderungen

- Zentrale Erkenntnisse zu Data Governance, Modellimplementierung, Cloud-Architektur und Change Management
- Konkrete Ergebnisse und Metriken zur Erfolgsmessung
- Zukunftsperspektiven und Positionierung für weitere Innovationen

Diese Beiträge bieten somit einen wertvollen, ungefilterten Blick auf die unternehmerische Praxis in der digitalen Transformation. Wir danken daher unseren Gastautor:innen herzlich, dass sie ihre Zeit, ihre Erfahrung und ihr Fachwissen für dieses Buch zur Verfügung gestellt haben. Ihre Einsichten komplettieren dieses Buch und bieten authentische, praxisnahe Orientierung.

Und nicht zuletzt danken wir Ihnen, unseren Leser:innen, für Ihr Interesse an diesen Perspektiven. Wir sind überzeugt, dass die hier geteilten Erfahrungen Ihre eigene Reise durch die transformative Landschaft von AI, Big Data und Cloud bereichern und erhellen werden und vielleicht sogar den entscheidenden Impuls geben, selbst ins Handeln zu kommen.

## 5.1 Digitale Transformation der Meeting-Kultur: AI-gestützte Protokollerstellung mit Bliro®

*Jumana Al Sibai, Mirco Maier und Dr. Uli Christian Blessing* (Automobilzulieferer)

### 5.1.1 Einleitung

In einer zunehmend komplexen und schnelllebigen Geschäftswelt stellen Meetings – ob digital oder persönlich – einen zentralen Bestandteil unseres Arbeitsalltags dar. Sie bilden die Basis für Entscheidungsfindungsprozesse, fördern den Wissensaustausch und sichern die kontinuierliche Weiterentwicklung unserer Projekte. Doch während Meetings selbst oft produktiv verlaufen, erweist sich ihre Dokumentation häufig als Herausforderung: Die manuelle Protokollerstellung bindet wertvolle Ressourcen, führt zu Inkonsistenzen und verhindert, dass protokollführende Personen vollumfänglich am Meeting teilnehmen können.

Die Konsequenzen unzureichender Protokollierung sind weitreichend: wichtige Entscheidungen werden nicht adäquat oder verspätet dokumentiert, Aufgabenzuweisungen gehen verloren oder werden missverstanden, und das kollektive Wissen bleibt unzureichend gesichert. Im Zeitalter der Digitalisierung und künstlichen Intelligenz stellt sich daher die Frage, wie wir diese essenzielle, aber zeitintensive Aufgabe optimieren können. Bei MAHLE haben wir uns dieser Herausforderung gestellt und mit der Implementierung von Bliro® einen bedeutenden Schritt zur Digitalisierung unserer Meeting-Kultur unternommen.

## 5.1.2 Arten von Protokollen und ihre Bedeutung

Bevor wir uns der technologischen Lösung zuwenden, lohnt ein Blick auf die verschiedenen Protokollarten, die im Unternehmenskontext relevant sind:

**Stichwortprotokolle** halten die Kernpunkte einer Diskussion fest und eignen sich besonders für informelle Abstimmungen oder interne Teambesprechungen. Sie bieten einen schnellen Überblick, lassen jedoch Details außen vor.

**Wortprotokolle** dokumentieren Gespräche nahezu vollständig und finden vor allem bei rechtlich relevanten Verhandlungen oder bei der Dokumentation von Experteninterviews Anwendung. Ihre Erstellung ist äußerst zeitaufwendig, allerdings bieten sie maximale Transparenz und Information.

**Ergebnisprotokolle** fokussieren primär auf getroffene Entscheidungen und deren Begründung. Sie sind das Standard-Format für Management-Meetings und strategische Planungssitzungen, da sie Klarheit über Beschlüsse schaffen, ohne den Diskussionsprozess detailliert abzubilden.

**Aktionsprotokolle** konzentrieren sich auf konkrete Aufgabenzuweisungen mit Verantwortlichkeiten und Fristen. Sie kommen besonders in projektorientierten Meetings zum Einsatz und erhöhen die Verbindlichkeit und Nachverfolgbarkeit.

In der Praxis erfordert jedes Meeting oft eine Kombination dieser Protokollarten – ein weiterer Faktor, der die manuelle Protokollführung erschwert und nach intelligenten Lösungen verlangt.

## 5.1.3 AI-gestützte Protokollerstellung: Bliro® im Vergleich

Im Bereich der KI-gestützten Protokollerstellung hat sich in den letzten Jahren ein dynamischer Markt entwickelt. Tools wie Microsoft Copilot, Fireflies.ai und Otter.ai bieten Funktionen zur automatischen Transkription und Zusammenfassung von Gesprächen. Bei der Evaluierung verschiedener Lösungen für MAHLE haben wir besonderes Augenmerk auf Datenschutzkonformität, Integrationsfähigkeit und Anpassbarkeit gelegt.

Bliro® hat sich dabei als besonders geeignet erwiesen. Als in München ansässiges Start-up entwickelt Bliro® eine datenschutzkonforme KI-Lösung zur Gesprächstranskription und -analyse, die flexibel sowohl in Online-Meetings als auch bei Präsenzveranstaltungen eingesetzt werden kann. Das System verarbeitet Gespräche in Echtzeit, erstellt automatisch Transkriptionen und generiert strukturierte Protokolle in verschiedenen Detaillevels – und das unter vollständiger Einhaltung der DSGVO.

Ein entscheidender Vorteil von Bliro® liegt in seinem datenschutzorientierten technologischen Ansatz: Anders als viele Wettbewerber verzichtet Bliro® vollständig auf die Aufzeichnung von Audio- oder Videosequenzen während des Meetings. Stattdessen verarbeitet das System den Gesprächsinhalt direkt auf dem Endgerät und überträgt lediglich anonymisierte und verschlüsselte Textdaten zur weiteren Verarbeitung. Die

Kerntechnologie basiert auf einer proprietären anonymen Echtzeit-Transkriptions-Engine, die im Rahmen eines Forschungsprojekts an der Technischen Universität München entwickelt und vom Bundesministerium für Wirtschaft und Klimaschutz sowie der EU-Kommission gefördert wurde. Die gesamte Datenverarbeitung und Speicherung finden dabei ausschließlich auf europäischen Servern statt.

Weitere Alleinstellungsmerkmale von Bliro® umfassen:

- Flexible Anpassung der Protokollvorlagen an unterschiedliche Meeting-Formate
- Integration eines unternehmensspezifischen Glossars für präzise Transkriptionen
- Automatische Identifizierung von Aufgaben und deren Zuweisung
- Nahtlose Integration in bestehende Systeme
- Umfangreiche Möglichkeiten zur Nachbearbeitung der generierten Protokolle
- Hohe Benutzerfreundlichkeit ohne technische Vorkenntnisse

Diese Kombination aus Funktionalität, Datenschutz und Benutzerfreundlichkeit hat den Ausschlag für den Einsatz von Bliro® gegeben und bildet die Grundlage für unseren erfolgreichen Proof of Concept.

### 5.1.4 Technische Anforderungen

Die Implementierung von Bliro® stellt geringe technische Anforderungen an die IT-Infrastruktur. Das System läuft direkt auf Windows- oder Mac-Computern und benötigt folgende Voraussetzungen:

1. **Hochwertige Audioausstattung:** Da die Qualität der Protokolle wesentlich von der Spracherkennung abhängt, ist eine gute Audioqualität entscheidend. In Konferenzräumen empfehlen sich professionelle Mikrofonsysteme, für individuelle Anwender sind hochwertige Headsets ausreichend.
2. **Stabile Internetverbindung:** Für die Übertragung der verarbeiteten Daten und den Zugriff auf die Bliro®-Plattform ist eine zuverlässige Internetverbindung erforderlich.
3. **Aktuelle Software-Umgebung:** Bliro® funktioniert mit gängigen Betriebssystemen und Meeting-Plattformen wie Microsoft Teams, Zoom oder Webex.
4. **Browserkompatibilität:** Für den Zugriff auf die Bliro®-Plattform und die Bearbeitung der Protokolle wird ein aktueller Webbrowser benötigt.

Bemerkenswert ist, dass für Bliro® keine besondere Serverinfrastruktur oder komplexe IT-Integration notwendig ist. Dies ermöglicht einen einfachen und beschleunigten Rollout.

### 5.1.5 Herausforderungen bei der weltweiten Ausrollung

Die Einführung eines KI-basierten Tools zur Protokollerstellung bringt naturgemäß verschiedene Herausforderungen mit sich, insbesondere wenn es global eingesetzt werden soll. Bei MAHLE haben wir uns intensiv mit diesen Aspekten auseinandergesetzt:

**Datenschutz und DSGVO-Konformität**
Der Schutz personenbezogener Daten stand von Beginn an im Fokus. Bliro® verarbeitet personenbezogene Daten wie Teilnehmernamen, Kontaktdaten und Meeting-Inhalte ausschließlich innerhalb der EU. Die Datenverarbeitung erfolgt auf Basis unseres berechtigten Interesses an effizienter Meeting-Dokumentation gemäß Art. 6 Abs. 1 S. 1 lit. f DSGVO. Ein wesentlicher Aspekt ist zudem die zeitliche Begrenzung der Datenspeicherung auf momentan maximal 28 Tage.

**Mitbestimmung und Betriebsvereinbarung**
Die erfolgreiche Implementierung eines solchen Systems erfordert die frühzeitige Einbindung des Betriebsrats. Wir haben gemeinsam eine umfassende Betriebsvereinbarung für den Proof of Concept erarbeitet, die klaren Regelungen zur Nutzung von Bliro® definiert.
   Zentrale Punkte sind:

- Zweckbindung der Datenverarbeitung ausschließlich zur Protokollerstellung
- Ausschluss jeglicher Verhaltens- oder Leistungskontrolle
- Klare Zugriffsrechte und Freigabeprozesse für Protokolle

Diese transparente und partizipative Vorgehensweise hat wesentlich zur Akzeptanz des Systems beigetragen.

**Change-Management und Schulungen**
Die Einführung eines KI-Systems erfordert eine durchdachte Change-Management-Strategie. Wir haben Bliro® als „digitalen Praktikanten" eingeführt – ein lernfähiges System, das anfangs noch Unterstützung und Korrekturen benötigt, mit der Zeit aber immer besser wird. Diese Metapher hat geholfen, realistische Erwartungen zu setzen und die Akzeptanz zu fördern.
   Wir haben einen klar strukturierten, mehrstufigen Einführungsprozess entwickelt, um unsere Mitarbeitenden optimal an das Bliro®-System heranzuführen. Dieser begann mit einem umfassenden Onboarding, gefolgt von ersten Tests an kontrollierten Beispielen und einer schrittweisen Heranführung an komplexere Anwendungsszenarien. Zur kontinuierlichen Unterstützung etablierten wir wöchentliche Sprechstunden und einen regelmäßigen Erfahrungsaustausch. Dies sicherte nicht nur wertvolles Feedback, sondern beschleunigte auch die Lernkurve der Beteiligten. Dabei war uns stets wichtig zu betonen, dass Bliro® bewährte Methoden für effiziente Besprechungen nicht ersetzt, sondern sinnvoll ergänzt.

## 5.1.6 Firmenspezifische Anpassungen

Um das volle Potenzial von Bliro® auszuschöpfen, haben wir verschiedene Anpassungen vorgenommen:

**Umfangreiches Fachvokabular**
In einem technisch orientierten Unternehmen wie MAHLE werden täglich spezifische Fachbegriffe, Produktbezeichnungen und Abkürzungen verwendet, die für Standard-Spracherkennungssysteme eine Herausforderung darstellen. Wir haben daher ein umfassendes Glossar erstellt und in Bliro® integriert, wodurch die Protokollqualität deutlich verbessert wurde.

**Maßgeschneiderte Protokollvorlagen**
Verschiedene Meeting-Typen erfordern unterschiedliche Protokollstrukturen. In Zusammenarbeit mit den Fachabteilungen und dem Bliro® Entwicklerteam haben wir daher spezialisierte Vorlagen entwickelt, welche in der Bliro® App vom Nutzer ausgewählt werden können und die optimal auf die jeweiligen Anforderungen abgestimmt sind:

- Projektstatusberichte mit klarer Aufgabenverfolgung
- Strategiemeetings mit Fokus auf Entscheidungen und Begründungen
- Teamabstimmungen mit kompaktem Informationsüberblick
- Kundengespräche mit strukturierter Bedarfserfassung

Diese Vorlagen ermöglichen eine konsistente Dokumentation über Abteilungen hinweg und vereinfachen die Nachverfolgung von Entscheidungen und Aufgaben.

Die Entwicklung der optimalen Templates war und ist ein anhaltender iterativer Prozess. Während der Implementierung haben wir umfangreiches Feedback gesammelt und die Templates kontinuierlich angepasst. Eine wichtige Erkenntnis unseres Proof of Concepts war, dass zu viele Vorlagenoptionen die Nutzer überfordern können. Entgegen unserer anfänglichen Annahme stellten wir fest, dass eine überschaubare Anzahl sorgfältig gestalteter Templates ausreicht, um die allermeisten Gesprächsszenarien effektiv abzudecken. Diese Fokussierung auf wenige, aber hochwertige Vorlagen beschleunigte die Einarbeitung und erhöhte die Nutzerakzeptanz.

**Qualitätssicherungsprozess**
Ein Schlüsselelement unserer Bliro®-Implementierung ist der effiziente Qualitätssicherungsprozess. Dank der KI-gestützten Technologie steht das Protokoll bereits wenige Sekunden nach Meetingende zur Verfügung. Diesen "End-of-Meeting Release" nutzen wir, um das Dokument unmittelbar mit allen Anwesenden zu besprechen. Der Protokollführende überprüft den automatisch erstellten Entwurf, während die Teilnehmenden direkt Feedback geben und Änderungswünsche äußern können. Diese sofortige Abstimmung verhindert

Missverständnisse und Fehlinterpretationen, die bei herkömmlichen, zeitversetzten Protokollprozessen häufig auftreten. Für die finale Freigabe und Verteilung ist die Zustimmung aller Gesprächsteilnehmenden erforderlich – ein Prozess, der die Verbindlichkeit erhöht und die breite Akzeptanz der dokumentierten Ergebnisse sicherstellt.

### 5.1.7 Ausblick und Zusammenfassung

Die Einführung von Bliro® bei MAHLE markiert einen wichtigen Schritt in unserer digitalen Transformation. Die KI-gestützte Protokollerstellung hat nicht nur administrative Prozesse vereinfacht, sondern auch die Qualität unserer Meeting-Dokumentation und damit die Effizienz der Meetings deutlich verbessert. Teilnehmende können sich vollständig auf die Inhalte konzentrieren, während das System zuverlässig alle relevanten Informationen erfasst.

Die gewonnenen Erkenntnisse aus unserem Proof of Concept sind vielversprechend. Sie zeigen, dass KI-Technologien – bei sorgfältiger Implementierung und unter Berücksichtigung von Datenschutz und Mitbestimmung – erhebliche Effizienzgewinne ermöglichen können.

Der erfolgreiche Proof of Concept von Bliro® bei MAHLE und die nun folgende weltweite Implementierung zeigt, dass das "ABC der Digitalisierung" – Artificial Intelligence, Big Data und Cloud – nicht nur theoretische Konzepte sind, sondern in der Praxis echten Mehrwert schaffen können. In unserem Fall hat die KI-gestützte Protokollerstellung zu effizienteren Meetings, besserer Dokumentation und letztlich zu fundierteren Entscheidungen geführt. Diese Erfahrungen bestärken uns in der Überzeugung, dass die verantwortungsvolle und partizipative Einführung von KI-Technologien ein entscheidender Wettbewerbsfaktor ist.

**Jumana Al-Sibai** ist Mitglied der MAHLE Konzern-Geschäftsführung und leitet die Sparte Thermal & Fluid Systems, die größte Geschäftseinheit des international führenden Entwicklungspartners und Zulieferers der Automobilindustrie. Zuvor hatte sie mehrere Führungspositionen bei der Robert Bosch GmbH inne, zuletzt als Bereichsvorstand (Executive VP) Chassis Systems Control mit Verantwortung für Vertrieb und den Produktbereich „Passive Sicherheit und Sensorik".

**Mirco Maier** erwarb seinen Master of Science im Fach Maschinenbau am Karlsruher Institut für Technologie (KIT). Heute ist er als technischer Projektleiter bei MAHLE tätig und verantwortet die Einführung und Umsetzung von Digitalisierungsprojekten, darunter die Einführung von Bliro.

**Dr. Uli Christian Blessing** ist Vice President R&D für Thermal & Fluid Systems bei MAHLE. Er verantwortet die Forschung und Entwicklung innovativer Technologien für Thermomanagement und Fluidsysteme. Zuvor war er in leitenden Funktionen bei der ZF Group und GETRAG GmbH tätig. Dr. Blessing promovierte an der Universität Stuttgart über Hybridfahrzeug-Antriebsstränge, nachdem er dort Elektrotechnik studiert hatte.

## 5.2 Gamechanger 3D-Druck: Die smarte Verbindung von Daten, Intelligenz und Innovation

*Ralf Anderhofstadt* (Nutzfahrzeugbau/Automobilindustrie)

Die additive Fertigung hat sich längst als eine der Schlüsseltechnologien der digitalen Transformation etabliert und revolutioniert insbesondere die industrielle Produktion. Durch den 3D-Druck eröffnen sich völlig neue Möglichkeiten, Produkte zu entwickeln, herzustellen und zu vermarkten. Während traditionelle Fertigungsmethoden durch lange Lieferketten, hohe Lagerkosten und starre Produktionsprozesse geprägt sind, bietet die additive Fertigung eine flexible, ressourcenschonende und dezentrale Alternative. Trotz dieser Potenziale schöpfen viele Unternehmen die weitreichenden Vorteile des industriellen 3D-Drucks bislang nur unzureichend aus – insbesondere in Verbindung mit den Möglichkeiten, die sich durch die Chancen in Kombination mit der Digitalisierung und den technologischen Entwicklungen insbesondere in den Bereichen AI, Big Data und Cloud eröffnen.

Ralf Anderhofstadt – ein langjähriger Experte in den Bereichen Logistik, Einkauf und Digitalisierung – beschäftigt sich bereits seit 2015 intensiv mit dieser spannenden Technologie. Zunächst leitete er ein internes crossfunktionales Projektteam über mehrere Bereiche hinweg zur Untersuchung der Möglichkeiten des industriellen 3D-Drucks innerhalb Daimler Buses. Dabei nutzte er seine Weiterbildung zum Scrum Master, Product Owner und Digital Transformation Manager, um ab 2019 als Leiter des Kompetenzzentrums bei Daimler Buses den internen 3D-Druckbereich aufzubauen und diesen vollständig in die betrieblichen Prozesse zu integrieren. Er verfügt über nationale und internationale Personal- und umfangreiche Budgetverantwortung und treibt die strategische Weiterentwicklung von Projekten und Teams sowie externe Kooperationen konsequent voran. Hierzu konzipiert und entwickelt er als Leiter der seit 2023 neu gegründeten Consulting-Einheit Additive Manufacturing Solutions (AMS) by Daimler Truck AG mit seinem Team neue Geschäftsfelder, um externe Unternehmen bei der Einführung der additiven Fertigung zu unterstützen. Darüber hinaus engagiert er sich als Beiratsmitglied und Themenpate Digitalisierung im Verband 3D-Druck e. V. und ist ein gefragter Referent, Trainer und Dozent in zahlreichen Bildungs- und Weiterbildungseinrichtungen.

Sein Fachwissen und Erfahrungen aus der Praxis teilt Ralf Anderhofstadt als Autor unter anderem zweier Bücher sowie Beiträge in weiteren Fachbüchern und -zeitschriften, in denen er die Potenziale der additiven Fertigung und innovative Geschäftsmodelle beleuchtet. Damit steht sein Know-how nicht nur Unternehmen, sondern auch einer breiten Leserschaft zur Verfügung, die sich mit den Chancen und Herausforderungen dieser Technologie auseinandersetzen möchte.

## 5.2 Gamechanger 3D-Druck: Die smarte Verbindung von Daten, ...

**Additive Fertigung als Treiber digitaler Geschäftsmodelle – mehr als eine Fertigungstechnologie**

Die additive Fertigung hat sich in den letzten Jahren als eine der revolutionärsten Technologien im industriellen Umfeld etabliert. Sie ermöglicht es Unternehmen, nicht nur Produkte, sondern auch deren Herstellung völlig neu zu denken und ebenfalls völlig neue Geschäftsmodelle abzuleiten. Dabei wird es besonders durch die fortschreitende Digitalisierung branchenübergreifend erforderlich, traditionelle Entwicklungs- und Produktionsprozesse an die neuen Methoden anzupassen, um daraus neue wirtschaftliche Potenziale zu erschließen (Abb. 5.1).

Längst ist der 3D-Druck über den Prototypenbau hinausgewachsen und findet vermehrt Anwendung in der Serienfertigung. Dies erfordert die Anpassung von Abläufen und die Integration in Steuerung und Produktion. Doch additive Fertigung ist weit mehr als nur eine weitere Produktionsmethode – sie eröffnet neue Wertschöpfungsmöglichkeiten, die weit über Konstruktion und Entwicklung hinausgehen. Unternehmen, die den Blick über den Tellerrand wagen, können durch die intelligente Nutzung dieser Technologie signifikante Wettbewerbsvorteile erzielen. Digitalisierung ist das Schlüsselwort.

Ein wesentlicher Aspekt des industriellen 3D-Drucks ist die Qualität und Verfügbarkeit von Daten. Die Grundlage für eine nachhaltige und reproduzierbare Fertigung bildet die korrekte Erstellung und Verwaltung von 3D-Druck-Daten. Ohne die richtigen Datensätze ist eine verlässliche Serienproduktion nicht möglich. Neben der Geometrie eines Bauteils

**Abb. 5.1** Additive Fertigung und Digitalisierung als Basis neuer Geschäftsmodelle

müssen auch Prozessparameter – das sogenannte "Kochrezept" – exakt dokumentiert werden. Erst durch diese Kombination entsteht der Digitale Zwilling, der als Ausgangspunkt für ein digitales 3D-Druck-Business dient.

**Der Digitale Zwilling als Schlüssel zur digitalen Transformation**
Digitale Zwillinge sind weitaus mehr als eine bloße Sammlung von Daten. Sie enthalten nicht nur detaillierte Modelle von Werkstücken, sondern auch Informationen zu Materialien, Produktionsprozessen und Simulationen zur Vorhersage des Bauteilverhaltens. Diese Daten sorgen dafür, dass ein heute produziertes Bauteil dieselben Eigenschaften aufweist wie eines, das in mehreren Jahren gefertigt wird. Nur so kann die additive Fertigung eine nachhaltige und skalierbare Serienproduktion ermöglichen. Durch die Entwicklungen insbesondere im Bereich des Data Managements und in der modernen Datenspeicherung, können somit digitale Zwillinge heutzutage deutlich rentabler zum Einsatz komme.

**Virtuelle Lagerhaltung und ihre Auswirkungen auf die Logistik**
Die fortschreitende Digitalisierung und der industrielle 3D-Druck haben eine völlig neue Dimension der Lagerhaltung hervorgebracht: das virtuelle Lager. Während herkömmliche Lagerhäuser physische Bestände aufbewahren, basiert das virtuelle Lager auf digitalen Zwillingen (Digital Twins) – detailreiche, digitale Abbilder realer Bauteile, die in einer zentralen Datenbank oder Cloud gespeichert werden. Diese revolutionäre Entwicklung verändert grundlegend die Art und Weise, wie Unternehmen ihre Logistikprozesse gestalten, Lagerkapazitäten nutzen und die Produktion organisieren. Mithilfe von AI lässt sich die „Bestückung" des Lagers, aus der Masse der verfügbaren und vorhandenen Computer-Aided Design-Daten, koordinieren und vereinfachen.

**Das Konzept des virtuellen Lagers**
Als „virtuelles Lager" bezeichnet man das Konzept der Speicherung von Digital Twins. Mithilfe des virtuellen Lagers wird der physische Lagerbedarf deutlich zurückgefahren. Anstelle von vorproduzierten Bauteilen, die in Lagern und Regalen aufbewahrt werden müssen, werden die relevanten Digital Twins virtuell vorgehalten und können bei Bedarf für die Fertigung abgerufen werden. Diese Vorgehensweise ermöglicht eine flexible, ressourcenschonende und effiziente Produktionsweise, die durch den Einsatz von künstlicher Intelligenz weiter optimiert werden kann (Abb. 5.2).

AI-gestützte Analysen der Konstruktionsdaten identifizieren für die additive Fertigung geeignete Bauteile. Damit können Unternehmen fundierte Entscheidungen über die Produktionsweise dieser Teile treffen. Dies führt zu einer präziseren Planung und einer nachhaltigen Optimierung der Lagerkapazitäten und logistischen Prozesse. Die digitale Speicherung und Verwaltung von Bauteildaten erlaubt es, physische Lagerflächen zu minimieren, da keine großen Bestände mehr vorgehalten werden müssen. Gleichzeitig sorgt die jederzeitige Abrufbarkeit digitaler Zwillinge aus einer zentralen Datenbank oder Cloud für eine

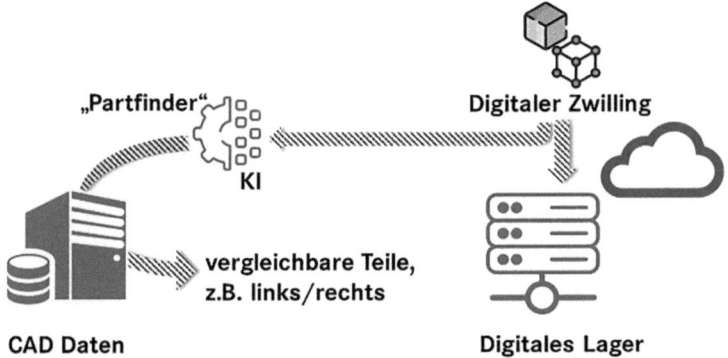

**Abb. 5.2** Koordination des virtuellen Lagers mit vorhandenen CAD-Daten mithilfe von AI

uneingeschränkte Verfügbarkeit der benötigten Bauteile. Diese können exakt zum Zeitpunkt des Bedarfs gefertigt werden, wodurch sich sowohl Überproduktion als auch unnötige Lagerhaltungskosten vermeiden lassen.

Das virtuelle Lager bietet somit eine zukunftsweisende Alternative zur herkömmlichen Lagerhaltung, indem es durch eine datenbasierte Produktionsstrategie mehr Effizienz in der Fertigung ermöglicht, die Lieferketten optimiert und einen nachhaltigen Umgang mit Ressourcen fördert.

**Die Transformation der Logistik durch virtuelle Lagerhaltung**
Die Einführung des virtuellen Lagers markiert einen tiefgreifenden Wandel in der Logistikbranche und setzt neue Maßstäbe für Effizienz, Flexibilität und Nachhaltigkeit. Während herkömmliche Lagerhäuser darauf ausgelegt sind, physische Produkte in großen Mengen vorzuhalten, eröffnet die digitale Lagerhaltung völlig neue Möglichkeiten der Verwaltung und Bereitstellung von Bauteilen. Anstatt physische Bestände zu lagern und zu verwalten, werden digitale Zwillinge als präzise virtuelle Abbilder realer Bauteile in einer zentralen Datenbank oder beispielsweise in einer Cloud hinterlegt. Dies ermöglicht es Unternehmen, benötigte Komponenten jederzeit und an jedem Ort abzurufen und bei Bedarf standortunabhängig zu produzieren.

Ein wesentlicher Vorteil dieser Umstellung liegt in der erheblichen Effizienzsteigerung. Durch digitale Such- und Verwaltungssysteme lassen sich benötigte Bauteile schnell identifizieren und ohne zeitaufwendige physische Bestandskontrollen abrufen. Dies beschleunigt nicht nur Entwicklungs- und Produktionsprozesse, sondern ermöglicht auch eine optimierte Planung und Steuerung der Fertigung. Unternehmen profitieren von einer deutlich gesteigerten Reaktionsfähigkeit, insbesondere in dynamischen Marktumfeldern, in denen kurzfristige Anpassungen erforderlich sind.

Darüber hinaus führt die digitale Lagerhaltung zu signifikanten Kosteneinsparungen. Da die Notwendigkeit große physische Lagerflächen vorzuhalten entfällt, werden Miet-

und Instandhaltungskosten drastisch reduziert. Gleichzeitig minimiert sich der logistische Aufwand für den Transport und die Zwischenlagerung von Materialien und Produkten. Anstatt Bauteile über weite Distanzen zu transportieren, können Unternehmen diese bei Bedarf direkt vor Ort mittels additiver Fertigung produzieren. Dies senkt nicht nur Kosten, sondern reduziert auch die Komplexität der Lieferketten erheblich (Abb. 5.3).

Neben den ökonomischen Vorteilen trägt das virtuelle Lager entscheidend zur Nachhaltigkeit bei. Weniger physische Lagerflächen bedeuten einen geringeren Energieverbrauch für Beleuchtung, Klimatisierung und Instandhaltung. Zudem entfallen viele konventionelle Transportwege, was zu einer signifikanten Reduzierung von $CO_2$-Emissionen führt. Diese umweltfreundlichen Effekte machen die digitale Lagerhaltung zu einem zentralen Bestandteil nachhaltiger Organisationsstrategien im Sinne der Industrie 4.0.

Ein weiterer Schlüsselaspekt ist die erhöhte Datensicherheit. Digitale Zwillinge werden in sicheren Datenbanken gespeichert und sind vor physischen Schäden, Diebstahl oder Verlust geschützt. Dies gewährleistet eine langfristige Verfügbarkeit und Reproduzierbarkeit kritischer Bauteile, insbesondere für Unternehmen mit hohen Anforderungen an Dokumentation und Qualitätssicherung.

Die Einführung virtueller Lager verändert zudem die Art und Weise, wie Unternehmen intern und extern zusammenarbeiten. Durch digitale Plattformen lassen sich 3D-Modelle und Fertigungsinformationen unkompliziert teilen, was eine effizientere Kooperation zwischen verschiedenen Abteilungen und globalen Partnern ermöglicht. Entwicklungs- und Produktionsprozesse werden dadurch nicht nur schneller, sondern auch transparenter und flexibler.

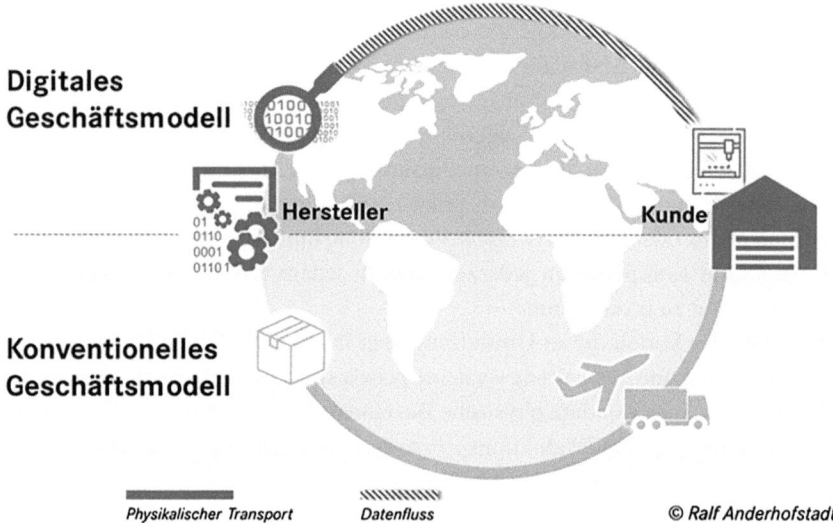

**Abb. 5.3** Koordination des virtuellen Lagers mit vorhandenen CAD-Daten mithilfe von AI

Zusätzlich bieten die gesammelten Daten neue analytische Möglichkeiten. Unternehmen können mithilfe von Algorithmen und künstlicher Intelligenz wertvolle Erkenntnisse aus ihren digitalen Beständen gewinnen. Die Analyse von Nutzungsmustern und Bedarfsprognosen erlaubt eine präzisere Planung und kann helfen, zukünftige Entwicklungen frühzeitig zu erkennen.

Insgesamt stellt das virtuelle Lager einen zentralen Meilenstein in der Digitalisierung der Fertigungs- und Logistikbranche dar. Es kombiniert Effizienzsteigerung, Kostensenkung, Nachhaltigkeit und Datensicherheit in einer innovativen Lösung, die Unternehmen dabei unterstützt, sich zukunftssicher aufzustellen. Wer die Potenziale der digitalen Lagerhaltung frühzeitig erkennt und nutzt, kann langfristige Wettbewerbsvorteile generieren und seine Position im zunehmend digitalisierten Marktumfeld stärken. Dabei kommt im Zusammenhang mit den Veränderungen in der Logistikbranche noch ein weiterer wesentlicher Aspekt zum Tragen: das virtuelle Lager ermöglicht völlig neue Vertriebskonzepte.

**Das „Lizenz-Modell" für den 3D-Druck – Digital Rights Management (DRM)**
Auf Grundlage dieser technologischen Entwicklungen gewinnt das Konzept eines Lizenz-Modells für die additive Fertigung zunehmend an Bedeutung. Dieses Modell basiert auf der sicheren und effizienten Verwaltung von 3D-Druck-Lizenzen durch den Einsatz von Digital Rights Management (DRM). Durch diese Technologie wird es möglich, digitale Baupläne, wie beispielsweise digitale Zwillinge, sicher zu übermitteln oder über Cloud-Dienste bereitzustellen. Dadurch entfällt die Notwendigkeit, physische Produkte über weite Distanzen zu transportieren. Stattdessen können Unternehmen eine dezentrale Produktion direkt am jeweiligen Standort ermöglichen, wodurch sowohl logistische Prozesse als auch die Versorgung mit Ersatzteilen erheblich optimiert werden.

Ein anschauliches Beispiel für die erfolgreiche Umsetzung dieses Konzepts liefert Daimler Truck gemeinsam mit seinem Tochterunternehmen Additive Manufacturing Solutions (AMS) by Daimler Truck AG. Mit ihrem Lizenzshop demonstrieren sie, wie sich die Potenziale einer digitalen und dezentralen Teileversorgung konsequent nutzen lassen. Diese innovative Strategie führt nicht nur zu einer effizienteren Produktionsweise, sondern bringt auch erhebliche Vorteile für Unternehmen und Endkunden mit sich.

Durch die Bereitstellung digitaler Produktionslizenzen lassen sich Lieferzeiten erheblich verkürzen, da benötigte Bauteile direkt vor Ort gefertigt werden können. Gleichzeitig ermöglicht das Modell eine signifikante Reduzierung des $CO_2$-Fußabdrucks, indem Überproduktion und die damit verbundene Verschrottung vermieden werden. Auch Transportkosten verringern sich erheblich, da physische Lieferwege entfallen oder minimiert werden. Darüber hinaus kann die Nutzung eines Lizenz-Modells auch finanzielle Vorteile mit sich bringen, da unter bestimmten Umständen Zollgebühren entfallen können.

Ein weiterer zentraler Aspekt dieses Ansatzes ist der Schutz geistigen Eigentums. Durch den Einsatz modernster Technologien, wie beispielsweise Cloud- oder Blockchain-Lösungen, kann eine kontrollierte und transparente Nutzung der Druckdaten sichergestellt werden. Unternehmen haben dadurch die Möglichkeit, ihre Designs und Konstruktionspläne vor unbefugtem Zugriff zu schützen und gleichzeitig eine rechtskonforme Weitergabe der Lizenzen zu gewährleisten. Das Lizenz-Modell für die additive Fertigung bietet somit eine zukunftsweisende Lösung, um Produktionsprozesse effizienter, nachhaltiger und wirtschaftlicher zu gestalten.

**Fazit: Zukunftsperspektiven des digitalen 3D-Druck-Geschäftsmodells**
Die Implementierung virtueller Lager stellt einen bahnbrechenden Fortschritt für die Industrie dar. Sie ermöglicht es Unternehmen, ihre Lagerhaltungskosten drastisch zu reduzieren, Logistikprozesse effizienter zu gestalten und gleichzeitig nachhaltiger zu wirtschaften. Die Kombination aus 3D-Druck, digitalen Zwillingen und künstlicher Intelligenz eröffnet neue Geschäftsmodelle und stärkt die Wettbewerbsfähigkeit von Unternehmen. Neue Vertriebswege mit Hilfe des Digital Rights Management bieten auch den Kunden schnelle und flexible Lösungen bei der Teilebeschaffung – unabhängig von Zeit und Ort.

Bereits heute setzen führende Unternehmen zunehmend auf diese innovative Technologie, um ihre Produktions- und Lieferketten zu optimieren. In Zukunft wird die virtuelle Lagerhaltung eine noch zentralere Rolle in der digitalen Industrie 4.0 spielen und sich als unverzichtbarer Bestandteil moderner Wertschöpfungsketten etablieren.

**Chancen und Potenziale für Unternehmen**
Die additive Fertigung hat sich längst als weit mehr als eine technologische Nische etabliert – sie ist zu einem entscheidenden Treiber für die digitale Transformation industrieller Prozesse geworden. Unternehmen, die den industriellen 3D-Druck strategisch in ihre Wertschöpfungskette integrieren, profitieren nicht nur von erheblichen Kosteneinsparungen, sondern erschließen auch völlig neue Geschäftsmodelle und Einnahmequellen. Die intelligente Verknüpfung von 3D-Druck, digitalen Zwillingen und virtueller Lagerhaltung ermöglicht es, Produktionsprozesse effizienter zu gestalten, die Flexibilität in der Fertigung zu erhöhen und nachhaltig in die Zukunft zu investieren.

Bereits heute demonstrieren führende Unternehmen, dass diese Konzepte nicht bloß Zukunftsvisionen sind, sondern sich aktiv in der Praxis bewähren. Der industrielle 3D-Druck ist dabei nicht nur eine weitere Fertigungstechnologie, sondern eine Schlüsselkomponente für die Entwicklung datengetriebener Geschäftsmodelle und smarter Produktionsökosysteme. Dies erfordert jedoch, dass Unternehmen bereit sind, über traditionelle Strukturen hinauszudenken und ihre Organisationen konsequent auf digitale Prozesse auszurichten.

Um die Potenziale der additiven Fertigung voll auszuschöpfen, ist eine enge Zusammenarbeit entlang der gesamten Wertschöpfungskette erforderlich. Die Vernetzung von Entwicklung, Produktion, Logistik und IT bildet die Grundlage für eine erfolgreiche Implementierung und Skalierung dieser Technologie. Nur durch interdisziplinäre Kooperationen innerhalb der Organisation sowie mit externen Partnern können Innovationen vorangetrieben und nachhaltige Erfolge erzielt werden.

Die Zukunft der industriellen Fertigung liegt in der intelligenten Symbiose aus technologischer Exzellenz, digitalisierten Prozessen und neuen Geschäftsmodellen. Unternehmen, die mutig vorangehen und die Chancen der additiven Fertigung konsequent nutzen, können ihre Wettbewerbsfähigkeit nachhaltig stärken und einen maßgeblichen Beitrag zur Weiterentwicklung der industriellen Produktion leisten. Wer bereit ist, bestehende Grenzen zu überschreiten und neue digitale Wege zu beschreiten, wird nicht nur wirtschaftliche Vorteile realisieren, sondern auch die Weichen für eine nachhaltige, zukunftsorientierte Fertigungsstrategie stellen.

Ein zentraler Erfolgsfaktor für die Implementierung solcher digitalen Prozesse ist die harmonische Verbindung der unterschiedlichen technologischen Komponenten. Dazu gehören unter anderem Virtual Reality (VR), Cloud-Computing, Künstliche Intelligenz (AI), Big Data-Analyse, Blockchain-Technologie sowie weitere zukunftsweisende Innovationen wie Quantencomputing. Erst wenn diese Technologien nicht isoliert betrachtet, sondern in einem ganzheitlichen Ansatz miteinander kombiniert werden, entfalten sie ihr volles Potenzial und ermöglichen Unternehmen, wettbewerbsfähige digitale Geschäftsmodelle zu realisieren.

Dabei reicht der reine technologische Fortschritt allein nicht aus, um langfristigen Erfolg sicherzustellen. Entscheidend ist, dass Unternehmen nicht nur die technologischen Weichen stellen, sondern auch ihre Mitarbeiter aktiv in diesen Wandel einbinden. Die digitale Transformation ist nicht nur eine Frage der Infrastruktur, sondern auch eine der Organisationskultur. Organisationen, die es schaffen, ihre Belegschaft für die neuen Möglichkeiten zu begeistern, bestehende Ängste abzubauen und eine offene Innovationskultur zu fördern, werden jene sein, die sich erfolgreich am Markt behaupten und neue Geschäftsfelder erschließen. Die Verbindung aus innovativer Technologie und menschlicher Akzeptanz wird somit zum entscheidenden Erfolgsfaktor in der digitalen Industrie der Zukunft.

**Ralf Anderhofstadt** ist Leiter des Center of Competence Additive Manufacturing und der Consulting-Einheit Additive Manufacturing Solutions (AMS) by Daimler Truck sowie des Bereichs CSP (Customer Service & Parts) Sourcing bei der Daimler Buses GmbH. Parallel ist er als KeyNote-Speaker, Dozent, Trainer und Fachgremien- und Beiratsmitglied aktiv. Er ist Autor des Buchs Disruptiver 3D-Druck sowie von zahlreichen Fachartikeln zur Digitalisierung und Additiven Fertigung. Sein Fokus liegt auf innovativen digitalen Geschäftsmodellen und der Transformation durch additive Fertigung.

## 5.3 Transformation aus eigener Kraft: Wie ein Industrieunternehmen durch Cloud, Big Data und Organisationsentwicklung digital wächst

*Florian Bankoley* (Automobilzulieferer)

### 5.3.1 Die besondere Herausforderung der Digitalisierung im industriellen Kontext

Industrieunternehmen starten ihre digitale Transformation meist nicht auf der grünen Wiese. Im Gegenteil: Sie verfügen über etablierte Prozesse, eingesetzte Software, gewachsene Strukturen und stabile Gewohnheiten. Das macht sie effizient – aber gleichzeitig schwerfällig, wenn es darum geht, neue digitale Wege zu gehen. Um die Potenziale von Cloud und Big Data zu heben, reicht es deshalb nicht, neue Technologie „aufzupfropfen". Vielmehr müssen bestehende Denk- und Arbeitsweisen infrage gestellt werden – mit allen Spannungen sowie Herausforderungen, die damit verbunden sind.

Gleichzeitig haben etablierte Unternehmen gegenüber digitalen Neugründungen einen Vorteil: Sie verfügen über gewaltige Datenbestände – oft ungenutzt, verteilt auf Silos, schwer zugänglich. Big Data ist für uns deshalb kein Schlagwort, sondern der Schlüssel, aus vorhandenen Assets neue Wertschöpfung zu generieren.

Cloud-Technologie ergänzt diesen Hebel: Sie erlaubt uns, mit höherer Geschwindigkeit und Flexibilität zu arbeiten, Standardfunktionen über Plattformen zu nutzen und uns auf Differenzierung im Kerngeschäft zu konzentrieren. Sie verlangt jedoch ein neues Denken: Systemisch statt funktional, integrativ statt individuell.

Dabei war uns von Anfang an klar: Technologie allein bewirkt reicht bei weitem nicht aus. Sie ist ein Werkzeug. Damit sie umfassend wirken kann, braucht es die Fähigkeit, sie richtig einzusetzen – strukturell, kulturell und organisatorisch. Deshalb haben wir das hier vorgestellte Programm zur Digitalisierung nicht beim Business begonnen – sondern bei uns selbst.

### 5.3.2 Transformation beginnt in der eigenen Organisation

Unsere Reise begann 2017 mit der grundsätzlichen Frage: Welche Rolle soll IT künftig in einem Industrieunternehmen spielen? Die Krise 2020 hat diese Frage dann nochmals extrem beschleunigt. Sie brachte Unsicherheit und Kostendruck – aber auch die klare Überzeugung: Digitalisierung wird an Bedeutung gewinnen. Wir wollten nicht nur mitgehen, sondern Vorreiter sein.

Um ein möglichst umfassendes und unabhängiges Bild zu bekommen haben wir neben der Erhebung der internen Anforderungen auch den Blick in den Markt geworfen. Ein externer Benchmark hat uns dabei gezeigt, wie moderne IT- und Digitalorganisationen weltweit aufgestellt sind. Daraus leiteten wir unser eigenes Modell ab – angepasst auf unsere Unternehmensrealität. Klar war: Wir müssen selbst leben, was wir anderen empfehlen.

#### 5.3.2.1 Die Ausgangslage war dabei herausfordernd

Unsere Organisation war technologisch fokussiert auf Commodity-Produkte und langfristige Großprojekte, strukturell zentralisiert, kulturell durch funktionale Silos geprägt. Die Zusammenarbeit mit dem Business war reaktiv – ein klassisches Auftragnehmer-Modell. Digitalisierung war so nicht zu gestalten.

Deshalb haben wir in zwei Phasen ein neues Zielbild entwickelt – unser Digital Target Operating Model (DTOM). Es basiert unter anderem auf:

- einer globalen, produktorientierten Struktur mit vertikalen Solutions und horizontalen Plattformen,
- agiler Steuerung über OKRs mit 3-Monatszyklen,
- klarer Business-Ausrichtung der Organisationseinheiten mit Benchmarking und P&L-Logik,
- einer Spotify-inspirierten Struktur mit Tribes, Chapters, Alliances,
- massivem Kompetenzaufbau in Bereichen wie Software Development (~1000+FTE) und Data Analytics (~500+FTE),
- sowie einer gezielten Globalisierung und Dezentralisierung des gesamten Teams.

Diese Transformation hat die Rolle der Organisation verändert: Vom reaktiven Dienstleister zum aktiven Technologie-Partner. Die Zusammenarbeit mit den Geschäftsbereichen ist heute deutlich enger, die Plattformangebote sind etabliert, die Akzeptanz für die Rolle gewachsen. Dabei ist natürlich nicht alles von heute auf morgen ideal. Es ist ein langfristiger Lern- und Anpassungsprozess, dieser Aspekt ist wichtig und vielfach unterschätzt. Aber die Organisation ist heute deutlich flexibler und proaktiver um mit den dynamischen Anforderungen umzugehen.

### 5.3.3 Beispiel 1: SAP Cloud Rollout USA – Skalierung mit System

Ein konkretes Beispiel für die Wirksamkeit des neuen Modells ist ein SAP Private Cloud Rollout in den USA. Nach einer Akquisition bei Bosch Rexroth war schnell klar: Das bestehende ERP-System des übernommenen Unternehmens war technologisch nicht tragfähig. Gleichzeitig durfte das SAP Projekt den ROI der Übernahme nicht belasten oder gefährden.

Mehrere Optionen – von R/3 Migration bis zur Einbindung in das globalen S/4-System – wurden geprüft und verworfen. Zu teuer, zu langwierig, zu komplex. Die Entscheidung fiel schließlich auf eine Cloud-basierte Standardlösung mit S/4HANA Private Cloud in der RISE Logik.

Der Vorteil: schneller Rollout, reduzierter Betriebsaufwand, weniger Individualisierung – und Zugang zu künftigen Innovationen. Das Projekt wurde auch intern als Proof of Concept verstanden: Ist ein ERP-Standard aus der Cloud für größere Bosch-Einheiten machbar?

Dank DTOM war ein eigenständiges, kompetentes Bosch Digital Team in den USA aktiv eingebunden. Die vertikale Solution-Struktur machte die gezielte Unterstützung und die weitreichende Einbindung eines Umsetzungspartners möglich. Das Business Management hatte das notwendige Vertrauen – auch durch unsere strategische Positionierung.

Trotzdem: Der Weg war nicht reibungslos. Interne Vorbehalte gegenüber Cloud und MVP-Ansätzen mussten überwunden werden. Die Projektlaufzeit von unter 12 Monaten verlangte eine klare Priorisierung – und ein Umdenken weg vom klassischen „Big Bang". Am Ende war das Projekt mit minimaler Verzögerung live – eines der schnellsten ERP-Projekte im Konzern.

Wichtiges Learning: Ein solches Projekt erfordert nicht nur Technik – sondern auch Klarheit über Rollen, Schnittstellen und Veränderungsbereitschaft. Und: Wir haben erkannt, welche Skills wir selbst weiter ausbauen müssen.

### 5.3.4 Beispiel 2: Datengetriebene Innovation in drei Dimensionen

Neben Prozessmodernisierung ist datengetriebene Produkt- und Serviceinnovation ein zweiter Kernbereich der Transformation. Drei Beispiele zeigen, wie sich Technologie, Plattform und Organisation hier ergänzen:

#### 5.3.4.1 eBike – Vom Produkt zum Ökosystem

Ausgehend von einer isolierten High-End Lösung hat der Geschäftsbereich gemeinsam mit uns ein Plattformprojekt gestartet. Ziel war es, Konnektivität und digitale Services vom Premiumsegment auf das gesamte Produktportfolio zu bringen. Entstanden ist eine skalierbare Cloud-Plattform mit IoT-Anbindung, API-Schnittstellen und serviceorientierter Architektur. Das Projekt war der Pilot für die hybride Cloud-Architektur im Konzern – und Basis für das heutige Software-defined eBike, inklusive Personalisierung und Integration externer Dienste wie Komoot.

#### 5.3.4.2 Truck – Mehrwertdienste für das Flottengeschäft

Ein Business-getriebenes Projekt mit klarer Zielsetzung: Mehrwert schaffen auf Basis vorhandener Telematik-Hardware. Entstanden sind neue Services wie Keyless Go, Positionsanzeige und Routenoptimierung – speziell für Kleinstflotten. Besonderheiten: sehr frühe Co-Creation mit dem Business, MVP Ansätze statt Großprojekt, Wiederverwendung bestehender Cloud-Plattform. Die entwickelte Cybersecurity-Architektur ist heute Bestandteil des Serienportfolios.

### 5.3.4.3 Autonomes Fahren – Lokale Cloud-Toolchain für China

Ein innovatives Kundenprojekt machte den Aufbau einer lokalen Entwicklungsumgebung notwendig – inklusive Compliance Data Cloud, lokaler Partnerintegration und Edge-to-Cloud-Kopplung. Die Lösung wurde in unter drei Jahren in der lokalen Business Unit mit Unterstützung der Bosch Digital Experten in China aufgebaut. Das Projekt zeigt: DTOM wirkt auch international – mit regionaler Nähe und globalem Know-how. Das Architekturmodell wurde später für die zentrale, globale ADAS-Plattform adaptiert.

### 5.3.5 Fazit: Transformation beginnt mit der eigenen Haltung

Die Digitalisierung eines Industrieunternehmens ist kein Technologieprojekt – sie ist ein kultureller, struktureller und strategischer Wandel. Und sie beginnt bei einem selbst.

Was ich gelernt habe: Es reicht nicht, den Wandel zu treiben. Man muss ihn auch selbst leben. Mich selbst hinterfragen. Lernen. Entscheiden. Auch schwierige Entscheidungen treffen – z. B. wenn sich langjährige Kollegen nicht verändern wollen.

Was ich anderen mitgeben würde:
Startet bei euren Kunden und Märkten. Fragt euch, wer ihr morgen sein wollt. Baut auf dieser Basis ein strukturiertes Modell für die Veränderung auf – entlang von Value & Steering, People & Culture, Organisation and Technology.

Unsere Konzepte sind übertragbar – unsere Umsetzung nicht. Denn jede Transformation ist abhängig vom jeweiligen Kontext. Aber eins gilt immer: Ohne glaubwürdige Veränderung im Inneren wird es keine Wirkung nach außen geben.

**Florian Bankoley** begann sein Studium der Wirtschaftswissenschaften an der Universität Bayreuth, bevor er seinen Master in European Management an der ESCP Business School nach Stationen in Paris, Oxford und Berlin absolvierte. 2022 beendete er das Chief Technology Officer Program der Wharton School. Florian durchlief verschiedene Stationen innerhalb der Robert Bosch GmbH, zuletzt war er Mitglied des Bereichsvorstands von Bosch Digital. Seit 1. Mai 2024 ist Florian Bankoley Chief Digital Officer – Bosch Mobility.

## 5.4 Digitalisierung in der Prozessindustrie – Der Weg zur autonomen Fabrik

*Dr. Marc Barisch* (Automatisierung)

### 5.4.1 Einleitung

Die Prozessindustrie umfasst die verschiedenen Industriezweige der verfahrenstechnische Industrie, die sich durch die Verarbeitung und Umwandlung von Rohstoffen und Materialien mittels physikalischer, chemischer und biologischer Prozesse beschreiben lässt. Wesentliche Vertreter sind die chemische und pharmazeutische Industrie als drittgrößter Industriezweig in Deutschland nach Automobilbau und Maschinenbau. Wesentliche Eigenschaften von verfahrenstechnischen Anlagen sind in aller Regel: (1) die kontinuierliche Produktion, die unterbrechungsfrei sichergestellt werden muss, (2) die Komplexität der verfahrenstechnischen Prozesse, welche präzise Regelung und Überwachung erfordert, (3) der hohe Kapitalbedarf für die Erstellung und den Betrieb von Anlagen, Infrastruktur und Technologie, (4) der hohe Energiebedarf, (5) hohe Anforderungen an Sicherheit und Umweltschutz, (6) hohe Anforderungen an die Zulieferkette.

### 5.4.2 Herausforderungen

Nicht zuletzt aufgrund von Klimawandel und geopolitischen Entwicklungen steht die Prozessindustrie in Deutschland und weltweit unter einer Reihe besonderer Herausforderungen, die in Summe nicht neu sind, sich aber in den letzten Jahren verschärft haben. Hierzu zählen:

- Fachkräftemangel: Die Bevölkerungsentwicklung führt zu einem Mangel an hochqualifizierten Experten, die in der Lage sind, verfahrenstechnische Anlagen zu erstellen und sicher zu betreiben.
- Effizienz: Das Streben nach einem möglichst effizienten Betrieb ohne ungeplante Ausfälle bei möglichst hoher Produktqualität stellt sicher, dass auch unter hohen Lohn- und Energiekosten produziert werden kann.
- Flexibilität: Bedingt durch immer kürzere Innovationszyklen vor allem im Bereich Feinchemie und Pharmazie wird eine höhere Flexibilität der installierten Anlagen erforderlich. Anlagen und Anlagenteile müssen neu kombiniert und konfiguriert werden, um den Anforderungen des verfahrenstechnischen Prozesses gerecht zu werden.

- Nachhaltigkeit: Der Umgang mit kritischen Ausgangsrohstoffen und hohem Energieeinsatz macht eine besondere Betrachtung von Nachhaltigkeits- und Umweltschutzaspekten erforderlich. Die Reduktion des $CO_2$-Fußabdruckes ist von allgemeinem Interesse.
- Geschäftsmodelle: Etablierte Geschäftsmodelle, die sowohl die Investitionen in verfahrenstechnischen Anlagen als auch das resultierende Geschäft mit produzierten Materialien umfasst, befinden sich im Wandel. Eine Entkopplung wie sie bereits im Halbleitermarkt etabliert ist, kann auch in der verfahrenstechnischen Industrie stattfinden.
- Resilienz: Lieferketten müssen robuster gegen politische Veränderungen sein und sich kurzfristig wechselnden Nachfragesituationen anpassen können.

### 5.4.3 Autonome Anlagen: Chancen und Möglichkeiten

Den oben genannten Herausforderungen kann in Teilen durch Steigerung des Autonomiegrades einer verfahrenstechnischen Anlage begegnet werden. Hierbei lassen unterschiedlichen Abstufungen des Autonomiegrades unterscheiden. Typischerweise werden 6 Stufen [11] unterschieden von vollständig manuellem Betrieb (Stufe 0) bis hin zu Anlagen mit vollständiger Autonomie (Stufe 5), die ohne menschliche Eingriffe produzieren können. Weiter lassen sich unterschiedliche Eigenschaften autonomer Anlagen beschreiben:

- Self-Monitoring: Produktionsprozesse werden selbstständig überwacht. Im Fehlerfall wird korrigierend eingegriffen bzw. die Anlage in einen sicheren Zustand gebracht.
- Self-Optimization: Produktionsprozesse werden selbstständig bzgl. unterschiedlicher Dimensionen wie bspw. Qualität, Ausbeute und Energieverbrauch optimiert.
- Self-Maintenance: Anlagen werden im Hinblick auf bevorstehende Ausfälle überwacht, um nötige Wartungsaktivitäten rechtzeitig einzuleiten. Nach Möglichkeit sollen ungeplante Ausfälle verhindert werden.
- Self-Diagnostics: Eine Anlage ist in der Lage Ursachen für Probleme in allen beteiligen Systemen zu diagnostizieren.
- Self-Configuration: Eine Anlage ist in der Lage selbstständig Veränderungen ihrer Konfiguration vorzunehmen. Dies kann auf unterschiedlichen Ebenen von einzelnen Geräten bis hin zu kompletten Anlagenteilen erfolgen.

Artificial Intelligence, Big Data und skalierbare Ressourcen in der Cloud eröffnen neue Möglichkeiten, um mit den oben genannten Herausforderungen umzugehen und Wettbewerbsvorteile zu erzielen. Im Folgenden werden Aktivitäten und Prinzipien vorgestellt, die auf dem Weg zur autonomen Anlage unter Einsatz von AI, Big Data und Cloud eine wesentliche Rolle spielen.

### 5.4.4 Bausteine zur Autonomen Anlage

Der Zugang zu Daten ist essentiell, um die oben genannten Self-X Eigenschaften zu ermöglichen (vgl. Abschn. 5.4.4.1). Diese Daten müssen nicht nur erfasst werden, sondern auch semantisch-angereichert in einen gesamtheitlichen Anlagenkontext gerückt werden. Darüber hinaus ist eine wesentliche höhere Flexibilität in der eingesetzten Systemlandschaft erforderlich (vgl. Abschn. 5.4.4.2) die durch eine Plattformunabhängigkeit und dynamischen Deployment zwischen anlagennahem Einsatz und Cloud erfolgen kann. Hierauf aufsetzend können Methoden der künstlichen Intelligenz eingesetzt werden, um autonome Anlagen tatsächlich zu realisieren (vgl. Abschn. 5.4.4.3). Ein weiterer Baustein stellt die anlagenübergreifende Vernetzung in Form des Austausches von Logistik- und Produktionsdaten (vgl. Abschn. 5.4.4.4) dar.

#### 5.4.4.1 Macht der Daten

Viele Anlagen der Prozessindustrie haben typische Lebenszyklen von 30 Jahren, welche sich in den eingesetzten Technologien widerspiegelt. Um vorhandene Investitionen in Leitsysteme und Sensoren bzw. Aktoren zu schützen und gleichzeitig neue Möglichkeiten durch den Einsatz moderner Technologien zu schaffen, hat die Normenarbeitsgemeinschaft für Mess- und Regeltechnik in der Chemischen Industrie (NAMUR) die sogenannte NAMUR Open Architecture (NOA) [1] vorgeschlagen. Diese ermöglicht einen besseren Zugriff auf vielfältige Daten (bspw. Diagnosedaten) aller in einer verfahrenstechnischen Anlage eingesetzten Geräten wie bspw. Sensoren und Aktoren. In Kombination mit standardisierten Datenmodellen wie PA-DIM[1] [2] auf Basis OPC UA [3] wird ein herstellerübergreifender Zugriff unter wohldefinierter Semantik ermöglicht. Durch den gezielten Einsatz von zusätzlichen Kommunikationskanälen, sogenannten Second Communication Channel, sowie Erweiterungen durch Intelligente Sensoren, die nicht zur Prozesssteuerung eingesetzt werden, ergeben sich eine Vielzahl neuer Anwendungsfälle. Dabei wird die Verfügbarkeit und Sicherheit der bestehenden Systeme nicht beeinträchtigt.

NOA ermöglicht es umfassend Daten zu allen eingesetzten Assets zu sammeln und für eine weitere Auswertung bereitzustellen. Damit stellt NOA eine mögliche Herangehensweise dar, um Daten und Zeitserien zu erfassen und damit AI-basierte Anwendungen zu ermöglichen. Anwendungen können unter anderem im Kontext Predictive Maintenance [4] oder zur Optimierung verfahrenstechnischer Prozesse erstellt werden.

#### 5.4.4.2 Flexibilität durch Software-Defined Automation

Unter dem Begriff Software-defined Automation (SDA) versteht man die Entkopplung von Automatisierungsfunktionalität von dedizierter Hardware. In der Vergangenheit war es aufgrund limitierter Ressourcen und hoher Echtzeitanforderungen nur möglich, Regelkreise durch spezialisierte Hardware sogenannte Programmable Logic Controller (PLC) oder durch spezielle Automatisierungssysteme (AS) zu realisieren. Mit der Verfügbarkeit

---
[1] Process Automation Device Information Model.

von leistungsfähigen Prozessoren in den letzten Jahren, dem Einzug von Echtzeitfähigkeiten in Betriebssysteme wie bspw. den RT-Erweiterungen im Linux Kernel [5] und auch der Containerisierung [6] wurden die Voraussetzungen für eine weitere Entkopplung von Hardware und Software geschaffen. Diese Entkopplung ist die Grundlage, um eine höhere Flexibilität in bestehende Automatisierungsstrukturen einzubringen und damit zum einen auf Daten aus dem Automatisierungskontext zuzugreifen, aber auch um AI-Anwendungen einzubringen. Folgend werden beispielhaft Anwendungen aufgezeigt.

In der Regeltechnik sind aufgrund ihrer einfachen Verständlichkeit PID-basierte Regelkreise [7] etabliert – trotz einiger Nachteile wie bspw. dem hohen Aufwand in der Konfiguration und der eingeschränkten Anpassbarkeit an wechselnde Umgebungsbedingungen. Mit AI-ergänzenden bzw. AI-basierenden Regelkreisen [8] stehen neue Möglichkeiten zukünftig bereit, um die Güte der Regelung weiter zu erhöhen. Auf Basis historischer Daten können bessere Regelergebnisse auch in Echtzeit erzielt werden. In Kombination mit der Flexibilität von SDA bspw. auf Basis moderner Edge-Infrastrukturen ergeben sich hier neue Freiheitsgrade.

Darüber hinaus weist SDA neue Eigenschaften auf, die durch die Nutzung von Cloud-basierter Technologie unterstützt werden. Anstelle von Automatisierungsansätzen die auf die Nutzung dedizierter PLCs ausgelegt war, kann nun hyper-konvergente Infrastruktur zum Einsatz kommen die wesentlich bessere Skalierungseigenschaften besitzt. Automatisierungsfunktionalitäten können orts-transparent verteilt werden zwischen Edge-Infrastrukturen, lokalen Rechenzentren und der Cloud.

### 5.4.4.3 Artificial Intelligence als Grundvoraussetzung

Im Gegensatz zur diskreten Fertigung orientiert sich eine verfahrenstechnische Anlage wesentlich stärker am zu produzierenden Produkt und den damit verbundenen Produktionsschritten. Zunächst muss die zu erzeugende Chemikalie oder der pharmazeutische Wirkstoff im sogenannten Design-Schritt identifiziert werden. AI kann hier maßgeblich unterstützen, um geeignete Molekülkombinationen schneller zu identifizieren [9].

Um das identifizierte Molekül zu produzieren, werden im Rahmen des Engineerings mehrere Teilschritte durchlaufen. Ein Verfahrensfließschema (englisch: Process Flow Diagramm [PFD]) beschreibt die wesentlichen Produktionsschritte mit den zugehörenden Anlagenteilen. Anschließend definiert das Rohrleitungs- und Instrumentenfließschema (englisch: Piping & Instrumentation Diagram [P&ID]), alle erforderlichen Mess-, Steuer-, und Regelungsfunktionen. Engineering Aktivitäten können in vielerlei Hinsicht von AI profitieren. Generative AI kann genutzt werden, um neue Anlagen durch die automatisierte Erstellung von PFD und P&ID wesentlich zu beschleunigen[2]. Die Dokumentation von Bestandanlagen liegt oftmals nur in gedruckter Form vor und umfasst für große Anlagen dutzende von P&ID Diagramme. Die Digitalisierung dieser Diagramme ist sehr aufwendig und kann mittels AI-Unterstützung deutlich beschleunigt werden.

---

[2] https://blog.siemens.com/2025/01/move-forward-or-fall-behind/

Der Weg hin zu voller Autonomie ist sicherlich noch einige Jahre entfernt. Derzeit kann AI jedoch bereits im Betrieb einer Anlage an verschiedensten Stellen hilfreich eingesetzt werden. Im Falle von Problemen oder anstehenden Wartungsaktivitäten kann AI die Diagnose und das Auffinden von Informationen beschleunigen. Durch die Interaktion zwischen Menschen und domänen-spezifischen Large Language Modellen kann somit der Ausfall möglicherweise verhindert oder zumindest die Ausfallzeit deutlich reduziert werden[3]. Auch können Situationen die potenziell zu einem Ausfall führen könnten durch AI-basierte Modelle erkannt und damit geplant behoben werden. Während des ordnungsgemäßen Betriebes wird das Modell mit den „Gut"-Situationen trainiert, um Abweichungen davon später erkennen und auf mögliche Anomalien hinweisen zu können. Die „False-Positive"-Rate, als die Menge an Ereignissen die fälschlicherweise als Anomalie erkannt werden, muss möglichst klein sein, um eine hohe Akzeptanz zu erzielen. In Summe werden damit ungeplante Ausfallzeiten reduziert und die Gesamteffizienz einer Anlage erhöht.

#### 5.4.4.4 Über Anlagengrenzen hinaus: Manufacturing X

Die Herausforderung, Daten von unterschiedlichen Anlagen (-teilen) und den dort verwendeten Anwendungen bereitzustellen und zu kontextualisieren, ist etabliert. Daten über Firmengrenzen hinaus bereitzustellen, stellt eine weitere Dimension dar und den wesentlichen Aspekt des Förderprogrammes Manufacturing-X [10]. Datenaustausch zwischen Firmen bspw. zur Rechnungsstellung ist nicht neu. Der Austausch von Daten in der Zulieferkette und aus der Produktion in einem offenen und wohldefinierten Datenformat nicht nur zwischen zwei Firmen, sondern multilateral, ermöglicht neue Anwendungsfälle. Daten, die beispielsweise nicht nur die Art und Menge des Rohstoffes beschreiben, sondern auch dessen Eigenschaften und durchlaufene Bearbeitungsschritte, können wesentlich für eine optimierte Weiterverarbeitung sein. Auf Basis dieser Eigenschaften können Maschinen kalibriert werden und Fertigungsschritte angepasst werden, um die höchstmögliche Qualität und möglichst wenig Ausschuss zu erzielen. Vom Datenaustausch und den möglichen Optimierungen profitieren alle am Datenaustausch beteiligten Parteien, direkt oder indirekt. Hierbei spielen neben der Etablierung einer dezentral organisierten Datenaustauschinfrastruktur auch die Vereinbarung definierter Datenformate mit dazugehöriger Semantik eine wesentliche Rolle. Neben der Optimierung bestehender Anwendungsfälle können zukünftig auch neue Geschäftsmodelle etabliert werden.

Der Datenaustausch entlang der Wertschöpfungskette ermöglicht die Umsetzung von autonomen Anlagen und kann damit die Erfahrung von Anlagenfahrern ersetzen durch die automatische Übernahme von Produktionsparametern.

---

[3] https://www.siemens.com/global/en/products/automation/topic-areas/artificial-intelligence-in-industry/industrial-copilot.html.

## 5.4.5 Zusammenfassung und Ausblick

In den vorausgegangenen Abschnitten wurden wesentliche Herausforderungen der Prozessindustrie im Hinblick auf die Zukunftsvision autonomer Anlagen erörtert. Der Zugriff auf umfassende Anlagendaten, die über Daten, die für die reine Automatisierung hinausgehen, ist essenziell. Möglichkeiten diesen Zugriff zu ermöglichen, wurden bereits durch die NAMUR im Rahmen der NOA Prinzipien angestoßen. Die hierbei zu erfassenden Daten stellen enorme Anforderungen an die langfristige Speicherung im Rahmen von Archivsystemen On-premise oder auch in der Cloud. Eine weitere Flexibilisierung bestehender Automatisierungslösungen wird durch die Prinzipien der Software-Defined Automation beschrieben. IT-Lösungen halten Einzug in die Automatisierungswelt und ermöglichen kürzere Innovationszyklen. Sowohl NOA als auch SDA stellen Möglichkeiten dar, das Thema AI in der Prozessindustrie zu etablieren. Vom Engineering bis hin zum Betrieb stellt AI einen wesentlichen Beitrag in Richtung autonomer Anlagen dar. Der Austausch und die Bereitstellung von Daten darf hierbei nicht nur auf einzelnen Anlagen beschränkt bleiben, sondern muss entlang der gesamten Wertschöpfungskette verfolgt werden. Manufacturing-X zusammen mit dem verwandten Projekt Catena-X ist hier ein wesentlicher Mechanismus.

Bis vollständig autonome Anlagen bereitstehen werden, werden sicherlich noch einige Jahren vergehen. Das große Interesse von Betreibern und Herstellern verfahrenstechnischer Anlagen zeigt jedoch den immensen Bedarf an einer weiteren Digitalisierung der Produktionslandschaft zu arbeiten. Um hier in Deutschland und Europa wettbewerbsfähig zu bleiben, muss dieser Weg konsequent eingeschlagen werden.

## 5.4.6 Referenzen

[1] de Caigny J, Huck R (2024) NAMUR Open Architecture – Der sichere Weg, neue Werte und Services aus Automatisierungsdaten zu schaffen. Handbuch Industrie 4.0: Band 2: Automatisierung. Springer Berlin Heidelberg
[2] OPC 30081 Process Automation Devices – PADIM (2024). Version 1.01
[3] OPC Unified Architecture. IEC 62541 (2020).
[4] Mobley K (2002). An introduction to predictive maintenance. Butterworth-Heinemann. 2$^{nd}$ edition
[5] PREEMPT_RT Realtime extensions for the Linux kernel. https://en.wikipedia.org/wiki/PREEMPT_RT (Last accessed 06.03.2025)
[6] Linux Containers. https://en.wikipedia.org/wiki/LXC (Last accessed 06.03.2025)
[7] Zacher S, Reuter M (2024). Regelungstechnik für Ingenieure: Analyse, Simulation und Entwurf von Regelkreisen. Springer Vieweg

[8] Schöning J, Riechmann A, Pfisterer H-J. (2022) AI for Closed-Loop Control Systems. ICMLC '22: Proceedings of the 2022 14th International Conference on Machine Learning and Computing

[9] Löffler H, et al. (2024) Reinvent 4: Modern AI-driven generative molecule design. Journal of Bioinformatics

[10] Manufacturing-X – Initiative zur Digitalisierung der Lieferketten in der Industrie (2022) Positionspapier

[11] ARC Advisory Group – What is Autonmous Operation. https://www.arcweb.com/industry-best-practices/what-autonomous-operations (Last accessed 19.03.2025)

**Dr. Marc Barisch** ist bei der Siemens AG im Central Technology Office des Geschäftsbereiches Digital Industries als Senior Key Expert und Senior Software Architekt beschäftigt. Darüber hinaus engagiert sich Marc in der Ausbildung von Softwarearchitekten. Zuvor durchlief er Stationen als Entwickler, Architekt und Projektleiter in der Leitsystementwicklung und Digitalisierung von Prozessanlagen unteranderem mittels künstlicher Intelligenz. 2012 promovierte er an der Universität Stuttgart über Netzwerksicherheit und Netzarchitekturen am Institut für Kommunikationsnetze und Rechnersysteme.

## 5.5 Generative AI in der Produktentwicklung: Effizienz, Innovation und Wettbewerbsvorteile im Automotive-Bereich

*Dr. Uli Christian Blessing, Peter Kroner und Andreas Kemle* (Automobilzulieferer)

Die zunehmende Komplexität in der Automobilentwicklung – getrieben durch regulatorische Vorgaben, anspruchsvolle Umweltziele und technologische Innovationen wie Elektrifizierung und autonomes Fahren – erfordert neue Wege der Produktoptimierung. Dieses Kapitel zeigt auf, wie generative KI – im Zusammenspiel mit prädiktiver KI und simulationsgestützten Datenpipelines – zu einem strategischen Hebel für Effizienz und Innovation werden kann. Statt bestehende Designs lediglich zu verbessern, ermöglicht generative KI die Erzeugung völlig neuer, datengetriebener Lösungen, etwa leise und effiziente Lüfterräder, die durch konventionelle Entwicklungsprozesse kaum realisierbar wären. Die Integration dieser Technologie in einen automatisierten, selbstüberwachten Lernkreislauf eröffnet MAHLE neue Perspektiven in Bezug auf Geschwindigkeit, Skalierbarkeit und Produktqualität – beispielsweise durch kürzere Entwicklungszyklen für leistungsfähigere Komponenten oder durch die gezielte Reduzierung von Materialeinsatz und Herstellungskosten.

Zwei Fallstudien aus der Praxis zeigen die Entwicklung von der manuellen, hardwarebasierten Optimierung hin zu einem weitgehend automatisierten, parametrischen Ansatz mit durchgängiger Datenpipeline. Die daraus resultierenden Effizienzgewinne und funktionalen Verbesserungen unterstreichen das Potenzial generativer KI für die industrielle Anwendung.

Die Schlussfolgerung: Unternehmen, die generative KI strategisch in ihre Entwicklungsprozesse integrieren, können nicht nur ihre Produktivität steigern, sondern sich langfristig Wettbewerbsvorteile im sich wandelnden Automotive-Sektor sichern.

### 5.5.1 Einleitung

Die Automobilindustrie steht unter massivem Innovations- und Kostendruck. Neue Antriebskonzepte, autonome Fahrfunktionen und steigende Kundenanforderungen erhöhen die Komplexität moderner Fahrzeugentwicklung erheblich. Gleichzeitig wächst die Notwendigkeit, Entwicklungszyklen zu verkürzen, Materialien effizienter einzusetzen und zentrale Leistungsmerkmale wie Gewicht, Effizienz oder Akustik zu verbessern – ohne dabei Qualität oder Sicherheit zu gefährden.

Hier stößt die traditionelle Optimierungstechnik zunehmend an ihre Grenzen. Generative Künstliche Intelligenz (KI) bietet hier entscheidende Vorteile: Sie ergänzt bestehende Ansätze nicht nur durch die Analyse und Vorhersage, sondern erzeugt völlig neue, kreative und zielgerichtete Designvarianten. Im Gegensatz zu prädiktiver KI, die auf Basis historischer Daten Vorhersagen trifft, kreiert generative KI eigenständig neuartige Produktdesigns und ermöglicht so eine völlig neue Dimension von Innovationspotenzial.

Dieser „leere Blatt"-Ansatz erlaubt es, den gesamten möglichen Designraum systematisch und umfassend zu erkunden. Dadurch entstehen Lösungen, die weit über inkrementelle Verbesserungen hinausgehen und traditionell undenkbar gewesen wären. Insbesondere in Verbindung mit prädiktiven KI-Modellen, Simulationstechnologien und automatisierten Datenpipelines schafft generative KI einen ganzheitlichen, datengetriebenen und effizienten Innovationsprozess.

Für MAHLE liegen zentrale Anwendungsbereiche in der Verkürzung der Entwicklungszyklen, der Materialreduktion sowie der Optimierung von Bauteilen hinsichtlich Gewicht, Effizienz und NVH (Noise, Vibration, Harshness) [1], [2]. Somit positioniert sich generative KI nicht nur als technische Innovation, sondern als strategisch notwendiger Bestandteil zukünftiger Wettbewerbsfähigkeit in der Automobilbranche [3].

### 5.5.2 Die Vision des selbstüberwachten Lernens: Ein geschlossener Kreislauf der Innovation

Selbstüberwachtes Lernen (Self-Supervised Learning, SSL) beschreibt einen Lernprozess von KI-Modellen, bei dem keine manuell klassifizierten Trainingsdaten erforderlich sind. Im Gegensatz zum überwachten Lernen, das auf explizit annotierten Datensätzen basiert, generiert die KI beim SSL ihre Lernsignale selbst – etwa durch das Erkennen von Mustern, Strukturen oder Zusammenhängen in Rohdaten.

Die langfristige Vision ist ein geschlossener Innovationskreislauf, in dem generative und prädiktive KI eng zusammenarbeiten: Die generative KI erzeugt eine Vielzahl potenzieller Designlösungen, deren Leistungsfähigkeit anschließend durch prädiktive KI-Modelle simulativ bewertet wird. Die daraus gewonnenen Erkenntnisse fließen automatisch zurück in die generative KI, um auf dieser Basis in weiteren Iterationen noch bessere Varianten zu entwerfen. Die für das Training der prädiktiven KI notwendigen Daten stammen aus Simulationsmethoden (z. B. CFD), die nahtlos in diesen Kreislauf integriert sind.

Dieser automatisierte Ablauf stellt einen Paradigmenwechsel dar: Die Optimierung erfolgt zunehmend ohne menschliches Eingreifen. Während in klassischen Entwicklungsprozessen jede Iteration manuell angestoßen, simuliert und interpretiert werden muss, übernimmt im KI-gestützten Kreislauf das System diese Schritte weitgehend selbst – kontinuierlich, datengetrieben und mit hoher Effizienz.

Dieser Prozess lässt sich sowohl als Prinzip als auch als Paradigma verstehen: Der AI Boosting Loop beschreibt einen dynamischen, sich selbst verstärkenden Kreislauf in der Produktentwicklung. Mit jeder Iteration verbessert das System seine Vorhersagen, erweitert den Lösungsraum und wird robuster. Je mehr Daten es verarbeitet, desto besser werden die generierten Designs. Der AI Boosting Loop steht somit nicht nur für eine technische Methode, sondern für einen grundlegend neuen Entwicklungsansatz.

Ein zentraler Effizienzhebel liegt in der gezielten Reduktion der Modellkomplexität: Statt komplette 3D-Geometrien zu verarbeiten, konzentriert man sich auf parametrisch beschreibbare, funktional relevante Bereiche eines Bauteils. Durch die Priorisierung parametrisierbarer Geometrien und die Verwendung parameterbasierter KI-Modelle lassen sich sowohl Trainingsaufwand als auch Rechenzeiten signifikant reduzieren.

Damit der geschlossene Kreislauf zwischen generativer und prädiktiver KI zuverlässig funktioniert, ist eine durchgehende, automatisierte Datenpipeline entscheidend – ohne manuelle Schnittstellen zwischen Tools. Besonders kritisch ist dabei die kontinuierliche Überprüfung der Vorhersagegenauigkeit: Nur wenn die simulierten Leistungswerte mit realen Messdaten übereinstimmen, lässt sich das prädiktive Modell zuverlässig im Entwicklungsprozess einsetzen. Eine robuste Validierungsstrategie wird somit zum zentralen Erfolgsfaktor.

### 5.5.3 Fallstudien: Erkenntnisse aus der Anwendung generativer AI

Zwei reale Anwendungsfälle zeigen exemplarisch den Entwicklungsstand und die Herausforderungen beim Einsatz generativer KI in der Praxis.

## 5.5 Generative AI in der Produktentwicklung: Effizienz, Innovation ...

**Fallstudie 1: Komplexe Geometrien und fragmentierte Datenpipelines**

In diesem frühen Anwendungsfall basierten die Trainingsdaten auf einer Kombination aus physikalischen Messungen und ergänzenden Simulationen. Zum Einsatz kamen komplexe geometrische KI-Modelle für sowohl Vorhersage als auch Generierung – was eine direkte Manipulation vollständiger 3D-Geometrien erforderlich machte. Diese hohe Modellkomplexität führte zu hohem Rechenaufwand und erschwerte eine flexible Variation des Designs.

Ein zentrales Problem lag in der fehlenden durchgängigen Datenpipeline. Zahlreiche manuelle Schnittstellen zwischen unterschiedlichen Softwaretools führten zu erhöhtem Aufwand bei Datenübertragung, Vorbereitung und Qualitätssicherung – verbunden mit potenziellen Fehlerquellen an jeder Übergabestelle. Die Generierung neuer Trainingsdaten erfolgte teils über einen aufwendigen Hardware-in-the-Loop-Prozess: Prototypen, basierend auf von der generativen KI erzeugten Geometrien, wurden gefertigt und real vermessen. Zwar lieferten diese Messungen wertvolle reale Daten, doch der Prozess war kostenintensiv, zeitaufwendig und in seiner Iteration limitiert.

Diese Fallstudie unterstreicht die Schwierigkeiten bei der Arbeit mit hochkomplexen Geometriemodellen und unzureichend integrierten Toolchains – insbesondere im Hinblick auf die Skalierbarkeit des KI-gestützten Optimierungsprozesses. Gleichzeitig zeigt sie jedoch auch das Potenzial, das bereits durch frühe Prototypen erkennbar wurde: Die generative KI war in der Lage, funktionale Designvarianten zu erzeugen, die reale Messwerte lieferten und als wertvolle Grundlage für weiteres Lernen dienten. Trotz der Limitierungen deutet sich damit an, welches Leistungsniveau mit verbesserter Toolintegration und reduzierter Modellkomplexität erreichbar ist. In Abb. 5.4 ist aus der Entwicklung bei MAHLE ein aktuelles Beispiel dargestellt. Es zeigt die Verbesserungen an einem Kühlmodul mit Lüfterrad und die damit einhergehenden produktspezifischen Verbesserungen.

**Fallstudie 2: Parametrisierte Morphing-Ansätze und nahezu durchgehende Pipelines**

Der zweite Fall demonstriert einen deutlich effizienteren Ansatz, der sich stärker an den Prinzipien eines dynamischen AI Boosting Loops orientiert. Das geometrische Modell wurde

**Abb. 5.4** Bionischer Lüfter (links Pressefoto, mittig wesentliche Produktverbesserungen, rechts Details des bionisch optimierten Lüfterrads)

**Abb. 5.5** Ergebnisraum generativer und prädiktiver KI für die Fallstudie 2 (links Ergebnisraum der generativen und prädiktiven KI, mittig oben wesentliche Produktverbesserungen, rechts Details des optimierten Bauteils)

gezielt vereinfacht: Der Fokus lag auf dem funktional relevantesten Teilbereich eines Bauteils, dessen Form mithilfe parametrisierten Morphings variiert wurde. Statt vollständiger Geometrien wurden nur wenige Parameter verändert – ein Paradigmenwechsel hin zu einem kompakteren, leicht skalierbaren Optimierungsansatz.

Die generative KI erzeugte auf dieser Basis neue Geometrievarianten, die automatisiert mit dem restlichen Ausgangsdesign kombiniert wurden. Diese Varianten waren direkt nutzbar für CFD-Simulationen und Rapid Prototyping – ohne zusätzliche Aufbereitung. Das prädiktive Modell basierte ebenfalls ausschließlich auf den Morphing-Parametern, was die Trainingszeiten drastisch verkürzte.

Die Trainingsdaten des prädiktiven Modells wurden vollständig simulativ erzeugt, was eine effiziente Skalierung erlaubte. Zwar war noch eine manuelle Übergabe an das CFD-Tool erforderlich – ein letzter Medienbruch in der Pipeline (manuelle Übergabe) – dennoch ermöglichte dieser Ansatz die automatisierte Erzeugung und Bewertung von Millionen Varianten. Durch Kombination mit Expertenwissen der Ingenieure konnten gezielt Designs für 3D-Druck und Validierung ausgewählt werden.

Das Ergebnis: signifikante Funktionsverbesserungen gegenüber dem Ausgangsdesign – bei deutlich reduziertem Zeit- und Ressourcenbedarf. In Abb. 5.5 ist aus der Entwicklung bei MAHLE ein aktuelles Beispiel für einen Radiallüfter für eine Klimaanlage dargestellt. Es zeigt links den vollständigen Lösungsraum der mittels generativer und prädiktiver KI erzeugten Designvarianten. Jeder Punkt repräsentiert eine simulierte Geometrie; dargestellt sind mehrere Millionen Varianten. Der grün markierte Bereich zeigt die Pareto-Front – jene Zone, in der sich besonders gut optimierte Bauteile im Spannungsfeld verschiedener Zielgrößen befinden. In der Mitte sind wesentliche produktspezifischen Verbesserungen dargestellt. Und rechts der Radiallüfter mit den besten Eigenschaften.

**Fazit der Fallstudien**
Der Vergleich zeigt: Der Wechsel von vollständigen Geometriemodellen zu parametrisierten Ansätzen – und damit der Übergang in ein neues methodisches Umfeld der Produktentwicklung – ermöglicht eine drastische Effizienzsteigerung. Der zweite Anwendungsfall zeigt den Weg zu einem echten dynamischen AI Boosting Loop: einem kontinuierlich lernenden, iterativen Kreislauf mit minimalem menschlichem Eingriff, der aktiv durch Ingenieure gestaltet wird.

### 5.5.4 Die Rolle des Ingenieurs im Wandel: Vom technischen Spezialisten zum Kurator intelligenter Systeme

Die Einführung generativer und prädiktiver KI verändert nicht nur Prozesse, sondern auch das Selbstverständnis technischer Berufe grundlegend. Was einst die Kernaufgabe der Ingenieure war – das Konstruieren, Optimieren und Validieren einzelner Produktlösungen – verlagert sich zunehmend in die kuratorische Begleitung eines hochdynamischen AI Boosting Loops.

Zukünftig liegt der Fokus weniger auf dem Entwurf individueller Designs, sondern auf dem Aufbau, der Bewertung und der strategischen Erweiterung des Lösungsraums, in dem KI-Systeme operieren. Ingenieure definieren die Parameter, Randbedingungen, Freiheitsgrade und Zielmetriken, anhand derer generative Systeme neue Varianten entwickeln. Sie gestalten damit den Raum, in dem die KI im Rahmen eines AI Boosting Loops kreativ und prädiktiv tätig wird.

Ein zentrales Element dieser Aufgabe ist die Sicherstellung, dass dieser Lösungsraum physikalisch fundiert und datenstrukturell konsistent modelliert ist. Er muss nicht nur technisch realistisch, sondern auch vielfältig und zielführend angelegt sein – ein Prozess, der tiefes Domänenwissen und systemisches Denken voraussetzt. Ingenieure sorgen zudem dafür, dass die generierten Varianten validierbar, herstellbar und wirtschaftlich relevant sind – sei es durch direkte Bewertung oder durch die Integration entsprechender Logik in den generativen Prozess.

Die Gestaltung des AI Boosting Loops umfasst neben physikalischen Parametern auch ökonomische und regulatorische Anforderungen – Aspekte, die in klassischen Konstruktionsprozessen oft nachgelagert behandelt wurden. Nun werden sie integraler Bestandteil des initialen Lösungsraums. Diese ganzheitliche Betrachtung ermöglicht es, das Potenzial generativer KI voll auszuschöpfen – gleichzeitig erfordert sie ein neues technisches Mindset.

Die Rolle wandelt sich damit fundamental: Ingenieure steuern nicht mehr einzelne Entwurfsentscheidungen, sondern orchestrieren komplexe Erkenntnisprozesse. Sie begleiten KI-Systeme, interpretieren deren Ergebnisse, bewerten deren Robustheit und greifen gezielt steuernd ein. Diese Kooperation ist nicht passiv, sondern dynamisch – sie verändert sich mit jeder Iteration, jeder neuen Datengeneration, jeder validierten Hypothese.

Auch die Verantwortung verändert sich: von der Verantwortung für einzelne Produktgeometrien hin zur Verantwortung für Modellintegrität, Datenkonsistenz und Verlässlichkeit der Entscheidungslogik. Der Mensch bleibt unverzichtbar – aber in einer anderen Funktion: als Architekt, Navigator und Supervisor intelligenter Systeme.

Diese neue Rolle verlangt nicht nur neue Tools, sondern ein neues Selbstverständnis. Der Beruf der Ingenieurin und des Ingenieurs wird kognitiver, vernetzter, strategischer. Es geht nicht um weniger Technik – sondern um Technik auf einem höheren Abstraktionsniveau. Um Systeme, nicht Bauteile. Um Lernprozesse, nicht lineare Konstruktion.

Wer diesen Wandel versteht und aktiv gestaltet, wird nicht ersetzt – sondern verstärkt: durch maschinelle Intelligenz, die unter menschlicher Führung wirksam wird. KI ersetzt keine Ingenieure. Die Zukunft gehört den Kuratoren intelligenter Systeme.

### 5.5.5 Schlussfolgerung

Die Analyse verdeutlicht das transformative Potenzial generativer KI für die technische Produktentwicklung – in Bezug auf Geschwindigkeit, Ressourcenoptimierung und gestalterische Freiheit. Die Kombination aus generativer und prädiktiver KI ermöglicht nicht nur bessere Produkte, sondern radikal effizientere Prozesse.

Doch technologische Exzellenz allein genügt nicht. Die eigentliche Hebelwirkung entsteht erst, wenn diese Technologien strategisch in die Organisationsstruktur eingebettet werden. Unternehmen wie MAHLE können ihre Position in der digitalen Produktentwicklung maßgeblich stärken, wenn sie neben der Tool-Ebene auch die strukturellen Voraussetzungen schaffen: agile, funktionsübergreifende Entwicklungsteams, durchgängige Datenpipelines, integrierte Tool-Landschaften und klare Verantwortlichkeiten im Umgang mit KI-Systemen.

Diese organisatorische Integration ist kein optionaler Schritt – sie ist die Voraussetzung, um aus Potenzialen tatsächlichen Fortschritt zu machen. Nur wenn Prozesse, Datenflüsse und Rollenmodelle aufeinander abgestimmt sind, kann das AI Boosting Loop zwischen Mensch und KI optimal gestaltet werden. Die Transformation betrifft damit nicht nur Technologien und Kompetenzen, sondern das gesamte Innovationssystem eines Unternehmens.

Zentraler Bestandteil dieses Wandels ist die neue Rolle der Ingenieure: Sie gestalten nicht nur technische Lösungen, sondern kuratieren, validieren und navigieren in komplexen, lernfähigen Systemen. Ihre Expertise wird zum Kompass in einem datengetriebenen Entwicklungsraum, in dem Maschinen zunehmend eigenständig lernen – aber nicht ohne menschliche Führung, zumindest solange wir bestimmen, was als vertrauenswürdig gilt.

Unternehmen, die diese doppelte Transformation – technologisch wie organisatorisch – frühzeitig anstoßen, verschaffen sich nicht nur temporäre Effizienzvorteile, sondern bauen strukturelle Innovationsfähigkeit auf. Der Weg zur KI-gestützten Produktentwicklung ist kein Tool-Projekt – sondern ein kultureller, strategischer und personeller Wandel.

**Die Zukunft gehört nicht der Technologie allein – sondern jenen, die sie intelligent organisieren, gestalten und verantworten**
**Quellenangaben**

1. More Mileage using State-of-the-Art Thermal Systems, Car Symposium 2023 in Bochum, Dr. Uli Christian Blessing
2. Efficient thermal management – key technology for cost-optimized electric vehicles, Wiener Motorensymposium 2025, Dr. Uli Christian Blessing, Laurent Art, Thorsten Möllert
3. AI in Automotive Engineering – Vortrag auf der Neural Concept Connect 2024, Peter Kroner (MAHLE)
   https://www.neuralconcept.com/post/engineering-intelligence-in-action-neural-concept-connect-2024-recap

**Dr. Uli Christian Blessing** ist Vice President R&D für Thermal & Fluid Systems bei MAHLE. Er verantwortet die Forschung und Entwicklung innovativer Technologien für Thermomanagement und Fluidsysteme. Zuvor war er in leitenden Funktionen bei der ZF Group und GETRAG GmbH tätig. Dr. Blessing promovierte an der Universität Stuttgart über Hybridfahrzeug-Antriebsstränge, nachdem er dort Elektrotechnik studiert hatte.

**Peter Kroner** ist Director Engineering Solutions für Thermal & Fluid Systems bei MAHLE. In dieser Funktion treibt er wesentlich die Weiterentwicklung und Digitalisierung von Entwicklungsprozessen sowie die methodische Absicherung innovativer Thermomanagementsysteme voran. Zuvor war er in leitenden Funktionen bei MAHLE Behr, Zeuna Stärker und ArvinMeritor tätig. Peter Kroner studierte Produktionstechnik an der Technischen Hochschule Karlsruhe mit Schwerpunkt auf digitaler Produktentwicklung sowie Automatisierung von Fertigungssystemen.

**Andreas Kemle** ist seit 1999 bei MAHLE tätig, zunächst in der Vorentwicklung für Klimasysteme inklusive der Leitung des Fachgebiets Thermodynamik. Anschließend leitete er Projekte für neuartige Klimakomfortsysteme in der zentralen Vorausentwicklung und zuletzt Projekte im Bereich der Digitalisierung von R&D-Prozessen.

## 5.6 Skalierungsmodelle im Wandel: Von menschenzentriertem zu technologiegetriebenem Wachstum

*Daniel Dippold* (Machine Learning)

**Einleitung**
Organisationen stehen heute vor einem Paradigmenwechsel in ihrer Wachstumsstrategie. Traditionell basierte Wachstum vor allem darauf, mehr Mitarbeiter einzustellen und durch menschliche Arbeitskraft zu skalieren. Technologiegetriebener Wandel hat die Mitarbeiterskalierung unterstützt, jedoch nicht ersetzt. Inzwischen zeichnet sich ein neues Modell ab: Skalierung durch Technologie. Dieser Wandel – vom menschenzentrierten Wachstum hin zu technologiegetriebenem Wachstum – hat tiefgreifende Auswirkungen darauf, wie Organisationen organisiert sind und welche Fähigkeiten von Mitarbeitenden gefragt sind. In diesem Artikel werfen wir einen Blick auf die beiden Skalierungsmodelle, beleuchten die historische Bedeutung von Menschen für das Organisationswachstum und erklären die aktuelle sowie zukünftige Rolle von Technologien wie No-Code-Plattformen, Automatisierung, agentischer AI und großen Sprachmodellen (LLMs). Zudem prognostizieren wir, welchen entscheidenden Unterschied Technologie für Organisationen und Jobs machen wird.

**Menschenzentriertes Wachstum: Wenn Menschen der Skalierungsfaktor sind**
Historisch wuchsen Organisationen vor allem, indem sie mehr Personal einstellten und große Teams aufbauten. Charismatische Gründerfiguren und visionäre Führungskräfte spielten eine zentrale Rolle: Sie inspirierten Mitarbeiter, überzeugten Investoren und verkörperten die Organisationsmission. Beispiele dafür sind etwa Richard Branson oder Walt Disney in den Anfängen seines Medienimperiums – Persönlichkeiten, die durch ihre Ausstrahlung und Führungsstärke große Belegschaften hinter sich versammelten. In diesem **menschenzentrierten Skalierungsmodell** hängt der Organisationserfolg stark von der Anzahl, Motivation und Koordination der Mitarbeitenden ab. Mehr Umsatz oder Produktion bedeutete meist, mehr Mitarbeiter einzustellen – Wachstum verlief annähernd proportional zur Kopfzahl.

Ein klassisches Beispiel bietet die Industrie des 20. Jahrhunderts: Ein Automobilhersteller wie Ford baute riesige Fabriken und beschäftigte Zehntausende von Arbeitern, um die Nachfrage zu bedienen. Ebenso wuchsen Dienstleistungsunternehmen durch immer größere Vertriebsteams, Support-Abteilungen und Managementstrukturen. Die Kennzahl, an der Organisationen oft gemessen wurden, war die Anzahl der Beschäftigten – eine größere Belegschaft symbolisierte Marktmacht und Erfolg. Viele große Konzerne verdanken ihren Aufstieg herausragenden Mitarbeitern und einem starken Zusammenhalt. **Alignment** (Ausrichtung) – also die zielgerichtete Koordination aller Kräfte – war dabei der Hebel, um große Belegschaften effektiv zu machen. Charismatische Leader konnten als *Leuchttürme* dienen, die den Mitarbeitenden Richtung und Sinn vermittelten. Zusammengefasst beruhte Skalierung in der Vergangenheit wesentlich auf der Formel „*mehr Menschen = mehr Output*", vorausgesetzt, man konnte die wachsende Belegschaft gut führen und organisieren.

**Technologiegetriebenes Wachstum: Skalierung durch Technik und Automatisierung**
In den letzten Jahren beobachten wir ein anderes Skalierungsmodell, das rasant an Bedeutung gewinnt: Wachstum durch den Einsatz von Technologie und neuen Geschäftsmodellen. Statt primär auf personelle Verstärkung zu setzen, nutzen Organisationen vermehrt digitale Werkzeuge, Automatisierung und künstliche Intelligenz, um ihre Leistung zu vervielfachen. Dieses technologiegetriebene Wachstum zeichnet sich dadurch aus, dass Output und Organisationsgröße nicht mehr in gleichem Maße an die Anzahl der Mitarbeitenden gekoppelt sind. Mit einem softwaregetriebenen Marktplatzmodell kann eine kleine Firma heute Millionen von Nutzern bedienen – etwas, wofür früher hunderte oder tausende Angestellte nötig gewesen wären.

Ein eindrucksvolles Beispiel liefert die digitale Wirtschaft: Instagram zählte beim Verkauf an Facebook für über eine Milliarde Dollar im Jahr 2012 gerade einmal 13 Mitarbeiter, hatte aber über 30 Mio. Nutzer (hbr.org). Im Vergleich dazu beschäftigte der Fotofilm-Riese Kodak auf seinem Höhepunkt rund 60.000 Mitarbeitende (hbr.org). Ähnlich zeigte WhatsApp, was *technologische Skalierung* bedeutet – der Messaging-Dienst bediente mit etwa 50–55 Angestellten rund 450 Mio. Nutzer und wurde für 19 Mrd. US-Dollar übernommen (informationweek.com). Dies entspricht einer Wertschöpfung von ca. €380 Mio. pro Mitarbeiter.

Diese Zahlen verdeutlichen: Ein kleines, hochqualifiziertes Team mit exzellenter Technologie kann heute eine Reichweite und Wertschöpfung erzielen, wofür traditionelle Organisationen früher eine riesige Belegschaft brauchten. Software und digitale Plattformen sind extrem **skalierbar** – eine einmal entwickelte Anwendung lässt sich mit minimalen Zusatzkosten millionenfach replizieren. Im Gegensatz dazu verursacht jeder zusätzlich eingestellte Mensch laufende Kosten (Gehalt, Einarbeitung, Management) und erhöht die Komplexität der Organisation.

Die besonders spannende Entwicklung, der wir in 2025 unterliegen ist aber eine andere: Durch agentische AI wird es nahezu jeder Unternehmung, unabhängig vom Geschäftsmodell, möglich sein mit wenigen Mitarbeitenden große Wertschöpfung zu erzielen. Grund dafür sind unter anderem die folgenden Technologien:

- No-Code/Low-Code-Plattformen: Diese erlauben es, Anwendungen und Prozesse zu erstellen, ohne klassisch programmieren zu müssen. Dadurch können auch Nicht-Informatiker Lösungen entwickeln und Arbeitsabläufe automatisieren. Die Folge: Teams können Probleme selbstständig mit Software lösen, anstatt für jede neue Anwendung ein Entwicklerteam aufzustocken. No-Code *demokratisiert* die Software-Entwicklung. So berichten Organisationen, dass Fachabteilungen mittels No-Code ihre technischen Fähigkeiten erweitern können, *ohne mehr Entwickler einstellen zu müssen* (resources.formstack.com). Laut einer Umfrage glauben 80 % der IT- und Operations-Experten, dass No-Code-Tools ihrem Team ermöglichen, mehr Arbeit selbst zu erledigen (resources.formstack.com).

- Agentische AI: Darunter versteht man AI-Systeme, die *eigenständig* Aktionen ausführen und Entscheidungen treffen können, um definierte Ziele zu erreichen. Beispiele sind AI-gestützte Assistenten, die selbständig Reisen planen und buchen, virtuelle Chatbots, die als Kundenbetreuer agieren, oder AI-Systeme, die in Echtzeit Lieferketten optimieren (hbr.org). Diese neuen **AI-Agenten** kombinieren Datenanalyse, Lernfähigkeit und Handlungsfähigkeit. Sie können in Bereichen eingesetzt werden, die früher eine Vielzahl menschlicher Sachbearbeiter erforderten – etwa im Kundenservice, im Personalwesen (z. B. Vorsortieren von Bewerbungen) oder im IT-Support. Für Mitarbeitende bedeutet das: Routineprozesse laufen im Hintergrund automatisch, während ihre Rolle verstärkt in der Überwachung, Steuerung und Feinabstimmung dieser AI-Agenten liegt. Das Arbeitsprofil verschiebt sich vom *selbst Ausführen* zum *Kontrollieren und Trainieren* der AI.
- Große Sprachmodelle (LLMs) und AI-Unterstützung: Systeme wie GPT-4 (bekannt durch ChatGPT) können Texte schreiben, Code generieren, Übersetzungen anfertigen und sogar inhaltliche Recherchen übernehmen. Sie fungieren als *universelle Assistenten,* die die Produktivität von Wissensarbeitern massiv steigern können. Studien belegen bereits erhebliche Effekte: In einem Experiment sank mit Zugriff auf ChatGPT die benötigte Zeit für bestimmte Schreibaufgaben um **40 %**, während die Ergebnisqualität um 18 % stieg (news.mit.edu). Anders gesagt: Wer AI-Tools nutzt, schafft in einer Stunde oft so viel wie zuvor in fast zwei Stunden – und das Ergebnis wird tendenziell besser. Solche Verbesserungen sind kein kleiner Schritt, sondern ein Quantensprung in der Effizienz. In der Praxis erleben wir, dass z. B. ein Entwickler mit AI-Unterstützung deutlich mehr Code fehlerfrei produzieren kann oder ein Marketing-Mitarbeiter in kürzerer Zeit doppelt so viele Kundenanfragen in hoher Qualität beantwortet. LLMs wirken wie ein *Multiplikator* für die individuelle Leistungsfähigkeit.

Zusammengenommen führen diese Technologien zu einer neuen Art von Skalierung. Organisationen können ihre Wertschöpfung enorm steigern, ohne im gleichen Maße neue Stellen schaffen zu müssen. Wachstum wird entkoppelt von reiner Kopfzahl, besonders für Organisationen die primär Drucker's „Knowledge Worker" einstellen. Noch vor zehn Jahren war man überzeugt, dass Fabrik- und physische Arbeit automatisiert ist, doch heute wissen wir, dass es den Knowledge Worker, sogar den Programmierer, früher treffen wird. Statt hunderte weiterer Mitarbeiter einzustellen, kann man beispielsweise ein gutes *Machine-Learning*-System implementieren oder eine Handvoll Prozessautomatisierer mit No-Code-Tools ausstatten. Das heißt nicht, dass keine Menschen mehr gebraucht werden – wohl aber, dass jede*r Einzelne mithilfe von Technologie *viel mehr bewirken* kann als früher. Software und AI besitzen die Fähigkeit, praktisch unbegrenzt hochzuskalieren: Ein digitales Produkt kann theoretisch Millionen weiterer Kunden bedienen, ohne dass dazu manuell mehr Arbeit anfällt. Im klassischen menschenzentrierten Modell war das anders – mehr Kunden bedeuteten fast zwangsläufig mehr Service-Mitarbeiter, mehr Sachbearbeiter, mehr Vertriebskräfte usw. Genau dieser Unterschied verändert die Spielregeln.

**Effektivitäts-Formel: Personenzahl × Alignment × Effizienz**
Die Gesamtwirkung einer Firma lässt sich als Produkt dieser drei Faktoren zusammenfassen. Das zeigt: **Verdoppelt** man die Belegschaft (Personenzahl × 2), verdoppelt sich im Idealfall der Output – *wenn* Alignment und Effizienz konstant bleiben. Verringert sich aber durch das Wachstum die Ausrichtung (z. B. Chaos durch zu schnelles Wachstum), kann ein Teil des Zugewinns wieder verpuffen. Genauso kann hohe Effizienz oder exzellentes Alignment die relative Größe eines Teams teilweise wettmachen: Ein kleines Team, das perfekt zusammenarbeitet und Top-Werkzeuge nutzt, kann so viel leisten wie ein weitaus größeres, schlecht organisiertes Team.

Nun kommt die Technologie ins Spiel. Sie wirkt im Wesentlichen auf die Faktoren Alignment und vor allem Effizienz ein – und zwar in einem Ausmaß, das früher unerreichbar war. Inzwischen übernimmt die Technologie ganze Aufgaben oder Teilprozesse, sodass diese ohne menschliches Zutun ablaufen. Automatisierung erhöht die Effektivität nicht nur linear, sondern exponentiell. Ein anschauliches Beispiel: Man kann einen Mitarbeiter durch Training dazu bringen, schneller zu laufen (Effizienzsteigerung) – aber man kann ihm auch ein Auto zur Verfügung stellen (Automatisierung). Mit dem Auto wird er *um ein Vielfaches* schneller sein, als es ein Mensch je aus eigener Kraft könnte. Übertragen auf die Arbeitswelt: Eine Software, die einen Großteil der Dateneingabe automatisch durchführt, macht die Aufgabe nicht einfach 20 % schneller, sondern erledigt sie womöglich 1000 % schneller – oder erledigt parallel tausende Fälle gleichzeitig. Der **Automatisierungsfaktor** kann also die klassische Effizienzgrenze sprengen, weil er die direkte Bindung an menschliche Arbeitszeit auflöst.

Ein Mitarbeiter mit Zugriff auf effektive Automationen kann so viel bewirken wie früher zehn oder gar hunderte Mitarbeiter. In manchen Fällen kann Automation den menschlichen Aufwand für bestimmte Outputs gegen Null tendieren lassen (z. B. im Falle der Finanztransaktionen durch Bitcoin). Außerdem wird Technologie indirekt auch das Alignment verbessern: Digitale Kollaborationsplattformen und transparente Echtzeit-Daten können dazu beitragen, dass alle auf demselben Stand sind und sich auf das Wesentliche konzentrieren.

Durch die Effizienzsteigerung um einen Faktor zehn bis hundert, skalieren Organisationen mit Knowledge Workern – analog zum Industriearbeiter zu Zeiten der Industrialisierung – heute stärker durch Technologie als durch Menschen. Demnach lohnt sich die Investition in Technologie mehr, als die in neue Mitarbeitende. Diese Welle an Automatisierung wird unvorstellbare Auswirkungen auf die Gesellschaft und Industrie haben.

**Was bedeutet das für Mitarbeitende? – Mut zur Technologie**
Für Angestellte in Organisationen heißt all das vor allem: **Veränderungsbereitschaft** und *aktive Mitgestaltung* sind gefragt. Der Wandel zum technologiegetriebenen Wachstum muss keine Bedrohung sein – im Gegenteil, er kann die Arbeitswelt für Einzelne bereichern. Entscheidend ist, sich darauf einzulassen und die eigenen Kompetenzen weiterzuentwickeln. Einige Leitgedanken dazu:

- Technologie verstehen (auch ohne Informatikstudium): Man muss kein Programmierer sein, um die Funktionsweise und Möglichkeiten neuer Technologien zu begreifen. Wichtig ist eine offene Haltung gegenüber digitalen Tools. Nutzen Sie Schulungsangebote für die Software, die in ihre Organisation eingesetzt wird. Jede*r kann zum „*Citizen Developer*" werden, der kleinere Apps oder Workflows baut, um sich das Leben zu erleichtern. Organisationen wie Formstack berichten von ganz neuen *Citizen Developer*-Rollen, bei denen fachfremde Mitarbeiter mittels No-Code Lösungen bauen und damit Arbeitsabläufe verbessern. (resources.formstack.com). Dies zeigt: Technisches Verständnis ist längst nicht mehr auf die IT-Abteilung beschränkt. Wer als Angestellter diese Chance ergreift, macht sich im Team unentbehrlich.
- Automatisierung als Hilfsmittel begreifen: Routineaufgaben, die Sie vielleicht früher frustriert haben, können Sie delegieren – an Software. Nutzen Sie die frei werdende Zeit, um sich anspruchsvolleren Aufgaben zu widmen: Kundenbetreuung, Strategie, Kreativität oder einfach qualitativ hochwertige Arbeit ohne Zeitdruck. Viele Organisationen ermutigen ihre Mitarbeitenden bereits, selbst nach Automatisierungspotenzial zu suchen, weil die besten Ideen oft von denen kommen, die den Prozess tagtäglich durchlaufen. Dabei geht es nicht darum, sich selbst überflüssig zu machen, sondern die eigene Arbeit intelligenter zu gestalten. Ihr Wert für die Firma steigt, wenn Sie zeigen, dass Sie mit Maschinen *zusammenarbeiten* können, um bessere Ergebnisse zu erzielen.
- Abstraktes und vernetztes Denken entwickeln, vor allen für Führungskräfte: In einer Arbeitswelt, in der konkrete Tätigkeiten häufig an Maschinen ausgelagert sind, rücken **Problemlösungskompetenz** und **systemisches Denken** in den Vordergrund. Es wird wichtiger, das *große Ganze* zu verstehen: Wie hängen Prozesse zusammen? Wo liegen die Stellschrauben, um das System zu verbessern? Mitarbeitende können solche Fähigkeiten auch trainieren – und Führungskräfte können dieses Training unterstützen – indem man bewusst über den Tellerrand des eigenen Aufgabenbereichs schaut. Gespräche mit Kollegen aus anderen Abteilungen, um deren Perspektive kennenzulernen, werden wichtiger. Je mehr man das Gesamtbild erfasst, desto eher erkennt man, wo Technik ansetzen kann und wo menschliches Urteilsvermögen gefragt ist. Diese Kombination – technisches Grundverständnis plus strategisches Denken – macht Mitarbeitende in Zukunft äußerst wertvoll.
- Ständige Weiterbildung einplanen: Machen Sie es sich zur Gewohnheit, jedes Jahr etwas Neues zu lernen. Das kann ein Zertifikat in Datenanalyse sein, ein Online-Kurs über AI-Grundlagen oder einfach das Einarbeiten in ein neues Software-Tool, das im Team eingeführt wird. Meine persönliche Prognose ist, dass die meisten Mitarbeitenden bald die Hälfte der Woche damit verbringen werden, neue Dinge zu lernen. Da der Effizienzgewinn dessen heute weit über dem Zweifachen liegt, lohnt sich ein solches Investment. Starke Führungskräfte und Organisationen unterstützen diese Entwicklungen.

**Fazit**

Die Entwicklung der Skalierungsmodelle – von menschenzentriertem Wachstum zu technologiegetriebenem Wachstum – markiert einen grundlegenden Wandel in der Wirtschaft. Was früher vor allem durch mehr Personal erreicht wurde, wird heute immer häufiger durch intelligente Maschinen und Software ermöglicht. Analog zur Industrialisierung betrifft dies heutzutage jeden Knowledge Worker.

Hierdurch ist Technologie auch für Dienstleistungsunternehmen zum *entscheidenden Differenzierungsmerkmal* geworden: Organisationen, die moderne Tools, Automatisierung und AI smart einsetzen, können ihre Wettbewerber um einen fünf- bis zehnfachen Faktor abhängen, selbst wenn diese (noch) mehr Personal haben. In naher Zukunft werden wir Organisationen mit Milliardenwert erleben, die weniger als zehn Mitarbeitende besitzen.

Nicht Richard Branson oder Walt Disney sind in der heutigen Ära erfolgreich, sondern Mark Zuckerberg und Elon Musk – die sich nicht durch Charisma, sondern durch technologisches Verständnis und abstraktes Denkvermögen differenzieren. Für Angestellte und Führungskräfte gilt es, diesen Wandel aktiv mitzugestalten. Jede und jeder kann dazu beitragen, das Beste aus beiden Welten zu vereinen: die Kreativität, Empathie und Erfahrung von Menschen mit der Geschwindigkeit, Präzision und Skalierbarkeit von Maschinen. Organisationen insgesamt werden kleiner, smarter und vernetzter – und sie brauchen Mitarbeiter, die genau das verkörpern: Qualitativ stark, technologieaffin, teamorientiert.

**Daniel Dippold** ist Mitgründer und CEO von EWOR, einem Accelerator für Unternehmer und Gründer. Neben EWOR gründete Daniel zwei Organisationen im Bereich der Künstlichen Intelligenz sowie die gemeinnützige Organisation Sigma Squared Society, in deren Aufsichtsrat er bis heute tätig ist. Als Businessangel und Fondinvestor investierte er bereits in mehr als 50 Projekte, darunter Unicorns. Mit einem Masterabschluss von der University of Cambridge verfügt Daniel über fundiertes Wissen in theoretischer Mathematik und Informatik.

## 5.7 Ganzheitliche Digitalisierung von komplexen Organisationen in Zeiten von multiplen Krisen

*Mercedes Eisert* (Bildung/Wissenschaft)

Krisenzeiten bringen uns um Besten Fall dazu, Bestehendes zu hinterfragen, eine Neuausrichtung zu ermöglichen und den gesamtunternehmerischen Erfolg fortzuführen. Organisationen in Deutschland sind besonders stark durch Bürokratie durchwoben. Eine erfolgreiche Neuausrichtung ist möglich, wenn weniger Bürokratie mehr Digitalisierung ermöglicht. Mit Maßnahmen, die den aktuellen Herausforderungen angepasst sind, können Organisationen intern und in ihrem Netzwerk notwendige Anpassungen erwirken und in Zeiten der Unsicherheiten und Krisen resilienter agieren.

**Ausgangslage**
Wir leben in einer Zeit von multiplen Krisen (zum Beispiel World Economic Forum, Global Risks Report 2025). Simultan, sich verstärkend und fortlaufend stellen Geopolitik, Klimawandel, wirtschaftliche und gesellschaftliche Auseinandersetzungen unkalkulierbare Handlungsrahmen für unsere Organisationen. Krisen wirken sich zudem auf dem Privatbereich aus und bestimmen bewusst und unbewusst unser unternehmerisches Handeln.

Diese Rahmenbedingungen erfordern aktives Auseinandersetzen mit den Auswirkungen und ein angepasstes und resilientes Handeln, damit der unternehmerische Erfolg als auch unser gesellschaftlicher Wertekanon für ein ethisches und würdevolles Miteinander fortbestehen können.

In Deutschland gaben bisher starke Regulatorik und Gesetzgebung einen vermeintlich sicheren Handlungsrahmen. Die starren, zum Teil vor langen Jahren entstandenen Regelwerke verhindern jedoch adäquate Reaktion auf die multiple Krisenlage. Die Bürokratie und Regelungsdichte beeinflussen dabei die gesamte Struktur und auch die Außenbeziehungen einer Organisation, sei es in den Bereichen Reaktions- und Anpassungsgeschwindigkeit, in den Bereichen des (Verwaltungs-)Personals oder führt gar zur fehlgeleiteten Investitionen, die weniger in die Innovationsstärke als in die Absicherung fließen. Die durchdringende Absicherungsmentalität durch Bürokratie lähmt Unternehmen, Wachstum, Innovationspotential und bindet unnötig Ressourcen.

**Wie können wir Bürokratisierung abbauen?**
Politik, Gesellschaft und Organisationen stehen gleichzeitig in der Pflicht, unter Beibehaltung unseres demokratischen Wertesystems die Rahmenbedingungen ohne Bürokratie zu schaffen, um wirtschaftlich resilient, flexibel und erfolgreich handeln zu können.

Für Organisationen steht mit der Digitalisierung ist ein Werkzeug zur Verfügung, mit dem Verantwortliche die Bürokratisierung erkennen und deren Auswirkungen mildern können.

Jedoch muss auch die Politik mit einer noch nicht dagewesenen Dringlichkeit handeln und die überbordende Bürokratie konsequent vereinfachen.

Digitalisierung ist weit mehr als Technologie und eine gesamtunternehmerische Aufgabe. Der Begriff wandelt sich zu einem umfassenden Themenkomplex, der neben der Informationstechnologie alle unternehmerischen Bereiche umfasst.

Folgend werden aus dem Repertoire der Digitalisierung einige Bereiche aufgegriffen, die mit unternehmensspezifischen Maßnahmen so zu gestalten sind, dass die unternehmensinterne Bürokratie vereinfacht und unternehmerische Resilienz für unsichere Zeiten gestärkt werden kann.

1. **Aktives Hinterfragen im unternehmerischen Alltag integrieren**
   Nichts soll als gegeben betrachtet werden, alle Regeln und Verfahren dürfen und müssen hinterfragt werden.

Das Management hat die Aufgabe, kaskadierend eine Kultur des aktiven Hinterfragens auf allen Ebenen zu etablieren. Viele unterschiedliche Methoden stehen zur Verfügung, unter anderem:
- Fragen nach was wäre wenn: Wenn die Beteiligten ein Prozess heute komplett neu machen würden, wie würde das aussehen?
- Den Ursprung finden und verstehen: Gibt es ein entsprechendes Gesetz, eine Verordnung oder Richtlinie, die das Prozedere so vorschreibt? Wenn ja, wo ist es und wie lautet es genau? Ist die gelebte Auslegung notwendig? Welche Fehlertoleranzen und Risikoakzeptanz sind möglich?
- Automatisierungsgrad erhöhen: Was wird noch auf Papier gemacht? Welche repetitiven Aufgaben gibt es? Was wir digital kopiert, anstelle geteilt?

Die Fragen müssen im alltäglichen Handeln auf allen Hierarchiestufen einfließen, da Auswirkungen der Bürokratie oft kleinteilige operative Bereiche betreffen. Unabhängig von subjektiver Bedeutung, Ideen und Vorschläge müssen gesammelt, objektiv bewertet und transparent kommuniziert werden. Es ist Managementaufgabe, eine Kultur des Hinterfragens etablieren und für alle Mitarbeitenden auf die Tagesordnung zu setzen.

2. **Eine starke und verständliche Vision setzen, die im Alltag präsent bleibt**

Rückbesinnung oder wenn nötig, Neusetzen des Organisationszwecks ermöglichen ein Fokus auf die wirklich notwendige Organisationsaufgaben. Was und warum machen wir das eigentlich, was wir tun? Erreichen wir durch unser Tun unser Vision?

Langfriststrategien haben in der BANI-Welt ausgedient. BANI (Brittle, Anxious, Nonlinear, Incomprehensible) wurde von James Cascio in seinem Beitrag „Facing the age of chaos" als Nachfolgemodell von VUCA ins Gespräch gebracht. Welche Methodik auch immer gesetzt wird, lineare Ziele und starre Rahmen, damit auch bürokratische Einschränkungen, sind überholt.
- Vision schärfen: Rück- bzw. Neubesinnung auf dem Organisationszweck und die Definition einer angepassten zeitgemäßen Vision sind unerlässlich für den adaptiven Fortbestand.
- Von Singularzielen hinzu Kontextbewusstsein: Die holistische Umfeldanalyse hilft bei der Identifikation und Bewertung des Organisationskontextes.
- Von Einzelwerten zu Szenarien: Alle Organisationsbereiche sollen Szenarien im Kontext ausarbeiten und Maßnahmen für deren Bewertung ansetzen. Übergreifend sind Synergien und Wechselwirkungen zu identifizieren und Einflussgrößen festzulegen.

3. **Stakeholder über Organisationsgrenzen hinweg einbeziehen und Nutzen messen**

Ist die Vision klar, muss daraus abgeleitet werden, für wen die Organisation agiert und wer direkt und indirekt beeinflusst wird. Ein Perspektivwechsel ist auch hier notwendig. Die Einflussfaktoren auf die und von den Stakeholdern müssen stärker berücksichtigt werden, um Änderungen rechtzeitig zu adaptieren und flexibel reagieren zu können. Genau wie das aktive Hinterfragen von Bestehendem, muss die sich stetig ändernde Stakeholderperspektive und eine verstärkte Fokus auf dem Stakeholdernutzen als regelmäßige Aufgabe und Messgröße etabliert werden.

Ein besonderer Augenmerk sollte auch dem gerichtet sein, wie Bürokratie außerhalb der Organisationsgrenzen wirkt und welchem externen Bürokratiezufluss Organisationen ausgesetzt sind, um gemeinsam mit dem unternehmerischen Netzwerk Vereinfachungen zu ermöglichen.

4. **Langfriststrategien durch Kurzfristergebnisse ausbalancieren**
In der konkreten Umsetzung wird klar, dass langfristige angesetzte Ziele und Projekte keinen alleinigen Bestand als Steuerungsgrößen mehr haben. Für die weiter entfernte Zukunft definierte Vision muss so in kleine Teile unterbrochen sein, dass davon in einem Führungszyklus relevante Ergebnisse erreicht werden. Konkret können folgende Maßnahmen hilfreich sein:
   – Ergebnisse beziehen sich auf den Verantwortungszeitraum des Managements und müssen in der Zeit erreichbar definiert und abgeschlossen werden.
   – Große, übergreifende Ziele außerhalb von Verantwortlichkeitsperioden nach dem Baukastenprinzip in kleine, aufeinander aufbaubare und integrierbare Blöcke aufteilen.
   – Innerhalb des Baukastens, also auch innerhalb der Teilziele, sollen kleine, schnelle Lösungen umgesetzt werden. Der MVP Ansatz (minimal viable product) ist wichtig wie nie, aktuell mit noch mehr ehrlicher Messung der Erreichung der Stakeholderziele und Business Case. Sind die Ziele kurzfristig nicht erreicht? Dann gilt es mit aller Konsequenz eine neue Lösung zu suchen und Fehlinvestitionen zu vermeiden. In unternehmens- oder datenkritischen Bereichen können Branchenstandards hilfreich sein, um Prozesse und Software interoperabel und ausbaufähig zu halten.
   – Mit den Lösungen nach dem Baukastenprinzip ist darauf zu achten, dass das entstandene Regelwerk nicht über den geplanten Lebenszyklus der Lösung fortbestand hat. Regeln müssen so klein und zeitlich begrenzt gehalten werden, wie die Systeme, auf die sich beziehen. Ist ein Regelwerk nötig, soll es als Rahmen diesen und im Optimalfall nur das beschreiben, was mit dem neuen System nicht getan werden soll.

5. **Fokus setzen, Transparenz erzeugen und Vernetzung stärken**
Agiert ein Unternehmen nach Szenarien, unternimmt kleinere Schritte und hat die Erfüllung des Stakeholdernutzens im Blick, wird klar, dass eine rein zentrale gesteuerte Struktur nicht ausreichend schnell handlungsfähig ist.
Waren um die 1990-er Jahre zentrale Strukturen und um die 2010-er Jahre dezentrale Strukturen propagiert, hat heute keine der Organisationsformen mehr in einer reinen Ausprägung Bestand. Zentralität ist dort sinnvoll, wo unternehmenskritische Daten es erfordern oder einheitliche Prozesse mit integrierbaren Systemen Vorteile bringen. Konzentration auf nur sinnvolle Konsolidierung bedeutet einen starken Hebel für den Abbau der unternehmenseigenen zentralen Regulatorik. Dezentrale Kontenpunkte der Organisation können den Rahmen bedarfsgerechter und flexibler setzen.
Dezentrale Knoten in Regulatorik, Organisation oder Produktion benötigen mehr Transparenz. Auch hierzu gibt es zahlreiche „digitale" Methoden, seien es kollaborative Tools,

OKR (objective key results), gemeinsame Austausch-, Ablage- und Auswertungsplattformen oder Systeme zu permanenten Feedbacks. Eine vernetzte Einheit benötigt neben der gemeinsamen Vision starke Transparenz und nicht Bürokratie.

6. **Gremienstrukturen spezialisieren**

   In vielen Unternehmen haben sich zahlreiche Gremien aller Art formiert. Wie im ersten Punkt, auch hier ist wichtig, zu hinterfragen, ob die Gremienstruktur aktuell noch sinnvoll und der Vision dienlich ist. Oft sind die Gremien schon lange institutionalisiert. Neben der verschriftlichen Regelungen gehören die zum Teil ritualisierte Auseinandersetzungen ebenfalls zur unternehmensinternen Bürokratie, was effizienter gemacht werden muss.

   Auch hier kann die Organisation aktiv werden:
   - Mission, Wertbeitrag und Statut zusammen mit dem jeweiligen Gremium neu justieren.
   - Für neue Themen spezialisierte Einheiten ins Leben rufen, ausschließlich mit dem speziellen Themenbezug und nach Erfüllung der konkret gesetzten Aufgabe wieder auflösen. Die vorübergehende Einheiten können die Bestandgremien beraten, so erzeugt man einen positiven Effekt auf deren Geschwindigkeit und KnowHow einerseits und kann sich wahrscheinlicher von der bestehenden Regelungsdichte lösen.
   - Gremien und deren Besetzung grundsätzlich befristet definieren, wie auch die Gültigkeit der Regeln, die diese Gremien vorbringen.

   Ein Gremium hat keinen Selbstzweck und hat als Hauptziel, die Organisation in der Erreichung seiner Vision zu unterstützen und muss sich auch an die geänderten Umfeldanforderungen flexibel anpassen.

7. **Kultur des Vertrauens schaffen und permanentes Lernen auf allen Ebenen ermöglichen**

   Krisen erzeugen auch Angst. Als Antwort könnte man meinen, dass Regeln Sicherheit schaffen. Das tun sie in den meisten Fällen nicht.

   Anstelle von Regeln wird eine Kultur der Vertrauens und des Befähigens notwendig.
   - Seit einiger Zeit gilt Führen mit Zielen nicht mehr zeitgemäß. Dies wurde ersetzt zum Beispiel durch Führen mit der Vision und Bereitstellung des Freiraums für Organisationseinheiten und für die Mitarbeitenden. Die bisherigen Maßnahmen und Führen mit Zielen müssen so ersetzt werden, dass sie in der BANI Welt den Organisationsbeitrag sicherstellen können.
   - Mitarbeitende sind zu befähigen, die richtigen Entscheidungen zu treffen. Das gilt sowohl für die wissensbasierte als auch auf die nicht- wissensbasierte Erfahrungsschatz. Undurchsichtige und komplexe Regelwerke können Fehlerintoleranz und eine Atmosphäre des fehlenden Vertrauens erschaffen. Anstelle Regeln sollte es in Organisationen Maßnahmen und Plattformen für Lernmöglichkeiten in relevanten Wissensbereichen (zum Beispiel Künstliche Intelligenz) und für emotionale Intelligenz, Intuition und Resilienz verfügbar sein. So kann den Mitarbeitenden ermöglicht werden, fortlaufend aktuelles Wissen einzusetzen und die Auswirkungen von Krisen im eigenen Wirken bewusster zu sein.

- Aktive Personalentwicklung gehört ebenfalls zur fördernden Kultur. Entfallen bürokratische und repetitive Aufgaben, benötigen Mitarbeitende eine Entwicklungsperspektive für eine, im Besten Fall wertschöpfendere und innovative Tätigkeit.
- Der Begriff Fehlerkultur bekommt eine intensivere Färbung. Maßnahmen für Fehlertoleranz, aktives, vernetztes Risikomanagement in allen Bereichen und eine multidirektionale Feedbackkultur können individuell bestmögliche Entscheidungen fördern.
- Mehr Vernetzung mit vor- und nachgelagerten Organisationen und Experten ist nötig. Regelmäßiger Austausch im Organisationsnetzwerk, mit wechselnden Beiräten oder branchenfremden Experten lässt nicht nur externe Faktoren besser berücksichtigen, sondern erhöht das Verständnis und schafft eine über der eigenen Grenzen lernende und resiliente Organisation.

Dies sind einige Akzente für mögliche Maßnahmen, um die notwendige organisatorische Resilienz in Zeiten der multiplen Krisen begegnen zu können. Bürokratie erzeugt Ineffizienzen, Unsicherheit, mangelnde Fehlertoleranz und verringert die Flexibilität. Genau jetzt in den Zeiten von erhöhter Unsicherheit darf die Bürokratie nicht mehr als Hindernis fortbestehen.

Jedes Unternehmen kann und muss etwas tun. Bürokratieabbau und erfolgreiche Digitalisierung können sich dabei gegenseitig verstärken. Egal wie klein die Schritte, diese haben Vorbildcharakter und Wirkung- es ist Zeit, aktiv zu werden.

**Mercedes Eisert** ist Leiterin des Digital Office (CDO) der Max Planck Gesellschaft (MPG) und in ihrer Rolle zuständig für die Digitalisierung der administrativen Prozesse. Die MPG gilt als Deutschlands erfolgreichste Forschungsorganisation mit 84 Instituten und über 24000 Mitarbeitenden. Zuvor war die studierte Betriebswirtin und Trägerin mehrerer Preise über 10 Jahre in Führungspositionen als u. a. CIO tätig und kann auf mehr als 25 Jahre umfassende Erfahrung in den Bereichen Informationstechnologie und Strategie zurückgreifen.

## 5.8 Baum für Baum: ABC für unsere Klimaziele

*Dr. Stefan Ferber* (Umwelt/Nachhaltigkeit)

### 5.8.1 Mit Bäumen das Klima Kühlen

Wenn Sie an ein ClimateTech-Startup denken, was kommt Ihnen in den Sinn? Wahrscheinlich das grüne Bild einer Organisation, das in den Tropen Bäume pflanzt, um $CO_2$ aufzunehmen. Obwohl dies sicherlich ein Kernbestandteil der Mission von TREEO ist, steckt hinter den Kulissen viel mehr, als man auf den ersten Blick sieht. Bei TREEO ist Technologie nicht nur ein Werkzeug – sie ist der Kern unserer Operationen und treibt

**Abb. 5.6** Aufforstungsprojekt „Central Kalimantan" auf der Insel Borneo, Indonesien

Innovation, Transparenz und Skalierbarkeit bei der Kohlenstoffentfernung voran. TREEO wurde 2021 als „Cloud-First" Organisation gegründet, mit dem Ziel den gesamten Aufforstungsprozess vom Baum bis zum Kunden digital abzubilden: ein digitaler Zwilling des Waldes. Das hat insbesondere seit den vielen Betrugsskandalen rund um $CO_2$-Projekte höchste Relevanz. (The New Yorker 10/2023: Southpole, DIE ZEIT 4/2023 „Der Klima-Betrug", The Guardian „Revealed: more than 90 % of rainforest carbon offsets by biggest certifier are worthless, analysis shows") (Abb. 5.6 und 5.7).

Gemeinsam mit tropischen Landwirten wollen wir bei TREEO den Klimawandel umkehren und im Einklang mit der Natur wirtschaftlich erfolgreich sein. Der Lebensunterhalt von mehr als 1,6 Mrd. Menschen hängt von den Wäldern und den von ihnen erbrachten Ökosystemleistungen ab (FAO, 2020). Wir können den finanziellen Anreiz für 500 Mio. Kleinbauern (IUCN, 2021) weltweit schaffen, die verfügbaren 900 Mio. Hektar degradierten Flächen in wertvolle Kohlenstoffsenken aufzuforsten (Bastin et. al, 2019). „[…] global carbon gain from tree restoration potential ranges between 133.2 and 276.2 GtC with a mid-range value of 204.7 GtC." Wir möchten die Landwirte in die Lage versetzen, ihren Kohlenstoffabbau zu monetarisieren und so ihre Lebensgrundlage zu verbessern. Dabei bringen die Landwirte neben ihren Grund-und-Boden ihre Arbeitsleistung mit ein. Darüber hinaus denken wir über eine langfristige Kohlenstoffspeicherung nach, um die erneute Freisetzung von $CO_2$ in unsere Atmosphäre zu vermeiden.

**Abb. 5.7** Bäume pflanzen ist harte, aber auch sehr erfüllende, Handarbeit

### 5.8.2 Die Technologie hinter den Bäumen

Bei TREEO nutzen wir fortschrittliche Technologie, um sicherzustellen, dass jeder einzelne Baum, den wir pflanzen, hinsichtlich seiner Kohlenstoffaufnahme verfolgt und überwacht wird. Diese digitale Transparenz beginnt direkt bei der ersten Landanalyse mithilfe von Satellitenbildern. Sobald wir einen Setzling pflanzen, messen wir sein Wachstum und die Menge an $CO_2$, die er aufnimmt, bis eine Tonne $CO_2$ an einen Balancer (wie wir unsere Kohlenstoffkunden nennen) verkauft und im öffentlichen Kohlenstoffregister erfasst wird (Abb. 5.8).

Die Zahlen sprechen für sich (siehe Abb. 5.9).

### 5.8.3 Architektur aus der Vogelperspektive

Der Technologie-Stack von TREEO ist riesig und dennoch sorgfältig darauf ausgelegt, jeden Schritt des Kohlenstoffbindungsprozesses zu optimieren. Hier ein genauerer Blick auf die Schlüsselkomponenten (Abb. 5.10).

5.8 Baum für Baum: ABC für unsere Klimaziele

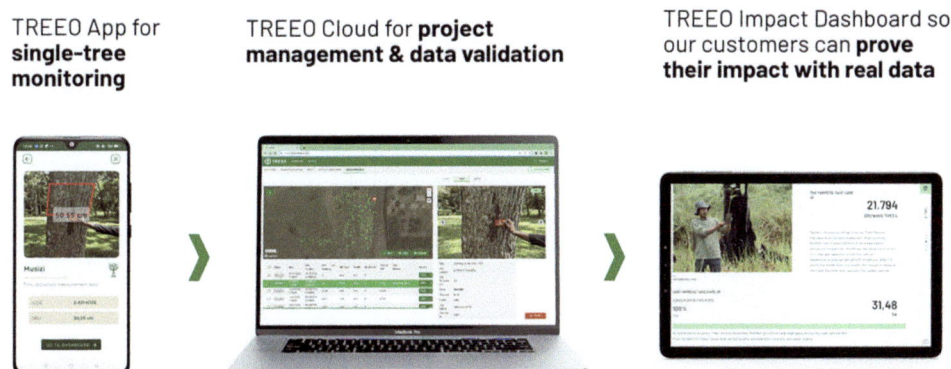

Abb. 5.8 Die TREEO Technologie aus Anwendersicht

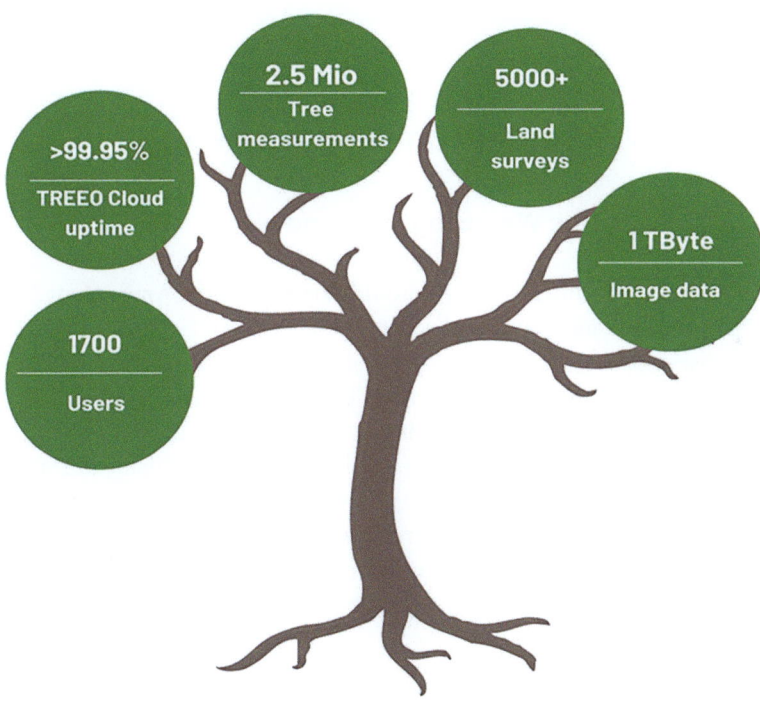

Abb. 5.9 TREEO Erfolg in Kennzahlen ausgedrückt

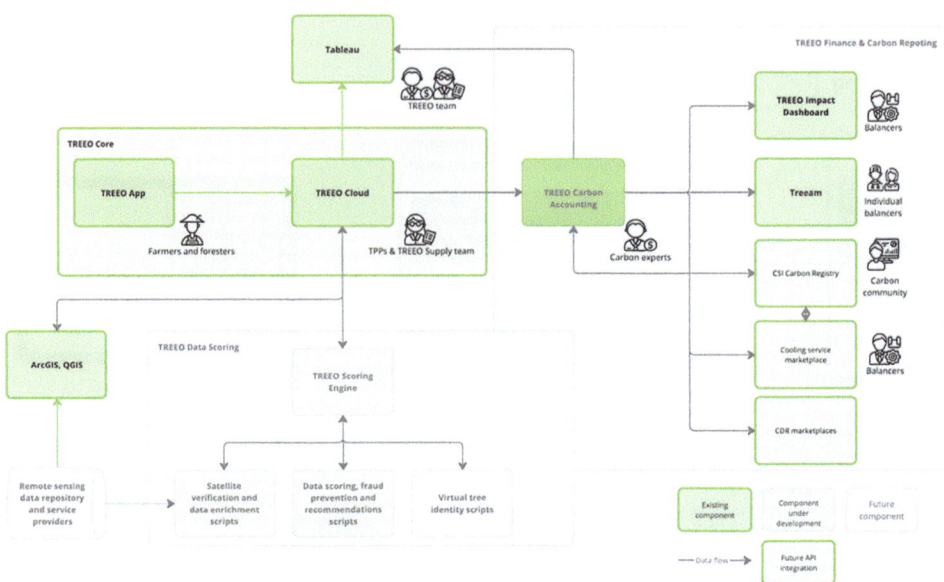

**Abb. 5.10** TREEO Systemarchitektur auf GCP mit API Orchestrierung

### 5.8.4 TREEO App: Das Werkzeug für Landwirte

Die TREEO App, eine Offline-First-Android-basierte mobile Anwendung, ist maßgeschneidert für Landwirte und Baumbeobachter in abgelegenen Gebieten. Über die TREEO App können unsere Baumpflanzpartner ihr Land kartieren, das Überleben und Wachstum ihrer Bäume überwachen und ihr gebundenes $CO_2$ genau messen. Die TREEO App misst den Baumdurchmesser durch Bildverarbeitung, berechnet die Biomasse mit baumspezifischen allometrischen Formeln und liefert somit einmal jährlich genaue Daten über das von jedem einzelnen Baum gebundene $CO_2$. Entwickelt auf Basis von Technologien wie Kotlin, C++, Android Studio, Google Firebase, MapBox und OpenCV (einschließlich SIFT, RANSAC), ist die App so gebaut, dass sie in der rauen tropischen Waldumgebung in mehreren lokalen Sprachen funktioniert (Abb. 5.11).

### 5.8.5 TREEO Cloud: Die Ansicht für das Forstmanagement

Die TREEO Cloud ist der zentrale Knotenpunkt, an dem alle Daten aus der TREEO App gespeichert und verwaltet werden. Sie unterstützt die Organisation bei der Steuerung und Optimierung von Baumpflanzprojekten. Entwickelt auf der Google Cloud Platform (GCP) mit PostgreSQL mit PostGIS-Erweiterungen, TypeScript, Python, Golang, NestJS,

**Abb. 5.11** TREEO App in der Anwendungspraxis im tropischen Regenwald in Uganda

React und Vite, gewährleistet TREEO Cloud Transparenz, Datenintegrität und Echtzeit-Einblicke.

### 5.8.6 TREEO Scoring Engine

Dieses semi-automatisierte Werkzeug ist entscheidend für die Überprüfung von Daten, bevor sie genehmigt und an die Kunden, den Wirtschaftsprüfer, das Kohlenstoffregister und das TREEO Impact Dashboard übermittelt werden. Es ist ein wesentlicher Bestandteil des internen Kontrollsystems von TREEO und gewährleistet die Genauigkeit und Compliance der Daten. Das TREEO-Technologieteam plant die Implementierung von GenAI-Algorithmen wie Stable Diffusion und LLMs, um die Datenqualität zu verbessern und Betrug automatisch zu erkennen.

### 5.8.7 TREEO Impact Dashboard: Das „$CO_2$-Bankkonto" unserer Kunden

Ein Kundenportal, das Kohlenstoffkunden (TREEO nennt die Kunden „Balancer") Transparenz bietet. Es läuft auf der Google Cloud Platform (GCP) mit Cloud Run, PostgreSQL mit PostGIS-Erweiterungen, MUI und MapBox und bietet validierte Daten zur Kohlenstoffbindungsleistung und zur Anzahl der wachsenden Bäume.

### 5.8.8 TREEO $CO_2$-Buchhaltung

Der TREEO Finanz- und Kohlenstoffberichterstattungsdienst organisiert verifizierte Daten für die Bedürfnisse des Kohlenstoffregisters und der Balancer (Kunden) bei der Berichterstattung. Hier werden wir ein vollständiges Carbon Accounting System etablieren.

### 5.8.9 GIS- und Satellitendatenanalyse

Unsere Technologie beschränkt sich nicht nur auf die eigenen Apps und Cloud-Dienste von TREEO. Die Förster von TREEO verwenden kommerzielles ArcGIS und Open-Source-QGIS, um fortschrittliche Kartierungs- und Fernerkundungsarbeiten durchzuführen. Unser Due-Diligence-Prozess für die Anpflanzung beginnt mit einer Landeignungsprüfung, um die Eignung potenzieller Baumpflanzpartner für TREEO-Projekte zu beurteilen. Wir verwenden Satellitenbilder, um die Überwachungsbemühungen vor Ort qualitativ zu überprüfen.

### 5.8.10 Übergreifende Technologie

Einige Technologie- und Wissenschaftselemente erstrecken sich über die gesamte Architektur von TREEO und umfassen:

#### 5.8.10.1 Kohlenstoffmodellierung

Die Schätzung der Menge an Kohlenstoff, die gebunden werden kann, erfordert eine umfangreiche Modellierung (ex-ante) und die Messung der tatsächlichen Leistung (ex-post). Die Kohlenstoffmodelle bilden verschiedene Baumarten, Wachstumsmodelle, Pflanzmuster und viele weitere Parameter ab. Dies beinhaltet komplexe mathematische Berechnungen für die Baumallometrie und wird durch Tools wie Google Docs mit LaTeX-Erweiterungen, Google Sheets mit Scripting und R für statistische Analysen unterstützt.

#### 5.8.10.2 Daten & Maschinelles Lernen

Mit Tausenden von Baumvermessungen, die täglich und das ganze Jahr über erfasst werden, verfügt TREEO über Millionen strukturierter und unstrukturierter Daten. Dies bietet dem Data-Science-Team von TREEO nicht nur eine spannende Möglichkeit, mit direkten, aktuellen Felddaten zu interagieren, um tägliche Herausforderungen zu bewältigen, sondern ermöglicht es dem Team auch, mit den neuesten Trends und Technologien im Bereich des maschinellen Lernens zu experimentieren. Das kontinuierliche Engagement von TREEO zur Verbesserung der mobilen Anwendung und der TREEO Cloud für die Benutzererfahrung, die Durchführung komplexer Bewertungen von Felddaten mit Hilfe einfacher Python-Skripte bis hin zu komplexen Algorithmen des maschinellen Lernens, lässt dem Data-Team unzählige Herausforderungen, Konzepte des maschinellen Lernens, des Deep Learnings und der generativen AI anzuwenden, verbunden mit der Wirkung für den Schutz unserer Umwelt. Um die riesigen Datenmengen in der TREEO Cloud zu verstehen, nutzt unser Data-Science-Team GIS, Python, Jupyter Notebook, PyCharm, Tableau und SQL. TREEO arbeitet täglich daran, durch die Einführung der neuesten Fortschritte im Bereich des maschinellen Lernens an der Spitze der Technologie zu bleiben.

### 5.8.10.3 Agile Entwicklung in der Cloud

TREEO verwendet agile Methoden, insbesondere das Scrum-Framework, um seine Technologie in zweiwöchigen Sprints zu entwickeln und zu verfeinern. Es ist bekannt für seine Effizienz und Anpassungsfähigkeit mit den folgenden Zeremonien:

- Sprintplanung montags: Schätzung und Auswahl von Aufgaben aus dem Product Backlog.
- Tägliches Standup: Ausrichtung der Teammitglieder und Behandlung von Hindernissen.
- Backlog Refinement: Priorisierung und Aktualisierung von Aufgaben aus dem Product Backlog.
- Sprint Review freitag morgens: Demonstration der erledigten Arbeit und Einholung von Feedback von Stakeholdern.
- Sprint Retrospektive freitagnachmittags: Reflexion über den Sprint zur Verbesserung zukünftiger Iterationen.

Mit den Entwicklungswerkzeugen wie GitHub, ZenHub, VSCode, Android Studio und JetBrains stellt unser Entwicklungsteam sicher, dass die Technologie von TREEO an der Spitze bleibt und qualitativ hochwertige Lösungen liefert, die einen echten Einfluss haben. Ohne Cloud Umgebung könnte TREEO nicht agil Software entwickeln.

### 5.8.11 Geschäftsmodell Innovation

Auf Basis der oben beschriebenen Technologie-Ansätzen, kann TREEO im freiwilligen Kohlenstoffmarkt und in der Forstwirtschaft einen zweiseitigen Markt bedienen, vergleichbar mit UBER und AirBnB (Abb. 5.12):

Auf der linken Seite des Marktes finden wir die „Balancer", das sind Unternehmen, die eine klare Nachhaltigkeitsstrategie haben (z. B. SBTi Mitglied) und nach hoch qualitativen naturbasierten Klimalösungen suchen. Auf der rechten Seite befinden sich die „Growers": Das sind Landwirtschafts-Gemeinschaften, -Genossenschaften oder -Unternehmen, die degradierte Flächen durch Aufforstungen wiederbeleben können. TREEO legt dabei auch einen besonderen Schwerpunkt auf die Biodiversität und die soziale Wirkung.

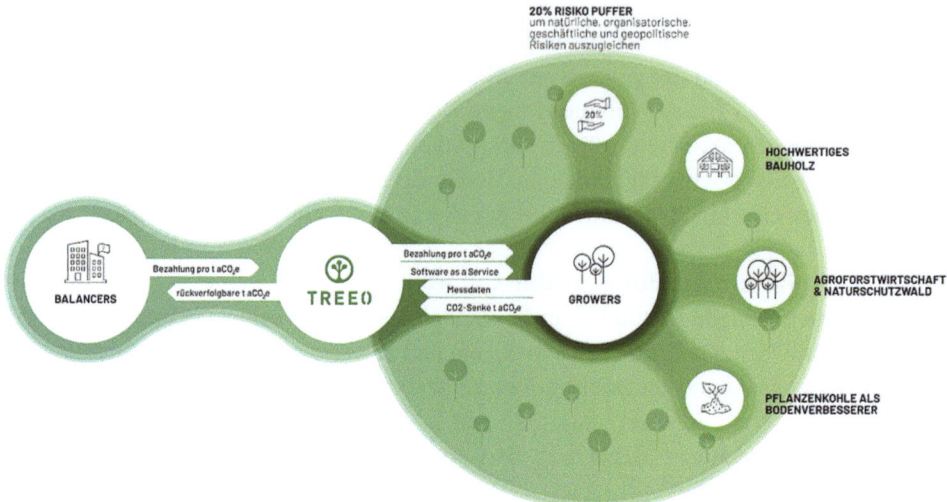

**Abb. 5.12** TREEO verknüpft einen Zwei-Seiten-Markt über digitale Geschäftsprozesse

### 5.8.12 Einordnung ABC: AI, Big Data und Cloud

Im ersten Teil des Buches wird das ABC-Konzept eingeführt. In diesem Abschnitt werden die TREEO-Aktivitäten in diese eingeordnet und bewertet.

#### 5.8.12.1 Schlüsseltechnologien & Zusammenspiel

- **Artificial Intelligence (AI):** Bildverarbeitung und Maschinelles Lernen legen den Grundstein für den TREEO USP. Ohne diese Technologien würde TREEO heute nicht existieren. Sowohl auf der Android App als auch in der Web-Applikation in der Cloud-Plattform.
- **Big Data (B):** Hochqualitative, gut strukturierte und viele, ja noch mehr Daten sind der Schlüssel für die Geschäftsrelevanz von TREEO. Nur so können wir hochautomatisiert lernen, Muster erkennen und große Hebel im Markt umlegen. TREEO hat vermutlich heute die größte Einzelbaum-Datenbank der Welt.
- **Cloud (C):** Durch das „Deployment" aller Anwendungen und Daten in einer Cloud-Umgebung kann TREEO weltweit über einfache Mechanismen jederzeit über APIs auf alle Daten und Features zugreifen. Das ist nicht nur für die Entwicklungseffizienz und geringe Kosten, sondern auch für die schnelle Transformation der forstwirtschaftlichen Praktiken hoch relevant.

### 5.8.12.2 Auswirkungen

Da TREEO als Start-up in 2021 gegründet wurde, konnte das junge Unternehmen von Beginn an frei nach „ABC" auftreten. Für den Autor ein echter Befreiungsschlag aus der Vergangenheit in „Corporate IT" und Untenehmensstrukturen:

#### 5.8.12.2.1 Interne Auswirkung

Der interne Aufwand, die gesamte IT und „Security" zu betreiben, beschränkt sich auf wenige Arbeitsstunden pro Monat. Ein Auszubildender, ein Software-Architekt und einige Software-Entwickler benötigen nur wenige Arbeitsstunden pro Monat, um die Infrastruktur zu betreiben. Dieser besteht im Wesentlichen im Benutzermanagement und der regelmäßigen Kostenkontrolle. Auch die „Security" ist größtenteils gelöst, weil Endgeräte keine lokalen Daten halten: „Bring-your-own-device" ist ein gelebter Alltag. Bei gestohlenen Geräten wird der Google Account auf dem Gerät einfach deaktiviert.

Damit können sich die TREEO-Teams auf die differenzierenden Inhalte konzentrieren. Die Cloud First in Kombination mit API-Orchestrierung haben TREEO ein effizientes internes Wachstum ermöglicht.

#### 5.8.12.2.2 Externe Auswirkungen

Die weltweite Verfügbarkeit der Anwendungen und Daten sind die Grundvoraussetzung für den TREEO Betrieb in Asien, Afrika und Europa. Die technische Elastizität der Datenbanken und Rechenleistungen haben TREEO ermöglicht, große Messkampagnen mit der TREEO App oder Maschinelles Lernen in der Cloud ohne nennenswerten IT-Infrastruktur- Aufwand zu meistern. Ohne die durchgängige digitale und skalierungsfähige Software und IT-Infrastruktur, könnte TREEO die Transparenz vom Baum über das zertifizierte digitale $CO_2$-Grundbuch bis zum Kunden-Nachhaltigkeitsbericht nicht darstellen. Ein konkretes Beispiel ist Transparenz für den ersten TREEO-Kunden STIHL. Durch die Einzelbaumüberwachung der Aufforstungsprojekte in Indonesien und Uganda zusammen mit den Projektpartnern Fairventures Worldwide und Fairventures Social Forestry wird sichergestellt, dass die Anzahl der gepflanzten und noch wachsenden Bäume neben der $CO_2$-Sequestrierung des Waldes jährlich erhoben werden. STIHL stellt damit den derzeit noch nicht vermeidbaren Emissionen echte $CO_2$-Einlagerungen durch Baumpflanzungen in vergleichbarer Größenordnung gegenüber, um somit einen möglichst transparenten Beitrag zum Klimaschutz zu leisten. Das TREEO Impact Storyboard zeigt diese Transparenz dann auch für die Öffentlichkeit und im STIHL Nachhaltigkeitsbericht. Der STIHL Nachhaltigkeitsbeauftragte Dr. Friedemann Stock betont das in dem folgenden Podcast. *"Der zweite entscheidende Punkt war dann wirklich der echte Nachweis: Denn man kann viel Reden über Bäume wachsen [lassen] und guckt die [Bäume] vom Satellit aus an. Was uns überzeugt hat, war die Vermessung jedes einzelnen Baums."* Dr. Friedemann Stock, Nachhaltigkeitsbeauftragter STIHL.

Auch für die schnelle technische Integration von Kunden und Geschäftsmodell-Partnern im Ökosystem sind die Cloud-Architektur und die Verbindlichkeit von API in der Orchestrierung unabdingbar (Abb. 5.13).

**Abb. 5.13** Dr. Friedemann Stock, Nachhaltigkeitsbeauftragter STIHL, im Podcast

In dem TREEO Geschäftsmodell spielen Transparenz und Daten eine essentielle Rolle. Allerdings müssen wir uns aus ethischen Gesichtspunkten auch immer Gedanken dazu machen, welche Daten essentielle für das Geschäftsmodell sind und wie diese verarbeitet werden. Bei TREEO gehören die Aufforstungsflächen den Landwirten vor Ort. Auch die Bäume bleiben in ihrem Eigentum. Der Landwirt veräußert also nur das sequestrierte $CO_2$ über die TREEO App. Die TREEO-Daten-Regeln spiegeln diese Philosophie wider. Nur so können wir einen neuen Neo-Kolonialismus in tropischen Ländern verhindern.

## 5.8.13 Zusammenfassung

Bei TREEO steht die Technologie im Mittelpunkt unseres Handelns. Sie ermöglicht es uns, Bäume effizienter zu pflanzen, ihr Wachstum genauer zu überwachen und eine beispiellose Transparenz bei der Kohlenstoffbindung zu bieten. Durch die Kombination von fortschrittlicher Technologie mit einem Engagement für ökologische Nachhaltigkeit pflanzen wir nicht nur Bäume – wir bauen eine bessere Zukunft für den Planeten. Bleiben Sie dran für weitere Updates, während wir weiterhin innovativ sind und eine führende Rolle im ClimateTech-Bereich einnehmen

> **Dr. Stefan Ferber** ist Geschäftsführer und Gründer des Climate-Tech-Startups TREEO. TREEO ermöglicht Unternehmen Ihr Klimaziele mit naturbasierten Lösungen zu erreichen in dem einzelne Bäume digitalisiert werden. Dr. Ferber ist ein erfahrener Innovator in der Digitalisierung und zugehöriger Geschäftsmodelle. Mit Stationen als CEO und CTO bei Bosch.IO sowie zahlreichen Führungsrollen in Softwareentwicklung, IT und Embedded Systems bringt er mehr als 30 Jahre Erfahrung in digitale Transformationsprojekte ein. Seine akademische Laufbahn führte ihn von der Universität Karlsruhe (Ph. D.) bis zur University of Massachusetts Dartmouth (M.Sc.).

## 5.9 Transformation durch Teilhabe: Warum kulturelle Voraussetzungen über den Erfolg von KI entscheiden

*Dr. Frederike Fritzsche und Saskia Dupré* (Einzelhandel/Retail)

### 5.9.1 Digitalisierung ist mehr als Technologie

Die Einführung von AI-Technologien in Unternehmen ist häufig durch hohe technische Kompetenz gekennzeichnet – weniger jedoch durch eine ebenso tiefgreifende kulturelle Verankerung. Während spezialisierte IT- und Data-Teams neue Systeme entwickeln, trainieren und operationalisieren, bleibt der produktive Einsatz im Alltag vieler Fachbereiche begrenzt. Es entsteht eine strukturelle Disparität – eine „AI-Kluft", die nicht auf Desinteresse zurückzuführen ist, sondern vielmehr auf fehlende Sichtbarkeit von Anwendungsmöglichkeiten, mangelnde Sicherheit im Umgang mit neuen Tools sowie unklare Übersetzungen in bestehende Arbeitsprozesse.

Diese Kluft ist keineswegs nur eine Begleiterscheinung technologischer Entwicklung – sie stellt ein zentrales Risiko für die nachhaltige Wirksamkeit digitaler Strategien dar. Denn die Innovationskraft von AI entfaltet sich nicht ausschließlich in spezialisierten Units, sondern vor allem dort, wo Technologie auf Alltag trifft: in Prozessen, Entscheidungen und Routinen quer durch die Organisation.

Gerade deshalb sind Unternehmen in der Verantwortung, ihren Mitarbeitenden systematisch den Zugang zu AI-Anwendungen zu eröffnen und sie befähigend zu begleiten. Schulungsangebote, offene Austauschformate und klare Anwendungsbeispiele sind dabei keine flankierenden Maßnahmen, sondern zentrale Bausteine einer erfolgreichen Digitalstrategie. Die Gestaltung digitaler Transformation wird damit zur gemeinsamen Aufgabe – und zur kulturellen Bewährungsprobe für die Organisation als Ganzes.

### 5.9.2 Enablement als Erfolgsfaktor für AI im Arbeitsalltag

Damit AI nicht als abstrakte Technologie, sondern als nutzbares Werkzeug im Arbeitsalltag wahrgenommen wird, braucht es gezielte Strategien zur Befähigung der Mitarbeitenden. Das bloße Bereitstellen neuer Tools genügt nicht – es geht vielmehr darum, Kompetenzräume zu schaffen, in denen experimentiert, gelernt und reflektiert werden kann. Enablement ist dabei kein technisches Schulungsformat im engeren Sinne, sondern ein strukturelles Prinzip: Wer Digitalisierung strategisch verankern will, muss auch die Aneignung digitaler Fähigkeiten ermöglichen – kontinuierlich, zugänglich und praxisbezogen.

Ein bewährter Ansatz sind Ambassadorenprogramme, wie sie in immer mehr Organisationen eingesetzt werden, um die Nutzung generativer AI in der Breite zu fördern. Solche

Programme zielen darauf ab, die Lücke zwischen punktuellem Ausprobieren und nachhaltiger Integration in den Arbeitsalltag zu schließen. Im Zentrum steht die Befähigung von Mitarbeitenden aus unterschiedlichen Fachbereichen, als Multiplikator*innen zu agieren* – *als Brückenbauer*innen zwischen Technologie und Business, zwischen Innovation und Alltag.

Ambassadorenprogramme basieren typischerweise auf drei Säulen:

- Wissensaufbau durch gezielte Lern- und Weiterentwicklungsangebote, Zugang zu relevanten Tools, Pilotgruppenarbeit und strukturierte Lernpfade,
- Austausch durch Meetups, interne Communities, Mentoring-Formate sowie den systematischen Transfer von Best Practices,
- und Transformation durch die aktive Mitarbeit an der Entwicklung von Use Cases, die reale Arbeitsprozesse verbessern und unternehmerische Wertschöpfung fördern. Auch die Ambassadore selbst durchlaufen einen Transformationsprozess und können sich als Expert*innen etablieren.

Die Programme stärken nicht nur die digitale Kompetenz einzelner Mitarbeitenden, sondern tragen auch zur Schaffung eines motivierenden, lernorientierten Umfelds bei. Sie fördern das Selbstvertrauen im Umgang mit neuen Technologien, wirken angstabbauend und bieten den Teilnehmenden die Möglichkeit, sich persönlich weiterzuentwickeln und strategisch zu vernetzen.

Flankierend haben sich weitere Formate bewährt, die auf niedrigschwelligen Zugang, individuelle Lernpfade und kollektive Erfahrungsräume setzen. Schulungsnavigatoren beispielsweise strukturieren Weiterbildungsangebote entlang von AI-Personas, Erfahrungsniveaus und Zielbildern. In Kombination mit Use-Case-Workshops, kollegialem Mentoring und Peer-Learning entstehen so Lernökosysteme, die nicht nur Wissen vermitteln, sondern auch kulturelle Akzeptanz fördern.

Dabei steht nicht allein der souveräne Einsatz von AI im individuellen Arbeitskontext im Vordergrund. Ziel ist es ebenso, die Mitarbeitenden dazu zu befähigen, geschäftsrelevante Use Cases zu identifizieren, weiterzuentwickeln und organisationell zu verankern. Durch die enge Verbindung von Technologiekompetenz und domänenspezifischem Know-how entstehen tragfähige, skalierbare Lösungen mit direktem Nutzen für Prozesse, Kund*innen und Produkte.

Enablement ist in diesem Sinne kein Add-on zur Technologieeinführung, sondern Voraussetzung für deren strategische Wirksamkeit. Erst wenn Mitarbeitende in der Lage sind, neue Werkzeuge zu verstehen, anzuwenden und weiterzudenken, kann Technologie ihr volles Potenzial entfalten – für Einzelne, für Teams und für die Organisationals Ganzes.

### 5.9.3 Führung als Brücke zwischen Strategie und Alltag

Führungskräfte nehmen in der digitalen Transformation eine zentrale Vermittlungsrolle ein: Zwischen strategischen Zielbildern und operativer Umsetzung, zwischen organisationalem Wandel und individueller Orientierung. Im Kontext von AI bedeutet das vor allem, ein Umfeld zu gestalten, in dem Mitarbeitende sowohl Verständnis für neue Technologien entwickeln als auch den Mut zur praktischen Anwendung finden können.

Dabei geht es nicht primär darum, dass Führungskräfte selbst zu AI-Expert*innen werden. Vielmehr kommt es auf ihre Fähigkeit an, den kulturellen und strukturellen Rahmen zu schaffen, in dem Lernen, Erproben und Verantwortung möglich werden. Sie müssen Unsicherheiten adressieren können, Potenziale kommunizieren und den Einsatz neuer Technologien in bestehende Ziele und Routinen integrieren.

Zielgerichtete Leadership-Programme im AI-Kontext können hier einen wesentlichen Beitrag leisten – indem sie technologische Grundlagen vermitteln, Raum für Reflexion bieten und gleichzeitig die organisationsspezifischen Herausforderungen in den Blick nehmen. Führungskräfte, die neue Denk- und Arbeitsweisen vorleben, prägen nicht nur die Haltung in ihren Teams, sondern wirken als Katalysatoren für kulturellen Wandel.

Damit Führung im digitalen Kontext wirksam wird, braucht sie also nicht nur strategisches Verständnis, sondern auch kommunikative Stärke, kulturelles Feingefühl und die Bereitschaft, Verantwortung zu teilen. Nur so lässt sich die Brücke schlagen zwischen technologischer Vision und organisationaler Wirklichkeit.

### 5.9.4 Vertrauen, Diversität und Vernetzung als kulturelle Basis

Der Einsatz von AI ist nicht allein eine technologische oder prozessuale Frage – er ist immer auch kulturell gerahmt. Ob Mitarbeitende neue Technologien annehmen, aktiv mitgestalten oder sich abwenden, hängt maßgeblich davon ab, wie sicher, wertgeschätzt und einbezogen sie sich in diesen Wandel erleben. Vertrauen ist dabei der zentrale Katalysator: Vertrauen in die Technologie, in die Organisation – und nicht zuletzt in die eigene Fähigkeit, Veränderung mitzugestalten.

Gerade im Kontext von AI, deren Funktionsweise häufig nicht intuitiv erschließbar ist, braucht es eine neue Offenheit im Umgang mit Unsicherheit. Transparenz über Chancen und Risiken, über Ziele und Grenzen, fördert nicht nur Orientierung, sondern auch die Bereitschaft, Verantwortung zu übernehmen. Formate, die Feedback ermöglichen, Erfahrungen sichtbar machen und kollaboratives Lernen unterstützen, leisten hier einen wesentlichen Beitrag.

Mit dem Aufkommen generativer AI entsteht darüber hinaus eine neue Diversitätsdimension: die Differenz zwischen technologieaffinen und technikferneren Mitarbeitenden. In der sogenannten „Generation AI" sind die Einstiegshürden für den Zugang zu AI deutlich gesunken – viele Anwendungen lassen sich ohne Programmierkenntnisse nutzen.

Dennoch entsteht ein Gefälle in der Nutzungskompetenz, das nicht primär alters- oder funktionsbedingt ist, sondern aus individuellen Zugangsmöglichkeiten, organisationaler Unterstützung und kultureller Offenheit resultiert. Unternehmen stehen vor der Aufgabe, dieses Gefälle zu erkennen – und durch gezielte Befähigung und Teilhabeprogramme aktiv auszugleichen.

Zugleich bleibt Diversität im klassischen Sinne weiterhin zentral: Wer AI entwickelt und trainiert, prägt deren Wirkung – bewusst oder unbewusst. Um Verzerrungen in Daten und Systemlogiken zu vermeiden, braucht es vielfältige Perspektiven in der Gestaltung: demografisch, disziplinär, sozial und kulturell. Programme zur Erhöhung des Frauenanteils in Tech-Berufen oder die gezielte Förderung interdisziplinärer Teams sind daher nicht nur ethisch geboten, sondern strategisch relevant.

Schließlich erweist sich Vernetzung als struktureller Hebel kultureller Transformation: Interne Communities, Peer-Learning-Formate und bereichsübergreifende Austauschplattformen schaffen kollektives Erfahrungswissen und fördern ein gemeinsames Verständnis von verantwortungsvollem AI-Einsatz.

### 5.9.5 Fazit: Künstliche Intelligenz braucht menschliche Intelligenz

Künstliche Intelligenz entfaltet ihr Potenzial nicht durch Rechenleistung allein – sie braucht kulturelle Anschlussfähigkeit, menschliche Kompetenz und organisationale Lernfähigkeit. Unternehmen, die AI-Technologien nachhaltig und verantwortungsvoll implementieren möchten, müssen dabei weit über die reine Systemintegration hinausdenken: Enablement, Teilhabe und Vertrauen sind keine Nebenbedingungen, sondern zentrale Voraussetzungen für Wirksamkeit.

Besonders generative AI zeigt: Die Zugangsschwellen sind gesunken, die Gestaltungsmöglichkeiten gestiegen – und mit ihnen die Verantwortung, diese Technologien breit und inklusiv nutzbar zu machen. In der entstehenden Generation AI verschwimmen traditionelle Grenzen zwischen „IT" und „Fachbereich", zwischen „Entwicklerin" *und* *„Anwenderin"*. Die entscheidende Differenz verläuft künftig nicht entlang von Abteilungen oder Hierarchien, sondern zwischen denen, die sich befähigt fühlen – und jenen, die außen vor bleiben.

Für Entscheider*innen ergibt sich daraus eine klare Handlungsempfehlung: Wer den Einsatz von AI strategisch vorantreiben will, muss Mitarbeitende als Mitgestaltende denken – und aktiv Strukturen schaffen, in denen Lernen, Experimentieren und verantwortliches Handeln möglich werden. Das bedeutet: Schulung als Teil der Digitalstrategie, Diversität als Designprinzip und Führung als kulturelles Vorbild.

Transformation durch Technologie gelingt nur, wenn sie auch Transformation durch Teilhabe ist. Künstliche Intelligenz braucht menschliche Intelligenz – und Organisationen, die beides systematisch zusammenbringen.

**Dr. Frederike Fritzsche** ist Chief Tech Transformation Officer bei OTTO. In ihrer Rolle gestaltet sie die strategische und kulturelle Integration von AI-Technologien im Unternehmen und treibt die Befähigung von Mitarbeitenden im Umgang mit GenAI und Co. Sie ist außerdem Speakerin, Moderatorin und Expertin für nachhaltige Tech-Innovation.

**Saskia Dupré** ist Programmmanagerin für Generative AI bei OTTO. In ihrer Rolle gestaltet sie die Innovationsförderung und Befähigung von Mitarbeitenden im Umgang mit GenAI und treibt die AI-Entwicklung voran.

## 5.10 AI als Treiber der Digitalen Transformation im Mittelstand

*Martin Ganser* (B2B Handelsunternehmen)

**AI – strategischer Imperativ und Chance**
Seit dem Go Live von Chat GPT im Jahr 2022 ist AI in aller Munde. Während der direkte Business Impact der Use Cases vor zwei Jahren noch überschaubar war, wird die erfolgreiche Nutzung der AI-Potentiale für Unternehmen zum immer dringenderen Imperativ für den Erhalt der eigenen Wettbewerbsfähigkeit.

Agentic AI verändert Geschäftsmodelle und Wertschöpfungsketten von Grund auf und erhöht sowohl die Chancen als auch den Handlungsdruck für den deutschen Mittelstand.

In einer Zeit, in der einerseits Budgets aufgrund der angespannten Wirtschaftslage, sowie der Zugang zu Top-Talenten begrenzt sind, in welcher aber andererseits gerade aufgrund dieser Situation die Realisierung von Effizienzpotentialen ein Muss zum Erhalt der Wettbewerbsfähigkeit ist.

Während große Unternehmen längst dedizierte AI-Units aufgebaut haben, mit Data Scientists, MLOps-Teams und skalierbaren Cloud-Stacks, stehen mittelständische Unternehmen oft noch am Anfang: Einzelne Use Cases sind vielversprechend, doch die Wirkung bleibt fragmentiert.

Gleichzeitig bringt der Mittelstand aber strukturelle Stärken mit: kurze Entscheidungswege, Umsetzungsnähe und die Fähigkeit, pragmatisch zu priorisieren. Wer diese Vorteile gezielt nutzt, kann trotz begrenzter Ressourcen schneller und nachhaltiger Wirkung erzielen als mancher Großkonzern.

Der Mittelstand steht also vor der Herausforderung, nicht nur einzelne AI Use Cases umzusetzen, sondern die Digitale Transformation mit AI als leistungsstarkem Motor ganzheitlich voranzutreiben, um Geschäftsprozesse und -modelle zu optimieren. Mittelständler mit klarem Fokus, mutiger Führung und Entscheidungsfreude können digitale Champions werden, wenn sie AI nicht als isolierte Technologie denken, sondern als strategischer Hebel für Wertschöpfung.

Wer aber KI strategisch nutzen will, muss mit einer klaren Frage beginnen: Worauf genau soll KI in unserem Unternehmen einzahlen?
Die Wirkung klassifizieren wir bei Berner in drei Kategorien:

Strukturelle Effizienz: Wo lässt sich durch Automatisierung oder datenbasierte Entscheidungen die Effizienz dauerhaft verbessern? Wo kann KI helfen, wiederkehrende Abläufe schlanker und konsistenter zu gestalten?
Produktivität: Wo kann die bestehende Organisation skalierbarer und schneller werden? Wo kann KI menschliche Arbeit unterstützen, erweitern oder beschleunigen.
Marktdifferenzierung: Wie lässt sich KI nutzen, um Angebote kundennäher, schneller oder intelligenter zu machen? Wo kann KI dem Kunden den größtmöglichen Mehrwert bieten.

Dabei denken wir AI aus den übergeordneten Unternehmenszielen und machen es zum essentiellen Teil unserer Strategie. Es gilt: Nur wenn der Impact der AI Initiativen in der PnL messbar ist, trägt er nachhaltig zum Unternehmenserfolg bei. Hierbei gilt es die größten Hebel entlang der Wertschöpfungskette zu identifizieren, und dann zum Start die passenden Use Cases auszuwählen. Erfolgreiche Mittelständler dürfen sich nicht in Use-Case-Listen und Tool-Auswahlprozessen verlieren und den Fokus nicht nur auf das technisch Machbare, sondern vor allem auf das wirtschaftlich Wirksame lenken.
*Think Big – start smart*

**Der Start: Quick Wins und Leuchttürme**
Um die Akzeptanz im Unternehmen zu erhöhen, gilt es, Wirksamkeit zu beweisen und erste Erfolge sichtbar zu machen.

Erste Pilotprojekte sollten mit überschaubarem Implementierungsaufwand schnell realisierbar sein und messbaren Erfolg bringen. Hierzu müssen nicht nur die Prozesse mit den am einfachsten realisierbaren Werthebel identifiziert werden, sondern die Auswahl auf Basis von hoher Datenverfügbarkeit und niedriger Abhängigkeit zu Legacy IT Systemen getroffen werden.

Eine Identifizierung der Use Cases entlang der Wertschöpfungskette und eine Klassifizierung nach Business Value, Realisierbarkeit und Skalierbarkeit vereinfacht die Auswahl. Bei Berner haben wir beispielsweise mit ersten Use Cases im Bereich Inventory Management in der Logistik, sowie Automatisierung im Backoffice und im Service begonnen und messbare Erfolge erzielt.

**Skalierung – die unterschätzte Herausforderung**
Erfolgreiche Skalierung setzt voraus, dass Cloud-, Daten- und KI-Strategie nicht getrennt gedacht werden. Es braucht eine einheitliche Architekturvision, die den Betrieb, die Weiterentwicklung und die Wertschöpfung durch KI von Anfang an mitdenkt. Der Mittelstand hat hier häufig mit historischen Altlasten und technologischen Herausforderungen zu kämpfen und steckt zwischen funktionierenden Piloten und fehlender Skalierung fest.

Zwar erkennen die meisten Entscheider beispielsweise die Relevanz von Cloud- und Datenplattformen für ihre Digitalstrategie, doch der operative Reifegrad ist oft begrenzt:

hybride Architekturen, historisch gewachsene Datensilos und eine hohe Abhängigkeit von On-Premise-ERP-Systemen erschweren die Integration und Automatisierung.

Besonders problematisch ist die fehlende Data Readiness. Daten liegen verteilt über Systeme, in einem historischen on-Premise Data Warehouse, in inkonsistenten Formaten, oft ohne klare Ownership – was die Wiederverwendbarkeit für KI massiv erschwert.

Gleichzeitig sind viele IT-Landschaften durch monolithische Legacy-Systeme geprägt, die schwer integrierbar sind und keine Echtzeitfähigkeit unterstützen. Die Folge: Use Cases, die im Pilot unter Idealbedingungen mit eingeschränkten Scope funktionieren, scheitern im Rollout an Schnittstellen, Performance oder fehlender Datenaktualität.

Auch bei der Cloud ist die Realität ambivalent: Zwar sind viele Unternehmen formal „in der Cloud", praktisch aber fehlt die Fähigkeit, KI-Modelle containerisiert bereitzustellen, automatisiert zu skalieren oder mit APIs in Produktionssysteme einzubetten.

Auch bei Berner arbeiten wir daran, den Reifegrad an den relevanten Stellen weiter zu erhöhen. Insbesondere das Thema Data Readiness haben wir uns daher als Fokus gesetzt. So haben wir eine klare Data Governance und definieren Standards, Strukturen und Prozesse rund um das Thema Stammdatenmanagement. Um die Stammdatenqualität weiter zu optimieren, bündeln wir außerdem Aktivitäten in einzelnen Data Domains temporär in zentralen Teams mit Experten aus den Fachbereichen, Big Data- sowie IT-Teams.

Generell entscheidet neben der technologischen Basis vor allem die cross-funktionale Zusammenarbeit über die Skalierbarkeit von KI.

Deshalb setzen wir bei Berner verstärkt auf integrierte, cross-funktionale Teams: Zentrale und lokale Fachbereichsverantwortliche, Data & Analytics, IT und Governance arbeiten gemeinsam an der Umsetzung priorisierter Use Cases und der anschließenden gruppenweiten Skalierung.

**Lessons Learned**

Auf unserem bisherigen Weg haben sich fünf zentrale Erfolgsfaktoren herauskristallisiert, die für die wirksame und skalierbare Nutzung von KI im mittelständischen Kontext entscheidend sind.

- **Wirkung entsteht nur bei klarer Ausrichtung auf Wertschöpfung.**
  AI muss auf die Unternehmensziele einzahlen und messbaren P&L-Impact haben– ob durch Effizienzgewinne, Umsatzsteigerung oder Differenzierung. Für den Mittelstand bedeutet das: Fokus auf konkrete Hebel entlang der Wertschöpfung und Skalierbarkeit – nicht auf Technologie-Showcases.
- **Technologische Basis als Voraussetzung – aber nicht als Selbstzweck.**
  Cloud-Fähigkeit, API-Integration und Plattformarchitektur schaffen erst die Grundlage für die erfolgreiche Skalierung und damit Ergebnisse mit spürbarem P&L Impact.
  Für den Mittelstand heißt das: Wer AI skalieren will, muss in Architektur und Infrastruktur investieren – pragmatisch, aber strategisch
- **Daten(-qualität) als Bottleneck.**

Viele AI-Initiativen scheitern nicht an der Technologischen Basis, sondern an unzureichender Datenqualität, fehlender Verfügbarkeit und inkonsistenter Struktur. Nicht die Datenmenge, sondern die Relevanz, die Aktualität und die Standardisierung sind entscheidend. Datenstrategie, Governance und Stammdatenmanagement müssen fachbereichsübergreifend gelebt werden.

- **Transformation ist kein Projekt, sondern ein kontinuierlicher Optimierungsprozess.**

Erfolgreiche AI-Nutzung entsteht nicht in Powerpoint-Konzepten, Meilensteinplanungen und einmaligen Initiativen, sondern durch kontinuierliches Lernen, Anpassen und Skalieren. AI braucht Strukturen, die Weiterentwicklung ermöglichen – keine One-Off-Piloten mit Ablaufdatum.

- **Struktur ist Voraussetzung – Führung der Erfolgsfaktor**

Cross-funktionale Teams sind zentral für Umsetzung und Skalierung. Sie brauchen klare Verantwortlichkeiten, Fokus und den Freiraum, AI wirksam zu machen. Für den Mittelstand heißt das: Erfolg entsteht dort, wo Führung Prioritäten setzt – und Umsetzungsfähigkeit ermöglicht.

**Ausblick**

Der nachhaltige Einsatz von Künstlicher Intelligenz entscheidet über die Wettbewerbsfähigkeit des Mittelstands in der nächsten Dekade.

Nur wer AI nicht in isolierten Use Cases denkt, sondern strategisch verankert, entlang der Wertschöpfung skaliert und als integralen Bestandteil der Unternehmenssteuerung etabliert, wird auch künftig erfolgreich am Markt bestehen.

Erfolgreiche Unternehmen nutzen AI nicht als technisches Add-on, sondern als Motor der digitalen Transformation – zur Stärkung operativer Exzellenz, zur Optimierung knapper Ressourcen und zur Erschließung neuer Wertschöpfungspotenziale.

**Martin Ganser** ist Chief Digital Officer (CDO) bei Berner. In dieser Rolle verantwortet er die digitale Transformation und IT des international tätigen Familienunternehmens mit über 7000 Mitarbeitenden. Zuvor war er in verschiedenen Positionen bei der Berner Group tätig, unter anderem als Chief of Staff. Seine berufliche Laufbahn begann er in der Unternehmensberatung. Sein Fokus liegt darauf, digitale Technologien und Daten mit klarer Ausrichtung auf Wertschöpfung, Skalierbarkeit und Performance für nachhalten Unternehmenserfolg nutzbar zu machen.

## 5.11 Cloud-Transformation im Finanzsektor: Innovation und Sicherheit im Einklang

*Oliver Hackert* (Finanzen und Versicherung)

### 5.11.1 Bedeutung von Cloud im regulierten Umfeld

Die digitale Transformation verändert die Versicherungsbranche grundlegend. Unternehmen in diesem Bereich sehen sich mit der Herausforderung konfrontiert, Innovationen voranzutreiben, ohne dabei regulatorische Anforderungen zu verletzen. Gleichzeitig steigt der Druck, effizienter zu arbeiten, Kosten zu senken und skalierbare IT-Infrastrukturen zu nutzen.

Cloud-Technologien bieten in diesem Zusammenhang enorme Vorteile, da sie eine flexible, sichere und skalierbare Infrastruktur bereitstellen. Dies ermöglicht es Unternehmen, schneller auf Marktveränderungen zu reagieren und Innovationen effizient umzusetzen. Die Migration in die Cloud ist insbesondere im stark regulierten Finanzdienstleistungssektor ein bedeutender strategischer Schritt, der professionell geplant und umgesetzt werden muss. Eine auf der Cloud basierende Infrastruktur ermöglicht es Finanzdienstleistern, eine einheitliche Datenstrategie zu verfolgen, nahtlose Integrationen mit externen Partnern zu realisieren und regulatorische Anforderungen durch standardisierte Sicherheits- und Compliance-Prozesse effizienter zu erfüllen.

Swiss Life Deutschland hat mit dem Projekt **#CloudLife** als eines der ersten Versicherungsunternehmen in Deutschland die vollständige Migration all seiner Anwendungen in die Public Cloud erfolgreich abgeschlossen. Dieser Gastbeitrag zeigt, wie die Transformation im regulierten Umfeld gemeistert wurde, welche Herausforderungen es gab und welche Erkenntnisse für andere Unternehmen von Bedeutung sind.

### 5.11.2 Ausgangssituation: Herausforderungen und Rahmenbedingungen

Vor der Cloud-Transformation betrieb Swiss Life Deutschland eine historisch gewachsene On-Premise IT-Landschaft mit mehreren Rechenzentren. Die Folge war eine heterogene Systemlandschaft mit teilweise monolithischen Anwendungen, proprietären Lösungen und komplexen Abhängigkeiten zwischen Systemen und Datenquellen.

Die IT war mit steigenden Betriebs- und Wartungskosten konfrontiert. Veraltete Technologien machten regelmäßige, kostenintensive Updates erforderlich, um Sicherheits- und Compliance-Vorgaben zu erfüllen. Gleichzeitig verhinderten lange Release-Zyklen eine schnelle Bereitstellung neuer IT-Ressourcen – ein entscheidender Nachteil in einem dynamischen Marktumfeld, in dem Time-to-Market zunehmend wettbewerbsentscheidend ist.

Auch die eingeschränkte Skalierbarkeit stellte eine Herausforderung dar. Lastspitzen erforderten hohe Investitionen in eigene Hardware, die außerhalb dieser Phasen oft ungenutzt blieb. Zudem führten zahlreiche externe Dienstleister und fehlende Standards zu Abhängigkeiten und erschwerten die agile Anpassung an neue Geschäftsanforderungen. Hinzu kamen steigende Cyber-Sicherheitsrisiken aufgrund wachsender Bedrohungen sowie strengere regulatorische Anforderungen. Deren Berücksichtigung in der On-Premise-Infrastruktur wäre nur mit großen finanziellen und organisatorischen Aufwänden möglich gewesen.

Um diesen Herausforderungen nachhaltig zu begegnen und die Innovationsfähigkeit der IT zu stärken, entschied sich Swiss Life Deutschland für eine umfassende Cloud-Transformation.

### 5.11.3 Strategie & Umsetzung: Vorgehen bei der Cloud-Migration

Die Cloud Transformation folgte einer klar definierten Strategie, die sowohl technologische als auch organisatorische Aspekte berücksichtigte. Ziel war es, die IT-Infrastruktur flexibler, skalierbarer und kosteneffizienter zu gestalten, um Innovationen schneller umzusetzen und regulatorische Anforderungen sicher zu erfüllen. Dabei wurde bewusst auf eine schrittweise Migration gesetzt, um Risiken zu minimieren und kontinuierliche Verbesserungen zu ermöglichen.

#### 5.11.3.1 Strategische Leitlinien und Migrationsansatz

Die Transformation war eng mit der Organisationsstrategie verknüpft und wurde vom Top-Management aktiv unterstützt. Swiss Life entschied sich für eine „Lift & Shift"-Strategie, um schnell erste Erfolge zu erzielen. Bestehende Anwendungen wurden mit minimalen Anpassungen in die Cloud migriert und in späteren Phasen gezielt optimiert oder durch Cloud-native Lösungen ersetzt.

Neben der angestrebten Flexibilität und Skalierbarkeit war auch die Absicherung langfristiger technischer Autonomie ein wesentlicher Bestandteil der Strategie. Daher wurde von Beginn an eine Exit-Strategie konzipiert, um potenzielle Abhängigkeiten von einzelnen Anbietern (Vendor-Lock-in) zu minimieren und die regulatorischen Anforderungen an Reversibilität und Datenportabilität zu gewährleisten. Die gewählte Cloud-Architektur wurde so gestaltet, dass ein kontrollierter Plattformwechsel technisch und organisatorisch möglich bleibt, sollte er notwendig werden.

#### 5.11.3.2 Umsetzung der Cloud-Migration

Die Umsetzung erfolgte in mehreren Phasen, beginnend mit einer sechsmonatigen Mobilisierungsphase, in der die organisatorischen und technischen Grundlagen für die Migration geschaffen wurden. Dazu gehörten die Schulung der Mitarbeitenden, der Aufbau eines Cloud Center of Excellence (CCoE) und die Definition klarer Governance-Regeln für den sicheren und wirtschaftlichen Betrieb der Cloud-Plattform. In dieser Phase wurden auch erste Applikationen in die Cloud migriert, um Migrationsmuster zu identifizieren und Optimierungspotenziale frühzeitig zu erkennen.

Darauf folgte die eigentliche Migrationsphase, die sich über zwei Jahre erstreckte. In enger Zusammenarbeit mit den Fachbereichen wurden nach und nach alle geschäftskritischen Anwendungen in die Cloud verlagert. Ein zentraler Aspekt dieser Phase war die sorgfältige Einholung aller regulatorischen Freigaben für jede Anwendung, um die Einhaltung der aufsichtsrechtlichen Anforderungen sicherzustellen.

Um den Migrationsprozess effizient zu gestalten und Risiken zu reduzieren, wurden automatisierte Migrationstools eingesetzt. Parallel dazu wurden die Entwicklungs- und Betriebsprozesse an die neue Cloud-Umgebung angepasst. DevOps-Prinzipien und Infrastructure-as-Code (IaC) ermöglichten eine beschleunigte Bereitstellung von IT-Ressourcen und erhöhten die Agilität der IT-Organisation.

Ein weiterer wichtiger Bestandteil der Implementierung war die Einführung eines FinOps-Ansatzes zur kontinuierlichen Optimierung der Cloud-Kosten. Durch die Verschiebung von Investitionskosten (CapEx) hin zu Betriebskosten (OpEx) war es unerlässlich, ein effektives Kostenmanagement zu etablieren. Unterstützt wurde dies durch Monitoring- und Analysetools, die eine transparente Kostenkontrolle ermöglichten und Optimierungspotenziale aufzeigten.

### 5.11.3.3 Erfolgsfaktoren, Herausforderungen und Erkenntnisse

Die erfolgreiche Cloud-Transformation von Swiss Life Deutschland basierte auf einer klaren Strategie, einer strukturierten, schrittweisen Umsetzung und der aktiven sowie frühzeitigen Einbindung aller relevanten Stakeholder. Technologische und geschäftliche Ziele wurden dabei von Beginn an eng miteinander verzahnt, um nicht nur Effizienzpotenziale zu realisieren, sondern auch die Innovationskraft der Organisation nachhaltig zu stärken.

Ein zentraler Erfolgsfaktor war der sichtbare Rückhalt durch das Top-Management. Es stufte die Transformation als unternehmensweite Priorität ein, förderte sie aktiv und stellte die notwendigen Ressourcen bereit. Die Migration erfolgte bewusst in Etappen, um Risiken zu minimieren, Erfahrungen zu sammeln und wiederverwendbare Migrationsmuster („Migrationspattern") zu entwickeln. Standardisierte Cloud-Technologien und ein hoher Automatisierungsgrad, beispielsweise durch Infrastructure-as-Code, erhöhten die Skalierbarkeit und Effizienz erheblich.

Gleichzeitig war die Migration komplexer, historisch gewachsener IT-Strukturen mit erheblichen Herausforderungen verbunden. Bestehende Software-Architekturen, enge Kopplungen zwischen Anwendungen und Datenquellen sowie Latenzanforderungen machten eine sorgfältige Planung erforderlich, um die Stabilität und Performance der Systeme während des Übergangs zu gewährleisten.

Ein weiterer Schlüssel zum Erfolg war der begleitende kulturelle Wandel. Die Mitarbeitenden wurden frühzeitig eingebunden, gezielt geschult und durch strukturierte Change-Management-Maßnahmen bei der Einführung neuer Technologien und agiler

Arbeitsweisen unterstützt. Dies förderte nicht nur die Akzeptanz der Veränderungen, sondern ermöglichte auch eine schnelle und wirksame Erschließung des Potenzials der Cloud-Technologien.

Auch das Kostenmodell wurde neu gedacht: Mit der Einführung eines FinOps-Ansatzes konnte der Übergang zur nutzungsbasierten Abrechnung aktiv gesteuert und die Wirtschaftlichkeit der Cloud-Nutzung transparent gemacht werden.

Rückblickend hat sich dieser strukturierte und methodisch fundierte Transformationsansatz als richtungsweisend erwiesen: Die IT wurde agiler, effizienter und sicherer. Die gewonnene Skalierbarkeit, höhere Umsetzungsgeschwindigkeit, verbesserte Sicherheitsarchitektur und klare Kostentransparenz versetzen die Organisation in die Lage, die Digitalisierung konsequent voranzutreiben – und sich langfristige Wettbewerbsvorteile im dynamischen Finanzdienstleistungsmarkt zu sichern.

### 5.11.4 Fazit & Ausblick: Das ABC der Digitalisierung in der Versicherungsbranche

Die IT in der Versicherungsbranche erlebt derzeit den größten Umbruch seit Jahrzehnten. Digitale Innovationen treiben eine tiefgreifende Neuausrichtung voran, bei der Geschwindigkeit, Automatisierung und datenbasierte Entscheidungen zunehmend über den Markterfolg entscheiden. Die drei Schlüsseltechnologien des sogenannten ABC der Digitalisierung – Künstliche Intelligenz (A), Big Data (B) und Cloud (C)) – sind dabei nicht nur Enabler, sondern bilden die Basis für völlig neue Geschäftsmodelle und Wertschöpfungslogiken. Unternehmen, die diese Technologien konsequent einsetzen, können sich als digitale Vorreiter positionieren und ihren Kundinnen und Kunden individuellere, schnellere und intelligentere Lösungen bieten.

#### 5.11.4.1 Künstliche Intelligenz & Automatisierung (A)

Künstliche Intelligenz verändert die Versicherungswelt grundlegend. Ob in der Schadenbearbeitung, der Betrugserkennung oder im Kundenservice – AI-gestützte Prozesse ermöglichen eine neue Servicequalität und deutlich mehr Effizienz. Hyperautomatisierung, also die intelligente Kombination von AI, maschinellem Lernen und Robotic Process Automation (RPA), ersetzt manuelle Tätigkeiten und schafft Freiräume für wertschöpfende Aufgaben.

Besonders in der Risikobewertung eröffnet AI neue Dimensionen. Statt auf starre Modelle zurückzugreifen, können Risiken dynamisch analysiert und Tarife in Echtzeit angepasst werden. Die Interaktion mit Kund:innen wird durch Conversational AI, Chatbots und virtuelle Assistenten intuitiver und schneller. In Zukunft könnten intelligente Systeme Versicherungsprodukte automatisch an die Lebenssituation der Versicherten anpassen – präzise, transparent und individuell.

### 5.11.4.2 Datengesteuerte Geschäftsmodelle (B)

Big Data und Advanced Analytics eröffnen neue Möglichkeiten der Kundenansprache und Produktentwicklung. Die Analyse großer Datenmengen in Echtzeit ermöglicht eine feingranulare Risikoeinschätzung und die Einführung neuer Tarifierungsmodelle wie Pay-as-you-live.

Versicherer werden künftig verstärkt auf Predictive Analytics setzen, um Risiken nicht nur zu bewerten, sondern ihnen präventiv zu begegnen. Statt ausschließlich Schäden zu regulieren, könnten sie zu aktiven Partnern im Risikomanagement ihrer Kund:innen werden – ein echter Paradigmenwechsel.

### 5.11.4.3 Cloud-First & digitale Plattformen (C)

Cloud-Technologie ist der entscheidende Enabler für Agilität, Innovation und Skalierbarkeit in der Versicherungsbranche. Versicherer setzen zunehmend auf Cloud-native Architekturen und digitale Plattformen, um neue Geschäftsmodelle schneller zu entwickeln und flexibel auf Marktveränderungen zu reagieren. Die Cloud ermöglicht es, Anwendungen in Echtzeit zu skalieren, neue Dienste schneller bereitzustellen und durch die Plattformökonomie Ökosysteme mit Partnern aufzubauen.

Ein Cloud-First-Ansatz schafft zudem die Basis für eine tiefere Vernetzung der Branche. Versicherungslösungen lassen sich leichter mit IoT-Daten, Gesundheitsplattformen oder Smart-Home-Technologien integrieren, um kundennahe digitale Services anzubieten. Unternehmen, die Cloud-Strategien konsequent umsetzen, können nicht nur ihre IT-Infrastrukturen flexibler gestalten, sondern auch AI und Big Data effizienter nutzen – ein entscheidender Wettbewerbsvorteil in einer zunehmend datengetriebenen Welt.

*Fazit:*

Die Versicherungsbranche steht an einem Wendepunkt. Cloud-Technologien, künstliche Intelligenz und Big Data sind keine Einzeltechnologien mehr, sondern bilden gemeinsam das Fundament einer digitalen Transformation. Diese verändert Geschäftsmodelle, Prozesse und Kundenerlebnisse grundlegend. Versicherer, die diese Technologien frühzeitig und konsequent nutzen, erzielen nicht nur Effizienzgewinne, sondern entwickeln auch neue datengetriebene Services, erschließen innovative Geschäftsmodelle und erhöhen ihre Wandlungsfähigkeit in einem sich schnell verändernden Marktumfeld.

Mit der erfolgreichen Cloud-Transformation hat Swiss Life Deutschland eindrucksvoll bewiesen, dass selbst unter komplexen regulatorischen Rahmenbedingungen eine zukunftsfähige IT-Architektur realisierbar ist – wenn strategische Klarheit, technologische Kompetenz und kultureller Wandel gezielt zusammenspielen.

Die nächsten Jahre werden entscheidend sein. Sie werden zeigen, wie Versicherer Technologien kombinieren, um maßgeschneiderte Produkte, automatisierte Services und vernetzte Kundenerlebnisse Realität werden zu lassen. Unternehmen, die bereits heute die richtigen Weichen stellen, werden nicht nur wettbewerbsfähig bleiben – sie werden die Standards von morgen prägen und die digitale Zukunft der Branche aktiv gestalten.

**Oliver Hackert** ist IT-Geschäftsführer bei Swiss Life Deutschland und verantwortete die vollständige Cloud-Transformation der Organisation. Zuvor leitete er große IT-Organisationen und gestaltete digitale Transformationsprojekte in multinationalen Konzernen. Sein Fokus liegt auf Cloud-Strategien, FinOps, Agile Transformation, Künstlicher Intelligenz und Cyber Security. Als Vordenker für moderne IT-Architekturen teilt er sein Wissen regelmäßig in Keynotes und Expertenrunden.

## 5.12 Künstliche Intelligenz und Bildung: Handlungsfeld für Entscheider

*Dr. Diana Knodel* (Bildung/Wissenschaft)

**Zusammenfassung**
Künstliche Intelligenz verändert unsere Gesellschaft, Wirtschaft und Bildung in rasantem Tempo. Dieser Beitrag zeigt, warum AI-Kompetenz bereits in der Schule gefördert werden sollte und warum Unternehmen – insbesondere Entscheider – gezielt in AI-Weiterbildung investieren müssen. Bildung mit und über AI ist ein zentrales Handlungsfeld für eine zukunftsfähige Gesellschaft.

**Einleitung**
Künstliche Intelligenz (AI) verändert unsere Welt in rasantem Tempo – sie prägt Wirtschaft, Gesellschaft und zunehmend auch das Bildungssystem. Für Schulen wie Unternehmen stellt sich die Frage, wie AI-Technologien sinnvoll und verantwortungsvoll genutzt und wie entsprechende Kompetenzen gefördert werden können. Dieser Beitrag beleuchtet, warum Lernen mit und über AI heute wichtiger denn je ist – und warum es schon in der Schule beginnen sollte. Gleichzeitig wird aufgezeigt, welche Rolle AI-Weiterbildungen für Unternehmen spielen – insbesondere für Führungskräfte und Entscheider, die die digitale Zukunft aktiv mitgestalten.

**Warum AI-Kompetenzen früh gefördert werden sollten**
Die Auseinandersetzung mit Künstlicher Intelligenz sollte möglichst früh beginnen – idealerweise bereits in der Schule. Kinder und Jugendliche wachsen heute in einer Welt auf, in der AI in vielfältiger Form allgegenwärtig ist: von Sprachassistenten über personalisierte Lern-Apps bis hin zu autonomen Systemen. Grundkenntnisse über AI gehören daher zur digitalen Grundbildung.

Zahlreiche Bildungsakteure fordern, AI sowohl als Lerninhalt als auch als methodisches Werkzeug in Bildungsstrategien zu verankern [1]. Ein Blick ins Ausland zeigt, wie konsequent andere Länder bereits handeln: In China etwa wurde 2018/19 ein ambitioniertes Programm gestartet, um AI-Inhalte systematisch in Schulcurricula zu integrieren. Schulen werden dort mit einer eigenen AI-Lehrbuchreihe ausgestattet. Das Ziel beschreibt Professor Wang Qingji, Herausgeber der Lehrbuchreihe, so: „The reason we want our students to systematically gain AI-related knowledge is to prepare them for a future where robots roam around and AI application prevails." [2] Die nächste Generation soll auf eine Welt vorbereitet werden, in der AI-Anwendungen zum Alltag gehören – ein Beispiel dafür, wie AI-Bildung als strategischer Wettbewerbsvorteil verstanden wird.

Auch in Deutschland nimmt das Thema an Fahrt auf. Die Kultusministerkonferenz (KMK) und zahlreiche Kultusministerien haben Handlungsempfehlungen zum schulischen Umgang mit AI veröffentlicht. Einige Bundesländer gehen darüber hinaus: So stellen Rheinland-Pfalz und Mecklenburg-Vorpommern den Schulen bereits AI-Tools wie die fobizz AI zur Verfügung. Sachsen-Anhalt setzt auf die Eigenentwicklung EmuGPT, Sachsen auf KAI, und Baden-Württemberg auf fAIrChat. In Bayern wurde Ende 2024 zudem das Medien & AI Budget eingeführt, um Schulträger bei der Beschaffung geeigneter AI-Anwendungen zu unterstützen.

Warum also schon in der Schule ansetzen? Zum einen, weil AI-Kompetenzen künftig zu den zentralen Schlüsselqualifikationen gehören. Zum anderen, weil AI längst im Alltag der Jugendlichen angekommen ist. Laut einer repräsentativen Umfrage der Vodafone Stiftung [3] waren bereits Anfang 2024 über zwei Drittel (69 %) der befragten Jugendlichen überzeugt, dass AI-Kenntnisse entscheidend für ihre berufliche Zukunft sein werden. Sie gehen fest davon aus, dass AI-Anwendungen in wenigen Jahren ebenso selbstverständlich genutzt werden wie heute das Smartphone.

Der Bildungsauftrag ist eindeutig: Schulen müssen junge Menschen auf die Arbeitswelt und die Gesellschaft von morgen vorbereiten. Zum Zeitpunkt der Datenerhebung im Januar 2024 nutzten bereits 74 % der 14- bis 20-Jährigen AI-Anwendungen im Alltag – heute dürfte die Zahl noch höher liegen. Die Studie der Vodafone-Stiftung zeigt außerdem: 73 % der Jugendlichen sehen in AI eher Chancen als Risiken, und eine große Mehrheit wünscht sich, dass der Umgang mit AI fest im Unterricht verankert wird.

**Demokratisierung von AI-Wissen**
Neben der individuellen Vorbereitung auf eine zunehmend technologische Zukunft spielt auch die gesellschaftliche Dimension eine wichtige Rolle. Früh ansetzende AI-Bildung stärkt nicht nur die Fähigkeit jedes Einzelnen, sich in einer digitalen Welt zurechtzufinden, sondern fördert auch Chancengerechtigkeit und Teilhabe.

Je stärker AI-Systeme unser Leben beeinflussen, von Social-Media-Algorithmen bis hin zu automatisierten Auswahlprozessen bei Bewerbungen, desto wichtiger ist es, dass junge Menschen verstehen, wie diese Technologien funktionieren und ihre Ergebnisse kritisch hinterfragen können. AI-Kompetenz umfasst dabei weit mehr als nur technisches Wissen. Sie schließt auch Informationskompetenz und ethisches Urteilsvermögen ein. Jugendliche selbst nennen laut der Studie der Vodafone Stiftung [3] als entscheidende Fähigkeit im Umgang mit AI etwa: *„nicht alles zu glauben, was man im Zusammenhang mit AI-Technologien sieht* *oder liest"* (S. 19). Kritisches Denken im Kontext von AI ist also ein zentrales Lernziel – gerade auch, um der Verbreitung von Fehlinformationen durch Deepfakes oder algorithmisch generierte Inhalte entgegenzuwirken.

Eine frühzeitige und breit angelegte Heranführung aller Schülerinnen und Schüler an AI kann zudem dazu beitragen, soziale Ungleichheiten nicht weiter zu verschärfen. Die Ständige Wissenschaftliche Kommission der Kultusministerkonferenz (SWK) betont in ihrem Impulspapier Large Language Models und ihre Potenziale im Bildungssystem [4], *„dass alle Lernenden und Lehrenden in Bildungseinrichtungen einen (kostengünstigen oder kostenfreien) Zugriff auf AI-Systeme haben"* (S. 4). Andernfalls droht ein Bildungsgefälle: Kinder aus privilegierten Familien hätten dann bessere Voraussetzungen – etwa durch Zugang zu leistungsfähigeren, oft datenschutzfreundlicheren AI-Anwendungen.

**Vom Klassenzimmer ins Unternehmen: AI-Kompetenz als gesamtgesellschaftliche Aufgabe**
Während Schulen den Grundstein für den kritischen und reflektierten Umgang mit Künstlicher Intelligenz legen sollten, endet der Bildungsauftrag nicht mit dem Schulabschluss. Auch im Berufsleben wird AI-Kompetenz zunehmend zur Schlüsselqualifikation – für alle Mitarbeitenden, aber besonders für Führungskräfte, die strategisch über den Einsatz von AI entscheiden.

**AI-Weiterbildung in Unternehmen: ein Muss für Entscheider**
Nicht nur im Bildungsbereich, auch in Unternehmen besteht ein dringender Weiterbildungsbedarf rund um Künstliche Intelligenz. Für Organisationsentscheider ergibt sich dabei eine doppelte Verantwortung: Einerseits müssen sie ihre Mitarbeitenden auf die AI-Ära vorbereiten, andererseits benötigen sie selbst ausreichende AI-Kenntnisse, um fundierte strategische Entscheidungen treffen zu können.

Erste Studien zeichnen hier ein ambivalentes Bild. Die Anforderungen steigen: Viele Arbeitgeber erwarten zunehmend AI-Kompetenzen von ihren Mitarbeitenden. In einer internationalen Umfrage gaben 74 % der Unternehmen an, dass Kenntnisse in Künstlicher Intelligenz und Machine Learning zu den wichtigsten Fähigkeiten von Arbeitnehmern zählen [5]. Hochschulen und MBA-Programme reagieren auf diese Entwicklung und integrieren AI-Themen zunehmend in ihre Curricula. Ein Beispiel aus Deutschland: An der HAWK Hildesheim wurde das AI-Chatprogramm Hawki speziell für Hochschulangehörige entwickelt. Auch das Bundesland Brandenburg hat Ende 2024 einen mehrjährigen Rahmenvertrag mit fobizz geschlossen, um Lehrenden und Studierenden an allen Hochschulen des Landes einen sicheren Zugang zu AI-Tools zu ermöglichen.

Während die Erwartungen an die Belegschaft steigen, zeigt sich bei vielen Führungskräften selbst ein deutlicher Nachholbedarf: Laut einer im Dezember 2024 veröffentlichten Studie von General Assembly [6] haben 58 % der knapp 400 befragten Führungskräfte in den USA und UK bislang keine AI-Schulung besucht. Entsprechend fühlen sich viele Entscheider im Umgang mit AI unsicher. Weniger als die Hälfte gab an, sehr zuversichtlich zu sein, AI-Tools einsetzen zu können, ohne beispielsweise Organisationsdaten zu gefährden.

Diese Lücke zwischen Anspruch und Wirklichkeit birgt Risiken: Unternehmen, deren Führungsetagen AI-Trends nicht erkennen und verstehen, laufen Gefahr, strategische Chancen zu verpassen oder Fehlentscheidungen zu treffen. *„Company leaders need to upskill for the AI era, too"*, mahnt Daniele Grassi, CEO von General Assembly – es reiche nicht, wenn nur die IT-Abteilung über AI-Wissen verfüge. Auch Führungskräfte müssen mit den rechtlichen, datenschutzbezogenen und ethischen Implikationen von AI vertraut sein, um verantwortungsvolle Richtlinien für den AI-Einsatz im Unternehmen entwickeln zu können.

Genau das sieht auch der EU AI Act (AI-Grundverordnung) vor: Unternehmen sind verpflichtet sicherzustellen, dass alle Personen, die AI-Tools beruflich nutzen, über ein angemessenes Maß an AI-Kompetenz verfügen. Diese Anforderung gilt unabhängig vom Risikograd der eingesetzten Systeme – also nicht nur für Hochrisiko-AI, sondern auch bei alltäglichen Anwendungen wie Chatbots. Ziel ist es, dass Mitarbeitende verstehen, wie AI funktioniert, Chancen und Risiken einschätzen können und rechtliche Vorgaben einhalten – für einen verantwortungsvollen und rechtskonformen Einsatz.

**Empfehlungen für Entscheider**
Für Organisationsführungen bedeutet das konkret: AI muss integraler Bestandteil der Personalentwicklung werden. Dazu gehört zum einen die Breitenqualifizierung, bei der alle Mitarbeitenden ein Grundverständnis für AI und deren Anwendung entwickeln sollen. Zum anderen braucht es gezielte Spezialisierung – insbesondere in Bereichen wie Data Science, Softwareentwicklung oder Produktinnovation.

Eine zentrale Maßnahme ist die Förderung interner Weiterbildung – etwa durch Lunch & Learn-Formate, Workshops oder E-Learning-Kurse. Bei der fobizz | 101skills GmbH (Anm.: die Organisation der Autorin) wurde beispielsweise das Format AI Lightning Talks eingeführt. Mitarbeitende aus allen Organisationsbereichen sind eingeladen, ihre Erkenntnisse und Erfahrungen zum Thema Künstliche Intelligenz in kurzen Vorträgen mit den Kollegen und Kolleginnen zu teilen. Die Themen reichen von technischen Aspekten wie LLM Routing Layer über praktische Einsatzmöglichkeiten wie AI als Coding-Buddy oder Content Creation mit AI bis hin zu Erfahrungsberichten von AI-Konferenzen. Ziel ist es, einen Raum zu schaffen, in dem Mitarbeitende ermutigt werden, mit AI zu experimentieren, Erfahrungen zu teilen und herauszufinden, wie AI sie in ihrem Arbeitsalltag unterstützen kann. Gleichzeitig soll eine offene Lernkultur gefördert werden, in der AI-Wissen kontinuierlich erweitert und gemeinschaftlich aufgebaut wird.

**Fazit: AI-Kompetenz als gemeinsame Gestaltungsaufgabe**
Künstliche Intelligenz verändert unsere Welt in rasantem Tempo – im Alltag, in der Arbeitswelt und in der Bildung. Um diese Entwicklung aktiv, souverän und verantwortungsvoll mitzugestalten, braucht es umfassende AI-Kompetenzen auf allen Ebenen der Gesellschaft.

Frühzeitige Bildungsangebote in der Schule legen den Grundstein für ein grundlegendes Verständnis, fördern kritisches Denken und verhindern, dass sich digitale Ungleichheiten verfestigen. Gleichzeitig sind auch Unternehmen gefordert, ihre Mitarbeitenden – und insbesondere die Führungsebene – gezielt auf die Veränderungen durch AI-Technologien vorzubereiten.

Bildung mit und über AI darf daher kein Nischenthema sein, sondern muss integraler Bestandteil einer zukunftsgerichteten Strategie werden – in Schulen, Hochschulen, Behörden und Unternehmen. Die erfolgreiche Integration von AI erfordert mehr als nur technisches Know-how: Sie verlangt Reflexion, Wertebewusstsein, Diskussionsräume und eine gemeinsame Haltung. Wenn es gelingt, AI-Kompetenz breit zu verankern, kann daraus ein echter gesellschaftlicher Mehrwert entstehen – für Innovation, Teilhabe und eine mündige, demokratische Zukunft im digitalen Zeitalter.

**Literatur**

[1] Schleiss, J., Mah, D.-K., Böhme, K., Fischer, D., Mesenhöller, J., Paaßen, B., Schork, S., & Schrumpf, J. (2023). Künstliche Intelligenz in der Bildung: Drei Zukunftsszenarien und fünf Handlungsfelder. AI-Campus Diskussionspapier, März 2023.
[2] Webseite: https://www.ecns.cn/news/sci-tech/2018-11-28/detail-ifzaaiuy4921208.shtml Zugriff am 22.03.2025.
[3] SWK – Ständige Wissenschaftliche Kommission der Kultusministerkonferenz (2024). Impulspapier: Large Language Models und ihre Potenziale im Bildungssystem. Zugriff am 22.03.2025 unter https://www.swk-bildung.org/publikationen/
[4] Vodafone Stiftung Deutschland (2024). Jugend in der AI-Welt – Was junge Menschen über Künstliche Intelligenz denken, wissen und erwarten. Repräsentative Jugendstudie, März 2024.
[5] Graduate Management Admission Council (GMAC) (2023). Corporate Recruiter Survey 2023. Zugriff am 22.03.2025 unter https://www.gmac.com/
[6] General Assembly (2024). Most Leaders Have No AI Training – Which Could Negatively Impact Security, Privacy, and Corporate Competitiveness. Zugriff am 22.03.2025 unter https://www.businesswire.com/news/home/20241210785102/en/

**Dr. Diana Knodel** ist Mitgründerin der EdTech-Unternehmen fobizz und App Camps. Sie setzt sich für zeitgemäße Bildung ein und befasst sich mit dem Einsatz von Künstlicher Intelligenz im Bildungsbereich. Mit einem Hintergrund in Informatik und Psychologie hat sie fobizz zur führenden Plattform für die Weiterbildung von Lehrkräften in Deutschland entwickelt. Dianas Engagement wurde mehrfach ausgezeichnet, darunter im Jahr 2023 mit dem KfW Gründerpreis. 2024 wurde sie von Bildung.Table als eine der entscheidenden Köpfe der Bildungsszene ausgezeichnet.

## 5.13 Gemeinsam erfolgreich

*Dr. Jörn Ossowski* (Werk- & Rohstoffhandel/Industrielle Dienstleistungen)

### 5.13.1 Einführung

#### 5.13.1.1 thyssenkrupp Materials Services

Thyssenkrupp Materials Services ist mit rund 380 Standorten in mehr als 30 Ländern einer der weltweit führenden werksunabhängigen Werkstoff-Händler und -Dienstleister. Im Geschäftsjahr 2023/24 hat die Organisation einen Umsatz von 12,1 Mrd. Euro und ein Ergebnis von 204 Mio. Euro erwirtschaftet. Das vielseitige Leistungsspektrum der Werkstoffexperten ermöglicht es den Kunden, sich noch stärker auf die individuellen Kerngeschäfte zu konzentrieren. Im Rahmen der strategischen Weiterentwicklung „Materials as a Service" fokussiert sich die Organisation auf die Lieferung von Roh- und Werkstoffen sowie Produkte und Dienstleistungen im Bereich Supply Chain Management. Digitale Lösungen sorgen für effiziente und ressourcenschonende Prozesse beim Kunden und bieten so die Grundlage für nachhaltiges Handeln.

Die Vision: Eine Welt, in der die Ressourcen auf die bestmögliche Art und Weise eingesetzt werden – für gemeinsamen Erfolg und eine nachhaltige Zukunft.

#### 5.13.1.2 Über den Autoren

Dr. Jörn Ossowski ist seit 2015 bei thyssenkrupp tätig, zunächst bei der thyssenkrupp AG. Im Jahr 2020 wechselte er vom Mutterkonzern in das Segment thyssenkrupp Materials Services und übernahm dort die Leitung des Digital Technology Office (DTO), das mit innovativen Projekten die Digitalisierung und technologische Transformation des Segments vorantreibt. Seit 2022 verantwortet er zusätzlich den Bereich Digital Commerce Solutions. Auf die Frage, was ihn antreibt, antwortet Dr. Jörn Ossowski: „Technik und der Umgang damit haben mich schon immer begeistert. Dabei ist mir besonders wichtig, dass die Lösungen gemeinsam mit dem Kunden entwickelt werden."

### 5.13.2 Project „smart ORDER"

#### 5.13.2.1 Problemstellung und Zielsetzung des Projekts

„smart ORDER" ist eines der Innovationsprojekte, die das DTO in Kooperation mit den Business Units des Segments thyssenkrupp Materials Services realisiert. Ziel des Projekts ist die automatisierte Verarbeitung, wodurch die manuellen Tätigkeiten im essenziellen Vertriebsprozess so weit wie möglich reduziert werden sollen. thyssenkrupp Materials Services verfügt über ein umfangreiches Warenportfolio und bedient eine breite Kundenbasis von 250.000 Kunden. Die Kunden können mit thyssenkrupp Materials Services über verschiedene Kanäle in Kontakt treten, um Angebote anzufragen oder Bestellungen zu platzieren. Dies kann beispielsweise über den Onlineshop „B2B-Portal", per E-Mail oder Telefon erfolgen. Ein signifikanter Anteil der Anfragen erreicht thyssenkrupp Materials Services per E-Mail. Die manuelle Sichtung und Übertragung in das ERP-System erweist sich dabei nicht nur als zeitaufwendig, sondern auch fehleranfällig.

Das Projekt „smart ORDER" ist darauf ausgerichtet, den Bearbeitungsaufwand für eingehende Kundenanfragen erheblich zu reduzieren. Dabei war essenziell, dass Kunden auf den ihnen vertrauten Kanal der E-Mail-Anfrage nicht verzichten müssen. Zu diesem Zweck entwickelte das DTO eine thyssenkrupp-interne Plattform, die eingehende E-Mail-Anfragen automatisiert analysiert und in das ERP-System von thyssenkrupp Materials Services überträgt. Dabei sollte die Plattform bei jeder Anfrage berechnen, mit welcher Wahrscheinlichkeit sie die vom Kunden angefragten Produkte korrekt erfasst hat. Bei unzureichender Konfidenz sollten die fraglichen Positionen einer menschlichen Überprüfung zugeführt werden. Aus den Korrekturen, die von Menschen vorgenommen wurden, sollte die Plattform lernen. Das angestrebte Ziel war eine möglichst hohe Automatisierungsquote mit minimaler menschlicher Überprüfung.

Zu beachten war, dass E-Mail-Anfragen besondere Herausforderung bieten, da sie – anders als Anfragen über eine Onlineplattform – kein standardisiert vorgegebenes Format haben. Absender haben stattdessen viel Freiheit bei der inhaltlichen Gestaltung der Anfragen. Die vom Kunden angefragten Produkte können sowohl an einer beliebigen Stelle im E-Mail-Text als auch in Anhängen, z. B. PDF-Dokumenten, genannt werden und unterschiedlich gestaltet sein, z. B. als Tabelle, Aufzählung oder Fließtext.

### 5.13.2.2 Lösungsansatz

Das Fehlen eines standardisierten Formats erschwert das automatisierte Auslesen von Bestellpositionen. Daher entschieden wir uns im Rahmen des Projekts dazu, die Automatisierung schrittweise anzugehen. Zunächst haben wir zwischen zwei Typen von E-Mail-Anfragen unterschieden: strukturierte und unstrukturierte Anfragen. Eine strukturierte Anfrage ist eine E-Mail, in der angefragte Produkte in einer Tabellenstruktur aufgeführt werden. Dadurch werden Bestellpositionen klarer erkennbar, was vor allem auf PDF-Dokumente zutrifft, die mit Hilfe von ERP-Systemen erstellt wurden. Eine unstrukturierte Anfrage hingegen ist eine E-Mail, die nur aus Fließtext besteht. Im ersten Schritt lag der Fokus deshalb auf der automatisierten Bearbeitung von strukturierten Anfragen, die ungefähr die Hälfte aller E-Mail-Anfragen darstellen.

Das DTO trieb die Entwicklung der „smart ORDER" Plattform mit hoher Geschwindigkeit voran: Dabei setzten wir auf einer Standardsoftware auf und passte diese durch Customizing präzise auf die Anforderungen von thyssenkrupp Materials Services an. Nach Abschluss der Entwicklung stellten wir die Plattform den künftigen Usern aus den Business Units vor und begannen mit den ersten Rollouts in verschiedene Bereiche und Länder. Die technische Bereitstellung der Plattform verlief wie geplant, jedoch blieb der erhoffte Effekt aus. Die Automatisierungsquote bei der Bearbeitung von E-Mail-Anfragen blieb unbefriedigend. Technisch funktionierte die Plattform einwandfrei, allerdings fehlte die Akzeptanz der entsprechenden Nutzer in den Business Units.

In der Folge passte das DTO seinen bisherigen Ansatz, die Plattform „im Labor" zu entwickeln und den Business Units im finalen Zustand zu übergeben, an. Die Lösung: ein kollaboratives Vorgehen. Eine Analyse, die in enger Zusammenarbeit mit ausgewählten Nutzern einer Business Unit durchgeführt wurde, ergab, dass „smart ORDER" im Grundsatz zwar nahezu alle gewünschten Funktionalitäten enthielt, jedoch das Vertrauen in die Software fehlte. Um dieses zu erhöhen, änderte das DTO den Verarbeitungsprozess dahingehend, dass alle automatisiert ausgelesenen E-Mail-Anfragen einer menschlichen Überprüfung unterzogen wurden. Die Nutzer erhielten so die Möglichkeit, alle von der Plattform generierten Vorschläge zu bewerten. Da die Benutzeroberfläche der Plattform auf die Bedürfnisse der Nutzer zugeschnitten war, konnten diese die Bestellungen schneller erfassen und die einzelnen Positionen effizient prüfen. Dies erhöhte das Vertrauen in „smart ORDER" und seine Vorschläge. Gleichzeitig konnten auf diese Weise mehr Daten gesammelt und ausgewertet werden. Dies ermöglichte uns in einem zweiten Schritt die weitere Verfeinerung der Automatisierungskriterien und eine insgesamt spürbare Optimierung der Qualität der Lösung insgesamt. Die enge Einbindung der Anwender in die Entwicklung trug, und trägt auch weiterhin, nicht nur entscheidend zur Akzeptanz von „smart ORDER" bei, sondern erleichtert auch jeden Rollout, da die für die Automatisierung relevanten Kriterien von Business Unit zu Business Unit unterschiedlich sind und sich zudem im Laufe der Zeit ändern können. Darüber hinaus führte der kollaborative Ansatz dazu, dass „smart ORDER" die zu Projektbeginn angestrebte Automatisierungsquote bei strukturierten Anfragen deutlich übertraf.

Für den zweiten Schritt, die Automatisierung der Bearbeitung unstrukturierter E-Mail-Anfragen, fehlte uns lange Zeit ein zuverlässiger Ansatz. Schließlich evaluierten das DTO und die Anwender in den Business Units gemeinsam den Einsatz von Large Language Models (LLMs). Auch wenn die ersten Ergebnisse eines Proof of Concept (PoC) mit wenigen Produkten vielversprechend waren, skalierten die Ergebnisse trotz intensiven Trainings der LLMs nicht. Bei einer Erweiterung der auszulesenden Produktpalette nahm die Qualität der Vorschläge der Plattform (zu) stark ab. Nahezu alle automatisiert ausgelesenen Anfragen erforderten bei einer Vielzahl von Produkten eine menschliche Korrektur, sodass der manuelle Bearbeitungsaufwand nahezu unverändert blieb.

Das Vertrauen, das zwischen dem DTO und den Business Units aufgebaut wurde, ermöglichte uns, schnell einen neuen Ansatz auszuprobieren. Anstelle einer End-to-end Bearbeitung der Anfragen durch ein LLM, wurde die Bearbeitung der Anfragen in Zwischenschritte aufgeteilt. Hierbei führte das LLM nur noch den ersten Schritt, also das Auslesen der E-Mail, durch. Die weitere Bearbeitung übernahm anschließend der Nutzer. Da sich dadurch der Einsatzzweck des LLM veränderte, musste es neu trainiert werden, was zunächst zu einem erheblichen Mehraufwand bei den Nutzern führte.

### 5.13.2.3 Ergebnis

Inzwischen ist „smart ORDER" in den Business Units von thyssenkrupp Materials Services ein fester Bestandteil. Die Automatisierungsquote bei strukturierten E-Mail-Anfragen übertrifft das ursprüngliche Projektziel deutlich und liegt insgesamt bei über 52 %. Auch bei den unstrukturierten E-Mail-Anfragen konnten wir durch die (Teil-)Automatisierung für Effizienzgewinne sorgen, wenngleich diese deutlich moderater ausfallen als bei den strukturierten E-Mail-Anfragen. Die „smart ORDER" zugrunde liegende Technologie konnte darüber hinaus bereits auf weitere Dokumentenarten, wie Zeugnisse, Auftragsbestätigungen oder Lieferscheine, ausgeweitet werden.

### 5.13.3 Learnings

Das Projekt „smart ORDER" zeigt eindrucksvoll, dass die Akzeptanz der Menschen, die entsprechende Software zukünftig täglich nutzen sollen, entscheidend für den Erfolg einer digitalen Lösung ist. Die frühzeitige Einbindung der Anwender in die Entwicklung erhöht nicht nur die Akzeptanz der Lösung erheblich, sondern steigert auch die Qualität der Lösung spürbar. Erst durch die enge Zusammenarbeit mit den Nutzern in den verschiedenen Business Units wurden alle automatisierungsrelevanten Kriterien für die Entwickler in der IT transparent.

Dies führte auch zu einer kritischen Prüfung unserer Arbeitsweise im DTO allgemein: Neue Projekte starten wir nur noch als gemeinsame Initiative von IT und Business, was zu mehr Engagement geführt und gleichzeitig das klassische „Fingerpointing" reduziert hat. Beide Seiten verfolgen nun ein gemeinsames Ziel. Darüber hinaus ist es wichtig, die tatsächlichen Anforderungen des Business genau zu verstehen und das Vertrauen in die Lösung aufzubauen. Der Schlüssel dazu ist eine schrittweise Entwicklung. Statt den Anspruch zu haben, die Lösung von Anfang an final einsatzbereit dem Business zur Verfügung zu stellen, verfolgen wir heute einen iterativen Ansatz. Wir implementieren zunächst nur die wichtigsten Funktionen und erweitern diese Schritt für Schritt. Neue Funktionen konzipieren wir gemeinsam mit den entsprechenden Fachbereichen auf Basis der Erfahrungen aus dem laufenden Betrieb. Bemerkenswert war, dass das Vertrauen vor allem durch den Neustart des Projekts gewonnen werden konnte. Dies ist ein entscheidender Punkt, denn Fehler führen oft zu mehr Druck und unter steigendem Druck werden selten neue Wege beschritten, sondern bekannte Muster wiederholt.

Eine innovationsfördernde Kultur erfordert einen gelassenen Umgang mit Fehlern. Es ist wichtig, regelmäßig zu überprüfen, ob der zu Beginn eingeschlagene Weg noch zielführend oder ob eine Neuausrichtung erforderlich ist. Diese Entscheidungen sollten möglichst datenbasiert getroffen werden.

### 5.13.4 Zukünftige Entwicklungen

IT und Business Units arbeiten auch weiterhin gemeinsam an neuen Anwendungsfeldern von „smart ORDER" und an der kontinuierlichen Verbesserung, mit besonderem Fokus auf der Steigerung der Automatisierungsquote.

Künstliche Intelligenz bleibt dabei ein spannendes Werkzeug, das fortlaufend auf effektive Einsatzmöglichkeiten evaluiert werden muss.

**Dr. Jörn Ossowski** ist seit 15 Jahren ein Experte für digitale Transformation, Organisationsarchitektur und strategisches IT-Management bei thyssenkrupp Materials Services GmbH. Zuvor hat er an der Rheinischen Friedrich-Wilhelms-Universität Bonn in Informatik studiert und promoviert und war in verschiedenen Unternehmen aktiv, immer mit Blick auf Wandel und Zukunftsfähigkeit. Was ihn antreibt: Unternehmen so aufzustellen, dass sie sich stetig weiterentwickeln können. Im Podcast *„Digital Success"* spricht er über genau diese Themen.

## 5.14 Wie wir Gesundheitsdaten strategisch und solidarisch für die Verbesserung der Versorgung nutzen können

*Susanne Pollak* (Gesundheitswesen)

### 5.14.1 Das datengetriebene Gesundheitswesen 2025

Daten werden in den vergangenen Jahren oftmals als „das neue Öl bezeichnet". Zurecht: Daten sind der Motor der Digitalisierung und dem Durchbruch in der Nutzung von Künstlicher Intelligenz – und sie sind die Basis für die digitale Transformation des Gesundheitswesens, der Versorgung und der (datengetriebenen) Prävention.

Zwar ist Deutschland im internationalen Vergleich beim Thema Digitalisierung im Gesundheitswesen noch nicht so weit fortgeschritten wie andere europäische Länder, jedoch hat es hier in den vergangenen Jahren einige Fortschritte gegeben: zum Beispiel die Einführung der elektronischen Patientenakte zu Beginn des Jahres und der fortlaufende Ausbau der Telematikinfrastruktur. Digitale Gesundheitsanwendungen (DiGAs), Gesundheits-Apps, KI-basierte Symptomchecker und Wearables werden von den Krankenkassen unterstützt und ermöglichen eine bessere Überwachung von Gesundheitsparametern. Gleichzeitig nutzen die Akteure Künstliche Intelligenz, um Diagnosen zu verbessern und personalisierte Behandlungspläne zu erstellen.

Durch die Verabschiedung des Gesundheitsdatennutzungsgesetzes (GDNG) im März 2024 hat auch der Gesetzgeber die Weichen für eine bessere Datennutzung gestellt. Unter anderem erleichtert das Gesetz den Zugang zu Gesundheitsdaten für die Forschung sowie die Nutzung von Versichertendaten für Krankenkassen im Bereich der Primärprävention. Damit erreicht die Nutzung von Gesundheitsdaten im deutschen Gesundheitswesen einen

Höhepunkt – und eröffnet neue Handlungsspielräume für die Zukunft der Versorgung sowie der Behandlung und Vermeidung von Krankheiten.

### 5.14.2 Strategische und solidarische Nutzung von Gesundheitsdaten

Zunächst eine Begriffseinordnung: Was sind Gesundheitsdaten? Gesundheitsdaten werden in der Datenschutzgrundverordnung (DSVGO) als personenbezogene Daten definiert, die sich auf die körperliche oder geistige Gesundheit einer natürlichen Person, einschließlich der Erbringung von Gesundheitsdienstleistungen, beziehen und aus denen Informationen über deren Gesundheitszustand hervorgehen. Die Bereitschaft in der Gesellschaft, Gesundheitsdaten zu teilen, ist heterogen ausgeprägt und es gibt ebenso unterschiedliche Vorstellungen darüber, unter welchen Bedingungen und aus welchen Motiven heraus ein sogenanntes Data Sharing erfolgen soll.

Warum ist die strategische und solidarische Nutzung von Gesundheitsdaten so wertvoll? Weil sie ihr Potenzial nicht nur auf individueller Ebene, sondern auch auf Gemeinschaftsebene entfalten: Sie verbessern nicht nur die individuelle Patientenversorgung durch einen nahtlosen und sicheren Austausch zwischen verschiedenen Einrichtungen und Anbietern sondern fördern auch die Erforschung neuer Behandlungsmethoden und die Verbesserung der öffentlichen Gesundheit.

Solidarische Datennutzung bedeutet strategische Datennutzung. Mit einem verantwortungsbewussten Umgang mit Gesundheitsdaten zum Wohl der Gesellschaft als Ganzes gewinnen alle Akteure. Mehr Fortschritt, mehr Sicherheit und mehr Kosteneffizienz. Daten werden geteilt, genutzt und verarbeitet, um soziale, wissenschaftliche oder gesundheitliche Vorteile für all zu erzielen, anstatt nur für individuelle oder kommerzielle Interessen.

### 5.14.3 Datenethik als Grundvoraussetzung für datenbasierte Wertschöpfung

Dem solidarischen Data Sharing kommt in den kommenden Jahren eine Schlüsselrolle zu: Nur die gemeinsame Konsolidierung und Nutzung von Daten ermöglicht Innovation und sichert Wettbewerbsfähigkeit in einem globalen, datenbasierten Gesellschafts- und Wirtschaftssystem. Datennutzung führt zu neuen Erkenntnisse, neuen Produkten, Dienstleistungen und Geschäftsmodellen – auch und gerade im Gesundheitswesen.

Voraussetzung dafür ist eine gemeinsam definierte Datenethik: Datenethik umfasst Grundsätze und Werte, die im Umgang mit Daten und Technologien gelten. Datenethik befasst sich mit der Verantwortung und dem Schutz der Rechte und Würde von Personen im Zusammenhang mit der Datenerfassung, -verarbeitung und -nutzung. die Einhaltung ethischer Grundsätze in Bezug auf den Umgang mit Gesundheitsdaten.

Ziel der Datenethik ist es, Daten verantwortungsbewusst und nachhaltig zu teilen. Es soll sichergestellt sein, dass Daten auf eine Weise genutzt werden, die den individuellen und gesellschaftlichen Interessen gerecht wird. Negative Auswirkungen auf Einzelpersonen, Gruppen oder die Gesellschaft sollen minimiert werden.

In der Praxis bedeutet das die Einhaltung von Regularien auf den Ebenen der Interoperabilität, des Datenschutzes und der Transparenz: Der Austausch von Daten muss nahtlos möglich sein, es muss sichergestellt sein, dass die Daten während des Austauschs geschützt sind und nicht manipuliert werden können und es muss Transparenz darüber herrschen, welche Daten geteilt werden, warum sie geteilt werden und wie sie verwendet werden.

Nur so kann Vertrauen entstehen. Vertrauen ist wiederum die Voraussetzung für die Datenverfügbarkeit und Integrität der beteiligten Akteure, die ihre Daten gemeinsam teilen und nutzen.

### 5.14.4 Gesundheitsdatennutzung in kollaborativen Datenräumen

Die Anforderungen an eine gemeinsame und strategische Nutzung von Gesundheitsdaten unter ethischen Gesichtspunkten sind also hoch. Gleichzeitig sind sie Grundvoraussetzung für ein erfolgreiches nachhaltiges Data Sharing im Gesundheitswesen.

Datenräume für Gesundheitsdaten bieten die dafür passenden Mechanismen und sind daher ein ideales Konzept für die Umsetzung des zukünftigen ethischen Data Sharings. Datenräume sind gemeinsame und vertrauenswürdige Transaktionsräume, über die Daten von verschiedenen Akteursgruppen dezentral bereitgestellt und gemeinsam genutzt werden. Im Gegensatz zu Datenplattformen wird für diese Transaktionsräume kein zentraler Betreiber benötigt, vielmehr ermöglicht das föderierte System, dass jeder Teilnehmer, der über einen Zugangspunkt (z. B. IDS-Konnektor) verfügt, ein oder mehrere Rollen im Datenraum erfüllen kann. Ein Datenraum lässt sich dann als Summe aller seiner Teilnehmer definieren.

Datenräume gewährleisten deshalb:

- sichere Datenübertragung, Speicherung und Freigabe von Informationen
- transparente Zugriffssteuerung und Berechtigungsverwaltung
- Funktionen zur Überwachung, Protokollierung und Nachverfolgung von Aktivitäten im System
- einheitliche Datenformate und interoperable Schnittstellen

Datenräume tragen dazu bei, die Verwaltung und Sicherheit von Gesundheitsdaten zu verbessern. Sie machen die Nutzung von Gesundheitsdaten für alle Akteure im Gesundheitswesen möglich und tragen langfristig zu mehr Effizienz im Gesundheitswesen bei.

### 5.14.5 Das Datenraumprojekt sphin-X

Die gemeinsame und gemeinwohlorientierten Nutzung von Gesundheitsdaten unter ethischen Grundsätzen ist auch das Ziel des im Sommer 2024 gestarteten Datenraumprojekts spin-X („Secure platform for health information eXchange"), das aus einer Initiative des Bundesverbands der deutschen Industrie (BDI e. V.) entstanden ist –„Gesundheit digital".

Unter dem Claim „one data space for health" soll ein neuer kollaborativen Datenraum für das Gesundheitswesen geschaffen werden, der die Datenhoheit aller Beteiligten wahrt und somit Vertrauen aufbaut, Effizienzen hebt und einen Mehrwert für alle Beteiligten erzeugt.

Mehr als 25 Firmen und Institutionen aus ganz Deutschland setzen sich gemeinsam dafür ein, dass Gesundheitsdaten in den Bereichen Forschung und Entwicklung, Lieferketten, Produktlebenszyklus und digitaler Zusammenarbeit gemeinwohlorientiert genutzt werden können.

Im sphin-X-Datenraum wird eine Vernetzung und vertrauensvollen Zusammenarbeit zwischen allen Bereichen des Gesundheitswesens angestrebt. Durch gemeinsam entwickelte, übergreifende Anwendungsfälle (Use Cases) soll das Data Sharing unter einem Dach gebündelt und den Austausch, die Analyse und Auswertung von Daten mit weiteren öffentlichen und wissenschaftlichen Datenquellen erleichtert und optimiert werden. Dieses Umfeld trägt dazu bei, die digitale Transformation für das Gesundheitswesen umzusetzen und dabei neue Geschäftsmodelle zu etablieren.

Das zentrale Element zum Datenteilen unter Wahrung der Schutzrechte ist der Data Connector, eine Software-Schnittstelle zum Datenraum. Er gewährleistet die Kontrolle über Übermittlung und Nutzung der Daten. Die Daten werden in sicheren Containern gespeichert, die durch digitale Zertifikate geschützt sind.

Der Data Connector ermöglicht zudem die verschlüsselte Kommunikation zwischen den Datenraumteilnehmern. Durch standardisierte Schnittstellen können verschiedene IT-Systeme miteinander verbunden werden. Es wird auf Authentifizierung und Autorisierung gesetzt, um den Zugriff auf die Daten zu kontrollieren. Eindeutige Identifizierung von Daten und die Möglichkeit, Zugriffsrechte zu verwalten, sind ebenfalls Teil der technischen Umsetzung.

Die Nutzungshoheit über die Daten verbleibt bei den Bereitstellenden der Daten; der Datenschutz ist zu jedem Zeitpunkt gewahrt. Ziel ist es, nicht große Datenpools zu bilden, sondern vielmehr Daten zum nutzenstiftenden Einsatz zielgerichtet zu verbinden, zum Beispiel föderierte Systeme voranzutreiben.

## 5.14.6 sphin-X: Potenziale und Use Cases des Datenraumprojekts

sphin-X kann für die zahlreichen Prozesse und Abläufe im Gesundheitswesen den richtigen digitalen Unterbau schaffen, um Gesundheitsdaten zukünftig für eine bessere Patientenversorgung zu nutzen. Der Datenraum soll die Entwicklung nachhaltiger Geschäftsmodelle sowie Innovationen fördert.

Dabei sind vielfältige Anwendungsfälle aus allen Bereichen des Gesundheitswesens in Planung:

**Integration klinischer Datensätze für effiziente Studienplanung**
Vorhandene medizinische Daten aus der Versorgung und Erkenntnisse aus der Forschung bilden die Grundlage für die Planung zukünftiger klinischer Studien. Die Sammlung und Nutzung der benötigten Daten ist sehr zeitaufwendig und zum Teil nicht möglich, da die Daten über viele Systeme und Institutionen verteilt, nicht technisch und semantisch interoperabel bzw. qualitätsgesichert sind. sphin-X könnte hier eine zentrale Plattform bereitstellen, über welche Datennutzende schnell und einfachen Zugriff auf vorhandene medizinische Daten erhalten.

**Stammdatenmanagement in Medikamenten-Lieferketten**
Momentan ist im Gesundheitswesen keine einheitliche semantische und syntaktische Beschreibung von Teilnehmern, Dienstleistungen und Assets vorhanden. Verschiedene Akteure im Gesundheitswesen verwenden unterschiedliche Datenformate und -strukturen. Das erschwert Interoperabilität und Datenaustausch.

**Zentrale Plattform für Pharmakovigilanzprozesse**
Gegenwärtige Pharmakovigilanzprozesse sind aufgrund des hohen administrativen Aufwands oft nicht effizient. Nebenwirkungsmeldungen werden von Ärzten selten erfasst und vorhandene Arzneimittelinteraktionen werden nicht immer erkannt. sphin-X könnte die einfache Erfassung (z. B. durch Scannen des QR-Codes auf der Produktverpackung) ermöglichen sowie den Aufbau einer Datenbank, die Informationen zu Medikamenten, CYP-Beteiligungen und vorhandenen Nebenwirkungen enthält. Über einen Algorithmus wäre die Identifikation neuer DDIs bzw. eine Warnung für Patienten in ihrer elektronischen Patientenakte (ePA) oder für den behandelnden Arzt bei Verschreibung möglich. Die konsequente Verschlankung des Prozesses durch digitalisierte Erfassung von Nebenwirkungsmeldungen würde verbesserte Erkennung von Arzneimittelinteraktionen erlauben.

**Data Repository für befundete Bilddaten**
Akteure im Gesundheitswesen erheben häufig Bilddaten in klinischen Studien, die nicht effizient genutzt und vergütet werden können, da es an einer zentralen Plattform für die Zusammenführung und Nutzung dieser Daten fehlt. sphin-X könnte ein Repository für

befundete Bilddaten aus verschiedenen bildgebenden Verfahren aufbauen. Durch die Zusammenführung dieser Daten in einem zentralen System könnten Healthcare-Unternehmen, Kliniker und andere Akteure diese Daten effizient nutzen und entsprechend vergüten. Dies würde die Zusammenarbeit, den Wissenstransfer und die KI-Schulung in der pharmazeutischen Forschung fördern und somit eine verbesserte Nutzung und monetäre Wertschöpfung befundeter Bilddaten aus klinischen Studien ermöglichen.

### 5.14.7 Fazit: Mit Menschen und Daten die Versorgung verbessern

Gesundheitsdaten sind der Schlüssel zu einer besseren Versorgung und zu erfolgreicher Prävention in Zeiten von globalen Gesundheitsbedrohungen und demographischem Wandel. Für die erfolgreiche und gemeinwohlorientierte Nutzung dieser wachsenden Menge an Gesundheitsdaten können Datenräume entscheidend beitragen und bieten zahlreiche Mehrwerte.

Datenräume unterstützen fundierte Entscheidungen, verbessern die Zusammenarbeit, steigern die Effizienz und gewährleisten Sicherheit und Transparenz. Datenräume können also entscheidend zu einer besseren Gesundheitsversorgung beitragen, weil sie Gesundheitsdaten verfügbar, sicher und interoperabel gestalten.

Das Projekt sphin-X ist ein wegweisendes Beispiel dafür, wie Menschen und Daten gemeinsam mehr im datengetriebenen Gesundheitssystem der Zukunft erreichen können.

**M.A. Susanne Pollak** ist derzeit Geschäftsführerin der Gesundheitsforen Leipzig GmbH und verantwortet die Geschäftsfelder Marketingagentur, Verlag, Community Building sowie Fachveranstaltungen im Gesundheitswesen. Darüber hinaus engagiert sie sich als Vorständin des Vereins sphin-X e. V., der eine innovative Plattform für den sicheren und effizienten Datenaustausch im Gesundheitswesen schafft. Sie ist studierte Betriebswirtin und bringt fundierte Expertise in den Bereichen Unternehmensführung, Gesundheitswirtschaft und digitale Transformation mit.

## 5.15 ValveInsight – durch integrierte ML-Algorithmen werden analoge Ventile intelligent

*Josua Printz, Roman Gaida und Stefan Müller* (Industrieautomation/Fluidtechnik)

### Einführung

Bürkert Fluid Control Systems ist ein weltweit führender Anbieter für Mess-, Steuer- und Regelungstechnik für Flüssigkeiten und Gase. Mit jahrzehntelanger Erfahrung entwickelt die Organisation innovative Lösungen für eine Vielzahl industrieller Anwendungen in verschiedensten Industrien, unter anderem in der Pharma- und Biotechnologie, der Lebensmittel-

und Getränkeherstellung und in der Labor- und Analysegerätebranche. Als global agierendes Familienunternehmen spielen auch bei Bürkert die großen Themen unserer Zeit, wie beispielsweise die Digitalisierung, eine entscheidende Rolle.

Welche Strategien Bürkert diesbezüglich verfolgt und wie die Organisation seine Kunden dabei unterstützt, beleuchten Roman Gaida (CSO), Stefan Müller (CTO) und Josua Printz (Corporate Development und Geschäftsmodell-Innovator) im Nachfolgenden am Beispiel der Diagnosefunktion von Ventilen.

In einer zunehmend digitalisierten und vernetzten Welt gewinnen intelligente Diagnosefunktionen in der industriellen Automatisierung an Bedeutung. Diese ermöglichen eine kosteneffiziente Produktion, reduzierte Ausfallzeiten und können dazu beitragen, Fehler zu vermeiden und die Zuverlässigkeit von Prozessen zu erhöhen. Gleichzeitig steigt der internationale Wettbewerbsdruck und innovative Technologien sind als Differenzierungsfaktoren essenziell, um Marktpositionen und den Fortbestand als deutsches Unternehmen zu sichern.

Industrie 4.0 und das Industrial Internet of Things (IIoT) treiben die Automatisierung und Digitalisierung in nahezu allen Industriezweigen voran. Der Schlüssel zu effizienteren und sichereren Prozessen liegt in der intelligenten Nutzung von Daten. Bürkert unterstützt den effizienten Austausch von Informationen über den gesamten Lebenszyklus hinweg durch die Asset Administration Shell, auch Verwaltungsschale genannt. Diese fasst alle wichtigen Daten und Informationen in einem digitalen Paket mit definierter Semantik zusammen und vereinfacht somit die Zusammenarbeit mit allen Partnern im Wertschöpfungsnetzwerk.

Zusätzlich ist es zur Überwachung hochsensibler Prozesse notwendig, Daten aus kritischen Komponenten wie Ventilen, die essenzielle Funktionen übernehmen, zu analysieren. In diesem Kontext kommt ValveInsight ins Spiel – eine innovative Diagnoselösung für Ventile. Diese Lösung basiert auf fortschrittlichen Machine-Learning-Algorithmen und bietet durch den offenen Ansatz von Bürkert eine flexible und zukunftssichere Lösung.

**Bürkert ValveInsight – direktes Feedback vom Ventil**
In hochkritischen Prozessen, etwa in der Medizintechnik, Chemie oder Biotechnologie, sind Ventile zentrale Komponenten zur Steuerung von Flüssigkeiten und Gasen. Eine Fehlfunktion kann schwerwiegende Folgen haben: von Produktionsausfällen über Ressourcenverschwendung bis hin zu erheblichen finanziellen Verlusten oder kritischen Fehldiagnosen (z. B. Laboruntersuchungen). Insbesondere in Analysegeräten, wie PCR-Diagnosesystemen, kann bereits ein mikroskopisch kleiner Partikel in einer Reagenzflüssigkeit ausreichen, um ein Ventil zu blockieren. Wird dieser Fehler nicht rechtzeitig erkannt, kann es zu Leckagen, Fehlmessungen oder gar dem Verlust wertvollen Probenmaterials kommen.

Traditionelle Diagnoseverfahren erfordern oft zusätzliche Sensorik oder herstellerspezifische Cloud-Lösungen, die mit hohen Kosten und Integrationsaufwänden verbunden sind. Viele Unternehmen sehen sich mit dem Dilemma konfrontiert, dass sie entweder auf teure proprietäre Diagnosesysteme zurückgreifen müssen oder diese Funktionen selbst entwickeln müssen. Diese Barrieren hindern die Industrie daran, das volle Potenzial smarter Technologien auszuschöpfen.

Bürkert hat mit der Whisper Valve Serie eine Ventillösung entwickelt, die nicht nur außerordentlich schnell, zuverlässig und leise schaltet, sondern auch eine präzise Analyse des Schaltverhaltens ermöglicht. Grundlage dafür ist die spezielle Aktortechnologie, die nach dem Lorentz-Kraft-Prinzip arbeitet. Während des Schaltvorgangs bewegt sich eine Spule in einem von Permanentmagneten generierten Magnetfeld, wodurch ein messbarer Strom induziert wird. Die während der Ventilbewegung aufgezeichnete Stromkurve kann analysiert werden und bildet die Basis für ValveInsight – einer Diagnosefunktion, die Rückschlüsse auf das Ventilverhalten sowie auf umgebende Prozessparameter erlaubt.

Ein zentraler Vorteil von ValveInsight ist die Möglichkeit, Diagnosefunktionen ohne zusätzliche Sensorik oder externe Cloud-Dienste zu realisieren. Häufig sind Diagnosefunktionen Geräten vorenthalten, die digitale Schnittstellen aufweisen; kleine Schaltventile sind jedoch in der Regel einfache, analoge Komponenten, bei denen es auf Zuverlässigkeit, einfache Integration und niedrige Kosten ankommt. Mit ValveInsight lässt sich jedes Ventil der Whisper Valve Baureihe analysieren und es sind lediglich kleine Anpassungen in der Elektronik erforderlich, um den Strom messen und auswerten zu können und damit analoge Komponenten intelligent zu machen.

Mit der Implementierung ergeben sich zahlreiche Vorteile für den Endanwender. Durch die kontinuierliche Überwachung des Ventilzustands können Anomalien sofort erkannt und fehlerhafte Ventile oder Abweichungen im Prozess frühzeitig identifiziert werden, bevor sie zu kritischen Problemen führen. Dies reduziert Ausfallzeiten und verhindert unnötige Wartungsarbeiten, was wiederum zu einer Senkung von Reparaturkosten und der Total Cost of Ownership (TCO) führt. Darüber hinaus ermöglicht die Analyse der Stromkurven nicht nur die Diagnose des Ventilzustands, sondern erlaubt auch Rückschlüsse auf umliegende Prozessparameter, beispielsweise bei Druckabweichungen oder einem leeren Flüssigkeitstank. Die optimierte Instandhaltung trägt dazu bei, Wartungsprozesse gezielt durchzuführen, wodurch Serviceeinsätze effizienter gestaltet werden (Abb. 5.14).

Doch wo ist ValveInsight schon im Einsatz? Viele Unternehmen im Pharmazie-Bereich sowie Analysegerätehersteller haben die Herausforderung, dass sie kleinste Töpfchen mit Wirkstoffen dosieren möchten. Das Dosiervolumen muss dabei sehr konstant sein, da dieses sich auf die Wirkstoffmenge auswirkt. Für hohe Produktionsmengen werden diese Tröpfchen mit sehr schnell schaltenden Ventilen produziert und es ist essenziell, dass die Schaltzeit der Ventile konstant ist. Da die Öffnungszeit der Ventile nur wenige Millisekunden beträgt, führt eine nur geringfügig längere Schaltzeit dazu, dass die dosierte Menge erheblich abweicht. Daher setzen Hersteller ValveInsight unter anderem dafür ein, die Schaltzeit bei der Dosierung zu überwachen. So werden Abweichungen sofort erkannt und korrigierende Maßnahmen können eingeleitet werden, anstatt erst bei der Endkontrolle den Fehler zu bemerken und dadurch eine ganze Charge entsorgen zu müssen. Gleichzeitig können die Schaltzeiten dokumentiert und für spätere Qualitätskontrollen und Audits herangezogen werden.

Im Rahmen der Entwicklung von ValveInsight stellte sich die Frage, wie diese innovative Funktion bestmöglich bei Kunden integriert werden könnte. Eine Möglichkeit war,

## 5.15 ValveInsight – durch integrierte ML-Algorithmen werden …

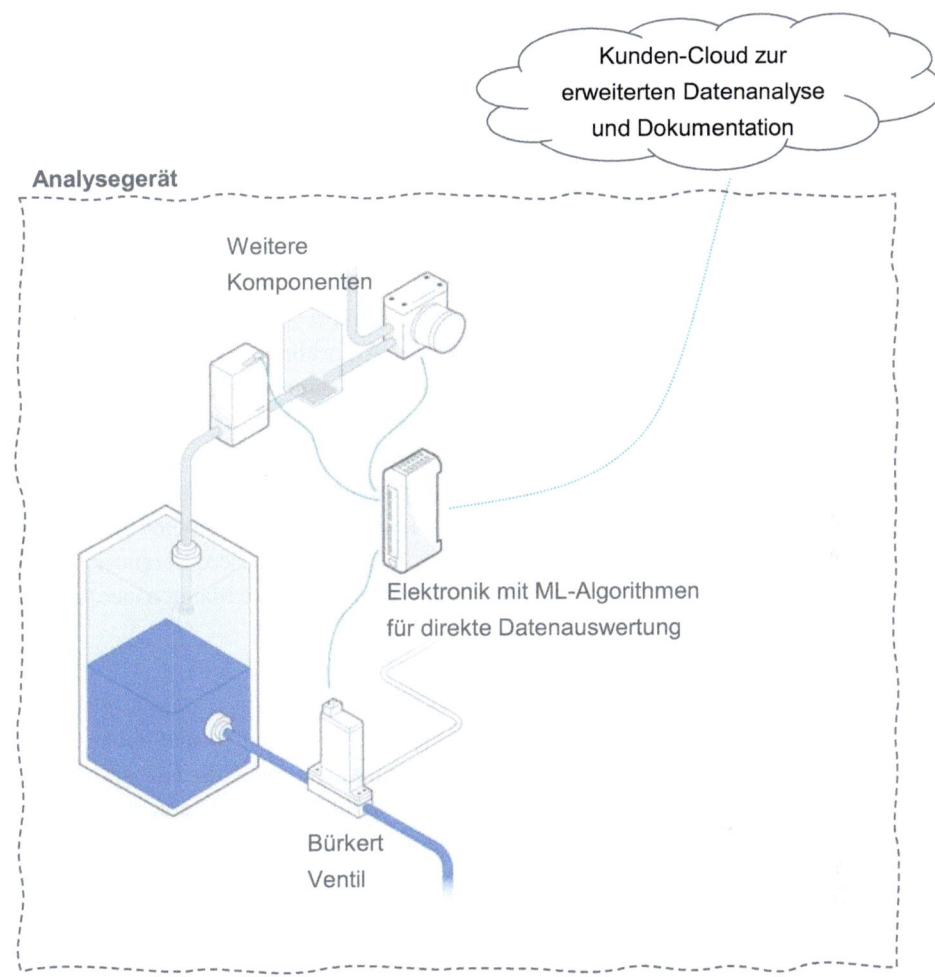

**Abb. 5.14** Durch die offene Bereitstellung der ML-Algorithmen können diese in die Elektronik des Kunden integriert werden und die Daten können zusammen mit allen anderen Informationen in der vom Kunden präferierten Cloud-Lösung ausgewertet werden

eine zusätzliche Elektronik zu entwickeln, die ein Kunde zur Nutzung der intelligenten Funktion verwenden muss. Viele der Bürkert Whisper Valve Ventile werden jedoch von Geräteherstellern (OEMs) bezogen, die mehrere Ventile pro Gerät einsetzen und sehr auf die Wirtschaftlichkeit achten müssen. Außerdem haben die Geräte in der Regel eine zentrale Elektronik, die alle Komponenten ansteuert. Zusätzliche ValveInsight-Elektroniken würden höhere Kosten, Komplexität und einen erhöhten Platzbedarf verursachen. Gleichzeitig würde der Einsatz solcher Elektroniken dazu führen, dass die Daten aus den Ventilen nicht gemeinsam mit bspw. Sensordaten oder Soll-Werten aus der Steuerung ausgewertet werden können, und damit würde die Flexibilität und Intelligenz limitiert werden.

Eine weitere Anforderung war, dass die Auswertung in der Regel sehr schnell erfolgen muss, um bei Fehlern sofort Maßnahmen ergreifen zu können. Außerdem haben viele Geräte keine dauerhafte Internetverbindung, was die Datenauswertung in der Cloud ebenfalls erschwert. Daher wurde ein Ansatz gewählt, der auf offene Innovation setzt und sich damit signifikant von anderen marktüblichen Lösungen unterscheidet. Statt auf proprietäre Elektronik zu setzen oder die Daten in einer Bürkert-eigenen Cloud auszuwerten, unterstützt Bürkert seine Kunden dabei, ValveInsight in die ohnehin notwendige Elektronik zu integrieren und dadurch Komponenten und Kosten zu sparen. Bürkert stellt eine Dokumentation zur Schaltungsentwicklung zur Verfügung und bietet die Algorithmen zur Datenanalyse open source auf der Software-Plattform GitHub an. Dadurch können Kunden die Daten selbst auswerten, sie in ihre Systeme integrieren und mit anderen Informationen kombinieren, um eine noch höhere Intelligenz ihres Geräts zu erzielen.

Bürkert nimmt hier die Rolle eines Entwicklungspartners und eines Ventillieferanten ein, was zunächst konventionell klingen mag, jedoch im konkreten Fall den größten Mehrwert für alle Beteiligten generiert. So bietet ValveInsight nicht nur eine präzisere Diagnose, sondern schafft auch die Grundlage für vorausschauende Wartung (Predictive Maintenance) und eine nachhaltige Prozessoptimierung.

**Empfehlungen & Learnings**
Die Einführung von ValveInsight zeigt, dass Diagnosefunktionen in intelligenten Komponenten eine essenzielle Rolle für die Prozesssicherheit und Effizienz spielen. Die Entwicklung und der Verkauf digitaler Funktionen erfordern an verschiedenen Stellen ein Umdenken. Die dabei gewonnenen Erkenntnisse sollen im Folgenden näher betrachtet werden.

Eine wesentliche Erkenntnis bestand darin, dass ein Umdenken sowohl bei Bürkert als auch beim Kunden erforderlich ist. Konventionell ist jede Komponente für eine spezifische Funktion verantwortlich: ein Ventil für das Schalten, ein Sensor für das Messen. Intelligente Komponenten durchbrechen jedoch diese Logik. Dies erfordert, dass bestimmte Konzepte in der Geräte- und Prozessentwicklung grundlegend neu gedacht werden und die Entwickler auf Kundenseite von den Vorteilen überzeugt werden. Dadurch wird Bürkert stärker in die Prozesse des Kunden eingebunden und unterstützt bei deren Optimierung.

Durch ValveInsight hat sich außerdem gezeigt, wie wichtig offene Innovationsansätze und Datenkonzepte sind. Stefan Müller, CTO der Bürkert Gruppe, hebt hier hervor: *„Nur wenn eine Integration in bestehende Infrastruktur möglich ist, können Innovationspotenziale ausgeschöpft werden. Dafür müssen Hersteller zusammenarbeiten und Konzepte entwickeln, bei denen Daten gemeinsam genutzt werden und alle Beteiligten gleichermaßen davon profitieren. Bürkert verfolgt mit ValveInsight bewusst einen offenen Ansatz, der unseren Kunden den Freiheitsgrad gibt, ihre eigenen Datenanalysen durchzuführen und die Funktionen direkt in ihre Systeme zu integrieren – ohne Abhängigkeit von externen Cloud-Abonnements. Die* *dafür notwendige Dokumentation und die Algorithmen werden open source weitergegeben und erlauben somit eine optimale Integration. Dieser Schritt fördert Innovationen und ermöglicht es unseren Kunden, digitale Mehrwerte entsprechend ihren Anforderungen zu nutzen. Wir hingegen müssen uns intensiv mit den Prozessen des Kunden beschäftigen und kundenorientiert entwickeln."*

Immer wieder begegnet man der Vorstellung, dass digitale Produkte ausschließlich im Abo angeboten werden müssen und damit automatisch zu einer hochskalierbaren Gelddruckmaschine werden. In der Praxis sollte das kritisch hinterfragt werden, da Abo-Geschäftsmodelle in vielen Fällen sehr gut geeignet sind, um Kunden einen optimalen Service bereitzustellen, manchmal jedoch die Komplexität erhöhen. Roman Gaida, CSO der Bürkert-Gruppe, erklärt: *„Wenn bei der Geschäftsmodellentwicklung nicht der Kundenmehrwert im Mittelpunkt steht, können Geschäftsmodelle entstehen, von denen am Ende keiner profitiert. Zusätzliche Prozesse führen zu erhöhten Kosten, die im ungünstigsten Fall ein innovatives Produkt unattraktiv machen können. Auch wir bei Bürkert mussten hier umdenken. Der jetzt gewählte offene Ansatz erhöht die Marktdurchdringung und Akzeptanz und führt somit langfristig zum Erfolg."* Die Erkenntnis hieraus: bei der Geschäftsmodellentwicklung sollte immer der Mehrwert für den Kunden im Mittelpunkt stehen.

**Ausblick: Zukunft der Diagnosefunktionen in der Industrie**
Die Zukunft industrieller Prozesse wird durch eine zunehmende Vernetzung und Digitalisierung geprägt. Smarte Komponenten, die Diagnosedaten generieren und auswerten können, werden zusätzliche Sensorik reduzieren. Eine offene Architektur ist entscheidend, um Datensilos zu vermeiden und Synergien zwischen verschiedenen Prozessschritten nutzen zu können. Die Kombination von Diagnosedaten aus verschiedenen Komponenten und Prozessstufen wird die Grundlage für eine neue Generation selbstoptimierender Systeme sein. Außerdem werden Komponenten zukünftig für mehrere Funktionen verantwortlich sein. Dies erfordert ein Umdenken bei allen Beteiligten entlang der Wertschöpfungskette, einschließlich der Komponentenhersteller, OEMs und Endanwender. Eine enge Zusammenarbeit ist wichtig, um die innovativen Funktionen optimal in die Anwendungen und Prozesse zu integrieren.

ValveInsight steht exemplarisch für diesen Wandel: Durch intelligente, offene Diagnosefunktionen können Unternehmen ihre Prozesse optimieren, Kosten senken und die Sicherheit erhöhen – ein entscheidender Schritt hin zu effizienteren und nachhaltigeren Geräten und Prozessen.

Weitere Informationen: Patente DE102020119898B3 (Verfahren zur Diagnose eines Ventils, Diagnosemodul sowie Ventil), DE102014113103A1 (Electrodynamic actuator) sowie https://github.com/Buerkert/ValveInsight und www.buerkert.de/valveinsight

**Josua Printz** studierte in Karlsruhe und Santa Fe (Argentinien) Wirtschaftsingenieurwesen und Technologie-Entrepreneurship und entdeckte dabei seine Faszination für neue, innovative Geschäftsmodelle. Im Corporate Development der Firma Bürkert Fluid Control Systems beschäftigt er sich mit Themen wie der Strategieentwicklung, Künstlicher Intelligenz, digitalen Produkten und Services sowie den dafür notwendigen Geschäftsmodellen. Ihn begeistern neue Ideen und wie diese für alle beteiligten Stakeholder einen Mehrwert generieren können.

**Roman Gaida** studierte in Stanford, St. Gallen und an der RWTH Aachen. Er verfügt über umfangreiche Industrieerfahrung in verschiedenen Rollen und international agierenden Unternehmen. Als Mitglied der Geschäftsführung der Firma Bürkert Fluid Control Systems ist er für weltweite Vertriebs- und Marketingaktivitäten verantwortlich.

**Stefan Müller** studierte Maschinenbau an der Berufsakademie Mosbach und erwarb einen Master of Business Administration an der University of Louisville (KY). Seit 2001 ist er bei Bürkert tätig. Seine Karriere bei Bürkert umfasste den Aufbau der Entwicklungsorganisation in Europa und die globale Leitung von Forschung und Entwicklung. Seit 2023 ist er als CTO Mitglied der Geschäftsführung.

## 5.16 Mein Weg zur datengetriebenen und AI-gestützten Zukunft

*Heinrich Suhr* (Automobil)

**Legacy trifft auf die Zukunft und der Mensch ist auch noch da**
Als die Alchemisten im 16. und 17. Jahrhundert versuchten, künstlich Gold herzustellen, wurden sie enttäuscht. Ähnlich schwierig ist es heute, den schnellen und flächendeckenden wirtschaftlichen Nutzen von AI nachzuweisen. Damals lag der wahre Fortschritt nicht in der Entdeckung des Goldes, sondern in den Erkenntnissen, die später die Grundlagen der modernen Chemie bildeten. Auch beim Einsatz von AI ist entscheidend, was wir auf dem Weg dorthin lernen – über Daten, Systeme und die Dynamik zwischen Mensch und Technologie.

In den letzten Jahren habe ich im Rahmen meiner digitalen Projekte bei Mercedes-Benz immer wieder dieselbe Herausforderung gesehen: Wir wollen datengetriebener arbeiten, und in der Praxis kämpfen wir mit sehr viel über die Jahre gewachsenen Strukturen – in der Technologie und in (unseren) Köpfen.

Es ist ein Prozess, der nicht von heute auf morgen gelingt. Während Start-ups die Chance haben mit einer daten- und AI-zentrierten Strategie zu beginnen, müssen etablierte Unternehmen ihre bestehende IT- und Datenlandschaft schrittweise transformieren.

Dabei geht es nicht nur um Technologie. Die größte Herausforderung liegt darin, die Menschen mitzunehmen. Wie schafft man es, dass ehemals unabhängige Organisationseinheiten mit gemeinsamen Prozessen arbeiten? Wie überzeugt man Teams, die über Jahre hinweg mit Tabellen und manuellen Prozessen gearbeitet haben, dass AI ihnen helfen kann, anstatt sie zu ersetzen? Wie stellt man sicher, dass Standardisierung nicht als Zwang, sondern als strategische Notwendigkeit gesehen wird?

Dies erfordert nicht nur technische Standardisierung, sondern auch die strategische Einbindung aller Beteiligten.

Transformation geschieht nicht (nur) durch große Umbrüche, sondern braucht auch gezielte Schritte, die Vertrauen schaffen. Das gilt besonders bei der Einführung von AI, denn für viele ist sie immer noch ein abstraktes Konzept.

Die Frage ist also nicht: Wie setzen wir AI ein?

Sondern: Wie schaffen wir eine Umgebung, in der AI sinnvoll wachsen kann – technologisch, organisatorisch und kulturell?

**Gleiche Daten und keiner kommt dran**

Für die meisten Unternehmen werden die differenzierenden und für sie wertschöpfende AI-UseCases aus ihren eigenen Daten entstehen. Oft in Kombination mit Daten, welche von außen verfügbar sind.

Viele Unternehmen haben über Jahrzehnte gewachsene IT-Strukturen, in denen Daten in separaten Systemen liegen, mit unterschiedlichen Standards gespeichert und unterschiedlich genutzt werden. Damit AI Use Cases sich aus den (meist beeindruckenden) Machbarkeitsstudien (POCs – Proof of Concept) weiterentwickeln können, benötigt es eine geordnete Datenlandschaft im Unternehmen.

Dafür empfehle ich drei zentrale Prinzipien zu verfolgen:

- IT- und Datenarchitektur muss effizient und skalierbar sein
- Daten müssen verfügbar und konsistent sein
- Daten müssen verständlich und nutzbar sein – insbesondere für Personen ausserhalb der IT

**Gleiche Daten trotz unterschiedlicher Bausteine**

Die IT- und Datenarchitektur ist Bestandteil der Cloudstrategie. Sie muss eine flexible, globale Dateninfrastruktur ermöglichen, die nicht nur AI-Anwendungen unterstützt, sondern auch den lokalen regulatorischen Anforderungen und sich verändernden politischen Einflüssen gerecht wird.

Die Lösung ist eine modulare Architektur, in der sich bestimmte Komponenten je nach Region austauschen lassen. Das geht bis zur Nutzung unterschiedlicher Large Language Models (LLMs)– abhängig von den Datenschutz- und Compliance-Anforderungen des jeweiligen Landes.

Eine einheitliche Daten- und IT-Infrastruktur sorgt für Effizienz, erfordert aber auch Anpassungen von bisher unabhängigen Organisationen.

**Gleiche Daten und jeder interpretiert diese anders**

Um das Potenzial von AI voll auszuschöpfen, müssen Daten nicht nur gespeichert, sondern strukturiert und angereichert werden.

Ein schrittweiser, iterativer Ansatz hat sich bewährt:

- MVP (Minimal-Viable-Product) Ansatz und mitnehmen der Experten. In Pilot Märkten starten und auf der gemeinsamen Datenbasis jene Datenprodukte identifizieren, welche zur Steuerung relevant sind. Diese dann auf andere Märkte skalieren und als zentrale Standards definieren.
- So zentral wie möglich so lokal wie nötig. Nicht in jedem Land hat man den gleichen Zugang zu Daten – z. B. Mitbewerber oder Marktdaten. Die Architektur der IT muss das berücksichtigen, damit mit den gleichen Prinzipien und Tools gearbeitet werden kann.
- Learn – Adjust – Repeat. Dieser Prozess muss iterativ wiederholt werden, um die Grundlage für Entscheidungen zu verbessern. Auch das bewußte Abschalten von Dashboards und Zugängen zu Datenprodukten gehört dazu. Nur so kann man Kosten sparen und sicherstellen, dass alle sich gemeinsam weiterentwickeln.

Standardisierte Prozesse ermöglichen Skalierbarkeit, setzen aber voraus, dass ehemals unabhängige Organisationseinheiten sich anpassen.

Zentrale Prozesse:

- Harmonisierung von Datenquellen: Vereinheitlichung von Formaten, Schnittstellen und Standards.
- Automatisierte Datenverarbeitung: Algorithmen und Workflows zur kontinuierlichen Qualitätssicherung.
- Regulatorische Effizienz: Minimierung manueller Anpassungen durch standardisierte Compliance-Checks.

Das Gute ist: Insbesondere bei den letzten beiden Punkten kann und wird AI in der Zukunft massiv unterstützen. Hier gibt es gemeinsame Tools, welche die Organisation unterstützen (siehe AgenticAI).

**Maschine unterstützt Mensch**

Technologie allein reicht nicht aus – der kulturelle Wandel ist entscheidend. Nur wenn alle Mitarbeitenden Daten verstehen und effektiv nutzen können, entfaltet sich das volle Potenzial der Digitalisierung.

Einheitliche Arbeitsweisen und gemeinsame AI-Nutzung schaffen Effizienz, fordern aber auch kulturelle Veränderungen.

Hier ist besonders wichtig, dass Mitarbeiter frühzeitig in den AI-Prozess eingebunden werden. Das bedeutet:

- Schulungen und Workshops, um Berührungsängste mit AI abzubauen.
- Praxisnahe Anwendungsfälle, um den Mehrwert erlebbar zu machen.
- Ein schrittweiser Übergang, der den Fokus auf Unterstützung statt Ersatz legt.
- Klare Verantwortlichkeiten im Umgang mit AI-basierten Entscheidungen, um Unsicherheiten zu vermeiden.

- Aufbau einer internen Community von AI-Anwendern, die Wissen teilen, Best Practices entwickeln und Success Stories aufbauen um Vorbilder und Nachahmung zu fördern.
- Langfristige Unterstützung durch AI-Coaches oder Experten, die regelmäßig für Fragen und Weiterentwicklung zur Verfügung stehen.
- AI-gestützte Assistenzsysteme, die Mitarbeitende bei komplexen Entscheidungen unterstützen und durch Vorschläge den Arbeitsalltag erleichtern.

Nur wenn AI als Werkzeug zur Erleichterung und nicht als Ersatz gesehen wird, kann sie flächendeckend erfolgreich eingesetzt werden.

**Gut vernetzte Experten ergänzen Generalisten – Agentic AI & adaptive Plattformen**
Ich bin überzeugt, dass die wirklich effizienzsteigernden und differenzierenden AI Use Cases in den Daten der eigenen Organisation liegen. Mit der rasanten Entwicklung der universalen LMMs werden die Fähigkeiten vergleichbarer bzw. austauschbarer. In Zukunft wird entscheidend sein, wie kann uns Ai in unseren speziellen Geschäftsprozessen unterstützen und wie schaffen wir es sehr akkurate Ergebnisse auf Fragen in abgrenzten Umfeldern zu bekommen.

Dies ist das Feld der Agentic AIs: AI-Agenten, die (fast) eigenständig Entscheidungen treffen und flexibel an Organisationsprozesse angepasst werden können.

Zukunftsorientierte Plattformen müssen so gestaltet sein, dass ihre Komponenten je nach regulatorischen Anforderungen ausgetauscht werden können. Die Evolution von AI bedeutet nicht nur Effizienzsteigerung, sondern auch eine neue Form der Entscheidungsfindung in Unternehmen.

**Die Disziplin von gestern und heute ist der Treibstoff für Morgen**
Alle Disziplinen von gutem IT Management sind die Grundlage für wertschöpfende AI-UseCases in heutigen Unternehmen (Abb. 5.15).

Insbesondere die Rolle der Enterprise Architekten (EAM – Enterprise Architecture Management) erweitert sich. Sie sind für die die einheitliche Definition von Technologie Ebenen zuständig – wissend, dass global agierende Unternehmen nicht in allen Regionen die gleichen Technologien einsetzen sollten oder können. Dazu braucht es kluge Regeln was zentral und was regional/lokal festgelegt werden muss, damit globale, wertschöpfende AI Use Cases bei einer sich schnell entwickelnden und heterogenen Technologielandschaft entstehen und bestehen.

Die Manager und die Mitarbeiter müssen lernen mit diesen erweiterten Möglichkeiten umzugehen und ihre Beurteilungsfähigkeit zu erhalten.

**Heinrich Suhr** studierte in Konstanz und Stafford, UK Wirtschaftsinformatik. Er leitet die globale IT für Sales und Aftersales bei Mercedes-Benz. Zuvor war für Mercedes-Benz in verschiedenen Rollen für Applikationsentwicklung und Infrastrukturthemen tätig. Effiziente und moderne Lösungen durch IT-Standardisierung und Optimierung von Geschäftsprozessen sind seine Leidenschaft.

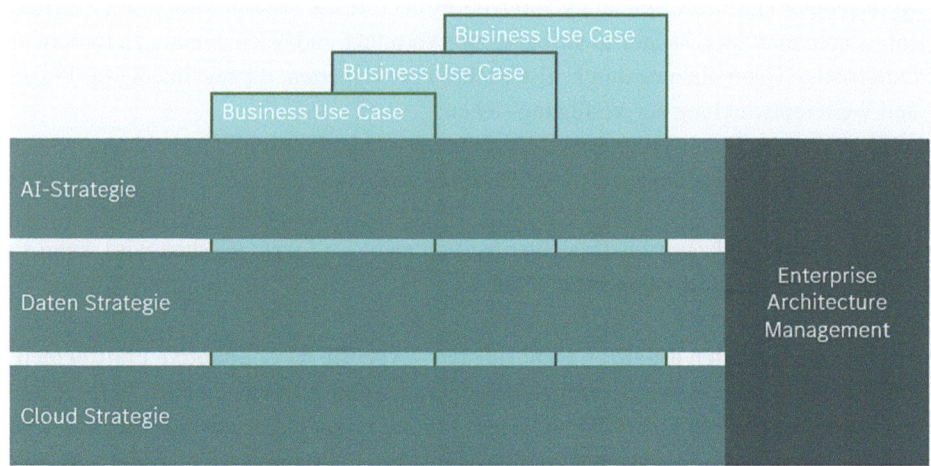

**Abb. 5.15** Erfolgreiche Business Use Cases auf Basis einer stringenten Daten- und Cloud-Strategie

## 5.17 Auf dem Weg zum selbstoptimierenden Netz: Die Digitalisierung der Energieinfrastruktur

*Michael von Roeder* (Energie und Versorger)

**Einleitung**
Die vollständige Dekarbonisierung des Energiesystems erfordert nicht nur einen Wandel der Erzeugungsstruktur, sondern auch eine tiefgreifende Transformation der Übertragungsnetze. Während erneuerbare Energien zunehmend volatil und dezentral einspeisen, steigen gleichzeitig die Anforderungen an die Stabilität, Flexibilität und Effizienz des Gesamtsystems.

Unter diesen Rahmenbedingungen wird die Digitalisierung zur strukturellen Notwendigkeit: Ohne umfassende Integration von **Künstlicher Intelligenz (AI), Big Data** und **Cloud Computing** lassen sich Netzbetrieb und Systemführung in einem zukünftigen Energiesystem nicht mehr gewährleisten.

AI ermöglicht Echtzeitverarbeitung und intelligente Interpretation großer Datenmengen, die für die Prognose, Steuerung und Optimierung von Netzprozessen erforderlich sind. Big Data erschließt neue Dimensionen systemischer Transparenz und vorausschauender Wartung, während Cloud-Technologien die notwendige Skalierbarkeit und Resilienz bereitstellen, um hochdynamische Last- und Einspeisemuster zuverlässig zu managen.

Die Digitalisierung ist damit nicht mehr Mittel zur Effizienzsteigerung, sondern Voraussetzung für die Betriebssicherheit in einem zu 100 % erneuerbaren Energiesystem.

Dieser Beitrag beleuchtet, welche strukturelle Rolle AI, Big Data und Cloud bereits heute im Betrieb von Übertragungsnetzen einnehmen und welche strategischen Prioritäten sich daraus für die Zukunft ableiten lassen. Ziel ist es, die konkreten Handlungserfordernisse aufzuzeigen, die notwendig sind, um Netzsicherheit, Effizienz und Systemstabilität auch in einem vollständig erneuerbaren Energiesystem dauerhaft zu gewährleisten.

**Das Fundament – Souveräne Cloud und Big Data**
Die Digitalisierung der Übertragungsnetze erfordert den Aufbau eines tragfähigen technologischen Fundaments. Zwei Elemente stehen dabei im Zentrum: eine souveräne, skalierbare Cloud-Infrastruktur und ein strukturiertes Big Data Management. Beide sind heute noch nicht flächendeckend etabliert, werden jedoch zur zwingenden Voraussetzung, um die Herausforderungen der Energiewende erfolgreich zu bewältigen.

Cloud Computing ist der zentrale Enabler: Es bietet die notwendige Skalierbarkeit für wachsende Datenmengen, Flexibilität zur Abbildung politischer, regulatorischer und marktgetriebener Anforderungen sowie Agilität und Stabilität durch Hyperautomatisierung – etwa mit Infrastructure as Code (IaC), CI/CD, Kubernetes und AIOps.

Für Übertragungsnetzbetreiber ist dabei die **vollständige Kontrolle über die Control Plane** – also die Management- und Steuerungsebene, über die IT-Systeme konfiguriert und verwaltet werden – essentiell. Diese Kontrolle ermöglicht es, die Cloud-Umgebung selbstbestimmt zu betreiben und damit die Hoheit über Betrieb, Sicherheit und Datenflüsse zu bewahren.

Stand heute bieten die großen Hyperscaler – trotz technischer Exzellenz – diese Souveränität nicht an. Ihre Geschäftsmodelle basieren auf der Bereitstellung integrierter Plattform-Services, bei denen die Kontrolle über die Orchestrierung, Automatisierung und Infrastrukturverwaltung bewusst beim Serviceanbieter verbleibt. Dieses Modell widerspricht jedoch den spezifischen Anforderungen von kritischer Infrastruktur: Übertragungsnetzbetreiber müssen jederzeit unabhängig und autark handlungsfähig bleiben, um regulatorische Anforderungen, nationale Sicherheitsinteressen und betriebliche Resilienz zuverlässig erfüllen zu können.

Deshalb setzen Pioniere der Branche, wie die Elia Group, auf den Aufbau souveräner Cloud-Architekturen: Hybride oder vollständig private Modelle, die On-Premise-Komponenten integrieren und bei denen die gesamte Control Plane unter eigener Steuerung steht. Nur so kann die notwendige Unabhängigkeit bei maximaler technischer Skalierbarkeit realisiert werden.

Parallel dazu wächst die Bedeutung von Big Data im Netzbetrieb. Die Digitalisierung erzeugt eine exponentielle Zunahme an Daten, charakterisiert durch die vier Vs:

- **Volume:** Zunehmende Datenmengen aus PMUs, Sensoren und Prognosemodellen.
- **Velocity:** Echtzeitverarbeitung wird operativ notwendig, etwa für Engpassmanagement.
- **Variety:** Breite Datenquellen von Netzparametern bis Wetterprognosen.
- **Veracity:** Höchste Datenqualität als Voraussetzung für Systemsicherheit.

Die Herausforderung liegt nicht nur in der Speicherung, sondern vor allem in der schnellen, strukturierten Verarbeitung dieser Daten. Hier zeigt sich die Synergie zwischen Big Data und souveräner Cloud: Eine leistungsfähige Cloud-Plattform ermöglicht es, große, heterogene Datenmengen sicher und skalierbar zu integrieren, zu analysieren und operativ zu nutzen.

**Von der Prognose zur Entscheidung: KI im digitalen Übertragungsnetz**
Künstliche Intelligenz (AI) entwickelt sich zunehmend zu einem zentralen Werkzeug im Betrieb moderner Übertragungsnetze. Ihr Einsatz ermöglicht es, zentrale Prozesse effizienter, robuster und vorausschauender zu gestalten – eine Notwendigkeit angesichts wachsender Komplexität und Dynamik im Energiesystem.

Ein wesentliches Anwendungsfeld ist die **Prozessoptimierung.** AI-gestützte Modelle verbessern die Qualität von Lastprognosen, optimieren die Steuerung von Netzflüssen und unterstützen das Engpassmanagement in Echtzeit. Insbesondere in Situationen mit hoher Einspeisevolatilität und begrenzten Transportkapazitäten können intelligente Systeme präziser und schneller reagieren als klassische deterministische Verfahren.

Ein weiteres relevantes Einsatzgebiet ist die **Risk-based oder predictive Maintenance.** Durch die Analyse historischer Betriebsdaten und Echtzeitsignale lassen sich potenzielle Ausfälle von Anlagen frühzeitig erkennen und gezielte Wartungsmaßnahmen einleiten. Dies erhöht **die Verfügbarkeit kritischer Infrastrukturen und reduziert** gleichzeitig die Kosten durch effizientere Ressourcennutzung. Darüber hinaus gewinnt die **Unterstützung komplexer Entscheidungen** an Bedeutung. AI kann durch die Analyse großer und heterogener Datensätze Entscheidungsprozesse fundieren – beispielsweise bei der Planung von Netzverstärkungen, der Entwicklung von Redispatch-Strategien oder der Steuerung von Flexibilitätsressourcen.

Das Potenzial dieser Technologien ist beträchtlich: Effizienzsteigerungen, höhere Netzstabilität und die Möglichkeit, auch unter extremen Bedingungen systematisch und adaptiv zu handeln. Gleichzeitig entstehen neue Herausforderungen.

Die Integration von AI-Systemen erhöht die Komplexität der betrieblichen Abläufe und stellt hohe Anforderungen an die Qualität der zugrunde liegenden Daten. Zudem wird die **Erklärbarkeit (Explainable AI)** zu einem Schlüsselkriterium: Entscheidungen, die auf AI-Basis getroffen oder vorgeschlagen werden, müssen nachvollziehbar und transparent sein – nicht nur aus technischer, sondern auch aus regulatorischer und sicherheitsrelevanter Perspektive.

Die konsequente Weiterentwicklung und der gezielte, verantwortungsvolle Einsatz von AI werden damit zu zentralen Hebeln für die Zukunftsfähigkeit der Übertragungsnetzbetreiber.

**Daten haben Gewicht: Edge-Strategien für die Energieinfrastruktur**
Die Digitalisierung der Übertragungsnetze bringt nicht nur neue Möglichkeiten der zentralen Steuerung, sondern verschiebt auch die Intelligenz zunehmend näher an die physische

Infrastruktur. **Edge Computing** – die dezentrale Datenverarbeitung direkt an Anlagen und Umspannwerken – wird zum Schlüsselkonzept für die nächste Generation des Netzbetriebs.

Durch die Verarbeitung von Daten am Ort ihrer Entstehung lassen sich Latenzzeiten erheblich reduzieren, was für Echtzeitreaktionen im Netzbetrieb essentiell ist. Gleichzeitig erhöht sich die Resilienz: Edge-Systeme können auch bei Ausfällen der zentralen Kommunikation autonom operieren und damit die Stabilität der Systemführung aufrechterhalten. Besonders im Energiesektor, wo Betriebs- und Zustandsdaten in großer Menge und Dynamik erzeugt werden, wird die lokale Verarbeitungsfähigkeit zum entscheidenden Faktor für eine robuste Betriebsführung.

**Data has gravity** – Daten entwickeln ein eigenes Gewicht: Je größer und wertvoller die generierten Datenmengen sind, desto sinnvoller und wirtschaftlicher ist es, sie direkt am Ort ihrer Entstehung zumindest teilweise zu verarbeiten.

Die vollständige Übertragung aller Rohdaten in zentrale Systeme ist weder technisch effizient noch betrieblich sinnvoll.

Daher wird zunehmend eine **lokale Vorverarbeitung und Analyse an der Edge** erfolgen, insbesondere für Echtzeitanwendungen wie Netzsteuerung und Engpassmanagement.

Auch **Künstliche Intelligenz** rückt näher an die physische Infrastruktur: Anstelle großer, zentraler Modelle (LLMs) kommen kompakte, spezialisierte unter anderem **Small Language Models (Small-LMs)** oder angepasste Inferenzmodelle zum Einsatz. Diese Modelle sind optimiert für Aufgaben wie **Anomalieerkennung, lokale Prognosen** und **Echtzeitentscheidungen,** bei denen Geschwindigkeit und Verfügbarkeit wichtiger sind als universelle Modellbreite.

Eine besondere Anforderung ergibt sich aus der Resilienzperspektive: Bei einem Ausfall der Kommunikationsverbindungen müssen Edge-Systeme in der Lage sein, **lokal weiter Daten zu speichern und AI-Workloads autonom zu verarbeiten.** Lokales Storage und Compute werden damit integraler Bestandteil der Betriebsführung, nicht nur für Steuerung, sondern auch für analytische Funktionen.

Ein zentrales Prinzip dieser Architektur ist der **Feedback-Loop** zwischen Edge und Cloud: Lokale Erkenntnisse – etwa Ausreißer, Anomalien oder neue Muster – werden kontinuierlich an die zentrale Plattform zurückgespielt. Dadurch entstehen dynamische Lernprozesse: Zentrale Modelle können global optimiert und lokale Strategien präzise angepasst werden.

Schließlich zeigt sich: Die Potenziale des Edge-Computing entfalten sich vollständig erst durch **Kooperation und Datenteilung.** Ein anonymisiertes, aggregiertes Teilen von Betriebs- und Erfahrungsdaten, etwa zwischen europäischen TSOs, bietet die Chance, voneinander zu lernen, kollektive Bedrohungen schneller zu erkennen und die Resilienz des Gesamtsystems nachhaltig zu stärken.

**Der Faktor Mensch – Kulturwandel als Schlüssel der Digitalisierung**
Die digitale Transformation in Übertragungsnetzen ist weit mehr als ein technologisches Projekt. Sie verändert grundlegende Arbeitsweisen, Verantwortlichkeiten und Denkmodelle – insbesondere dort, wo klassische Ingenieurskultur und IT-Kultur aufeinandertreffen.

**Operational Technology (OT)** und **Information Technology (IT)** wachsen zusammen, doch dieser Prozess erfordert nicht nur neue technische Architekturen, sondern vor allem einen tiefgreifenden **Kulturwandel.** Traditionell dominiert im Betrieb kritischer Infrastruktur eine Ingenieurskultur, geprägt von höchster Verlässlichkeit, Stabilität und langfristiger Planbarkeit. Diese Prinzipien stoßen im Zeitalter digitaler Technologien auf eine IT-Kultur, die Flexibilität, Iteration und datengetriebene Entscheidungsprozesse in den Mittelpunkt stellt.

Die erfolgreiche Konvergenz beider Welten setzt voraus, dass **Ingenieurinnen und Ingenieure** einerseits ein vertieftes Verständnis für datenbasierte Methoden und dynamische Systemarchitekturen entwickeln, und **IT-Expertinnen und -Experten** die besonderen Anforderungen sicherheitskritischer Betriebstechnik nachvollziehen und respektieren.

Neue Kompetenzen wie **Data Literacy** – die Fähigkeit, Daten nicht nur zu interpretieren, sondern als Grundlage für betriebliche Entscheidungen zu nutzen – werden zur Kernqualifikation.

**Interdisziplinäre Teams,** die OT- und IT-Fähigkeiten vereinen, gewinnen massiv an Bedeutung. Agile Arbeitsweisen, die in der IT etabliert sind, müssen dabei an die spezifischen Anforderungen der Betriebsführung adaptiert werden: Flexibilität darf nie auf Kosten von Systemsicherheit gehen.

Diese kulturelle Transformation verändert auch traditionelle Berufsbilder: Der klassische Netzingenieur entwickelt sich zunehmend zum digitalen Netzarchitekten, der Betriebstechnik, Sensorik, Datenanalyse und Automatisierung integriert. Gleichzeitig entstehen neue Rollenprofile, etwa für KI-gestützte Betriebsoptimierung oder die Sicherheit hybrider Systemlandschaften.

Erfolgreiche Digitalisierung erfordert damit nicht nur den Aufbau neuer Technologien, sondern insbesondere den Aufbau einer neuen gemeinsamen Denkweise: **Sicherheit und Agilität, Präzision und Geschwindigkeit, Planung und Adaptivität** müssen in Zukunft nicht mehr Gegensätze darstellen, sondern Teil einer integrierten, modernen Philosophie des Netzbetriebs sein.

**Fazit und Ausblick**
Die digitale Transformation der Übertragungsnetze fordert einen ganzheitlichen Ansatz: **AI, Big Data und Cloud** wirken nur zusammen als Treiber eines resilienten, effizienten und zukunftsfähigen Energiesystems.

Die Sicherung der Souveränität über die eigenen Daten, Infrastrukturen und Steuerungssysteme wird dabei ebenso zur Grundvoraussetzung wie der Aufbau dezentraler Intelligenzstrukturen über **Edge-Cloud-Architekturen.** Gleichzeitig zeigt sich, dass technologische Entwicklung ohne einen tiefgreifenden **Kulturwandel** nicht wirksam werden kann: Der Brückenschlag zwischen Ingenieurskunst und IT-Exzellenz ist entscheidend für den Erfolg.

**Mehr Fortschritt wagen** bedeutet, Technologie, Prozesse und Mensch konsequent zu integrieren – nicht als parallele Stränge, sondern als untrennbares Ganzes. Es erfordert Mut, gewohnte Muster zu hinterfragen, neue Kompetenzen zu entwickeln und über Sektor- sowie Landesgrenzen hinweg zusammenzuarbeiten. Das Potenzial für Innovationen ist gewaltig: Von selbstoptimierenden Netzen über neue Formen der Betriebssicherheit bis hin zu datengetriebenen Marktmechanismen.

Fortschritt gelingt nur verantwortungsvoll: Kooperationen – national und auf europäischer Ebene – sowie ein kluger, integrativer Umgang mit Technologie werden entscheidend sein, um die Energiezukunft nachhaltig, sicher und für alle zu gestalten.

**Michael von Roeder** ist Chief Digital and IT Officer bei 50Hertz und Mitglied des Vorstands der belgisch-deutschen Elia Group seit Ende 2019 und verantwortlich für die digitale Transformation der Gruppe. Vor seiner Position bei 50Hertz war er CEO von Sensorberg und bis Mitte 2016 war er für die IT-Operations bei Vattenfall verantwortlich. Michael von Roeder war Manager bei Vodafone und Accenture in London, Tokio und Düsseldorf. Er studierte Technology Management, Organization & International Business in Stuttgart und Lausanne.

# Wie es weitergeht und Ausblick 6

## Inhaltsverzeichnis

6.1 Das ABC als Basis für die digitale Zukunft .................................. 245
6.2 Fragebogen zur Selbstbewertung .............................................. 246
6.3 Autorenliste ........................................................................... 252

## 6.1 Das ABC als Basis für die digitale Zukunft

Die Digitalisierung ist kein endliches Projekt, sondern eine kontinuierliche Reise. AI, Big Data und Cloud – das ABC der Digitalisierung – bilden dabei nicht nur die technologische Grundlage, sondern sind strategische Enabler, die Unternehmen nachhaltig transformieren.

Der technologische Fortschritt schreitet mit beispielloser Geschwindigkeit voran. Quantum Computing verspricht Rechenleistungen, die heutige Systeme um ein Vielfaches übertreffen. Edge Computing bringt Datenverarbeitung näher an die Quelle und reduziert Latenzzeiten. Die nächste Generation der AI wird noch autonomer, kontextbewusster und menschenähnlicher in ihren Entscheidungsprozessen. Diese Entwicklungen werden das ABC der Digitalisierung nicht ersetzen, sondern erweitern und vertiefen.

Wichtig ist dabei, die Zukunft nicht nur aus technologischer Sicht, sondern auch strategisch zu beleuchten. Unternehmen müssen heute entscheiden, welche digitalen Kernkompetenzen sie in den kommenden fünf bis zehn Jahren aufbauen müssen. Welche Teile der Wertschöpfungskette sollen digital transformiert werden? Wie können Daten als strategische Ressource erschlossen werden? Und welche Partnerschaften sind notwendig, um in digitalen Ökosystemen zu bestehen?

Für Unternehmen im DACH-Raum ergeben sich hieraus enorme Chancen. Die Region verfügt über hervorragende Voraussetzungen: Eine starke industrielle Basis, exzellente

Forschungseinrichtungen und hochqualifizierte Fachkräfte. Was heute noch fehlt, ist vielerorts der Mut, den digitalen Wandel entschlossen anzugehen.

Die Risiken des Nicht-Handelns wiegen dabei deutlich schwerer als die Herausforderungen der Transformation. Unternehmen, die zögern, werden nicht nur Effizienzgewinne verpassen, sondern langfristig Marktanteile an digitale Vorreiter verlieren – sei es an neue Wettbewerber oder an etablierte Unternehmen, die den Wandel konsequent vorantreiben.

Die gute Nachricht: Der Einstieg in die digitale Transformation ist heute einfacher denn je. Cloud-Dienste, AI-Plattformen und Data-Analytics-Tools sind in ausgereifter Form verfügbar und können mit überschaubaren Investitionen implementiert werden. Der Schlüssel zum Erfolg liegt nicht in der Perfektion, sondern im Anfangen – in der Definition eines klaren Zielbilds, der Identifikation erster Use Cases und dem Aufbau eines ABC Value Office, das den Transformationsprozess strukturiert steuert.

Dieser Umbruch bringt Herausforderungen, aber auch große Chancen. Es ist die Zeit, alte Strukturen zu überdenken und neue Wege zu gehen. Investieren Sie in die Weiterbildung Ihrer Teams und schaffen Sie eine Kultur der Innovation und Zusammenarbeit. Eine technologisch versierte, anpassungsfähige Belegschaft wird zum entscheidenden Wettbewerbsvorteil in einer sich ständig verändernden digitalen Landschaft.

Die Zukunftsfähigkeit unserer Wirtschaft wird maßgeblich davon abhängen, wie entschlossen wir heute die digitale Transformation gestalten. Die Zeit des Experimentierens ist vorbei. Jetzt gilt es, AI, Big Data und Cloud strategisch zu nutzen, um Geschäftsmodelle zu transformieren, Kundenerlebnisse neu zu gestalten und neue Wertschöpfungspotenziale zu erschließen.

Dabei dürfen wir nicht vergessen: Technologie ist nur das Mittel zum Zweck. Im Zentrum steht immer der Mensch – der Kunde, der Mitarbeitende, der Partner. Die wahre Kunst der digitalen Transformation liegt darin, Technologie so einzusetzen, dass sie menschliche Fähigkeiten erweitert, Arbeit bereichert und echten Mehrwert schafft.

Machen Sie sich auf den Weg. Die Reise mag herausfordernd sein, aber die Belohnung ist eine Zukunft, in der Ihr Unternehmen nicht nur überlebt, sondern floriert – gestärkt durch das ABC der Digitalisierung. Lassen Sie uns diese aufregenden Zeiten gemeinsam nutzen, um unsere Unternehmen voranzubringen, die Kundenerfahrungen zu verbessern und eine nachhaltige, digitale Zukunft zu gestalten. Bleiben Sie neugierig und offen – und: Packen Sie es an!

## 6.2 Fragebogen zur Selbstbewertung

Fragebogen zur Selbstbewertung. Der Fragebogen unterstützt dabei, den Reifegrad der eigenen Organisation im Umgang mit AI, Big Data und Cloud realistisch einzuschätzen und dient somit als Grundlage für gezielte Weiterentwicklungen und zur Ableitung von Maßnahmen.

## 1. Strategische Positionierung und Zielbild
**Ausgangssituation und Wettbewerbsfähigkeit**

- Wie stark ist unser Unternehmen im Vergleich zu direkten Wettbewerbern digitalisiert?
- Welche digitalen Vorreiter in unserer Branche setzen neue Standards, an denen wir uns messen müssen?
- Welche konkreten Anzeichen gibt es, dass unsere traditionellen Geschäftsmodelle unter Druck geraten (z. B. veränderte Kundenerwartungen, neue Wettbewerber)?
- In welchen Bereichen/Geschäftsfähigkeiten („Capabilities') können wir durch Digitalisierung einen unverzichtbaren Wettbewerbsvorteil aufbauen?

**Strategisches Zielbild**

- Haben wir ein klares, mit allen Stakeholdern abgestimmtes digitales Zielbild (gesamtheitlich/für einzelne Bereiche) definiert?
- Wie konkret ist unsere Vision bezüglich der Rolle von AI, Big Data und Cloud in unserer Organisationsstrategie?
- Ist unser Zielbild in messbare Kernergebnisse (z. B. via Objectives and Key Results) übersetzt?
- Haben wir einen klaren Zeitrahmen für unsere Digitalisierungsinitiativen definiert?
- Deckt unser Zielbild alle drei Horizonte der Digitalisierung ab (Effizienzsteigerung, Transformation des Betriebsmodells, Transformation des Geschäftsmodells)?

**Portfoliomanagement und Ressourcenallokation**

- Haben wir unsere Digitalisierungsvorhaben nach Kosten, Nutzen und Umsetzbarkeit priorisiert?
- Welche Quick-Wins könnten wir kurzfristig realisieren, um Erfolge zu demonstrieren?
- Welche Vorhaben haben strategische Priorität und rechtfertigen höhere Investitionen?
- Haben wir ausreichende finanzielle und personelle Ressourcen für unsere Digitalisierungsinitiativen bereitgestellt?
- Wird unsere Digitalisierungsstrategie aktiv vom Top-Management unterstützt und vorangetrieben?

## 2. Interne Auswirkungen und Potenziale
**Datenbasierte Entscheidungsfindung**

- Verfügen wir über ein einheitliches System zur Erfassung und Analyse relevanter Geschäftsdaten?
- Können unsere Führungskräfte in Echtzeit auf relevante KPIs und Analysedaten zugreifen?

- Wie stark basieren strategische und operative Entscheidungen auf datengestützten Erkenntnissen?
- Haben wir die richtigen Kompetenzen, um aus Daten wertvolle Erkenntnisse zu gewinnen?
- Gibt es Bereiche, in denen wir durch datengetriebene Entscheidungen signifikante Wettbewerbsvorteile erzielen könnten?

**Prozessoptimierung und -automatisierung**

- Haben wir unsere Ende-zu-Ende-Prozesse systematisch analysiert und Optimierungspotenziale identifiziert?
- Welche manuellen, repetitiven Tätigkeiten könnten automatisiert werden?
- Können wir Prozessdaten in Echtzeit erfassen und analysieren?
- Gibt es definierte KPIs zur Messung unserer Prozessverbesserungen?
- Gibt es eine Systematik die eine fortlaufende Prozessoptimierung sicherstellt?

**IT-Infrastruktur und Cloud-Strategie**

- Ist unsere IT-Infrastruktur flexibel genug, um neue digitale Lösungen schnell zu integrieren?
- Haben wir eine klare Cloud-Strategie (Private/Public/Hybrid) definiert?
- Wie groß ist unser technischer Modernisierungsbedarf bei Altsystemen?
- Sind unsere Systeme und Anwendungen durch APIs und Microservices hinreichend integrierbar?
- Haben wir eine Strategie für die kontinuierliche Modernisierung unserer IT-Landschaft?
- Nutzen wir Cloud-Technologien zur Senkung von IT-Kosten und zur Förderung von Innovation?

**3. Externe Auswirkungen und Potenziale**
**Kundenerlebnis und Digitale Kundeninteraktion**

- Wie nahtlos ist das digitale Kundenerlebnis über alle Touchpoints hinweg?
- Können wir datenbasiert unsere Kunden segmentieren und analysieren?
- Bieten wir unseren Kunden digitale Self-Service-Optionen, falls relevant, an?
- Nutzen wir AI und Big Data, um personalisierte Angebote und Services zu entwickeln?
- Wie messen wir den Erfolg digitaler Kundeninteraktionen (z. B. Conversion Rate, NPS)?

**Neue Geschäftsmodelle und Wertangebote**

- Welche unserer physischen Produkte könnten durch digitale Services ergänzt werden?

- Haben wir das Potenzial für Subscription- oder Pay-per-Use-Modelle in unserem Portfolio geprüft?
- Welche Plattform- oder Ökosystem-Ansätze wären für unser Geschäftsmodell denkbar?
- Könnten wir durch datenbasierte Services neue Umsatzquellen oder Potenziale zur Differenzierung erschließen?
- Wie könnten wir durch digitale Technologien in der Wertschöpfungskette unserer Kunden präsenter werden?

**Ökosysteme und Partnerschaften**

- Welche Partnerschaften könnten unsere digitale Transformation beschleunigen?
- Sind wir Teil relevanter digitaler Ökosysteme in unserer Branche?
- Haben wir eine klare Strategie für digitale Kooperationen und deren Governance?
- Wie offen sind unsere Systeme für die Integration mit Partnerlösungen (z. B. durch APIs)?
- Welche Rolle wollen wir in digitalen Ökosystemen einnehmen (Orchestrator, Teilnehmer, etc.)?

**4. Organisatorische Voraussetzungen**
**Betriebsmodell und Aufbauorganisation**

- Haben wir klare Verantwortlichkeiten für die Digitalisierung definiert (zentral vs. dezentral)?
- Ist unser ABC Value Office (Digitalisierungs-Einheit) mit den notwendigen Kompetenzen und Befugnissen ausgestattet?
- Arbeiten wir mit cross-funktionalen Teams, die sowohl IT- als auch Fachbereichskompetenz vereinen?
- Haben wir agile Arbeitsweisen und -methoden etabliert?
- Ist unsere Governance-Struktur flexibel genug, um schnelle Entscheidungen zu ermöglichen?

**Change Management und Organisationskultur**

- Haben wir ein systematisches Change-Management für unsere Digitalisierungsinitiativen etabliert?
- Wie fördern wir eine Kultur der kontinuierlichen Innovation und des Experimentierens?
- Haben wir digitale Ambassador identifiziert, die den Wandel in der Organisation vorantreiben?
- Wie messen wir die Akzeptanz und Nutzung neuer digitaler Lösungen?
- Fördern wir aktiv den Wissensaustausch und die Zusammenarbeit über Abteilungsgrenzen hinweg?

**Kompetenzen und Talententwicklung**

- Haben wir die für unsere digitale Transformation erforderlichen Kompetenzen identifiziert?
- Wie systematisch entwickeln wir digitale Kompetenzen bei unseren Mitarbeitenden?
- Haben wir ein Programm zur Schulung von Führungskräften in digitalen Themen?
- Wie attraktiv ist unser Unternehmen für digitale Talente?
- Haben wir eine klare Build-oder-Buy-Strategie für kritische digitale Kompetenzen?

**5. Technologische Voraussetzungen**
**AI-Strategie und -Implementierung**

- Haben wir eine klare Strategie für den Einsatz von AI in unserem Unternehmen?
- In welchen Bereichen könnte uns AI den größten Mehrwert bieten?
- Haben wir die notwendigen ethischen Leitlinien für den Einsatz von AI definiert?
- Verfügen wir über die notwendigen technischen Kompetenzen für AI-Projekte?
- Wie bewerten und priorisieren wir potenzielle AI-Anwendungsfälle?

**Big Data Management und Analytik**

- Haben wir eine zentrale Datenplattform für die Integration verschiedener Datenquellen?
- Wie stellen wir die Qualität und Konsistenz unserer Daten sicher?
- Haben wir eine klare Data Governance mit definierten Verantwortlichkeiten etabliert?
- Welche Analyse-Tools setzen wir ein, um aus unseren Daten wertvolle Erkenntnisse zu gewinnen?
- Können wir strukturierte und unstrukturierte Daten gleichermaßen effektiv nutzen?

**Cloud-Architektur und -Services**

- Haben wir eine Cloud-first-Strategie für neue Anwendungen definiert?
- Wie systematisch evaluieren wir Legacy-Anwendungen für die Cloud-Migration?
- Haben wir klare Richtlinien für die Auswahl und Nutzung von Cloud-Services?
- Wie managen wir die Kosten und Performance unserer Cloud-Infrastruktur?
- Haben wir ein robustes Cloud-Security-Konzept implementiert?

**6. Risikomanagement und Compliance**
**Cybersicherheit**

- Haben wir ein umfassendes Cybersicherheitskonzept für unsere digitalen Assets?
- Wie regelmäßig führen wir Sicherheitsaudits und Penetrationstests durch?
- Haben wir eine Zero-Trust-Sicherheitsarchitektur implementiert?

## 6.2 Fragebogen zur Selbstbewertung

- Wie gut sind unsere Mitarbeitenden in Sicherheitsfragen geschult?
- Verfügen wir über einen getesteten Notfallplan für Cybersicherheitsvorfälle?

**Datenschutz und Compliance**

- Entsprechen unsere Datenschutzrichtlinien den aktuellen gesetzlichen Anforderungen (z. B. DSGVO)?
- Haben wir den EU AI Act bewertet und unsere AI-Anwendungen entsprechend klassifiziert?
- Verfügen wir über transparente Prozesse für die Datenverarbeitung und -speicherung?
- Wie stellen wir sicher, dass unsere Cloud-Services regulatorische Anforderungen erfüllen?
- Führen wir regelmäßige Compliance-Audits für unsere digitalen Prozesse und Anwendungen durch?

**Ethik und verantwortungsvolle Nutzung**

- Haben wir ethische Leitlinien für den Einsatz von AI und Big Data definiert?
- Wie stellen wir sicher, dass unsere AI-Anwendungen fair und nicht diskriminierend sind?
- Haben wir Prozesse etabliert, um die Transparenz und Erklärbarkeit von AI-Entscheidungen zu gewährleisten?
- Wie kommunizieren wir unsere ethischen Standards nach außen und innen?
- Haben wir ein Gremium für ethische Fragen im Kontext der Digitalisierung eingerichtet?

## 7. Messung und Wertschöpfung
### KPIs und Erfolgsmessung

- Haben wir klare KPIs für unsere Digitalisierungsinitiativen definiert?
- Wie messen wir den ROI unserer digitalen Investitionen?
- Erfassen wir sowohl quantitative als auch qualitative Erfolgsfaktoren?
- Wie regelmäßig evaluieren wir den Fortschritt unserer digitalen Transformation?
- Haben wir Frühwarnindikatoren definiert, um bei Fehlentwicklungen rechtzeitig gegensteuern zu können?

**Wertschöpfung und Nachhaltigkeit**

- Wie tragen unsere Digitalisierungsinitiativen zur Wertschöpfung der Organisation bei?
- Unterstützen unsere digitalen Lösungen auch unsere Nachhaltigkeitsziele?
- Haben wir den Energieverbrauch unserer digitalen Infrastruktur optimiert?
- Wie nutzen wir digitale Technologien, um unseren ökologischen Fußabdruck zu reduzieren?

- Haben wir Möglichkeiten identifiziert, wie digitale Lösungen unsere ESG-Ziele unterstützen können?

## 6.3 Autorenliste

**Ralf Anderhofstadt** ist Leiter des Center of Competence Additive Manufacturing und der Consulting-Einheit Additive Manufacturing Solutions (AMS) by Daimler Truck sowie des Bereichs CSP (Customer Services & Parts) Sourcing bei der Daimler Buses GmbH. Parallel ist er als KeyNote-Speaker, Dozent, Trainer und Fachgremien- und Beiratsmitglied aktiv. Er ist Autor des Buchs Disruptiver 3D-Druck sowie von zahlreichen Fachartikeln zur Digitalisierung und Additiven Fertigung. Sein Fokus liegt auf innovativen digitalen Geschäftsmodellen und der Transformation durch additive Fertigung.

**Dr. Marc Barisch** ist bei der Siemens AG im Central Technology Office des Geschäftsbereiches Digital Industries als Senior Key Expert und Senior Software Architekt beschäftigt. Darüber hinaus engagiert sich Marc in der Ausbildung von Softwarearchitekten. Zuvor durchlief er Stationen als Entwickler, Architekt und Projektleiter in der Leitsystementwicklung und Digitalisierung von Prozessanlagen unteranderem mittels künstlicher Intelligenz. 2012 promovierte er an der Universität Stuttgart über Netzwerksicherheit und Netzarchitekturen am Institut für Kommunikationsnetze und Rechnersysteme.

**Florian Bankoley** begann sein Studium der Wirtschaftswissenschaften an der Universität Bayreuth, bevor er seinen Master in European Management an der ESCP Business School nach Stationen in Paris, Oxford und Berlin absolvierte. 2022 beendete er das Chief Technology Officer Program der Wharton School. Florian durchlief verschiedene Stationen innerhalb der Robert Bosch GmbH, zuletzt war er Mitglied des Bereichsvorstands von Bosch Digital. Seit 1. Mai 2024 ist Florian Bankoley Chief Digital Officer – Bosch Mobility.

**Dr. Uli Christian Blessing** ist Vice President R&D für Thermal & Fluid Systems bei MAHLE. Er verantwortet die Forschung und Entwicklung innovativer Technologien für Thermomanagement und Fluidsysteme. Zuvor war er in leitenden Funktionen bei der ZF Group und GETRAG GmbH tätig. Dr. Blessing promovierte an der Universität Stuttgart über Hybridfahrzeug-Antriebsstränge, nachdem er dort Elektrotechnik studiert hatte.

**Daniel Dippold** ist Mitgründer und CEO von EWOR, einem Accelerator für Unternehmer und Gründer. Neben EWOR gründete Daniel zwei Organisationen im Bereich der Künstlichen Intelligenz sowie die gemeinnützige Organisation Sigma Squared Society, in deren Aufsichts- rat er bis heute tätig ist. Als Businessangel und Fondinvestor investierte er bereits in mehr als 50 Projekte, darunter Unicorns. Mit einem Masterabschluss von der University of Cambridge verfügt Daniel über fundiertes Wissen in theoretischer Mathematik und Informatik.

**Saskia Dupré** ist Programmmanagerin für Generative AI bei OTTO. In ihrer Rolle gestaltet sie die Innovationsförderung und Befähigung von Mitarbeitenden im Umgang mit GenAI und treibt die AI-Entwicklung voran.

**Mercedes Eisert** ist Leiterin des Digital Office (CDO) der Max Planck Gesellschaft (MPG) und in ihrer Rolle zuständig für die Digitalisierung der administrativen Prozesse. Die MPG gilt als Deutschlands erfolgreichste Forschungsorganisation mit 84 Instituten und über 24000 Mitarbeitenden. Zuvor war die studierte Betriebswirtin und Trägerin mehrerer Preise über 10 Jahre in Führungspositionen als u. a. CIO tätig und kann auf mehr als 25 Jahre umfassende Erfahrung in den Bereichen Informationstechnologie und Strategie zurückgreifen.

**Dr. Stefan Ferber** ist Geschäftsführer und Gründer des Climate-Tech-Startups TREEO. TREEO ermöglicht Unternehmen Ihr Klimaziele mit naturbasierten Lösungen zu erreichen indem einzelne Bäume digitalisiert werden. Dr. Ferber ist ein erfahrener Innovator in der Digitalisierung und zugehöriger Geschäftsmodelle. Mit Stationen als CEO und CTO bei Bosch.IO sowie zahlreichen Führungsrollen in Softwareentwicklung, IT und Embedded Systems bringt er mehr als 30 Jahre Erfahrung in digitale Transformationsprojekte ein. Seine akademische Laufbahn führte ihn von der Universität Karlsruhe (Ph. D.) bis zur University of Massachusetts Dartmouth (M.Sc.).

**Dr. Frederike Fritzsche** ist Chief Tech Transformation Officer bei OTTO. In ihrer Rolle gestaltet sie die strategische und kulturelle Integration von AI-Technologien im Unternehmen und treibt die Befähigung von Mitarbeitenden im Umgang mit GenAI und Co. Sie ist außerdem Speakerin, Moderatorin und Expertin für nachhaltige Tech-Innovation.

**Martin Ganser** ist Chief Digital Officer (CDO) bei Berner. In dieser Rolle verantwortet er die digitale Transformation und IT des international tätigen Familienunternehmens mit über 7000 Mitarbeitenden. Zuvor war er in verschiedenen Positionen bei der Berner Group tätig, unter anderem als Chief of Staff. Seine berufliche Laufbahn begann er in der Unternehmens beratung. Sein Fokus liegt darauf, digitale Technologien und Daten mit klarer Ausrichtung auf Wertschöpfung, Skalierbarkeit und Performance für nachhalten Unternehmenserfolg nutzbar zu machen.

**Roman Gaida** studierte in Stanford, St. Gallen und an der RWTH Aachen. Er verfügt über umfangreiche Industrieerfahrung in verschiedenen Rollen und international agierenden Unternehmen Als Mitglied der Geschäftsführung der Firma Bürkert Fluid Control Systems ist er für weltweite Vertriebs- und Marketingaktivitäten verantwortlich.

**Gernot Gutjahr** verantwortet als Senior Partner die Technology Strategy & Operations Practice von KPMG in Deutschland und ist Mitglied des globalen Technology Advisory Leadership Teams von KPMG. Gernot berät Organisationen dabei, ihre Digital-Strategien weiterzuentwickeln, die Möglichkeiten von künstlicher Intelligenz und großer Datenmengen zu nutzen, ihre IT-Infrastruktur durch Cloud Computing zu modernisieren, ihr digitales Ökosystem auszubauen und ihr digitales Wachstum zu beschleunigen. Gernot hat Mathematik in Deutschland und England studiert. Vor seiner Beratertätigkeit war er wissenschaftlicher Mitarbeiter und Data Scientist am Freiburger Zentrum für Datenanalyse und Modellbildung (FDM) und am Bernstein Hirnforschungszentrum der Universität Freiburg. Als Mitherausgeber und Mitinitiator dieses Buches möchte er Entscheider weiter vernetzen und Impulse für die weitere Digitalisierung von Organisationen geben.

**Oliver Hackert** ist IT-Geschäftsführer bei Swiss Life Deutschland und verantwortete die vollständige Cloud-Transformation der Organisation. Zuvor leitete er große IT-Organisationen und gestaltete digitale Transformationsprojekte in multinationalen Konzernen. Sein Fokus liegt auf Cloud-Strategien, FinOps, Agile Transformation, Künstlicher Intelligenz und Cyber Security. Als Vordenker für moderne IT-Architekturen teilt er sein Wissen regelmäßig in Keynotes und Expertenrunden.

**Dr. Diana Knodel** ist Mitgründerin der EdTech-Unternehmen fobizz und App Camps. Sie setzt sich für zeitgemäße Bildung ein und befasst sich mit dem Einsatz von Künstlicher Intelligenz im Bildungsbereich. Mit einem Hintergrund in Informatik und Psychologie hat sie fobizz zur führenden Plattform für die Weiterbildung von Lehrkräften in Deutschland entwickelt. Dianas Engagement wurde mehrfach ausgezeichnet, darunter im Jahr 2023 mit dem KfW Gründerpreis. 2024 wurde sie von Bildung. Table als eine der entscheidenden Köpfe der Bildungsszene ausgezeichnet.

**Andreas Kemle** ist seit 1999 bei MAHLE tätig, zunächst in der Vorentwicklung für Klimasysteme inklusive der Leitung des Fachgebiets Thermodynamik. Anschließend leitete er Projekte für neuartige Klimakomfortsysteme in der zentralen Vorausentwicklung und zuletzt Projekte im Bereich der Digitalisierung von R&D-Prozessen.

**Peter Kroner** ist Director Engineering Solutions für Thermal & Fluid Systems bei MAHLE. In dieser Funktion treibt er wesentlich die Weiterentwicklung und Digitalisierung von Entwicklungsprozessen sowie die methodische Absicherung innovativer Thermomanagementsysteme voran. Zuvor war er in leitenden Funktionen bei MAHLE Behr, Zeuna Stärker und ArvinMeritor tätig. Peter Kroner studierte Produktionstechnik an der Technischen Hochschule Karlsruhe mit Schwerpunkt auf digitaler Produktentwicklung sowie Automatisierung von Fertigungssystemen.

**Heiko Löffler** ist Gründer von Digital Success und spezialisiert auf die digitale Transformation im gehobenen industriellen Mittelstand. Seine Expertise liegt darin, Unternehmen dabei zu unterstützen, durch Digitalisierung datengetriebener und profitabler zu werden. In seiner Karriere hat er zahlreiche Transformationsprojekte in mittelständischen Unternehmen und Konzernen erfolgreich von der Strategieentwicklung bis zur Implementierung begleitet. Sein besonderer Fokus liegt auf dem Aufbau nachhaltiger organisatorischer Strukturen, die langfristige Wertsteigerung durch Digitalisierung sicherstellen. Als Berater, Unternehmer und Podcaster teilt er sein Wissen mit Entscheidungsträgern. In seinem

Podcast "Digital Success" vermittelt er praxisnahe Einblicke und Learnings aus der digitalen Transformation namhafter Unternehmen. Als Mitautor dieses Buches möchte er Führungskräften die konkreten Potenziale der Digitalisierungstechnologien vermitteln und ihnen praktische Ansätze an die Hand geben, wie diese gewinnbringend im eigenen Unternehmen eingesetzt werden können.

**Mirco Maier** erwarb seinen Master of Science im Fach Maschinenbau am Karlsruher Institut für Technologie (KIT). Heute ist er als technischer Projektleiter bei MAHLE tätig und verantwortet die Einführung und Umsetzung von Digitalisierungsprojekten, darunter die Einführung von Bliro.

**Stefan Müller** studierte Maschinenbau an der Berufsakademie Mosbach und erwarb einen Master of Business Administration an der University of Louisville (KY). Seit 2001 ist er bei Bürkert tätig. Seine Karriere bei Bürkert umfasste den Aufbau der Entwicklungsorganisation in Europa und die globale Leitung von Forschung und Entwicklung. Seit 2023 ist er als CTO Mitglied der Geschäftsführung.

**Dr. Jörn Ossowski** ist seit 15 Jahren ein Experte für digitale Transformation, Organisationsarchitektur und strategisches IT-Management bei thyssenkrupp Materials Services GmbH. Zuvor hat er an der Rheinischen Friedrich-Wilhelms-Universität Bonn in Informatik studiert und promoviert und war in verschiedenen Unternehmen aktiv, immer mit Blick auf Wandel und Zukunftsfähigkeit. Was ihn antreibt: Unternehmen so aufzustellen, dass sie sich stetig weiterentwickeln können. Im Podcast „Digital Success" spricht er über genau diese Themen.

**M.A. Susanne Pollak** ist derzeit Geschäftsführerin der Gesundheitsforen Leipzig GmbH und verantwortet die Geschäftsfelder Marketingagentur, Verlag, Community Building sowie Fachveranstaltungen im Gesundheitswesen. Darüber hinaus engagiert sie sich als Vorständin des Vereins sphin-X e. V., der eine innovative Plattform für den sicheren und effizienten Datenaustausch im Gesundheitswesen schafft. Sie ist studierte Betriebswirtin und bringt fundierte Expertise in den Bereichen Unternehmensführung, Gesundheitswirtschaft und digitale Transformation mit.

**Josua Printz** studierte in Karlsruhe und Santa Fe (Argentinien) Wirtschaftsingenieurwesen und Technologie-Entrepreneurship und entdeckte dabei seine Faszination für neue, innovative Geschäftsmodelle. Im Corporate Development der Firma Bürkert Fluid Control Systems beschäftigt er sich mit Themen wie der Strategieentwicklung, Künstlicher Intelligenz, digitalen Produkten und Services sowie den dafür notwendigen Geschäftsmodellen. Ihn begeistern neue Ideen und wie diese für alle beteiligten Stakeholder einen Mehrwert generieren können.

**Michael von Roeder** ist Chief Digital and IT Officer bei 50Hertz und Mitglied des Vorstands der belgisch-deutschen Elia Group seit Ende 2019 und verantwortlich für die digitale Transformation der Gruppe. Vor seiner Position bei 50Hertz war er CEO von

Sensorberg und bis Mitte 2016 war er für die IT-Operations bei Vattenfall verantwortlich. Michael von Roeder war Manager bei Vodafone und Accenture in London, Tokio und Düsseldorf. Er studierte Technology Management, Organization & International Business in Stuttgart und Lausanne.

**Heinrich Suhr** studierte in Konstanz und Stafford, UK Wirtschaftsinformatik. Er leitet die globale IT für Sales und Aftersales bei Mercedes-Benz. Zuvor war für Mercedes-Benz in verschiedenen Rollen für Applikationsentwicklung und Infrastrukturthemen tätig. Effiziente und moderne Lösungen durch IT-Standardisierung und Optimierung von Geschäftsprozessen sind seine Leidenschaft.

**Jumana Al-Sibai** ist Mitglied der MAHLE Konzern-Geschäftsführung und leitet die Sparte Thermal & Fluid Systems, die größte Geschäftseinheit des international führenden Entwicklungspartners und Zulieferers der Automobilindustrie. Zuvor hatte sie mehrere Führungspositionen bei der Robert Bosch GmbH inne, zuletzt als Bereichsvorstand (Executive VP) Chassis Systems Control mit Verantwortung für Vertrieb und den Produktbereich „Passive Sicherheit und Sensorik".

**Dr. Jörg Sommer** verfügt über mehr als 15 Jahre Erfahrung in der IT-Branche. Er hat zahlreiche globale Transformationsprojekte verantwortet, Cloud-Plattformen implementiert und IT-Strategien konzipiert und erfolgreich umgesetzt. Derzeit ist er als Senior Vice President bei der Bosch Home Comfort Group und verantwortlich für die IT-Integration der bislang größten Transaktion in der Bosch-Geschichte. Zuvor hatte er mehrere Managementpositionen inne – unter anderem als CEO der Infosys Automotive and Mobility GmbH & Co. KG sowie als Director of Global IT Infrastructure Services bei der Daimler AG. Er studierte Informationstechnologie an der DHBW Heidenheim und Informatik an der Universität Ulm. An der Universität Stuttgart promovierte er im Fachbereich Elektrotechnik über Kostenoptimierung eingebetteter Kommunikationsnetze. Jörg engagiert sich für die Förderung der Informatik in Bildung, Wissenschaft und Praxis. Als Ideengeber und Initiator dieses Buches möchte er Fach- und Führungskräften die Zusammenhänge und Potenziale der Schlüsseltechnologien AI, Big Data und Cloud aufzeigen – mit dem Ziel, deren Synergien gezielt für die digitale Transformation und für nachhaltige IT- und Digitalstrategien nutzbar zu machen.

**Dr. Carlo Velten** ist Gründer und Managing Partner des unabhängigen IT-Beratungsunternehmen Atlantic Ventures. Als erfahrener Technologie Analyst übersetzt er seit über 20 Jahren Markt- und Technologietrends in erfolgreiche Digital-, IT- und Innovationsstrategien. In den Technologiefeldern Cloud und AI zählt Carlo Velten zu den führenden Experten im deutschsprachigen Raum. Zuvor war er CEO und Principal Analyst des auf Cloud Computing spezialisierten Analystenhaus Crisp Research AG sowie Gründer und Investor der Private Equity-finanzierten Cloudflight Unternehmensgruppe. Als Serial Entrepreneur, Investor und leidenschaftlicher Surfer verfügt Carlo Velten über das richtige Gespür für die nächsten "Technology Waves" und setzt sich aktiv für Startups sowie den Umwelt- und Meeresschutz ein. Carlo Velten hat Wirtschaftswissenschaften mit Schwerpunkt Wirtschaftsinformatik und Entrepreneurship studiert und zum Thema Venture Capital in Deutschland und den USA promoviert.

MIX
Papier aus verantwortungsvollen Quellen
Paper from responsible sources
FSC® C105338

If you have any concerns about our products,
you can contact us on
**ProductSafety@springernature.com**

In case Publisher is established outside the EU,
the EU authorized representative is:
**Springer Nature Customer Service Center GmbH
Europaplatz 3, 69115 Heidelberg, Germany**

Printed by Libri Plureos GmbH
in Hamburg, Germany